민들레

법학의 탐색과 실마리

제5권

Dandelion

Ever widening horizon of law

Vol. 5

기획

명순구 | 고려대학교 법과대학 교수

Planning

SK MYOUNG | Professor of Korea University

세계화 지향의 사법:
그 배경과 한국 · 프랑스의 적응

김욱곤 / 양창수 / 명순구 / 김기창

D. Houtcieff / G. Lardeux / R. Sefton-Green / Y.-M. Serinet

세창출판사

고려대학교 법과대학 100주년, 프랑스민법전 200주년 기념 국제학술회의

Colloque International du Centenaire de la Faculté de Droit de la *Korea University* et du Bicentenaire du Code Civil Français

Droits privés en cours de globalisation : perspectives coréano-françaises

by

KIM Uk-Kon / YANG Chang-Soo / MYOUNG Soon-Koo / KIM Keechang

D. Houtcieff / G. Lardeux / R. Sefton-Green / Y.-M. Serinet

2006

Sechang Publishing Co.

Seoul, Korea

머리말

지금으로부터 꼭 1년 전인 2005년 12월 3일 토요일 고려대학교에서 의미 있는 국제학술회의가 있었습니다. 오전 10시부터 오후 8시에 걸쳐 비교적 길게 진행된 행사였습니다. 「고려대학교 법과대학 100주년, 프랑스민법전 200주년 기념 국제학술회의」(Colloque International du Centenaire de la Faculté de Droit de la Korea University et du Bicentenaire du Code civil français)였습니다. 2004년 3월 프랑스 정부 주최로 파리에서 프랑스민법전 200주년 기념 학술회의가 있었습니다. 그 자리에 초청을 받아 참석한 저는 그 계기에 프랑스 법무부의 관계자와 이야기하면서 2005년의 그 학술회의를 계획하였고, 여러 분들의 도움을 받아 그 계획은 성사되었습니다.

이 책은 8개의 논문으로 구성되었는데 모두 이 학술회의에서 발표된 논문들입니다. 이 책은 한국과 프랑스에서 각각 네 분, 모두 여덟 분의 학자가 고심한 결과물입니다. 각 논문들은 모두 「세계화지향의 사법: 그 배경과 한국·프랑스의 적응」(Droits privés en cours de globalisation: perspectives coréano-françaises)을 주제로 하고 있습니다. 사법의 국제적 통일화 경향의 배경과 이에 대한 한국과 프랑스 민법학의 과제를 살펴보고자 했습니다. 이 책에 수록된 글은 크게 두 가지로 구분됩니다. 한 부류는 사법의 세계화의 토대라고 할 수 있는 '사법의 국제적 교류'를 다루고 있습니다. 프랑스와 독일 사이의 사법교류를 논의해 주신 Gwendoline Lardeux 교수님, 프랑스와 앵글로-아메리카의 사법교류를 논의해 주신 Ruth Sefton-Green 교수님 및 김욱곤 교수님과 김기창 교수님의 논문이 이에 해당합니다. 또 다른 부류는 사법의 전통적 중심분야라고 할 수 있는 불법행위와 계약위반에 대한 제재에 대하여 한국과 프랑스에서 각각 한 편씩 모두 네 개의 논문입니다. 불법행위에 대해서는 Dimitri Houtcieff 교수님과 양창수 교수님, 계약위반에 대한 제재에 대해서는 Yves-Marie Serinet 교수님과 제가 연구를 하였습니다.

프랑스의 *私法學者*가 이 정도의 규모로 참가하여 한국의 학자들과 어울려 학술회의를 한 것은 국내에서는 처음 있는 일입니다. 학술회의를 마치고 귀국하는 프랑스 교수님들과 작별하는 자리에서 어느 한 분이 이런 말씀을 하셨습니다: "이렇게 멀리 떨어진 나라에 같이 생각을 나눌 수 있는 동료들이 있고 그 동료들이 우리와 같은 고민을 하고 있다는 것이 신기합니다." 이 학술회의는 학술적 가치뿐만 아니라 앞으로 한국과 프랑스의 학술교류가 보다 활성화되는 계기가 될 것으로 기대합니다. 이와 같은 의미를 기억하기 위하여 이 책 말미의 부록에 학술회의에 관련된 몇 가지의 자료(연설문, 프로그램, 학술회의 포스터 등)를 포함시켰습니다. 그리고 프랑스 학자들의 논문은 원문과 번역문을 함께 실어 독자들의 이해를 돕도록 하였습니다.

학술회의의 결과물을 책으로 발간하면서 감사를 드려야 할 여러 분들의 얼굴이 떠오릅니다. 우선, 주한 프랑스대사관의 François Descoueyte 전 대사님, Philippe Thiebaud 대사님 그리고 실무적으로 수고해 주신 Pascal Dayez-Burgeon 씨께 감사드립니다. 주한 프랑스대사관에서는 프랑스 참가자들의 항공료와 체재비를 후원해 주셨습니다. 대한민국과 프랑스의 법무부 관계자들께도 감사합니다. 특히 천정배 전 장관님과 김준규 법무실장님 그리고 협조해 주신 검사님들께 감사드립니다. 대한민국 법무부에서는 2005년 학술회의에 소요되는 인쇄비 일체를 후원해 주셨습니다. 그리고 법무법인 태평양의 오용석 변호사님의 뜨거운 후원도 잊을 수 없습니다.

2005년 12월 3일 오후 8시에 국제학술회의가 완전히 끝났습니다. 프랑스 참가자들과 함께 행사장을 떠나 밖으로 나왔습니다. 깜깜한 밤에 바람이 쌩쌩 소리를 내고 있었습니다. 그런데 별로 춥지 않았습니다. 가로등 불빛 주위로 함박눈이 펑펑 쏟아지고 있었기 때문이었을까요? 그 날 하루 보람 있는 학문을 하였다는 뿌듯함 때문이었을까요? 멀고 가까운 곳에서 모이신 여러 교수님들 그리고 총명한 학생들과 함께 가볍게 기울인 와인 몇 잔이 주는 안

도감 때문이었을까요?

2005년 12월 3일 차가운 아침 공기 속에서 시작한 학술회의는 그렇게 막을 내렸고, 그 날 밤은 그렇게 따스했습니다.

그리고 그 날의 기록이 바로 이 책입니다.

2006년 12월 3일

고려대학교 법과대학 연구실에서
명 순 구 드림

차 례

▌부 록

Les échanges franco-allemands: entre indifférence et convergence

Gwendoline Lardeux
Professeur à l'Université d'Aix Marseille III

Que la France et l'Allemagne connaissent des échanges juridiques intenses semblent a *priori* aller de soi. Le contexte politique, marqué depuis les années soixante par l'amitié franco-allemande mise en place par le Général de Gaulle et le Chancelier Adenauer, ne pourrait qu'être propice au rapprochement des deux pays en tous domaines, notamment celui du droit. D'actualité, ce rapprochement serait également possible puisque les systèmes juridiques français et allemand, selon la classification proposée par David, appartiennent à la même famille des droits romano-germaniques caractérisés par leur origine romaine commune, les préoccupations de justice et de morale qui gouvernent à l'élaboration de la règle de droit, la prépondérance donnée à la loi et au droit civil, la codification.[1)] Leurs différences seraient dès lors surmontables. Force est de constater cependant que la réalité dément cette vision idyllique des rapports juridiques franco-

1) David, C. Jauffret-Spinosi, *Les grands systèmes de droit contemporains*, Dalloz, 11ème éd., 2002, n°17 et 25 et s.

allemands. Sur le plan pratique, les échanges entre les deux systèmes de droit sont aujourd'hui quasi inexistants tandis que, sur le plan théorique, d'autres éminents auteurs, insistant davantage sur ce qui les sépare que sur ce qui les rapproche, ont contesté la similitude des systèmes allemand et français, au point de les classer dans des familles de droit différentes.[2)] Ces classifications contradictoires mettent en lumière l'ambivalence des relations juridiques entre la France et l'Allemagne, entre attirance et rejet, admiration et rivalité.[3)]

En témoigne en premier lieu, l'accueil réservé outre-Rhin au Code civil des Français dont on sait qu'il a été à l'origine de controverses très violentes, d'une part entre partisans et contempteurs de son adoption par les Etats allemands, d'autre part sur l'opportunité de codifier à son tour le droit allemand.[4)] A ce propos, est restée célèbre la querelle entre Thibaut, favorable aux principes libéraux et égalitaires du Code civil[5)] et Savigny qui, pour des raisons tant politiques[6)] que juridiques, n'avait pas de mots assez durs pour condamner le Code civil en particulier et l'idée de codification en général.[7)] Malgré ces critiques virulentes, le Code civil, bien qu'imposé

---

2) K. Zweigert, H. Kötz, *Einführung in die Rechtsvergleichung auf dem Gebiete des Privatrechts*, JCB Mohr (Paul Siebeck), 3ème éd., 1996, §5 III, p.68: les auteurs mettent en avant la différence d'évolution du Droit dans les deux pays, arguant de ce que l'Allemagne n'a pas «reçu» le Code civil tandis que l'Ecole des Pandectes n'a pas influencé la pensée juridique française. R. Legeais, *Droit allemand et droit français au regard des classifications des systèmes juridiques, in A la recherche d'un nouveau droit fondamental*, Mélanges offerts à R. Legeais, Cujas, 2003, p.465.

3) Pour un historique des rapports entre droit et doctrine français et allemand, Cl. Witz, *Droit privé allemand. Actes juridiques, droits subjectifs*, t. 1, Litec, 1992, n°2 et s.

4) M. Pédamon, *Le Code civil et la doctrine juridique allemande du XIXè siècle*, in *Le Code civil. Un passé, un présent, un avenir*, Dalloz, 2004, p.803, spéc. p.805-815.

5) *Über die Notwendigkeit eines allgemeinen bürgerlichen Rechts für Deutschland* (Sur la nécessité d'un droit civil général pour l'Allemagne).

6) Sa francophobie, son nationalisme et ses convictions d'aristocrate expliquent également la virulence de ses prises de position.

à l'origine par la force armée, fut maintenu *imperio rationis* dans un certain nombre d'Etats allemands.[8] De droit positif tout au long du XIXè siècle,[9] il fut également étudié dans les universités ainsi que par une importante doctrine allemande dont le nom le plus célèbre demeure celui de Zachariae. C'est en effet son *Manuel de droit civil français* (*Handbuch des Französischen Civilrechts*) que traduiront, à compter de l'édition de 1827, Aubry et Rau et qui permettra aux juristes français de s'affranchir de l'Ecole de l'Exégèse, attachée à l'étude des articles suivant l'ordre du Code civil et à la seule lumière des travaux préparatoires. Le grand juriste allemand appliqua en effet à l'étude du Code civil la méthode pandectiste d'analyse méthodique et systématique, s'affranchissant dès lors de la structure tripartite du Code et se concentrant sur la recherche des principes fondamentaux gouvernant chaque institution.[10] L'intérêt des juristes allemands pour le Code civil devait cependant se tarir avec l'adoption du *Bürgerliches Gesetzbuch* (BGB)[11] au style et à la structure profondément différents

---

7) *Vom Beruf unserer Zeit für Gesetzgebung und Rechtswissenschaft* (De la vocation de notre temps pour la législation et la science juridique). Pour un résumé des critiques formulées par Savigny contre le Code civil, H.-J. Sonnenberger, *La circulation du modèle juridique français: Allemagne*, Trav. Ass. Henri Capitant, t. XLIV, Litec, 1993, p.317, spéc. p.344.

8) M. Pédamon, *op.cit.*, p.804.

9) H.-J. Sonnenberger, *op.cit.*, p.338-339. E. Müller, *Le Code civil en Allemagne. Son influence générale sur le Droit du Pays, son adaptation dans les Pays rhénans*, in *Livre du Centenaire*, Dalloz, rééd., 2004, p.627.

10) Charmont et Chausse, *Les interprètes du Code civil*, in *Livre du Centenaire, op.cit.*, p.131, spéc. p.155 et s. F. Ranieri, *Le droit civil français et la culture juridique française dans la doctrine allemande d'aujourd'hui: un éloignement définitif?* Droits, 2000, p.157, spéc. p.163-164: «*Le droit civil français connaît donc dans la doctrine allemande du XIXè siècle une révision scientifique complète suivant les méthodes de l'Ecole des Pandectes de l'époque …. Leurs concepts abstraits prennent la place de la terminologie descriptive et formulée en langage courant de la doctrine française de l'époque …. Cette pénétration scientifique du droit français dans l'esprit et avec la méthode de l'Ecole des Pandectes allemande représente en même temps le summum et la fin de l'intérêt que les civilistes allemands portent au droit français.*»

de ceux du Code civil.[12] La tendance s'inversa alors et ce sont les juristes français, au premier rang desquels Saleilles,[13] qui étudièrent le code allemand pour lequel ils nourrissaient enthousiasme et admiration, séduits par sa partie générale (*allgemeiner Teil*),[14] la grande abstraction de ses concepts, la systématique de sa structure, la précision de sa langue.[15] C'est de cette époque que date par exemple l'étude de la notion d'acte juridique, absente du Code civil et dont la généralité par rapport à celle de contrat a beaucoup séduit la doctrine française en son temps,[16] même si son utilité - en dehors du domaine de la preuve - est aujourd'hui contestée par cette dernière.[17]

---

11) Le point de vue de Savigny l'ayant emporté, il a fallu attendre l'unification politique des Etats allemands pour que le Code civil voit le jour. Adopté par le *Reichstag* le 1er juillet 1896, promulgué le 18 août suivant, il n'entra en vigueur, sur la demande expresse de l'empereur, que le 1er janvier 1900. Selon Saleilles, «*le Code civil allemand de 1896 est la revanche du Code civil français contre les arrêts portés contre lui par les fondateurs de l'école historique. Sans le Code civil français, … le Code civil allemand n'aurait pas pu se faire.*»: *Le Code civil et la méthode historique*, in *Livre du Centenaire, op.cit.*, p.97-98.

12) V. Lasserre-Kiesow, *La technique législative. Etude sur les Codes civils français et allemand*, préf. M. Pédamon, LGDJ, 2002.

13) *Théorie générale de l'obligation d'après le premier projet de code civil pour l'Empire allemand*, Pichon, 2ème éd., 1901. *De la déclaration de volonté. Contribution à l'étude de l'acte juridique dans le Code civil allemand* (*art. 116 à 144*), Pichon, 1901. *Introduction à l'étude du droit civil allemand*, Pichon, 1904.

14) Sur celle-ci, notamment, Rieg, M. Fromont, *Introduction au droit allemand*, tome III, *Droit privé*, Cujas, 1991, p.15 et s. C. Crome, *Les similitudes du Code civil allemand et du Code civil français*, in *Livre du Centenaire, op.cit.*, p.587, spéc. p.591: «*Cette partie générale est un modèle de la faculté d'abstraction germanique* ….»

15) R. Sacco, *La circulation du modèle juridique français: rapport de synthèse*, Trav. Ass. Henri Capitant, *op.cit.*, p.5, spéc. n°9, p.11: «*Cette méthode (méthode conceptuelle, ou dogmatique, ou systématique) fascine les esprits en Allemagne et en dehors de l'Allemagne.*»

16) Carbonnier, *Droit civil. Les obligations*, t. 4, PUF, 2000, 22ème éd., n°18 a. La notion est apparue en droit positif français aux articles 1326 et 1348 C. civ. avec la loi 12 juillet 1980 réformant le droit de la preuve.

17) M. Fabre-Magnan, *Les obligations*, PUF, 2004, n°6.

Le même engouement pouvait être observé pour le concept d'engagement unilatéral de volonté.[18)]

On comprend que la Première Guerre mondiale a marqué un coup d'arrêt abrupt à cet intérêt réciproque.[19)] Après avoir encensé le droit allemand, les juristes français s'en sont détournés tandis que l'Allemagne nazie affichait son hostilité à l'égard de tout droit étranger, notamment lorsqu'il était celui d'un régime démocratique. Et malgré le changement de contexte politique allemand à l'issue de la Seconde Guerre mondiale, cette indifférence perdure aujourd'hui. Certes, on peut citer des exemples non négligeables d'influence du droit allemand sur le droit civil français.[20)] Ainsi, ce dernier a-t-il totalement fait siennes les théories allemandes sur la conclusion des contrats entre absents[21)] et sur la causalité - équivalence des conditions, causalité adéquate - au point que leur origine germanique n'est souvent même plus rappelée dans les ouvrages français. De même, c'est au droit allemand que l'on doit d'avoir reconnu l'efficacité des clauses de réserve de propriété en matière de procédures collectives[22)] ou le pouvoir du juge de minorer le montant des clauses pénales (§343;[23)] art. 1152 al. 2[24)]). Enfin, thèses et

---

18) F. Terré, Ph. Simler, Y. Lequette, *Droit civil. Les obligations*, Dalloz, 8ème éd., 2002, n°51. Marty et Raynaud, *Les obligations*, t. 1, *Les sources*, 2ème éd., 1988, Sirey, n°355.

19) H.-J. Sonnenberger, *op.cit.*, p.320-321.

20) La réciproque est moins vrai. Le droit français a certes beaucoup plus influencé le droit allemand que l'inverse mais dans des domaines autres que le droit civil: Cl. Witz, *op.cit.*, n°14.

21) Même si les solutions retenues en définitive ne sont pas identiques. Le droit français a opté pour la théorie de l'émission, le droit allemand pour celle de l'information (*Vernehmungstheorie*).

22) Le droit français cependant n'a retenu que la clause de réserve de propriété simple tandis que le droit allemand connaît également des formes élargies et prolongées de celle-ci.

23) Les paragraphes sans indication plus précise sont ceux du BGB.

24) Les articles sans indication plus précise sont ceux du Code civil.

échanges universitaires ne sont pas inexistants, loin de là.[25] Mais l'ensemble ne suffit pas à infléchir le constat: malgré d'étroites relations politiques, il n'existe pas entre la France et l'Allemagne de dialogue juridique privilégié.[26] En définitive, le fossé qui s'est creusé au XIXe s. entre le droit français, plus empirique car élaborépar des praticiens, et le droit allemand, plus abstrait car défini par des Professeurs nourris de la science des Pandectes, ne semble pas pouvoir être comblé.[27]

La pauvreté du dialogue entre droits français et allemand due à cette différence profonde d'esprit juridique, de manière de penser et de faire le droit, ne fait pas obstacle cependant à un certain rapprochement matériel des dispositions légales. A défaut de rapprochement des raisonnements juridiques, on peut donc observer celui des solutions juridiques.[28] Trois facteurs en sont à l'origine.[29] Tout d'abord, l'évolution similaire que les sociétés française et allemande ont connu depuis 1945 tant sur le plan économique que sur celui des mœurs. Les deux pays ont adhéré à la même économie sociale de marché tandis que, sur le plan des comportements

---

25) H.-J. Sonnenberger, *op.cit.*, p.321-322. Cl. Witz, *op.cit.*, n°6 et 13.

26) On constate ainsi que si, lors de l'élaboration de projets de loi importants, les études de droit comparé sont devenues systématiques de part et d'autre du Rhin, aucune place particulière n'est faite au droit allemand en France (cf. les études de législation comparée disponibles sur le site du Sénat) ou au droit français en Allemagne (H.-J. Sonnenberger, *op.cit.*, p.320-321). Sur l'absence de dialogue privilégié également entre les doctrines française et allemande, O. Beaud, E. V. Heyen (dir.), *Une science juridique franco-allemande? Bilan critique et perspectives d'un dialogue culturel*, Nomos, 1999.

27) F. Ranieri, *op.cit.*, p.158: «*Les véritables raisons [de] cette ignorance sont les différences considérables et profondément enracinées que l'on observe dans les traditions concernant la science juridique, le style et la manière d'argumenter.*»

28) G. Canivet, *La convergence des systèmes juridiques du point de vue du droit privé français, RIDC* 2003, p.7.

29) Sur les causes du rapprochement, M. Fromont, *Droit allemand des affaires*, Montchrestien, 2001, n°613-614. R. Legeais, *Grands systèmes de droit contemporains*, Litec, 2004, n°63.

individuels, la tendance est à la reconnaissance d'une liberté toujours plus grande. Ensuite, dans le domaine du droit économique *lato sensu*, la volonté politique dans le cadre de l'Union européenne qui a donné naissance au droit communautaire dont le but est d'harmoniser les systèmes juridiques des Etats-membres. Enfin, la réalisation de travaux doctrinaux tendus vers des essais de codification européenne. Ces différents facteurs de rapprochement n'ont pas la même portée dans tous les domaines du droit. Ainsi faut-il distinguer l'étude du droit de la famille, par nature plus rétif à toute tentative d'harmonisation (I) de celle du droit des obligations qui est le seul concerné par l'unification au niveau communautaire (II).

I. Le droit de la famille

En cette matière, les systèmes juridiques français et allemand, à l'instar de ceux de l'ensemble des pays d'Europe occidentale, ont évolué sous la pression de deux phénomènes: des progrès scientifiques majeurs, notamment dans le domaine de la génétique, face auxquels ils n'ont pas réagi de la même manière (A), une évolution radicale des mœurs qu'ils ont tenté d'accompagner en s'appuyant sur des principes identiques (B).

A. Une réaction opposée face aux progrès scientifiques

C'est dans le domaine de la génétique que les progrès fulgurants réalisés par la science ont obligé les législateurs àse pencher sur des problèmes aussi nouveaux qu'essentiels. Ainsi en est-il du bouleversement du droit de la filiation due à la possibilité aujourd'hui de connaître avec certitude les origines génétiques d'un enfant. Si, en conséquence, droit français et droit allemand ont adopté le même principe de la primauté de la vérité biologique, ils ne lui ont cependant pas donné la même portée.[30)] Alors que le droit allemand l'a érigé en absolu, même si des évolutions récentes l'ont quelque peu infléchi, la France n'en a pas fait l'alpha et l'oméga de son droit de la filiation oùle secret et la réalité sociologique ont encore leur place. Cette opposition d'approche vaut que le lien filial ait été établi à la suite d'une procréation charnelle (1) ou d'une insémination artificielle (2).

1. La vérité biologique dans le cadre des procréations charnelles

L'opposition des deux systèmes juridiques est tout d'abord flagrante en matière de filiation maternelle. En droit allemand, le lien entre l'enfant et la mère est automatiquement établi par la mention obligatoire du nom de celle-ci dans l'acte de naissance qui, à elle seule, suffit à établir la filiation (*mater semper certa est*).[31)] A l'inverse, le droit français, malgré des contestations croissantes,[32)] continue à

30) R. Frank, *La signification différente attachée à la filiation par le sang en droit allemand et français de la famille, RIDC* 1993, p.635.

31) Maxime traditionnelle qui a été intégrée au BGB (§1591) par la loi du 16 décembre 1997 portant réforme du droit de l'enfant (cf. *infra*). Est ainsi maintenant précisé que la mère d'un enfant est la femme qui l'a mis au monde ce qui permet de faire obstacle à l'établissement de tout lien de filiation avec la donneuse d'ovocyte ou la mère porteuse. Cette précision se situe dans la logique de la prohibition de ces pratiques selon la loi du 13 décembre 1990 sur la protection de l'embryon (*Embryonenschutzgesetz*).

32) Contestations qui ont donné lieu à l'adoption de la loi du 22 janvier 2002 sur l'accès aux origines des personnes adoptées et pupilles de l'Etat, loi cependant très timide puisqu'elle n'abandonne pas le principe du droit des parents au secret: J. Rochfeld, *RTDCiv.* 2002, 368, spéc. 374-375 B. Mallet-Bricout, *Réforme de l'accouchement sous X. Quel*

donner à la mère la possibilité d'accoucher sous X (art. 326), sa demande d'anonymat constituant une fin de non-recevoir àtoute action en recherche de maternité naturelle, le secret sur sa personne, au nom du droit au respect de sa vie privée, ne pouvant être levé qu'avec son accord exprès.[33)]

Le rejet traditionnel de cette institution par le droit allemand a été conforté par la reconnaissance d'un droit de nature constitutionnelle reconnu à l'enfant à connaître ses origines génétique s,[34)] fondé sur le droit général de la personnalité(*allgemeines Persönlichkeitsrecht*).[35)] C'est au nom de ce principe que les modifications parmi les plus importantes du droit allemand de la filiation ont été opérées ces quinze dernières années. Même si le droit français a

---

équilibre entre les droits de l'enfant et les droits de la mère biologique?, JCP 2002, I, 119. Cette loi a néanmoins été jugée conforme à la Convention européenne des droits de l'Homme: CEDH, 13 février 2003, D. 2003, 1240, B. Mallet-Bricout.

33) La récente réforme du droit français de la filiation par l'ordonnance n°2005-759 du 4 juillet 2005 (*D.* 2005, Lég., 1925), qui entrera en vigueur le 1er juillet 2006, n'a pas modifiéce point. Si, désormais, «*la filiation est établie, à l'égard de la mère, par la désignation de celle-ci dans l'acte de naissance*» (art. 311-25 nouveau), ce qui n'était pas le cas jusqu'alors pour la mère naturelle qui devait reconnaître l'enfant pour établir sa filiation (art. 334-8 al. 1er ancien), ce mode simplifié d'établissement de la filiation maternelle n'a pas fait disparaître la fin de non-recevoir que constitue l'accouchement anonyme. V. le nouvel article 325 al. 1er: «*A défaut de titre et de possession d'état, la recherche de maternité est admise sous réserve de l'application de l'article 326.*»

34) BVerfG, 31 janvier 1989, *BVerfGE* 79, 256; *NJW* 1989, 881, Ch. ENDERS; *ibid.*, 1594, Th. RAMM; *Jura* 1989, 520, D. Coester-Waltjen. F. Furkel, *Le droit à la connaissance de ses origines en République fédérale d'Allemagne, RIDC*1997, p.931. Dans ce domaine, le droit allemand est le seul à avoir accordé à ce droit un caractère aussi absolu ce qui n'est pas sans faire l'objet de critiques; R. Frank, *Le centenaire du BGB: le droit de la famille face aux exigences du raisonnement politique, de la constitution et de la cohérence du système juridique, RIDC* 2000, p.819, spéc. p.836 et 840.

35) Reconnu par le BGH dans un arrêt du 25 mai 1954 (*BGHZ* 13, 334) et fondé sur les droits constitutionnels à la dignité de l'Homme (GG, art. 1 al. 1er) et au libre épanouissement de sa personnalité (GG, art. 2 al. 1er).

également cédé aux sirènes de la vérité biologique, il n'a pas reconnu un tel droit, le Conseil constitutionnel ayant, à l'inverse de son homologue allemand, jugé que les dispositions législatives tenant en échec l'accès aux origines biologiques n'étaient pas inconstitutionnelle s.[36) C'est au sujet de l'établissement et de la contestation de sa filiation paternelle par l'enfant que le Tribunal constitutionnel fédéral (*Bundesverfassungsgericht*) a rendu deux décisions fondatrices en matière de droit à la connaissance de ses origines génétiques. Tout d'abord, par un arrêt du 18 janvier 1988,[37) cette juridiction décidait que l'enfant naturel pouvait contraindre sa mère à lui livrer l'identité de son père biologique,[38) droit fondé tant sur son droit général de la personnalité que sur l'article 6 alinéa 5 de la Loi Fondamentale selon lequel «*la loi doit assurer aux enfants naturels les mêmes conditions qu'aux enfants légitimes en ce qui concerne leur développement physique et moral et leur situation sociale* ».[39) Une telle décision constitue une curiosité exclusivement

---

36) Décision du 27 juillet 1994, rendue dans le cadre du contrôle de constitutionnalité des premières lois bioéthiques: *D.* 1995, 237, B. Mathieu. A noter que le Conseil constitutionnel n'a toutefois pas répondu directement à l'argument des requérants qui faisaient valoir que la règle de l'anonymat du tiers donneur dans le cadre des inséminations artificielles (cf. infra) portait atteinte au droit de l'enfant au libre épanouissement de sa personnalité ce qui est précisément le fondement retenu en Allemagne pour la reconnaissance du droit à la connaissance de ses origines génétiques. Très exactement, le Conseil constitutionnel assimile le droit de l'enfant au libre épanouissement de sa personnalité à son droit à la santé et se contente d'affirmer qu'il n'est pas porté atteinte à ce dernier par la règle de l'anonymat du donneur.

37) *FamRZ* 1989, 147.

38) Sur les difficultés pratiques liées à l'exécution forcée de cette obligation, cf. F. Furkel, *op.cit.*, p.942.

39) C'est en définitive une loi du 16 décembre 1997, portant réforme du droit de l'enfance (*Kindschaftsrechtsreformgesetz*), qui a eu pour objet de créer un droit de l'enfant uniforme en tous domaines (filiation, autorité parentale et successions). Sur ces réformes, F. Furkel, *Le nouveau droit de l'enfance en République fédérale d'Allemagne, RTDCiv.* 1998, p.804. Elle a notamment fait disparaître, autant que faire se peut, les distinctions antérieures entre les

allemande. Ensuite, par deux autres arrêts,[40] le Tribunal de Karlsruhe jugeait contraires à la Loi Fondamentale les dispositions du BGB qui, en restreignant par trop la possibilité pour un enfant de contester la paternité du mari de sa mère, constituaient un obstacle inconstitutionnel à la recherche de son géniteur et à l'établissement subséquent de sa véritable filiation.[41] Les dispositions stigmatisées - §§1596 et 1598, en relation avec le §1593 anciens BGB - limitaient, pour la première, les hypothèses dans lesquelles l'action en contestation de paternité légitime intentée par l'enfant était recevable, pour la seconde, le délai de prescription à deux ans à compter de la majorité de ce dernier. La loi du 16 décembre 1997 a alors, d'une part abandonné la liste limitative des cas d'ouverture (§1600 I), d'autre part fixé le point de départ du délai biennal de prescription à la date à laquelle les circonstances de fait permettant de douter de la paternité établie sont connues du demandeur (§1600 b I et III). L'action en contestation de paternité ouverte à l'enfant a donc été généralisée *ratione materiae* et étendue *ratione tempore*.

En droit français, c'est l'ordonnance précitée du 4 juillet 2005 qui a unifié le droit de la filiation, toute distinction entre filiation légitime et naturelle ayant été abrogée, notamment concernant les actions en

---

filiations légitime (§§1591 et s. anciens) et naturelle (§§1600 a et s. anciens). Désormais, l'établissement ou la contestation de filiation paternelle sont régies de manière formellement unitaire aux §§1592 et s. BGB. Subsistent néanmoins au fond les différences liées au caractère volontaire et divisible de la filiation naturelle: F. Furkel, *op.cit.*, 811.

40) BVerfG, 31 janvier 1989, op.cit. BVerfG, 26 avril 1994, *BverfGE* 90, 263.

41) Le lien nécessaire ainsi affirmé entre, d'une part le droit de l'enfant à connaître ses origines génétiques et, d'autre part, ceux d'établir sa filiation à l'égard de son père biologique et, corollairement, de contester la paternité du mari de sa mère, peut ne pas convaincre: R. Frank, *Observations comparatives sur la contestation de paternité, RIDC* 2005, p.85, spéc. p.93-94. J. Vidal, *Un droit à la connaissance de ses origines?*, Mélanges Boyer, PU sciences sociales de Toulouse, 1996, p.733, spéc. p.745 et s.

contestation de paternité ou de maternité (art. 332 à 337 nouveaux).[42] En ce domaine, et en simplifiant, il faut désormais distinguer selon que le titre est corroboré par une possession d'état conforme (art. 333) ou pas (art. 334). Dans cette seconde hypothèse, l'action en contestation de filiation est ouverte à tout intéressé, donc à l'enfant, pendant dix ans[43] tandis que, dans la première, il doit agir dans un délai de *«cinq ans à compter du jour où la possession d'état a cessé», tandis que toute contestation devient irrecevable «lorsque la possession d'état conforme au titre a duré au moins cinq ans* …». Cette nouvelle disposition est un compromis réalisé entre les solutions antérieures qui différaient selon que la filiation était légitime - aucune contestation n'était possible en cas de possession d'état conforme au titre de naissance (art. 322 al. 1er ancien) - et naturelle - l'enfant pouvait contester sa filiation, malgré une possession d'état décennale conforme à la reconnaissance, pendant trente ans (art. 311-7 et 339 al. 3 anciens). Dans une optique de comparaison, il est fort intéressant de noter qu'alors qu'une telle «faveur» faite à l'enfant naturel était analysée comme la reconnaissance d'un droit à connaître ses origines,[44] le nouveau droit français de la filiation réalise, à l'inverse, un renforcement de cette fin de non-recevoir que constitue la possession d'état conforme au titre.[45]

---

42) Ce texte parachève le principe d'indifférence des filiations déjà retenu au sujet du droit des successions (loi n°2001-1135 du 3 décembre 2001), de l'autorité parentale en cas de séparation des parents (loi n°2002-305 du 4 mars 2002, codifiée aux articles 373-2 et s. C. civ.) et du nom de famille (loi n°2002-304 du 4 mars 2002, codifiée aux articles 311-21 et s. C. civ., cf. *infra*).

43) L'article 311-7 ancien a été abrogé qui prévoyait un délai de prescription de principe de trente ans pour les actions relatives à la filiation, remplacé par un délai décennal (art. 321 nouveau). Le point de départ, en revanche, demeure identique: «à compter du jour où la personne a été privée de l'état qu'elle réclame, ou a commencé à jouir de l'état qui lui est contesté». Malgré tout, le délai du droit français reste sensiblement plus long que celui du droit allemand.

44) F. Terré, D. Fenouillet, *Les personnes, la famille, les incapacités*, Dalloz, 6ème éd., 1996, n°843, p.711.

La réalité sociologique, qui ne primait sur la vérité biologique qu'en cas de filiation légitime, voit ainsi son empire étendu ce qui creuse encore un peu plus le fossé qui sépare sur ce point le droit français du droit allemand. Selon celui-ci, on l'a vu, lorsque c'est l'enfant qui conteste la paternité du mari ou du concubin de sa mère, la vérité biologique règne en maître, aucune distinction n'étant faite, contrairement au droit français, selon que la filiation contestée est ou non corroborée par la possession d'état. Conséquence logique, à défaut d'être opportune, du droit de l'enfant à connaître ses origines biologiques.

Par la réforme allemande de 1997, le droit de contestation de la filiation paternelle a également été accordé à la mère légitime.[46] Dans la logique du culte voué à la vérité biologique, d'aucuns ont alors émis l'hypothèse que la prochaine étape devrait être la reconnaissance de ce droit au père biologique.[47] On aurait pu penser cependant que la nécessité, exprimée par le Tribunal constitutionnel dans sa décision de 1989, de concilier le droit de l'enfant à connaître ses origines génétiques avec l'impératif, également constitutionnel, de protection du mariage et de la famille (GG, art. 6 al. 1er) constituerait un obstacle à cette évolution. Une loi du 23 avril 2004, qui a reconnu au père biologique le droit de contester la filiation paternelle juridiquement

---

45) A condition, il faut le rappeler, qu'elle est au moins duré cinq ans ce qui semble un délai raisonnable pour attester du sérieux de la relation sociologique établie entre l'enfant et le parent concerné.

46) Auparavant, seule la mère naturelle était titulaire de ce droit (§1600 g ancien). Le droit français, par l'ordonnance précitée du 4 juillet 2005, a connu la même évolution: alors que, auparavant, la mère légitime ne pouvait contester que la paternité de son ex-mari et dans une hypothèse très précise (art. 318 ancien) tandis que la mère naturelle, à l'inverse, pouvait agir sans restriction (art. 339 al. 3 ancien), l'action en contestation est désormais ouverte aux deux, dans les mêmes conditions (art. 333 à 335).

47) R. Frank, *Le centenaire du BGB…, op.cit.*, p.836, regrettant une telle perspective. F. Furkel, *Le nouveau droit allemand…, op.cit.*, 807.

établie, n'est venue démentir cette analyse qu'en apparence dans la mesure où une telle contestation n'est ouverte que s'il n'existe entre l'enfant et son père légal aucune relation socio-familiale (§1600 I 2, II et III nouveau),[48] notion similaire à celle de possession d'état.[49] Heureuse précision qui permet à la vérité biologique de ne pas évincer la réalité sociologique et qui doit être d'autant plus soulignée qu'elle constitue une des très rares exceptions au règne quasiment sans partage de la vérité biologique en droit allemand. Il est vrai qu'elle ne fait pas obstacle à la connaissance par l'enfant de ses origines biologiques car, si ce dernier est informé de l'existence de son vrai père, il peut contester sa filiation paternelle en tout état de cause, *i.e.* lors même qu'elle serait corroborée par la possession d'état (cf. *supra*). En droit français, sont applicables à l'hypothèse d'une action en contestation intentée par les parents biologiques les mêmes règles que celles énoncées lorsque l'enfant est demandeur. Ce faisant, le droit allemand, assurant la primauté de la réalité sociale sur la vérité biologique, est similaire au droit français, à une nuance de délai près qui n'est pas anodine : ce dernier a opté pour la sécurité

---

48) R. Frank, *Observations comparatives…, op.cit.* Comme il se doit, la nouvelle disposition législative a pour origine une décision du Tribunal constitutionnel: BverfG, 9 avril 2003, *BverfGE* 108, 82. Le législateur a repris fidèlement les principes de solution posés par le juge.

49) Selon le §1600 III nouveau, une relation socio-familiale est constituée lorsque le père prétendu a effectivement pris laresponsabilité de l'enfant ce qui est en principe le cas lorsqu'il est marié avec la mère de l'enfant ou vit avec ce dernier depuis longtemps au sein d'une cellule familiale («*Eine sozial-familiäre Beziehung nach Absatz 2 besteht, wenn der Vater im Sinne von Absatz 1 Nr. 1 für das Kind tatsächliche Verantwortung trägt oder im Zeitpunkt seines Todes getragen hat. Eine Übernahme tatsächlicher Verantwortung liegt in der Regel vor, wenn der Vater im Sinne von Absatz 1 Nr. 1 mit der Mutter des Kindes verheiratet ist oder mit dem Kind längere Zeit in häuslicher Gemeinschaft zusammengelebt hat*»). Cette définition correspond au *tractatus* de la possession d'état de droit français qui en est considéré comme l'élément essentiel; la rédaction de l'article 311-1 nouveau C. civ. en témoigne qui énonce désormais les deux critères du *tractatus* en premier.

juridique en précisant que la filiation devenait inattaquable au bout d'une possession d'état de cinq ans tandis que le droit allemand, sans doute plus réservé à l'égard de la véritésociologique, présume l'existence d'une relation socio-familiale, en l'absence de mariage avec la mère de l'enfant, lorsque le père juridique vit «*depuis longtemps*» («*längere Zeit*») sous le même toit que l'enfant. L'importance du rôle que jouera la «possession d'état» en droit allemand et, en conséquence, la stabilité des filiations «sociologiques» dépendent donc aujourd'hui de l'appréciation de cette condition par les juges.

2. La vérité biologique à l'épreuve des inséminations artificielles

En matière d'insémination artificielle exogène, c'est-à-dire par le recours à un tiers donneur, l'opposition des deux systèmes juridiques est encore plus marquée même si elle a récemment été atténuée par une loi allemande qui a un peu infléchi le principe, jusqu'alors absolu, de la vérité biologique.

Le droit français est marqué en ce domaine du double sceau du secret sur les origines biologiques de l'enfant et de la promotion de sa filiation sociologique.[50] Ainsi, est-ce le principe d'un strict respect de l'anonymat du donneur qui a été adopté (art. 16-8).[51] Il est prévu

50) L'ensemble des règles énoncées ici émanent des lois bioéthiques du 29 juillet 1994 qui, sur ce point, n'ont pas été modifiées par la loi du 6 août 2004 (P. Egea, *RJPF* septembre 2004, p.6), et dont les dispositions ont été intégrées principalement soit dans le Code civil, soit dans le Code de la santé publique.

51) Ce principe ne s'est pas imposésans débat: M.-F. Nicolas-Maguin, *L'enfant et les sortilèges: réflexions à propos du sort que réservent les lois sur la bioéthique au droit de connaître ses origines, D.* 1995, *Chron.*, 75. L'anonymat du donneur n'a cependant pas été remis en cause par la loi précité du 22 janvier 2002 sur l'accès aux origines des personnes adoptées et pupilles de l'Etat. Il est vrai que le parallèle entre les enfants adoptés et les enfants nés d'une insémination artificielle est erroné: J. Rochfeld, *op.cit.*, 374. Dans le même sens, F. Furkel, *Le droit à la connaissance…*, *op.cit.*, p.956 et s. J. Vidal, *op.cit.*, p.744.

également que le recours à un tiers donneur ne peut avoir aucune incidence sur la filiation juridique – au sens de non biologique – de l'enfant. Le principe absolu de l'anonymat du donneur est ainsi doublé de l'interdiction de faire établir la filiation entre ce dernier et l'enfant (art. 311-19 al. 1er). Inutile dans un système fondé sur l'anonymat, cette seconde prohibition marque la volontétrès forte du législateur français que le recours à un tiers lors de l'insémination artificielle ne vienne pas troubler par la suite les liens tissés entre l'enfant et son père sociologique. Pour parachever ce système, il est également prévu que «*le consentement donné à une procréation médicalement assistée interdit toute action en contestation de filiation ou en réclamation d'état à moins qu'il ne soit soutenu que l'enfant n'est pas issu de la procréation médicalement assistée ou que le consentement a étéprivé d'effet*» (art. 311-20 al. 2).[52] En résumé, en droit français, le seul père connu et reconnu est l'homme, mari ou concubin de la mère, qui a donné son consentement à l'insémination.[53] La réalité sociale se substitue à la vérité biologique comme fondement de la paternité. Sur ces questions, le droit allemand a, pour une très large part, adopté des solutions exactement inverses.[54]

Ainsi, l'arrêt rendu par le Tribunal constitutionnel le 31 janvier

52) Cette disposition a mis un terme àune jurisprudence parfois contraire: Ph. Malaurie H. Fulchiron, *La famille*, Defrénois, 2004, n°812.

53) Ainsi, aux termes de l'article 311-20 alinéas 4 et 5 C. civ., il est prévu que, si le compagnon de la mère, après avoir donné son consentement à l'insémination, refuse de reconnaître l'enfant, non seulement il engage sa responsabilité à l'égard de la mère et de l'enfant mais, de plus, sa paternité naturelle est judiciairement déclarée.

54) A noter qu'il n'existe aucune loi en Allemagne comparable aux lois bioéthiques françaises. Seule a été adoptée la loi précitée de 1990 sur la protection de l'embryon, au caractère essentiellement pénal et la loi précitée du 9 avril 2002 qui n'a réglé qu'un point précis (§1600 IV). En conséquence, c'est la jurisprudence appliquant les règles du BGB en matière de filiation, la doctrine et l'ordre fédéral des médecins qui tentent de préciser les règles civiles en cette matière.

1989 (cf. *supra*) est-il interprété, par la très grande majoritéde la doctrine, en ce sens que le donneur de sperme ne peut revendiquer l'anonymat puisque ce serait faire obstacle au droit constitutionnel de l'enfant de connaître ses origines génétiques. Une fois ce principe posé, le droit allemand en a tiré toutes les conséquences possibles, à défaut d'être toujours nécessaires et opportunes. Appliquant *a pari* les règles du BGB, la jurisprudence allemande a donc tout d'abord admis que le lien de filiation, établi avec le mari ou le compagnon de la mère ayant consenti à l'insémination artificielle, pouvait être contesté. La décision fondatrice déclarait ainsi recevable l'action en désaveu intenté par le mari de la mère.[55] Par analogie, la réponse devait être identique pour l'action en contestation de paternité du concubin (§1600 h ancien). Sur cette contestation du lien de filiation, le droit allemand a cependant récemment évolué, en rompant avec l'absolutisme de la vérité biologique. Depuis une loi du 9 avril 2002 (*KindRVerbG*) en effet, le §1600 IV BGB dispose que, lorsqu'un enfant a été conçu par insémination artificielle hétérologue avec l'accord de l'homme et de la mère, ceux-ci ne sont plus autorisés à contester la paternité de ce dernier.[56] Cette disposition a été adoptée dans l'intérêt de l'enfant qui était manifestement ignoré par la jurisprudence antérieure. Il s'agit en effet d'assurer la stabilité de sa parenté en exigeant des parents, qui ont volontairement eu recours à un procédé d'insémination artificielle, qu'ils restent fidèles à la responsabilité qu'ils ont librement contractée à l'égard de leur enfant.[57] Le fondement de

---

55) La décision fondatrice est celle du BGH, 7 avril 1983, NJW1983, 2059, D. Coester-Waltjen et 2073. Le fait que le mari eût renoncé préalablement à intenter une telle action en désaveu était sans incidence, une telle renonciation étant illicite: BGH, 12 juillet 1995, FamRZ 1995, 1272.

56) *«Ist das Kind mit Einwilligung des Mannes und der Mutter durch künstliche Befruchtung mittels Samenspende eines Dritten gezeugt worden, so ist die Anfechtung der Vaterschaft durch den Mann oder die Mutter ausgeschlossen».*

57) Palandt/Diederichsen, *Kommentar zum Bürgerlichen Gesetzbuch*, C.H. Beck, 62ème éd., 2003,

la règle en justifie cependant les limites: la contestation de paternité est à nouveau ouverte aux père et mère lorsque, soit l'enfant n'est pas issu de l'insémination, soit le père demandeur n'y a pas donné son accord. Le parallèle avec l'article 311-20 al. 2 C. civ. précité s'impose, à une différence près tout de même, l'action en contestation de paternité en droit allemand reste ouverte à l'enfant.[58] C'est une nouvelle fois son droit constitutionnel à connaître ses origines biologiques qui commande cette solution. Demeure alors la question de savoir si ce droit implique également de reconnaître à l'enfant celui de faire établir en justice son lien de filiation avec son père biologique. En l'absence de disposition législative spéciale, l'application analogique des règles du BGB conduit à une réponse positive (§1600 d).[59]

Du fait d'un attachement plus important aux liens du sang, le droit allemand a donc érigé en absolu le principe de la vérité biologique auquel le droit français, de son côté, oppose plus souvent la nécessité du secret au nom du respect dû à la réalité sociologique. A l'inverse, face à l'évolution des mœurs, les deux systèmes juridiques ont réagi de la même manière.

---

§1600, n°6. Depuis l'introduction du §1600 IV précité, n'est plus d'actualité la jurisprudence qui accordait un «répit» au donneur en décidant que l'enfant conservait sa créance alimentaire à l'encontre de son premier père lorsque celui-ci, après avoir donné son accord à l'insémination, avait contesté sa paternité (BGH, 3 mai 1995, *NJW* 1995, 2028 et 2031). C'est désormais un cas de figure qui ne peut plus se présenter.

58) Une autre différence importante est que le droit allemand n'envisage que la contestation de paternité tandis que le texte français vise plus généralement les actions en contestation de filiation, incluant donc la filiation maternelle. Elle n'est cependant que la conséquence logique de ce que, en droit allemand, la maternité est toujours certaine parce que, d'une part l'accouchement sous X n'est pas possible (cf. *supra*), d'autre part le don d'embryons et d'ovocytes est prohibé par la loi précitée de 1990 alors qu'il est permis selon la loi française: F. Terré, D. Fenouillet, *op.cit.*, n°937 et s.

59) L'éventualité de l'établissement d'un lien de filiation entre le donneur et l'enfant a entraîné une chute importante du nombre de donneurs en Allemagne.

B. Une réaction similaire face à l'évolution des mœurs

En matière de droit de la famille, le facteur de rapprochement des droits français et allemand a logiquement été l'évolution similaire des mœurs que les deux pays ont connue.[60] La France et l'Allemagne ont alors recherché à adapter leur système juridique aux traits caractéristiques de la société postmoderne: l'émancipation des femmes, l'instabilité des couples, la forte proportion de parents non mariés, la primauté accordée à l'individu sur le citoyen et les institutions, l'impératif d'égalité, la multiplication des sources de conflits due àcelle des droits subjectifs. Adaptation plus ou moins rapide, plus ou moins radicale mais qui, de part et d'autre du Rhin, s'est traduite par une production législative au rythme toujours plus effréné.[61]

Cette évolution comparable des mœurs dans nos deux pays peut être ramenée à deux phénomènes qui, au demeurant, ont partie liée: le développement de l'individualisme d'une part, le passage de l'égalité à l'égalitarisme d'autre part.

---

60) A noter la constitution en 2001 par des universitaires européens d'une commission dont l'objet est d'harmoniser le droit de la famille, la *Commission on European Family Law* (CEFL). Les premiers Principes relatifs au divorce et à la pension alimentaire entre ex-époux ont été publiés: *Principles of European Family Law Regarding Divorce and Maintenance between Former Spouses*, Intersentia, 2004. V. F. Ferrand, *Les Principes de droit du divorce établis par la Commission de droit européen de la famille, Lamy Droit civil*, juin 2005, p.29 et juillet 2005, p.41, spéc. p.30: *«Bien entendu, les Principes rédigés par la CEFL ne sont en aucun cas obligatoires. Ils ne représentent que le résultat de recherches et de réflexions scientifiques destinés à proposer une base de travail pour une éventuelle harmonisation européenne. … Ils peuvent être considérés comme des recommandations adressées aux législateurs nationaux ou même comme une sorte de modèle que la loi nationale pourrait reprendre ou adapter.»* L'auteur est membre de la Commission.

61) R. Frank, *Le centenaire du BGB…, op.cit.*, p.821 qui parle de *«panique législative résultant de la soif de réformes de cette dernière décennie»*.

1. La montée de l'individualisme[62)]

En droits allemand et français, comme dans les autres pays européens, on constate que la reconnaissance démultipliée de droits subjectifs individuels supplante l'intérêt collectif de la famille. L'individualisme au sein de la famille est aujourd'hui la norme avec son corollaire, la judiciarisation des relations familiales.[63)]

Deux exemples permettront d'illustrer ce phénomène.

a. L'objectivation du divorce

C'est en matière de divorce que l'individualisme a marqué le plus profondément le droit de la famille. Un phénomène en témoigne, l'objectivation tant des causes que des conséquences du divorce.

---

62) M.-Th. Meulders-Klein, *Individualisme et communautarisme: l'individu, la famille et l'Etat en Europe occidentale,* in *La personne, la famille, le droit. Trois décennies de mutations en Occident,* Bruylant, LGDJ, 1999, p.433, spéc. p.440: *«En trois décennies …, le glissement s'est opéré du sentiment du «nous» de la communauté familiale, quelle que soit son étendue, au sentiment du «je» de l'individu libre et solitaire.»* J. Commaille, *Une sociologie politique du droit de la famille. Des référentiels en tension: émancipation, institution, protection,* in *Liber Amicorum* M.-Th. Meulders-Klein, *Droit comparé des personnes et de la famille*, Bruylant, 1998, p.83, spéc. p.84 et s.: *«L'évolution des modes de constitution et de fonctionnement de la sphère privée peut être lue comme une émancipation, une libération de l'individu des contraintes que faisaient peser sur lui la famille traditionnelle, la communautéfamiliale, le système de parenté, avec l'enfermement dans des rôles prescrits, notamment en fonction du genre. L'événement de la «famille individualiste et relationnelle», centrée sur la révélation de l'individu, de son identité au sein d'un réseau familial électif où prime le «principe d'autonomie», est le signe de cet «individualisme positif» ou de cette «démocratisation de la vie personnelle» soulignés par certains.»*

63) R. Frank, *Le centenaire du BGB…, op.cit.*, spéc. p.836-837: *«Autour du droit de la famille, s'est tissé une toile dense et impénétrable de droits individuels qu'il est possible de faire valoir par voie judiciaire. … Même si la tendance à surréglementer le mariage et la famille porte le germe de leur destruction, force est de constater que législateur, jurisprudence et doctrine s'acharnent plus que jamais à créer de nouveaux droits individuels au sein du droit de la famille.»*

α. L'indifférence de la faute lors de la détermination des causes du divorce

En matière de divorce, l'expression de l'individualisme prend tout d'abord la forme du divorce pour cause objective.[64] Ce cas de divorce permet en effet à un seul conjoint d'obtenir la dissolution du mariage, contre la volonté de l'autre le cas échéant;[65] il suffit pour cela de faire constater en justice l'échec du mariage, révélé par la séparation de fait des époux dont la durée minimale est fixée par la loi. Ce type de divorce (divorce-remède ou divorce-faillite) se situe clairement en opposition à la vision morale qui prédominait classiquement dans ce domaine et selon laquelle seule la faute d'un conjoint pouvait permettre à l'autre de demander la dissolution du lien conjugal (divorce-sanction). Dans ce domaine, l'Allemagne a longtemps fait figure de précurseur par rapport à la France avant d'être rattrapée, voire dépassée, par celle-ci.

C'est depuis une loi du 14 juin 1976 qu'en droit allemand,[66] la constatation de l'échec du mariage est devenue la seule et unique cause possible de divorce (§1565 I, *Scheitern der Ehe*).[67] L'échec de l'union est avéré lorsque la communauté de vie (*Lebensgemeinschaft*) a cessé entre les époux et que l'on ne peut pas s'attendre à ce qu'ils la

---

64) Pour un article précurseur, Carbonnier, *Terre et Ciel dans le droit du mariage,* in *Le droit privé français au milieu du XXème siècle*, Mélanges Ripert, LGDJ, 1950, t. 1, p.325, spéc. p.334-335.

65) Les divorces par consentement mutuel *lato* sensu connus du droit français (art. 230 et s.) et, dans une moindre mesure, du droit allemand (§1566 I), fondés sur l'accord des époux et non pas imposés par l'un à l'autre, sont exclus de ce propos.

66) Sur le droit allemand du divorce, en langue française, Rieg et M. Fromont, *Introduction au droit allemand*, t. III, *Droit privé,* p.226 et s. F. Ferrand, *Droit privé allemand*, Dalloz, 1997, n°508 et s. B. Dutoit, R. Arn, B. Sfondylia, C. Taminelli, *Le divorce en droit comparé*, vol. 1, *Europe*, Droz, 2000, p.32 et s.

67) Cette cause de divorce pour désunion du couple (*Zerrüttungsprinzip*) est connue du droit allemand depuis une loi de 1938 mais, jusqu'en 1976, elle cohabitait avec le divorce pour faute (*Verschuldensprinzip*).

reprennent. Cette double condition étant difficile à établir, la loi a adopté une présomption irréfragable d'échec lorsque les conjoints sont séparés depuis au moins trois ans (§1566 II).[68] A la même époque, le législateur français faisait preuve de plus de classicisme et, quoique très au fait du projet de loi allemand en cours de discussion,[69] d'une part n'abandonnait pas le divorce pour faute,[70] d'autre part n'introduisait que très timidement la possibilité de divorcer pour rupture de la vie commune (art. 237 et s. anciens).[71] Ainsi, non seulement le délai de séparation exigé par la loi était de six ans mais, de plus et surtout, ses conséquences étaient celles d'un divorce pour faute prononcé aux torts exclusifs du conjoint demandeur (art. 265 ancien) tandis que le devoir de secours (art. 212) était maintenu sous forme de pension alimentaire malgré la dissolution du mariage (art. 281 ancien). L'époux qui prenait l'initiative d'un divorce pour séparation prolongée était donc considéré comme fautif car présumé avoir abandonné le foyer conjugal.[72] Pourquoi une telle différence

68) Si les époux sont d'accord sur le principe du divorce, ce délai est ramené à un an (§1566 I).

69) Le Ministère de la Justice avait demandé au Centre français de droit comparé de mener une étude sur les différentes législations en matière de divorce, étude qui fit, par la suite, l'objet d'une publication: Ancel, *Le divorce à l'étranger*, Documentation française, 1975: sur le droit allemand, spéc. p.85 et s., des développements ayant été consacrés aux *«principes généraux du projet de réforme du divorce»*. Carbonnier, *La question du divorce. Mémoire à consulter, D.* 1975, *Chron.*, 115, spéc. 116.

70) A noter que la faute n'a pas totalement disparu du droit allemand du divorce. Si elle n'en est plus une cause autonome, elle continue à jouer un rôle subsidiaire: le délai d'un an de séparation peut être écartési la poursuite du mariage serait intolérable à l'un des conjoints du fait du comportement de l'autre (§1565 II). Pour une comparaison sur ce point, F. Furkel, *La faute dans le divorce en droits français et allemand, RIDC* 1982, p.1153, spéc. p.1168 à propos du §1565 II BGB qualifié de *«clause de dureté négative»*.

71) Pour une comparaison des divorces objectifs français (loi du 11 juillet 1975) et allemand, B. Jung, *Le divorce remède ou la place faite au divorce objectif dans le nouveau droit du divorce en France et en République fédérale d'Allemagne, JCP* 1979, I, 2940.

entre la France et l'Allemagne?

L'explication est sans doute àrechercher du côté de la religion qui influence toujours si fortement les conceptions familiales d'un pays.[73] L'Allemagne est un pays marqué par le protestantisme tandis que la société française est longtemps restée imprégnée par le catholicisme. Or, quoique toutes deux chrétiennes, ces religions n'ont jamais eu la même approche du divorce. Le catholicisme, s'appuyant sur le caractère de sacrement du mariage ignoré du protestantisme, a toujours condamné le divorce de manière absolue tandis que, dès sa naissance au XVIè siècle, l'Eglise réformée adoptait une position plus libérale qui sera constamment assouplie par la suite.[74] Cette différence de culture religieuse explique vraisemblablement la réserve initiale de la France, par rapport à l'Allemagne, à l'égard du divorce pour échec du mariage et la constance de l'empreinte de la faute sur celui-ci.[75] Le rapprochement des deux systèmes juridiques, et même le dépassement du droit allemand par le droit français en la matière, s'explique de même par le recul de l'influence de la religion catholique en France.[76]

---

72) Le résultat était inéluctable: le divorce pour rupture de la vie commune n'a jamais représenté, en moyenne, que 1.5 % des divorces. A comparer avec le divorce pour faute qui s'est stabilisé aux alentours de 40 %.

73) La remarque vaut encore pour les pays européens même si c'est désormais l'absence de convictions religieuses voire l'hostilité à la religion dominante qui fondent certains choix législatifs.

74) Sur les théologies catholique et protestante en matière de divorce, Carbonnier, *Droit civil. La famille, l'enfant, le couple*, t. 2, PUF, 2002, 21ème éd., p.533-534. Mgr J.-F. Arrighi, *L'avenir de l'humanité passe à travers la famille («Familiaris Consortio»)* et J.-F. Collange, *Le mariage dans la perspective de la Réforme,* in *Le droit de la famille en Europe*, PU Strasbourg, 1992, respectivement p.19 et p.47.

75) Même si le rédacteur du projet de loi français, le doyen Carbonnier, était lui-même protestant mais, grand spécialiste de sociologie juridique, il a tenu compte de ce que le catholicisme était la religion largement majoritaire en France.

76) La France est considérée aujourd'hui, avec la Belgique, comme le pays le plus

Cette réserve a en effet été levée par la récente réforme française du divorce (L. 26 mai 2004), au point que le constat est aujourd'hui inverse: avec le nouveau cas de divorce pour altération définitive du lien conjugal (art. 237 et 238), le droit français accueille plus facilement le divorce pour cause objective que le droit allemand.[77] Tout d'abord, au stade des conditions de mise en œuvre: le délai minimum n'est plus que de deux ans[78] tandis que seule la condition de cessation de la communauté de vie est requise. Nul besoin de démontrer que sa reprise est improbable comme l'exige le droit allemand (cf. *supra*). Ensuite, ce qui est encore plus marquant, le divorce objectif est facilité par la disparition de la clause de dureté. Dans les années soixante-dix en effet, les opposants à ce type de divorce avaient dénoncé, des deux côtés du Rhin, le fait que son adoption permettait en réalité d'autoriser la répudiation, «*tragédie pour l'épouse, sujet d'horreur pour nos sociétés occidentales*».[79] D'où, pour pallier un tel risque, l'instauration d'une clause de dureté (*Härteklausel*) permettant au conjoint ne souhaitant pas le divorce d'y faire échec, malgré la séparation des époux, s'il démontrait que la dissolution du mariage entraînerait pour lui ou les enfants communs des conséquences d'une exceptionnelle gravité (art. 240 ancien; §1568[80]). Cette limite au

---

déchristianisé d'Europe.

77) Tout en conservant le divorce pour faute (art. 242 et s.).

78) Condition de délai qui est même supprimée lorsque le juge statue sur cette cause de divorce dans le cadre d'une demande reconventionnelle présentée à la suite d'une demande principale en divorce pour faute (art. 238 al. 2).

79) Carbonnier, *La question du divorce*…, *op.cit.*, 117.

80) Le mécanisme de la clause de dureté était déjà connu du droit allemand antérieur à 1976 (EheG, §47) et était discuté dans le cadre des travaux préparatoires ayant abouti à la loi de 1976. L'exemple allemand a expressément été invoqué dans les travaux préparatoires français ayant mené à la loi de 1975 et est à l'origine de l'article 240 ancien du Code civil alors même que les objectifs respectivement poursuivis par les deux législateurs à travers cette disposition n'étaient pas identiques: sur cette question, F.

caractère unilatéral du divorce pour cause objective a donc aujourd'hui disparu du droit français[81] et a été remplacée par un simple droit à indemnisation (art. 266). Le juge devient alors un «automate du divorce» pour rependre une expression utilisée en Allemagne (*Scheidungsautomat*) puisque son rôle se réduit à constater la séparation de fait de deux ans des époux.[82] Un droit subjectif au divorce a donc bel et bien vu le jour en France.[83] Ceci est d'autant plus intéressant à noter qu'à l'inverse, le droit allemand, peu de temps après l'entrée en vigueur de la loi de 1976, a vu renforcer la portée de sa clause de dureté. Il était en effet initialement prévu qu'elle ne pouvait plus être invoquée par le conjoint défendeur au-delàde cinq ans de séparation (§1568 II ancien). Le divorce pouvait dès lors être imposé à l'époux réticent. Or, cette disposition a été déclarée inconstitutionnelle par le Tribunal constitutionnel fédéral[84] sur le fondement de l'article 6 alinéa 1er de la Loi Fondamentale (*Grundgesetz*) selon lequel le mariage et la famille sont sous la protection particulière de l'Etat.[85]

Institution du mariage contre libre épanouissement de l'individu,[86]

Furkel, *op.cit.*, spéc. p.1158.

81) La survie du devoir de secours a également été abandonnée (art. 270 al. 1er).

82) En faveur de la nécessité des clauses de dureté cependant, M.-Th. Meulders-Klein, *La problématique du divorce dans les législations d'Europe occidentale, RIDC* 1989, p.7, spéc. n°44-45. L'auteur constate que le seul «reproche» que l'on peut faire aux clauses de dureté est de *«s'inscri[re] directement en faux contre l'objectif même du divorce-faillite qui, dans sa logique absolue, ne connaît ni la mansuétude, ni même l'équité et postule que la dissolution du mariage puisse être obtenue de plus en plus rapidement et de plus en plus facilement.»*

83) G. Pieratti, *Un point de vue sur la réforme du divorce: le XXIè siècle, témoin de l'affaiblissement du mariage et de l'apparition d'un droit au divorce, Petites affiches* 15 avril 2004, p.3, spéc. p.9.

84) BVerfG, 21 octobre 1980, *NJW* 1981, 108. Le §1568 II a été en définitive abrogé par une loi du 20 février 1986.

85) *«Ehe und Familie stehen unter dem besonderen Schutze der staatlichen Ordnung.»*

86) C'est en ces termes que le débat en Allemagne s'était développé lors de la discussion sur la constitutionnalité de la clause de dureté et du principe même du divorce-faillite.

droit français et droit allemand ont clairement opté pour la seconde branche de cette alternative. C'est également le cas au stade de la détermination des conséquences du divorce.

β. L'indifférence de la faute lors de la détermination des conséquences du divorce

Depuis la loi française du 26 mai 2004, l'intention des législateurs français et allemand est la même: décoreller la détermination des conséquences du divorce du comportement éventuellement fautif d'un conjoint. En d'autres termes, les fautes commises pendant le mariage, seraient-elles à l'origine de son échec, ne doivent plus en principe être sanctionnées lors du divorce et ce, dans le but de pacifier celui-ci. Il s'agit donc bien à nouveau d'individualisme puisque le cadre institutionnel du mariage ne saurait plus brimer l'individu à qui il ne peut être reproché d'avoir violé ses engagements.[87] En droit allemand, cette volonté de «dédramatiser» le divorce, en niant les fautes éventuellement commises par les époux, a été mise en œuvre dès la loi de 1976. La cause du mariage étant devenue unique, les effets du divorce devaient être identiques, quel qu'ait pu être le comportement des conjoints pendant le mariage. Si, à l'inverse, la loi française de 2004 n'a pas mis fin à la pluralité des cas de divorce, maintenant notamment le divorce pour faute, le rôle de celle-ci a cependant été également amoindri. Ainsi, aujourd'hui, tant en droit français qu'en droit allemand, le comportement répréhensible d'un époux n'a plus aucune incidence sur le sort des donations et avantages matrimoniaux (art. 265 al. 1er, à comparer avec art. 267 ancien).

Le droit de l'individu au libre épanouissement de sa personnalité est garanti à l'article 2 alinéa 1er de la Loi Fondamentale.

87) B. Dutoit et *alii*, *op.cit.*, p.25 à propos de la dévalorisation, voire de la décomposition du mariage: «*En filigrane de cette évolution …, se profile un individualisme mâtiné d'hédonisme qui caractérise l'homme moderne. Celui-ci est devenu allergique à l'idée d'une fidélité conjugale qui pourrait le lier à un autre, pour le meilleur comme pour le pire, dans une communauté de destin.*»

Ainsi, en Allemagne, même effacement de la faute concernant la compensation des droits à pension de retraite(*Versorgungsausgleich*)[88] ou l'octroi d'une pension alimentaire (*Unterhaltsanspruch*) qui n'est accordée qu'en fonction de la situation de besoin du conjoint créancier (§§1569 et s.).

Cependant, concernant cette dernière institution, le principe de l'indifférence de la faute doit être fortement nuancé. Aux termes du §1579 BGB en effet, le créancier d'aliments perd son droit, le voit diminuer ou limiter dans le temps dans les hypothèses suivantes: s'il a commis un crime ou un délit grave et intentionnel contre son conjoint ou l'un de ses proches, s'il a, avant la séparation, gravement et sur une longue durée, violéson obligation d'entretien envers sa famille et, plus généralement, s'il a eu un comportement fautif, qui doit être grave et manifeste, à l'égard de son conjoint.[89] Cette réintroduction - prudente au regard des précautions de langage du législateur - de la faute en droit allemand au stade des effets du divorce, alors même qu'elle est souvent dénoncée comme contraire à la logique d'un divorce pour cause objective, apparaît, au contraire, comme son pendant nécessaire. Le principe de l'indifférence de la faute est en effet non seulement irréaliste - le droit peut ignorer les fautes commises, il n'en demeure pas moins qu'elles l'ont été - mais également profondément inique en ce qu'il nie la dignité du conjoint victime des agissements fautifs de l'autre en le privant de toute reconnaissance juridique de sa souffrance.[90] En niant la faute, c'est la

88) Institution réglementée de manière très minutieuse (§§1587 et s.) et dont l'objet est d'assurer au conjoint divorcé économiquement le plus faible une certaine retraite. S'il n'a eu aucune activité lucrative, lui est alors octroyée la moitié des droits à retraite acquis par l'autre époux pendant le mariage tandis que, si ses droits à pension sont plus faibles, il recevra la moitié de la différence entre ses droits et ceux de son ex-conjoint.

89) Sur cette dernière hypothèse, *Münchener Kommentar zum Bürgerlichen Gesetzbuch, Familienrecht I, §§1297-1588*, C.-H. Beck, *Band* 7, 4ème éd., 2000, §1579, H.-U. Maurer, n°44 et s.

90) C'est également nier la dignité du conjoint fautif: B. Dutoit et *alii, op.cit.*, p.25: «*Aller*

victime que l'on ignore. C'est pour cette raison également que, si le nouveau droit français du divorce a amoindri le rôle de la faute, il n'a pu complètement l'effacer.[91] Deux questions en témoignent.

Le droit français, contrairement au droit allemand, a toujours reconnu au conjoint victime, dans le cadre d'un divorce prononcé aux torts exclusifs de l'autre époux, le droit à des dommages-intérêts réparant le préjudice matériel ou moral subi du fait du divorce (art. 266 ancien). Aujourd'hui, le nouvel article 266 ne prévoit plus que la réparation des «*conséquences d'une particulière gravité*». L'intention du législateur de réduire la portée de ce droit à indemnisation est claire. Cependant, le dernier mot reviendra aux juges du fond qui apprécieront souverainement cette condition. En matière de prestation compensatoire, l'évolution du droit français est également significative. Sous l'empire de la loi de 1975 (art. 280-1 ancien), le conjoint fautif perdait tout droit à une prestation compensatoire et ce n'était qu'à titre exceptionnel, si l'équité le commandait,[92] que le juge pouvait malgré tout lui allouer une indemnité. Aujourd'hui, l'article 270 al. 2 et 3 du Code civil pose le principe inverse: tout conjoint, quelle que soit la cause du divorce, a droit à une prestation compensatoire et le conjoint fautif ne peut en être privé que si, une nouvelle fois, l'équité le commande, «*au regard des circonstances particulières de la rupture*».

L'effacement de la faute n'est donc absolu ni en droit français ni en droit allemand. La tendance affirmée par les deux systèmes

---

dans ce sens, c'est finalement mésestimer la personne dans sa capacité de dépassement d'elle-même et dans son appel profond à l'ouverture et au don. Comme l'a souligné une grande voix spirituelle de ce temps, «l'homme considère sa vie comme un ensemble de sensations à expérimenter et non comme une œuvre à accomplir. Il y a un manque de liberté dans le fait de renoncer à se lier avec stabilité» (Jean-Paul II, Centesimus Annus).»

91) Sur l'exercice d'équilibriste que le législateur français a dû réaliser en ce domaine, F. Bellivier, *RTDCiv.* 2004, 565, spéc. 569.

92) Le juge ne devait alors tenir compte que de deux circonstances: «*la durée de la vie commune et … la collaboration apportée à la profession de l'autre époux*» par le conjoint fautif.

juridiques n'en demeure pas moins la même: la liberté de l'individu doit, en principe, primer sur ses engagements, fût-ce au détriment de son conjoint victime. La même négation de l'autre au nom du droit de chacun à vivre comme s'il était seul peut être constatée en matière de nom conjugal.

b. La «subjectivation» du nom conjugal

Si la question du nom de famille est un terrain de prédilection du principe d'égalité des sexes (cf. *infra*), celle du nom conjugal est révélatrice des excès de l'individualisme dans le droit allemand de la famille. En ce domaine, le droit français, qui est resté en retrait, n'est pas tombé dans les mêmes ornières que son voisin.

En droit allemand, l'individualisme en matière de nom conjugal s'exprime sur deux terrains. Le premier est celui du nom d'accompagnement (*Begleitname*). Depuis une loi du 14 juin 1976[93] donnant la possibilité aux époux de choisir leur nom conjugal commun (*Ehename*, §1355),[94] le conjoint, dont le nom n'a pas été retenu, a la possibilité de l'adjoindre au nom conjugal.[95] La prise en considération de chaque époux en tant qu'individu prime donc un principe pourtant cher au législateur allemand comme aux Allemands eux-mêmes, à savoir l'unité du nom de famille. La loi du 16 décembre 1993, qui a profondément réformé la question du nom conjugal en Allemagne,[96] a renforcé cette expression de l'individualisme en insufflant plus de souplesse dans la mise en œuvre du nom d'accompagnement (§1355 IV). Ainsi, le conjoint concerné peut-il choisir l'ordre dans lequel les deux noms seront mentionnés –

---

93) F. Furkel, *Les dispositions françaises de la loi allemande du 14 juin 1976 relatives au nom: modèle pour une réforme du droit français?*, *RIDC* 1985, 353.

94) Cf. *infra*.

95) Il peut alors s'agir soit de son nom de naissance, soit d'un nom conjugal antérieur.

96) Cf. *infra*.

auparavant lui était imposé de mentionner son nom en premier[97] - tandis qu'il peut également décider à n'importe quel moment, du retrait de ce nom d'accompagnement - auparavant, son choix était irrévocable. Mais ce qu'il convient surtout de souligner ici est le caractère discrétionnaire de ces droits: l'époux qui en use n'a pas à justifier d'un quelconque intérêt pouvant fonder ses choix. La famille doit s'effacer devant lui.

Le second domaine où s'est développé, jusqu'à l'hypertrophie, l'individualisme en droit allemand de la famille est celui du nom conjugal lui-même. En cette matière, il n'est pas exagéré de dire que droit français et droit allemand, malgré leur proximité géographique, se situent aux antipodes l'un de l'autre. De son côté, la loi française est restée muette sur ce sujet. Partant, le mariage ne modifie rien en la matière: juridiquement, les deux époux gardent leur nom de naissance. Ce silence de la loi a été pallié par la coutume qui a reconnu le nom d'usage, quasi exclusivement utilisé par les épouses qui portent le nom de leur mari.[98] Mais, et c'est là la différence essentielle avec le droit allemand, il ne s'agit que d'un usage et en aucun cas d'un droit subjectif. Ainsi, après divorce, l'ancienne épouse doit cesser de porter le nom de son ex-mari, sauf autorisation de ce dernier ou du juge, fondée sur un intérêt dûment démontré(art. 264). A l'inverse en droit allemand, les conjoints ont sur le nom conjugal qu'ils ont éventuellement choisi en commun un véritable droit subjectif. Le nom conjugal est considéré comme un attribut de la personnalité de chaque époux qu'il conserve alors logiquement même

97) Ce qui, il est vrai, était fort peu logique au regard de l'impératif - qui demeure même s'il a été quelque peu malmené - de l'unité du nom de famille: F. Furkel, *La réforme du nom en Allemagne, RIDC* 1994, p.1135, spéc. p.1137.

98) Dernier avatar de l'ancienne incapacité juridique des femmes mariées. L'inverse n'est pas possible: un mari ne peut substituer le nom de sa femme au sien il peut juste l'y adjoindre mais la pratique est très rare. L'usage du double nom se développe aujourd'hui chez les femmes mariées.

après la dissolution du mariage, fût-ce par divorce (§1355 V). Cette «subjectivation» du nom conjugal entraîne des conséquences importantes[99] qui ont été récemment tirées jusqu'à l'absurde par le Tribunal constitutionnel fédéral. Le §1355 II BGB disposait encore récemment que les conjoints pouvaient choisir comme nom conjugal le nom de naissance du mari ou celui de la femme. *A contrario*, ne pouvait être retenu un nom conjugal antérieur.[100] Souhaitant choisir comme second nom conjugal le nom de son précédent époux, acquis par mariage et sous lequel elle s'était fait connaître professionnellement, une femme, à l'appui de son droit général de la personnalité, demanda à ce que le §1355 II BGB soit déclaré inconstitutionnel. A la surprise générale, le Tribunal constitutionnel fédéral lui a donné raison.[101] Ainsi, au nom du droit subjectif accordé à toute personne sur son ancien nom conjugal, le nom de l'ex-conjoint, qui, on le devine, n'en sera pas forcément enchanté, pourra désormais être transmis au second époux.[102] La comparaison avec le droit français met en lumière l'opposition radicale des deux systèmes juridiques sur ce point. Le nom «conjugal», on devrait dire marital, étant un nom d'usage en droit français, même lorsque l'ex-épouse a été autorisée après divorce à continuer à le porter, il est

---

99) En matière de transmission du nom surtout: ce premier nom conjugal, que le conjoint divorcé continuera à porter comme il en a le droit, pourra dès lors être transmis aux enfants d'une seconde union (§1617, cf. *infra*) qui peuvent ainsi porter le nom d'une personne avec qui ils n'ont aucun lien. L'opportunité d'une telle règle est discutée: *Münchener Kommentar…, op.cit.*, A. Wacke, §1355, n°25.

100) Palandt/Brudermüller, op.cit., §1355, n°3. *Münchener Kommentar…, op.cit.*, A. Wacke, §1355, n°12. En revanche, un nom conjugal précédent peut être choisi comme nom d'accompagnement (cf. *supra*).

101) BverfG, 18 février 2004, *RIDC* 2004, p.477, F. Furkel, sommant le législateur de modifier la loi avant le 31 mars 2005.

102) Alors que l'exigence de proportionnalité dans la mise en œuvre des droits fondamentaux aurait pu commander la solution inverse. Les intérêts du premier conjoint sont en effet sacrifiés par cette décision: F. Furkel, *op.cit.*, p.479.

acquis que cette autorisation devient caduque de plein droit en cas de remariage alors même que l'intérêt, professionnel ou personnel, qui avait fondé l'autorisation peut perdurer,[103] motif pris notamment que, même juste à travers son nom, une femme ne peut être autorisée à être en situation de «bigamie»[104]··· Individualisme outrancier d'un côté, attachement plus ou moins avoué à la primauté maritale de l'autre, *ô loce*, *ô mores*!

Aussi critiquable soit-elle, l'évolution que le droit allemand vient de connaître en matière de nom conjugal n'en est pas moins la conséquence inéluctable du développement des droits subjectifs individuels dans un contexte collectif, en l'occurrence familial. La question du choix et de la transmission du nom de famille n'échappe pas non plus à cette difficulté.[105] Mais elle est également révélatrice d'une autre tendance du droit actuel de la famille, celle à l'égalitarisme.[106]

---

103) TGI Paris, 10 février 1981, *Isabelle de Wangen, JCP* 1981, II, 19624, note critique Huet-Weiller qui en appelait à la notoriété professionnelle qu'une femme divorcée avait pu acquérir sous le nom de son premier mari; *D.* 1981, 443, note approbative Lindon qui faisait valoir que les femmes n'avaient qu'à faire usage de leur propre nom dans le domaine professionnel si elles souhaitaient éviter ce genre de déconvenue, conseil péremptoire· qui faisait peu de cas de la force de l'usage inverse qui concerne encore 90% des épouses··· A l'appui de leur décision, les juges ont invoqué la confusion qui pourrait en résulter pour les tiers si une femme était autorisée à porter deux noms d'usage, dont l'un ne correspondrait plus à sa situation matrimoniale.

104) Ph. Malaurie, *Les personnes. Les incapacités*, Defrénois, 2003, n°137. Lors même que, par l'autorisation qui peut être donnée àune femme divorcée de continuer à porter le nom de son ex-mari, ce dernier, en cas de remariage, voit dès lors deux femmes user de son nom. Il est donc également en situation de «bigamie nominale». Les choses, en la matière, ne sont décidément pas simples···

105) Sur l'expression et les conséquences de l'individualisme en cette matière, que le terme même de «nom de famille» ne saurait occulter, les excellents développements de J. Rochfeld à propos de la loi française du 4 mars 2002, in *RTDCiv.* 2002, 377, spéc. 381-382.

2. La montée l'égalitarisme

On pourrait en cette matière abordée l'étude de nombreuses lois car le souci d'égalité est devenu omniprésent dans les sociétés européennes. Ainsi, en est-il notamment du principe d'égalité absolue entre les différentes filiations - notamment légitime et naturelle. Ce principe est aujourd'hui de droit positif tant en droit allemand, où il a été parachevé par la loi précitée du 16 décembre 1997, qu'en droit français où il a atteint son point culminant, d'une part avec la loi du 3 décembre 2001, réformant principalement le droit des successions, et à l'occasion de laquelle, toutes les dispositions discriminatoires adoptées à l'encontre de l'enfant adultérin ont été abrogées et, d'autre part, une loi du 4 mars 2002 dont l'objectif déclaré était d'instituer un «*droit commun de l'autorité parentale*».[107)]

N'ont donc été retenus que deux thèmes qui ont fait l'objet de lois récentes particulièrement révélatrices des dernières évolutions caractéristiques des droits français et allemand de la famille.

a. L'égalité des sexes

En cette matière, le droit allemand a toujours eu et conserve encore aujourd'hui une certaine avance sur le droit français. L'article 117 alinéa 1er de la Loi Fondamentale n'y est pas étranger qui prévoyait que le droit allemand devait être mis en conformité avec l'impératif d'égalitédes sexes (GG, art. 3 al. 2) avant le 31 mars 1953. Le droit de la famille était évidemment le premier concerné. L'égalité

---

106) Au demeurant, individualisme et égalitarisme sont très étroitement liés: v. F. Bellivier, dans son commentaire de la loi du 18 juin 2003, également relative à la transmission du nom de famille, qui parle «*d'individualisme égalitaire*» (*RTDCiv.* 2003, 554, spéc. 558).

107) Droit commun «*qui ne fasse plus de différence entre les enfants selon les circonstances de leur naissance, ni entre les parents selon leur statut* …»: S. Royal, JOAN 11 décembre 2001, p.9233.

entre hommes et femmes a ainsi été réalisée en matière de régimes matrimoniaux (loi du 18 juin 1957)[108] et en droit de la filiation et de l'autorité parentale (lois du 18 juin 1957, du 19 août 1969 et du 16 décembre 1997).[109] Un ultime domaine où la primauté masculine sévissait encore a fait l'objet d'évolutions récentes tant en droit français qu'en droit allemand: le choix du nom de famille.

La loi allemande qui a profondément réformé cette question date du 16 décembre 1993.[110] Comme la plupart des évolutions législatives majeures dans ce domaine, elle a été provoquée par le Tribunal constitutionnel qui, dans un arrêt du 5 mars 1991,[111] a jugé inconstitutionnelle la règle selon laquelle, en l'absence de choix des époux, le nom conjugal (*Ehename*) était celui du mari, règle évidemment contraire au principe d'égalité des sexes. En matière de droit du nom, le législateur allemand a alors dûtenter de concilier les contraires: assurer l'unité du nom de famille (GG, art. 6 al. 1er) tout en abandonnant le principe de la primauté maritale. Il était déjà répondu au premier impératif par l'institution du nom conjugal; pour le second, la nouvelle loi a prévu que, si les conjoints n'usaient pas de la possibilité qui leur était offerte de choisir eux-mêmes un nom conjugal, ils garderaient chacun leur nom de naissance (§1355 I 3).[112]

En dehors de cette hypothèse, spécifique au droit allemand, du choix en commun du nom conjugal qui devient alors le nom de famille transmis aux enfants (§1616), droit français et droit allemand connaissent tous deux des dispositions relatives à la transmission du nom de famille. Si, en ce domaine, les deux législateurs ont poursuivi

---

108) Elle sera amorcée en droit français par la loi du 13 juillet 1965 et parachevée par celle du 23 décembre 1985.

109) En droit français, par les lois des 4 juin 1970, 3 janvier 1972, 22 juillet 1987, 8 janvier 1993 et 4 mars 2002.

110) F. Furkel, *La réforme du nom en Allemagne, op.cit.*

111) *BverfGE* 84, 9.

112) Seule solution connue du droit français (cf. *supra*).

le même objectif, à savoir l'égalité entre le père et la mère, on ne peut que constater que celle-ci n'a été atteinte que par le droit allemand. Dans ce système juridique, la question est réglée de manière très minutieuse, pour ne pas dire complexe (§§1617 et s.), rançon de la liberté toujours plus grande accordée aux individus en la matière et du souci d'assurer une parfaite égalité entre les parents. Pour s'en tenir au principe d'égalité des sexes, les solutions retenues sont les suivantes: les parents ont le choix entre le nom du père ou celuide la mère;[113] à défaut d'accord dans un délai d'un mois après la naissance de l'enfant, le tribunal de la famille (*Familiengericht*) désigne le parent qui devra en définitive trancher si ce dernier ne formule aucun choix dans le délai qui lui a été éventuellement imparti par le juge, c'est son nom qui sera octroyé à l'enfant (§1617).[114]

En droit français,[115] l'éventail des possibilités offertes aux parents est plus large puisque ceux-ci ont le choix entre le nom du père, celui de la mère ou les deux dans l'ordre qu'ils choisissent (art. 311-21 al. 1er).[116] La seule alternative entre les noms du père et de la mère,

113) Afin d'assurer l'unité du nom de famille, il est prévu que le nom adopté pour le premier enfant sera également celui des enfants ultérieurs (§1617 I 3).

114) Depuis la loi précité du 16 décembre 1997, la stricte égalité entre le père et la mère est également assurée dans le cadre des familles naturelles (auparavant, l'enfant naturel se voyait en principe attribuer le nom de la mère). Il est alors prévu que c'est le parent qui détient l'autorité parentale qui choisit le nom transmis à l'enfant (§1617 a). Si l'autorité est conjointe, ce sont les règles susdites qui sont applicables.

115) Qui résulte de deux lois codifiées: l'une du 4 mars 2002 et l'autre du 18 juin 2003 qui, tout en retardant la date d'entrée en vigueur de la première, a comblé ses lacunes et remédié à ses faiblesses de rédaction. La rédaction des articles du Code civil concernés (art. 311-21 à 311-23) a de plus été modifiée par l'ordonnance précitée du 4 juillet 2005. La «logorrhée législative» dénoncée par le Conseil d'Etat est bien une réalité.

116) De même qu'en droit allemand, il est prévu que le nom dévolu au premier enfant vaut pour les autres enfants communs (art. 311-21 al. 3). Dans un autre domaine, à noter que les parents français doivent en revanche être plus diligents que les parents allemands puisque le nom de famille doit être mentionné dans l'acte de naissance de

retenue en droit allemand, a été jugée trop restrictive par le législateur français qui a souligné notamment qu'elle pourrait avoir pour résultat l'exacerbation des conflits entre parents.117) A l'inverse, la complexité inhérente au système du double nom a fondé son rejet par le législateur allemand: dès la transmission du nom à la deuxième génération en effet, quelles règles supplétives poser quand on souhaite, comme les législateur français et allemand, éviter les «colliers de noms» (*Namenkette*)?118) Le droit français a résolu cette difficulté par l'adoption d'une règle supplétive qui n'a pour elle que sa simplicité. En l'absence de choix des parents, il a ainsi été prévu que l'enfant prend, soit le nom du parent à l'égard duquel sa filiation a été établie en premier, ce qui ne concerne que les enfants naturels, soit le nom du père si sa filiation a été établie simultanément à l'égard des deux parents. D'où l'on voit une nouvelle fois que la simplicité des règles se paie de l'inégalité des sexes. La primauté paternelle, que le législateur avait souhaité abandonner en substituant le nom de famille au nom patronymique,119) a donc la vie dure.120) Or, ce choix est

---

l'enfant qu'ils n'ont que trois jours pour faire établir (art. 55 et 57 combinés).

117) *«L'inconvénient de ce système est qu'il instaure une obligation de choix, susceptible d'introduire le conflit au cours des relations de couple. … le triple choix: nom du père/ nom de la mère/ double nom, présente des avantages certains. En effet, un tel dispositif … évite les rapports de force, qui peuvent être résolus par le double nom.»*

118) F. Furkel, *op.cit.*, p.1139. Pour des critiques similaires, Ph. Jestaz, *A propos du nom patronymiquediagnostic et pronostic, RTDCiv.* 1989, 269, spéc. 274.

119) Cette expression ainsi que le terme de «patronyme» ont été consciencieusement éliminés du Code civil au bénéfice de l'expression «nom de famille» à la neutralité de bon aloi.

120) La première version de la loi votée par l'Assemblée nationale allait pourtant dans le sens d'une parfaite égalité des parents: «… *En cas de désaccord entre les parents sur le nom à conférer àl'enfant, celui-ci acquiert leurs deux noms accolés dans l'ordre alphabétique, dans la limite d'un patronyme pour chacun d'eux.»* C'est le Sénat qui a rétabli la primauté du patronyme, invoquant le respect d'une tradition multiséculaire et la conformité aux comportements actuels. On peut n'être pas convaincu par ces arguments: l'admission sans réserve du premier bloquerait systématiquement toute réforme tandis que le second est inopérant

surprenant à deux égards: d'une part, en ce qu'il diminue considérablement la portée de la réforme - dans ce système, le choix du nom dépend en effet de la seule volonté du père à qui il suffira d'opposer un refus passif (borné?) pour imposer la transmission de son nom;[121] d'autre part, en ce qu'il est manifestement contraire à la Convention européenne de sauvegarde des droits de l'Homme.[122] Cette règle ne résistera donc pas à un éventuel recours individuel.

b. L'égalité des orientations sexuelles

En lutte permanente contre toute forme de discrimination, les pays d'Europe occidentale se sont récemment donnés une nouvelle mission: reconnaître les unions homosexuelles et ce, jusqu'à la négation de la spécificité du mariage traditionnellement réservé aux couples hétérosexuels. De l'exigence d'égalité, les systèmes juridiques européens sont donc passés aujourd'hui à la satisfaction de l'égalitarisme.[123] La France et l'Allemagne n'ont pas échappé à ce

---

puisque la transmission du seul patronyme était obligatoire. L'Assemblée nationale s'est cependant rangée à cette modification afin de ne pas retarder l'entrée en vigueur de la loi (échéances électorales obligent).

121) Tel était également l'état du droit allemand avant la réforme de 1993.

122) CEDH, 22 février 1994, *Burghartz c. Suisse, D.* 1995, 5, J.-p.Marguenaud.

123) La dissolution du mariage parmi les autres formes d'union possibles a également été réalisée sur le terrain de la filiation et de l'autorité parentale où plus aucune distinction n'est aujourd'hui faite entre famille légitime et famille naturelle (stricte égalité parachevée par la loi allemande du 16 décembre 1997 et l'ordonnance française du 4 juillet 2005). Dans ces domaines néanmoins, la nécessaire protection de l'intérêt des enfants peut justifier cette évolution. En matière de reconnaissance des unions homosexuelles à l'inverse, seule la tendance déjà décrite à un individualisme exacerbé explique que les législateurs contemporains n'aient de cesse que d'exaucer tous les désirs que leurs concitoyens - dûment munis d'un bulletin de vote - expriment (D. Cohen, *Le droit à…*, Mélanges F. Terré, Dalloz, PUF, JC, p.393), sans plus jamais se poser la question, avant de reconnaître de nouveaux droits subjectifs, de l'utilité sociale de ceux-ci. Ce n'est, au demeurant, peut-être pas un hasard si l'Allemagne s'est révélée plus attentive aux

phénomène. Une fois n'est pas coutume, le législateur français est intervenu un peu avant le législateur allemand[124] mais ce dernier est allé beaucoup plus loin dans l'alignement du régime de ces unions sur celui du mariage, au point d'ailleurs, qu'alors même que la reconnaissance du mariage homosexuel est en principe exclue par le droit allemand,[125] la différence entre le partenariat et le mariage a été réduite à la portion congrue.[126]

---

revendications homosexuelles que la France (cf. *infra*). Son passé NAZI, durant lequel l'individu a été nié au seul bénéfice du Reich, la pousse sans doute aujourd'hui à succomber plus facilement aux excès inverses. Il est notable à cet égard que le Tribunal constitutionnel fédéral a jugé (décision du 17 juillet 2002, cf. infra) que les normes de protection du partenariat homosexuel étaient l'article 2 al. 1er de la Loi Fondamentale relatif au libre épanouissement de la personnalité et l'article 3 sur la prohibition de toute discrimination.

124) Loi française du 15 novembre 1999 sur le pacte civil de solidarité (PaCS), intégrée aux articles 515-1 et s. du Code civil. Loi allemande du 16 février 2001 sur le partenariat de vie enregistré (*eingetragene Lebenspartnerschaft*), modifiée par une loi entrée en vigueur le 1er janvier 2005; elle n'a pas été codifiée: Palandt/Brudermüller, *op.cit., LPartG*, p.2800 et s. *Münchener Kommentar···,op.cit., Band* 10 (*Ergänzungsband*), 4ème éd., 2004, A. Wacke, *LpartG*.

125) L'article 6 alinéa 1er de la Loi Fondamentale, qui place le mariage sous la protection particulière de l'ordre juridique, est généralement considéré comme un obstacle majeur à l'introduction du mariage homosexuel. Le Tribunal constitutionnel fédéral, par deux décisions en date respectivement du 18 juillet 2001 (*NJW* 2001, 2457) et du 17 juillet 2002 (*NJW* 2002, 2543), a jugé la loi sur le partenariat enregistré conforme à cet article. R. Arnold, *La protection des droits fondamentaux dans la Loi Fondamentale: jurisprudence récente de la Cour constitutionnelle fédérale allemande, RIDC* 2003, p.679, spéc. p.681-686). Il est très intéressant de souligner que, selon cette juridiction, seule l'extension du champ d'application aux couples hétérosexuels aurait porté atteinte à l'institution du mariage en créant un type d'union concurrent et moins contraignant. A mettre en parallèle avec la loi française sur le PaCS qui a un champ d'application général.

126) A noter, par exemple, que, depuis la réforme entrée en vigueur le 1er janvier 2005, les couples homosexuels peuvent se fiancer. Anecdotique, les fiançailles n'étant plus guères pratiquées, ce point n'en est pas moins fort symbolique de la totale égalité de traitement souhaitée par le législateur allemand entre les couples homosexuels et les couples hétérosexuels. A l'inverse, le Gouvernement français n'a eu de cesse, pendant les débats

Ce n'est qu'un paradoxe apparent que d'affirmer que l'opposition de conception des unions homosexuelles entre les systèmes français et allemand - assimilation quasi totale au mariage d'une part, affirmation de leur spécificité à l'égard de celui-ci d'autre part - s'exprime avant tout sur le terrain des conditions auxquelles est soumise la séparation définitive des partenaires. En droit allemand, elle résulte, comme le divorce, d'une décision judiciaire et requiert l'écoulement d'un délai de réflexion de 12 ou de 36 mois selon que la demande de séparation émane des deux partenaires ou d'un seul (*LpartG*, §15).[127] Les conséquences de cette rupture sont identiques à celle du divorce en matière d'obligation d'entretien (*LpartG*, §16). En droit français, à l'inverse, le pacte peut être dissous, conjointement ou unilatéralemen t,[128] à tout moment par simple déclaration au greffe du tribunal d'instance, sans aucun contrôle judiciaire (art. 515-7).[129] Aucune obligation d'entretien «post-pacte» n'est prévue ni même sans doute autorisée car toute stipulation du PaCS qui prévoirait le versement de l'équivalent d'une prestation compensatoire ou d'une pension alimentaires serait nulle en ce qu'elle ferait obstacle à la liberté

---

parlementaires, que d'affirmer que le PaCS n'était en aucun cas un mariage *bis* ce qui pouvait cependant ne pas convaincre; Carbonnier, *Droit civil. La famille, l'enfant, le couple*, *op.cit.*, p.748.

127) A la différence du divorce cependant, les délais requis courent à compter de la déclaration de rupture et non de la séparation de fait des partenaires. De même, aucune clause de dureté en faveur du partenaire qui s'opposerait à la rupture n'est prévue; à l'inverse, une clause de dureté «négative» a été adoptée au bénéfice du partenaire qui souhaiterait rompre sans avoir à respecter les délais légaux de réflexion (§15 II 3.).

128) Dans cette hypothèse, celui qui prend l'initiative de la rupture doit la signifier à l'autre - c'est donc par huissier de justice que ce dernier sera mis au courant de la séparatio n··· - et la dissolution du pacte ne prend effet que trois mois après cette signification.

129) Il est juste prévu qu'en cas de difficulté lors de la liquidation des droits et obligations des ex-partenaires, à laquelle ils doivent procéder eux-mêmes···, *«le juge statue sur les conséquences patrimoniales de la rupture, sans préjudice de la réparation du dommage éventuellement subi.»*

d'exercice du droit de rupture.130) Or, c'est parce que le législateur français a souhaité mettre en avant sa volonté de ne pas créer un mariage *bis* qu'il a marqué le PaCS du sceau de la plus grande précarité. Dans son esprit, il ne devait s'agir que d'un contrat à durée indéterminécomme un autre··· Cette différence d'approche essentielle entre les deux systèmes juridiques explique leurs prises de position également opposées lors de la détermination des conséquences, tant personnelles que patrimoniales, du partenariat homosexuel.131)

Tout d'abord, les conséquences personnelles.132) En droit allemand, elles sont identiques à celles du mariage en matière de nom «conjugal» (*LpartG*, §3).133) De même, les partenaires deviennent parents et alliés avec leur belle-famille (*LpartG*, §11) tandis qu'en droit français, la conclusion d'un pacte ne crée aucun lien de famille ni d'alliance; civilement, les partenaires demeurent célibataires.134) Enfin,

130) Rép. civil Dalloz, V° *Pacte civil de solidarité (PACS)*, par Cl. Lienhard, n°175.

131) Concernant les conditions de validité, droit français et droit allemand se rejoignent pour poser des interdits similaires et calqués sur ceux qui frappent le mariage (art. 515-2 *LPartG*, §1 II): pas de partenariat possible avec une personne mariée ou déjà engagée dans un autre partenariat (interdiction de la bigamie); même prohibition pour les personnes parentes en ligne directe et entre (demi-)frères ou entre (demi-)sœurs (interdiction de l'inceste), le droit français étant étonnamment plus strict qui interdit les pactes *«entre collatéraux jusqu'au troisième degré»* sans que la possibilité de dispense prévue pour le mariage soit reprise···.

132) Dans un domaine autre que civil, ànoter que le partenariat enregistré allemand crée les mêmes droits que le mariage en matière de nationalité(naturalisation facilitée par exemple) et de droit des étrangers (regroupement par exemple). Le droit français est très en retrait sur ce point: il ne considère la conclusion d'un PaCS que comme un élément de fait parmi d'autres, soumis à la libre appréciation de l'Administration pour juger des liens personnels qu'un étranger entretient en France. Cette réserve s'explique une nouvelle fois logiquement par les conditions très libérales de rupture d'un pacte en droit français qui favorisent les fraudes.

133) Les dernières modifications que cette matière a connues (cf. *supra*) bénéficient également aux partenaires homosexuels.

comme les époux, les partenaires allemands ont un devoir réciproque de secours et d'assistance (*LpartG*, §2) le PaCS français, à l'inverse, ne fait naître aucune obligation d'ordre personnel, contrairement au mariage (art. 212), se limitant à instaurer une «*aide mutuelle et* (sic) *matérielle*» (art. 515-4 al. 1er), succédané de la contribution aux charges du mariage (art. 214). Le droit allemand prévoit, de son côté, une obligation d'entretien identique à celle des époux (LpartG, §5). Le plus notable cependant concerne les conséquences que la conclusion d'un partenariat entraîne à l'égard des liens qui peuvent être noués entre un(e) homosexuel(le) et les enfants de son (sa) partenaire. A l'origine, en droit allemand, le partenariat ne permettait pas àun membre du couple d'adopter les enfants de son partenaire, du moins aussi longtemps que les enfants étaient mineurs. La loi sur le partenariat enregistré ne contenait aucune disposition à cet égard, mais l'absence d'assimilation entre le mariage et le partenariat empêchait les couples homosexuels de bénéficier de la disposition du BGB prévoyant qu'un époux peut adopter les enfants de son conjoint. L'application des règles générales faisait également obstacle à une telle adoption puisque si, dans leur cadre, un homosexuel pouvait, au même titre que toute personne seule, adopter un enfant, l'enfant de son partenaire perdait alors l'autorité parentale. La récente réforme de la loi a mis fin à cette «discrimination» en accordant désormais le droit à un partenaire d'adopter l'enfant de son compagnon (*Stiefkindadoption*). Les règles générales du droit de l'adoption sont applicables, prévoyant notamment que les droits de l'autre parent ne sont pas affectés par cette adoption et que son accord est nécessaire. En revanche, l'impossibilité demeure pour les couples homosexuels d'adopter conjointement un enfant; cette prérogative reste donc pour l'instant l'apanage des seuls couples mariés. Pour combien de temps encore? La loi française ne contient aucune disposition relative à l'adoption.

---

134) Rép. civil Dalloz, *op.cit.*, n°26.

Cette question n'a certes pas été ignorée lors des débats parlementaires mais l'opposition à ce qu'un couple homosexuel puisse adopter des enfants a été tellement forte que toute disposition sur ce point a été retirée du texte de loi.[135] Ce silence ne fait évidemment pas disparaître le problème qui ne manquera pas de se reposer dans les années à venir au législateur français.

Concernant les conséquences patrimoniales du partenariat, le droit allemand a, là encore, été beaucoup plus audacieux que le droit français. D'une part, en soumettant les partenaires, sauf disposition contraire dans leur contrat, au même régime matrimonial légal que les époux.[136] La loi française sur ce point est généralement considérée comme mauvaise, ayant soumis les «pacsés» au régime d'indivision de droit commun, particulièrement contraignant (art. 815 et s.).[137] D'autre part, en accordant au partenaire survivant les mêmes droits successoraux que le conjoint. Partant, le premier est héritier réservataire au même titre que le second (*LpartG*, §10 VI).[138] En droit français, les partenaires n'ont pas de vocation successorale; il ne peut donc leur être légué que la quotité disponible ordinaire. Seules ont été prévues des mesures d'ordre fiscal, les transmissions à titre gratuit entre «pacsés» bénéficiant d'un abattement et d'un barème spécifiques.[139]

A la suite de ces développements, on constate donc que la

---

135) D'où l'on voit la grande hypocrisie du législateur français qui a intégré les couples hétérosexuels au champ d'application du PaCS (art. 515-1). Or, c'est bien parce que la loi a été adoptée spécifiquement pour les couples homosexuels que la question des enfants n'a pu être résolue.

136) C'est-à-dire le régime de la participation aux acquêts (§§1363 et s.).

137) Carbonnier, *Droit civil. La famille, l'enfant, le couple*, *op.cit.*, p.740: «*C'est un instrument aveugle et lourd, conçu pour des situations provisoires.*»

138) Cette position est minoritaire en Europe.

139) A la condition qu'à la date du fait générateur des droits, le pacte ait été conclu depuis au moins deux ans.

spécificité du mariage par rapport aux unions homosexuelles a quasiment disparu en droit allemand et que, si elle demeure, dans une certaine mesure, en droit français, c'est au prix, soit des lacunes de la loi (les enfants y sont les grands absents), soit d'un individualisme exacerbé (absence de tout devoir d'assistance morale; dissolution-éclair, administrative et sans conséquence financière).[140)]

Cette évolution parallèle des sociétés française et allemande, à l'origine du rapprochement de leur droit de la famille, n'est pas non plus totalement étrangère à celui de leur droit des obligations.[141)] Mais, dans ce domaine, c'est au premier chef la volonté politique d'harmonisation qui est la cause du rapprochement.

II. Le droit des obligations

L'harmonisation juridique, c'est évidemment avant tout au droit communautaire qu'on la doit. Cependant, le domaine de compétence de l'Union européenne en droit des obligations étant limité aux matières qui touchent de près ou de loin à l'instauration d'une concurrence libre et non faussée, c'est-à-dire, en droit civil, au droit de la consommation[142)] (A), il ne faut pas nier l'importance que

---

140) La logique implacable de cette alternative a été mise en lumière par le Gouvernement allemand présentant la réforme de 2004: *«Mit dem Gesetz werden homosexuellen Paaren mehr Rechte gegeben. Gleichzeitig wird erwartet, dass sie füreinander einstehen, Unterhalt zahlen und sich gegenseitig unterstützen.»* («La nouvelle loi accorde plus de droits aux couples homosexuels. Partant, on attend d'eux qu'ils répondent l'un de l'autre, assurent leur entretien et se soutiennent mutuellement», ce qui, au demeurant, était déjà énoncé au §2 de la *LPartG*).

141) M. Fromont, *Droit allemand des affaires, op.cit.*, n°613-614.

142) On n'abordera pas ici l'étude des règlements d'exemption qui régissent les contrats de

peuvent également revêtir les tentatives d'harmonisation menées hors de ce cadre en ce qu'elles portent plus fondamentalement sur le droit commun des contrats (B).

A. Les rapprochements par le droit communautaire: le droit de la consommation

Les instances communautaires n'ont pas de compétence directe en droit des contrats. Cependant, par le truchement de ce qui constitue encore aujourd'hui la seule raison d'être de l'Union européenne, bâtir un marché intérieur où puissent se développer les conditions d'une libre concurrence, celle-ci est amenée à édicter de nombreux textes de droit dérivé qui touchent aux contrats passés entre professionnels et consommateurs.[143)] Bien que le domaine d'intervention du droit communautaire soit limité à ce type bien précis de conventions, il ne faudrait pas pour autant en mépriser la portée, ne serait-ce que parce que le nombre de ces directives consuméristes est toujours plus élev é.[144)]

distribution *lato sensu* et ressortissent donc du droit commercial.

143) J. Huet, *Les sources communautaires du droit des contrats*, in *Le renouvellement des sources du droit des obligations*, Journées Capitant, LGDJ, 1996, p.11.

144) Selon une liste qui ne prétend pas à l'exhaustivité: directive du 25 juillet 1985 sur la responsabilité du fait des produits défectueux; directive du 20 décembre 1985 sur les contrats négociés hors des établissements commerciaux (concernant principalement le démarchage à domicile); directives du 22 décembre 1986 et du 22 février 1990 sur le crédit à la consommation; directive du 13 juin 1990 sur les prestations fournies par les agences de voyage directive du 5 avril 1993 sur la lutte contre les clauses abusives; directive du 20 mai 1997 sur la protection des consommateurs en matière de contrats à distance; directive du 25 mai 1999 sur certains aspects de la vente et des garanties des biens de consommation; directive du 13 décembre 1999 sur les signatures électroniques; directive du 8 juin 2000 sur le commerce électronique.

Cependant, le droit communautaire ne pouvant être que de compromis, le rapprochement qu'il permet entre le droit allemand et le droit français connaît des limites d'autant plus importantes qu'elles portent essentiellement sur le mode de pensée des juristes de part et d'autre du Rhin.[145)]

1. Les avancées de l'harmonisation

a. La lutte contre les clauses abusives

α. Des approches originaires opposées

Quoique élaboré près d'un siècle après le Code civil, le BGB est marqué par le même esprit libéral et individualiste que celui-ci.[146)] Fondés sur le principe de la liberté contractuelle justifié par les qualités de raison et d'intelligence que les rédacteurs prêtaient au contractant type, le BGB et le Code civil laissaient donc toute latitude aux parties, notamment lors de l'établissement du contenu du contrat. Or, de tels postulats anthropologiques et juridiques se sont vite révélésen contradiction avec la réalité économique marquée par l'industrialisation et son corollaire juridique, la standardisation des contrats. Face à cette nouvelle donne contractuelle - la conclusion de contrats stéréotypés, rédigés unilatéralement et au contenu non négociable - droit français et droit allemand n'ont pas réagi de la même manière.

Certes, aujourd'hui, les deux systèmes juridiques admettent le

145) Sur lequel un droit venu *«d'ailleurs ou de nulle part»* - selon l'expression du doyen Carbonnier *(Droit et passion du droit sous la Ve République*, Flammarion, 1996, p.47 et s.) - ne peut évidemment avoir beaucoup de prise….

146) M. Pédamon, *Le contrat en droit allemand*, LGDJ, 2004, 2ème éd., n°22-24. Cl. Witz, *Droit privéallemand. 1. Actes juridiques, droits subjectifs*, Litec, 1992, n°31. F. Ferrand, *op.cit.*, n°69. RIEG et M. Fromont, *Introduction au droit allemand*, tome 1, *Les fondements*, Cujas, 1977, p.74.

contrôle judiciaire des clauses abusives.147) Mais, alors que le droit allemand fonde sa légitimité sur le caractère standardisé des clauses incriminées, le droit français a choisi de le cantonner aux contrats conclus entre professionnels et consommateurs. L'approche allemande est donc matérielle, l'approche française personnelle.148) C'est pourtant, dans les deux hypothèses, la position d'infériorité du cocontractant - adhérent dans un cas, consommateur dans l'autre - qui justifie le contrôle judiciaire. Mais cette infériorité n'est pas appréciée selon les mêmes critères: selon le droit français, elle est révélée par la qualité de non-professionnel du contractant, qui par définition, n'a ni l'expérience en affaires, ni les connaissances, ni les moyens d'information et de négociation d'un professionnel. Selon le droit allemand, cette distinction *ratione personae* n'a aucune portée lorsqu'il s'agit de contrats standardisés qui, quelle que soit la qualité des contractants, ne sont pas négociables: que l'adhérent soit consommateur, professionnel ou commerçant n'a alors aucune

---

147) En droit allemand, ce contrôle a été inauguré par le *Reichsgericht* dès le début du XXè siècle (RG, 8 janvier 1906, RGZ 62, 264/266), contrôle qui a pris toute son ampleur à compter d'une décision du 29 octobre 1956 par laquelle le BGH l'a fondé, pour la première fois, sur le §242 BGB qui pose l'exigence de bonne foi dans les contrats (BGHZ 22, 90/97 et s.). L'ensemble des solutions prétoriennes fut repris par le législateur dans une loi du 9 décembre 1976 (*Gesetz zur Regelung des Rechts der Allgemeinen Geschäftsbedingungen*(AGB-G), loi sur les conditions générales d'affaires), aujourd'hui codifiée aux §§305 à 310 BGB. A l'inverse, le droit français n'admit le contrôle des clauses abusives que par une loi du 10 janvier 1978 et encore était-il prévu qu'il ne fût que réglementaire. Ce n'est alors que par un arrêt du 14 mai 1991 (*D.* 1991, 449, J. Ghestin; *RTDCiv.* 1991, 526, J. Mestre; *JCP* 1991, II, 21763, G. Paisant) que la Cour de cassation s'arrogea, *contra legem*, le pouvoir de déclarer elle-même des clauses abusives, pouvoir judiciaire finalement entériné à la suite de la directive du 26 avril 1993 sur la lutte contre les clauses abusives, transposée en droit français par une loi du 1er février 1995 (aujourd'hui, articles L. 132-1 et s. du Code de la consommation).

148) Sur l'ensemble de la question, G. Lardeux, *Les clauses standardisées en droit français et en droit allemand*, PU du Septentrion, 2001.

incidence sur sa position de faiblesse par rapport au rédacteur des conditions générales qui, par hypothèse, a eu la possibilité de les imposer à son cocontractant C'est pourquoi, le champ d'application du contrôle judiciaire des clauses abusives est délimité *ratione materiae et non ratione personae.*

Cette différence d'approche a des conséquences essentielles sur le régime de ce contrôle. La plus importante reste cependant le mode d'appréciation du caractère abusif des stipulations contractuelles. Parce que les contrats concernés en droit allemand sont standardisés, *i.e.* rédigés de la même manière pour tous les clients potentiels, l'appréciation de leur contenu est réalisée de manière générale et abstraite ce qui signifie que les circonstances particulières de l'espèce ayant entouré la conclusion du contrat, notamment celles liées à d'éventuelles connaissances particulières de l'adhérent, n'ont aucune incidence sur le caractère abusif ou non de la clause incriminée. Partant, une fois la stipulation jugée dans une espèce, elle ne pourra recevoir de qualification différente dans une autre si elle est insérée dans le même contrat-type. La prévisibilité des décisions judiciaires est donc assurée. Autrement dit, le droit allemand des conditions générales d'affaires présente l'immense avantage d'avoir su allier justice contractuelle et sécurité juridique. C'est pourquoi au demeurant il a été possible d'étendre le contrôle judiciaire des clauses abusives aux relations commerciales. On l'aura déjà compris, à principe inverse, conséquences inverses. L'approche personnelle du droit français mettant l'accent sur la qualité du consommateur à protéger et non sur la nature du contrat à contrôler, les principes classiques d'interprétation des conventions n'ont pas été infléchis: elle est subjective, fonction de l'ensemble des circonstances de l'espèce (C. consom., art. L. 132-1 al. 5). La prévisibilité des décisions judiciaires est donc ruinée ce qui apporte un argument décisif à ceux qui, au nom de la sécurité juridique, ne souhaite pas que le contrôle judiciaire des clauses abusives soit étendu aux relations entre professionnels lors même que, comme le droit allemand l'a admis, celles-ci peuvent être marquées par la même inégalité entre les parties.

ß. Un rapprochement au prix de la cohérence du droit allemand

C'est la directive du 5 avril 1993 sur la lutte contre les clauses abusives dans les contrats de consommation qui a permis de rapprocher droit français et droit allemand dans ce domaine.[149)] Mais cette harmonisation présente une bien faible contrepartie pour le second qui a dû s'aligner sur le premier en intégrant, au sein de son droit des conditions générales d'affaires, des dispositions consuméristes. Conscient de ce que le droit communautaire brisait ainsi la logique matérielle de son droit des conditions générales d'affaires, le législateur allemand a transposé la directive a *minima*. Il s'est contenté de «plaquer» les dispositions consuméristes à côté des autres, en cherchant à préserver, autant que faire se peut, son système antérieu r.[150)] Il est ainsi désormais prévu également en droit allemand que, dans les contrats entre professionnels et consommateurs, le contrôle judiciaire des clauses abusives s'étend aux contrats d'adhésion individuels et, la condition de la standardisation étant abandonnée, corollairement que le caractère abusif doit être déterminé en fonction de toutes les circonstances de l'espèce ayant entouré la conclusion du contrat (§310 III).

b. La responsabilité du fait des produits défectueux

α. Des approches originaires opposées

En dehors de la directive du 25 juillet 1985, droit allemand et droit français règlent la question de la responsabilité du fait des produits défectueux de manière radicalement différente. Lorsque

---

149) La transposition de cette directive a eu lieu en France par une loi du 1er février 1995, en Allemagne, par une loi du 19 juillet 1996.

150) Cl. Witz, *Chronique de droit civil allemand*, RTDCiv. 1997, 271-273.

l'action est intentée par le client directement contre le fabricant, le premier se situe sur le terrain de la responsabilité délictuelle (§823 et s.) tandis que le second, ayant adopté une approche moins stricte de l'effet relatif des conventions, se place sur celui de la responsabilité contractuelle mise en œuvre dans le cadre d'une action directe.

C'est par un arrêt du 26 novembre 1968 que le BGH a précisé qu'étaient applicables à cette hypothèse les règles de la responsabilité délictuelle.[151] Celles-ci ont permis à la jurisprudence allemande de mettre en place une protection des victimes jugée satisfaisante, assurée au premier chef par la présomption de faute posée par le BGH dans la même décision. Or, même s'il s'agit d'une présomption simple - le producteur pouvant en principe échapper à sa responsabilité en démontrant son absence de faute - une telle preuve n'a, dans les faits, jamais été accueillie. Il s'agit donc, *de facto*, d'une responsabilité sans faute, d'une responsabilité du seul fait du défaut du produit. En revanche, d'autres aspects du régime de la responsabilité délictuelle sont moins favorables à la victime. Elle ne peut pas agir contre tous les acteurs de la chaîne de contrats: seuls peuvent voir leur responsabilité engagée les personnes intervenant dans le processus de fabrication (le producteur du produit fini et le fournisseur de parties composantes), à l'exclusion de celles qui ne participent qu'à la chaîne de commercialisation (l'importateur, le grossiste et le distributeur, même s'il appose sa marque sur le produit). De même, ne peuvent pas être réparés les dommages purement économiques (*reine Vermögensschäden*) subis par la victime, qui ne sont indemnisables en droit allemand que dans le cadre d'une action en responsabilité contractuelle,[152] tandis que le préjudice moral (*Schmerzensgeld*) n'est réparable que dans des cas très limités en droit de la responsabilité délictuelle.[153]

151) *BGHZ* 51, 91 (*Hühnerpestfall*).

152) A l'exclusion des pertes de revenus subies à la suite d'un dommage corporel qui sont indemnisables également sur le fondement de la responsabilité délictuelle (§§842, 843).

Le droit français organise également une protection assez élevée des victimes mais sur le plan contractuel, cette responsabilité présentant l'avantage de reposer sur une obligation de sécurité de résultat. A l'instar du droit allemand, il n'est donc pas besoin d'apporter la preuve d'une quelconque faute du producteur. Cependant, le choix de la responsabilité contractuelle présente également un grand inconvénient pour la victime lorsqu'elle n'agit pas contre son cocontractant immédiat. L'action directe étant, selon la Cour de cassation, fondée sur la théorie de l'accessoire,154) la Haute juridiction, malgré ses hésitations, n'a pu écarter la conséquence inéluctable de cette logique contractuelle, à savoir l'opposabilitéau client final des clauses limitatives ou exonératoires de responsabilité éventuellement stipulées dans les différents contrats qui lient les professionnels de la chaîne de distribution.155) Partant, le consommateur peut, en application de ces clauses, être privé de toute réparation lors même que de telles stipulations sont en principe illicites à son égard…156) De plus, selon le principe du non-cumul des responsabilités contractuelle et délictuelle, il est également privé du bénéfice de cette dernière et ne peut donc en aucun cas échapper au piège contractuel. En revanche, le droit français de la responsabilité

153) Même si, par une loi du 19 juillet 2002, le droit allemand a été réformé dans le sens d'un meilleur accueil de ce type de dommage: F. Heseler, A. Kull, *Du nouveau en matière de réparation du dommage: les apports de la loi du 19 juillet 2002, in La réforme du droit allemand des obligations*, SLC, 2004, p.217, spéc. p.219-221.

154) Ass. Plén., 7 février 1986, *Bull. civ. Ass Plén.*, n°82. Plus spécifiquement pour l'action fondée sur un manquement à l'obligation de sécurité, Civ. 1ère, 27 janvier 1993, *Bull. civ.* I, n°44. Et dans le cadre de la tristement célèbre affaire du sang contaminé, Civ. 1ère, 12 avril 1995, *Bull. civ.* I, n°179 et Civ. 1ère, 9 juillet 1996, *Bull. civ.* I, n°303.

155) V. par exemple, P. Ancel, *Les arrêts de 1988 sur l'action en responsabilité contractuelle dans les groupes de contrats, quinze ans après*, Mélanges Ponsard, Litec, 2003, p.3, spéc. n°18-20.

156) Etant précisé que, selon l'opinion majoritaire, de telles clauses devraient être écartées, quelle que soit la qualité des contractants, en cas de dommages corporels: G. Viney, P. Jourdain, *Les effets de la responsabilité*, LGDJ, 2001, 2ème éd., n°194-196.

est favorable aux victimes, d'une part en ce qu'il permet d'agir contre n'importe quel membre de la chaîne contractuelle (sous réserve de ce qui vient d'être dit), d'autre part, en ce qu'il admet la réparation intégrale de tout préjudice, quelle que soit sa nature (physique ou moral, matériel ou économique).

ß. Un rapprochement au prix de la cohérence du droit français

L'effet premier de l'harmonisation réalisée par la directive de 198 5[157] en ce domaine a été de faire disparaître toute distinction entre responsabilité contractuelle et responsabilité délictuelle (art. 1386-1 *ProdHaftG*, §1 I). De même, sur certains aspects importants du régime de la responsabilité, droit allemand et droit français sont aujourd'hui identiques.

Tout d'abord, concernant les personnes responsables. En ce domaine, la transposition de la directive n'avait pas permis, dans un premier temps, une parfaite harmonisation. Le texte communautaire a retenu une notion très large du producteur engageant sa responsabilité du fait d'un défaut du produit: sont ainsi englobés dans cette notion non seulement le producteur du produit final mais également le fournisseur de matière première, le fabricant d'une partie composante, l'importateur sur le territoire de l'Union européenne et enfin tout distributeur ayant apposé son nom, sa marque ou tout autre signe distinctif sur le produit. Le droit allemand ayant fidèlement transposé la directive (*ProdHaftG*, §4 I et II), a vu de ce fait le cercle des personnes responsables considérablement élargi par rapport à son droit

157) La directive a été transposée en France, avec beaucoup de retard, par une loi du 19 mai 1998 intégrée aux articles 1386-1 et s. du Code civil et en Allemagne, par une loi du 15 décembre 1989, non codifiée (*Gesetz über die Haftung für fehlerhafte Produkte - ProdHaftG.*). Sur la loi allemande, en langue française: I. Schwenzer, *L'adaptation de la directive communautaire du 25 juillet 1985 sur la responsabilité du fait des produits défectueux en Allemagne fédérale, RIDC* 1991, p.57. F. Ferrand, op.cit., n°419 et s. M. Fromont, *op.cit.*, n°121-123.

antérieur. Mais, à l'inverse, la directive ne prévoyait plus qu'une responsabilité subsidiaire à la charge de tout autre vendeur ou loueur intermédiaire, ceux-ci ne pouvant être poursuivis que si l'identité du producteur restait inconnue.158) Or, de ce point de vue, le texte communautaire était en retrait par rapport au droit français qui permettait à la victime d'agir contre n'importe quel professionnel de la chaîne de commercialisation (cf. *supra*). C'est pourquoi, afin que la transposition de la directive ne marque pas un recul de la protection des victimes, le droit français n'avait pas repris le système communautaire de la responsabilité subsidiaire, plaçant l'ensemble des professionnels sur le même plan (art. 1386-7 al. 1er). Or, dans ce domaine, la directive ne prévoyait pas de dérogation possible pour les Etats-membres, fût-ce en faveur du consommateur. En conséquence, la France a été condamnée pour manquement lors de la transposition de la directive159) et, par une loi du 9 décembre 2004, a dû modifier le texte incriminé dans le sens imposépar le texte communautaire. Si cette condamnation a eu la conséquence pour le moins inattendue que la transposition d'un texte consumériste soit défavorable aux consommateurs français, elle aura eu au moins l'avantage d'aligner le droit français sur le droit allemand, harmonisation parfaite qui est effectivement l'objectif premier poursuivi par la directive.

Concernant ensuite la réparation du dommage, et plus précisément son étendue, l'harmonisation a également eu lieu en deux temps. Initialement et paradoxalement, l'intervention de la directive a fait naître une distorsion flagrante entre les systèmes français et allemand, le premier restant attaché au principe fondamental de la réparation intégrale du préjudice malgré sa remise en cause par la directive. Le

---

158) Disposition reprise par *ProdHaftG*, §4 III, sous la réserve que lesdits intermédiaires révèlent le nom du producteur à la victime dans un délai d'un mois à compter de sa demande.

159) CJCE, 25 avril 2002: P. Jourdain, *RTDCiv.* 2002, 523 G. Viney, *JCP* 2002, I, 177; J. Calais-Auloy, *D.* 2002, 2458; Ch. Larroumet, *ibid.*, 2462.

droit allemand, ayant scrupuleusement respectécelle-ci, en a repris la franchise, de 500 euros aujourd'hui, en cas de dommages causés aux biens (*ProdHaftG*, §11). A l'inverse, le droit français s'était affranchi de cette disposition communautaire (art. 1386-2). Pourquoi une telle différence alors que le principe de la réparation intégrale du préjudice (*voller Ersatzanspruch*) est également connu du droit allemand, notamment dans le cadre du §823 BGB? Tout bêtement, serait-on tenté d'écrire, parce que la directive n'autorisait aucune dérogation sur ce point, fût-ce, une nouvelle fois, en faveur du consommateur.[160)] Alors, *bis repetita*: condamnation de la France et modification du texte pour un respect scrupuleux du droit communautaire. La portée du sacrifice ainsi fait par la France d'un des principes les plus essentiels de son droit de la responsabilité[161)] a, de plus, été renforcée par l'interprétation de l'article 13 de la directive donnée par la CJCE dans l'une de ses décisions du 25 avril 2002 et selon laquelle une victime ne peut intenter une action «nationale» en responsabilité lorsque celle-ci a le même fondement que la responsabilité mise en place par la directive. Partant, et malgré la lettre de l'article 1386-18 du Code civil, il semble qu'il sera désormais impossible de réclamer le montant de la franchise sur le fondement de l'obligation de sécuritéde droit commun.[162)] Le droit allemand, également touché par cette jurisprudence communautaire, pourra cependant peut-être y échapper en arguant de ce que, de jure, la responsabilité de droit commun,

---

160) Pour une justification argumentée de cette franchise: *Münchener Kommentar…, op.cit., Schuldrecht. Besonderer Teil III, §§705-853, Band* 5, 4ème éd., 2004, *ProdHaftG*, G. Wagner, §11, n°1.

161) Y. Lequette, *D'une célébration à l'autre (1904-2004)*, in *Le Code civil. Un passé, un présent, un avenir*, Dalloz, 2004, p.9, spéc. n°15. L'incohérence du droit français qui en découle est d'autant plus visible que la loi de transposition de la directive a été intégrée au Code civil.

162) P. Jourdain, *op.cit.*, 526. Ph. Malaurie, L. Aynes, Ph. Stoffel-Munck, *Les obligations*, Defrénois, 2003, n°301.

développée dans le cadre du §823 BGB, est fondée sur une présomption de faute (cf. *supra*). Ne s'agissant pas d'une responsabilité pour risque, elle n'a donc pas le même fondement que l'action d'origine communautaire.[163)]

Le tableau de ce chemin de croix du droit français en matière de responsabilité du fait des produits défectueux ne serait pas complet si n'était pas évoquée la question des causes d'exonération possibles. A ce propos, et sous l'impulsion notamment de l'Allemagne qui connaissait déjà cette cause d'exonération, il est prévu que le producteur est dégagé de sa responsabilité, notamment lorsque «*l'état des connaissances scientifiques et techniques, au moment où il a mis le produit en circulation, n'a pas permis de déceler l'existence du défaut*» (art. 1386-11, 4°; *ProdHaftG*, §1 II 5). En d'autres termes, il ne répond pas du risque de développement (*Entwicklungsrisiko*). Cependant, il était plus difficile au législateur français d'admettre cette cause d'exonération qui n'était pas connue de son droit antérieur.[164)] Une fois encore, le risque était grand de voir la protection des victimes amoindrie par la transposition de la directive. Aussi, après des débats parlementaires houleux, ce cas d'exonération avait-il été exclu, notamment lorsque le producteur, «*en présence d'un défaut qui s'est révélé dans un délai de dix ans après la mise en circulation du produit, … n'a pas pris les dispositions propres à en prévenir les conséquences dommageables*» (art. 1386-12 al. 2). Autrement dit, l'exonération du producteur pour risque de développement était subordonnée à la preuve du respect de son obligation de suivi. Il est intéressant de noter que le droit français s'est inspiré à cet égard du droit allemand[165)] qui, ayant déjà rejeté toute responsabilité pour

---

163) Ce qui est d'autant plus important pour la victime allemande que la franchise reste à sa charge quel que soit le montant de son préjudice: Münchener *Kommentar*…, *op.cit.*, *Schuldrecht. Besonderer Teil III, §§705-853, op.cit.*, *ProdHaftG*, G. Wagner, §11, n°3. I. Schwenzer, *op.cit.*, p.71.

164) J. Ghestin, *La directive communautaire du 25 juillet 1985 sur la responsabilité du fait des produits défectueux*, *D.* 1986, Chron., 135, *spéc.* 140-141.

risque de développement dans le cadre du droit commun, a, en contrepartie, mis à la charge du producteur une obligation similaire (*Produktbeobachtungspflicht*) dans le cadre de laquelle, en cas de risque révélé postérieurement à la commercialisation du produit, le professionnel doit prendre un certain nombre de mesures, telles que l'information personnelle des clients lorsqu'elle est possible, sinon, l'avis au public (par radio, etc.), le rappel des produits incriminés voire leur retrait du marché.[166] Or, une fois encore à la suite de la condamnation de la France par la CJCE, cette obligation de suivi a dû être supprimée.[167] Droits français et allemand sont donc maintenant identiques dans ce domaine également.

2. Les limites de l'harmonisation

a. Les différences de fond

Qu'une harmonisation parfaite n'ait pu être menée en matière de responsabilité du fait des produits défectueux, est emblématique de la

165) G. Viney, P. Jourdain, *Les conditions de la responsabilité*, LGDJ, 2ème éd., 1998, n°787-6.

166) Palandt/Thomas, *op.cit.*, §§823, n°208-209. Une différence demeure importante cependant entre les deux systèmes juridiquescette obligation de suivi n'a été admise en droit allemand que dans le cadre de la responsabilité de droit commun. Elle n'a pas été reprise dans le cadre de la loi de 1989: *Münchener Kommentar…, op.cit., Schuldrecht. Besonderer Teil III, §§705-853, op.cit., ProdHaftG*, G. Wagner, §1, n°61. Cette distinction peut étonner dans la mesure où, on l'a vu, dans les faits, la responsabilité de droit commun est également une responsabilité pour risque.

167) La CJCE, sur ce point, a reproché à la France d'avoir opté pour une solution intermédiaire alors que, selon la directive, les Etats-membres n'avaient le choix qu'entre la responsabilité ou la non-responsabilité pour risque de développement. Or, alors que la France, admettant ce cas de responsabilité dans son droit antérieur, avait la possibilité de le conserver, elle a opté pour la solution inverse. Ce qui étonne le plus au demeurant, c'est qu'elle semble l'avoir fait dans l'indifférence générale alors que c'est cette question qui avait fait échoué les premières tentatives de transposition de la directive.

difficulté de l'entreprise. On a vu en effet que ce texte, contrairement à ce qu'il est usuel de lire dans les directives, n'autorisait pas les Etats-membres à édicter des règles plus favorables aux consommateurs, mettant au premier plan l'objectif d'unification des droits nécessaire à une concurrence non faussée.[168] Or, malgré cette rigidité, droit allemand et droit français en cette matière ne sont toujours pas totalement identiques. Cela n'étonne guère au demeurant lorsque l'on sait tout d'abord qu'à propos des questions sur lesquelles les Etats-membres n'ont pu trouver un compromis, la France et l'Allemagne ont systématiquement défendu des positions radicalement opposées. Cela fut le cas en matière de responsabilité pour risque de développement (cf. *supra*). Ce le fut également à propos de l'introduction éventuelle d'un plafond d'indemnisation. C'est sur la demande expresse de l'Allemagne qu'une telle possibilité a été prévue par la directive; c'est notamment sous la pression de la France qu'elle n'a pas été imposée aux Etats. Le constat ne surprendra donc pas: alors que l'Allemagne a plafonné à 85 millions d'euros le montant des dommages-intérêts dus en cas de préjudices causés aux personnes (*ProdHaftG*, §10), aucune disposition de ce genre n'est prévue en droit français. L'option prise par le législateur allemand ne saurait surprendre dans la mesure où le plafonnement de l'indemnisation est classiquement considéré en Allemagne comme le correctif nécessaire à toute responsabilité pour risque (*Gefährdungshaftung*).[169] Il peut cependant paraître paradoxal que ce plafond d'indemnisation n'ait été prévu que pour les dommages causés aux personnes à l'exclusion de ceux causés aux biens. Une telle différence est certes logique sur le plan

---

168) G. Viney, *JCP* 2002, I, 177, n°3-6.

169) *Münchener Kommentar…, op.cit., Schuldrecht. Besonderer Teil III, §§705-853, op.cit., ProdHaftG*, G. Wagner, §10, n°1. I. Schwenzer, *op.cit.*, p.68. Il est admis que la victime conserve alors la possibilitéde demander la réparation intégrale de son préjudice, au-delà du plafond, sur le fondement de la responsabilité civile de droit commun (*ProdHaftG*, §15 II). Sur la portée de ce droit d'option ouvert à la victime, cf. *supra*.

économique - c'est en cas de préjudice corporel que le montant des dommages-intérêts risque d'atteindre des sommets - sur le plan des principes néanmoins, elle peut étonner si l'on considère classiquement que la valeur incommensurable de la personne humaine ne peut, par définition, être comparée à celle de n'importe quel bien. L'absence de plafond en droit français n'est pas plus étonnante, ce dernier étant souvent plus sensible au facteur humain qu'aux données économiques.

Ensuite, contrastant avec la rigiditéde la directive de 1985, renforcée par l'interprétation que la CJCE a faite de l'article 13 (cf. *supra*), le texte communautaire a laisséde nombreux domaines à la compétence des droits nationaux ce qui explique les divergences qui peuvent subsister entre les droits des Etats-membres.[170)] C'est le cas notamment concernant la nature du dommage réparable. Or, sur ce point, les droits communs français et allemand sont profondément différents(cf. *supra*) et la transposition de la directive n'a pas atténué cette divergence: les §§7 et 8 de la loi allemande, qui prévoient, qu'en cas de dommage corporel, est indemnisable le dommage patrimonial résultant de la perte de revenus due à la diminution ou à la disparition de la capacité de travail de la victime, ne sont que la reprise du §842 BGB, disposition du droit commun de la responsabilité délictuelle.[171)] De même, le dommage moral n'était pas réparable sur le fondement de la loi de 1989, le droit allemand excluant traditionnellement toute indemnisation de ce préjudice en cas de responsabilité pour risque. Il a cependant été pris en considération, non sous l'impulsion du droit communautaire, mais à la suite de la réforme du droit allemand de la responsabilité civile par la loi précitée du 19 juillet 2002 et exclusivement en cas de blessures (*ProdHaftG*, §8 S.2).[172)] De son côté, et conformément à sa tradition

---

170) G. Viney, P. Jourdain, *Les conditions de la responsabilité, op.cit.*, n°784 à 784-4.

171) Le §9 *ProdHaftG* qui prévoit qu'en principe l'indemnisation est versée sous forme de rente est le pendant du §843 BGB.

juridique, le droit français ne prévoit aucune limite: tout dommage, quelle que soit sa nature, est réparable (art. 1386-2).

Une ultime différence oppose droit français et droit allemand en la matière. Tandis que le premier a généralisé le champ d'application du texte communautaire en le transposant (art. 1386-2), le second a limité la portée de ce dernier aux dommages causés aux biens qui, par leur nature, sont habituellement consacrés à un usage privé et qui étaient effectivement et principalement utilisés selon cette destination par la victime (*ProdHaftG*, §1 I 2). Le droit allemand s'est donc fait l'écho de la logique consumériste de la directive que l'on ne retrouve, en droit français, qu'au stade de la stipulation éventuelle de clauses élusives ou limitatives de responsabilité: elles ne sont permises qu'entre professionnels et «*pour les dommages causés aux biens qui ne sont pas utilisés par la victime principalement pour son usage ou sa consommation privée*» (art. 1386-15 al. 2). Logiquement, le droit allemand prévoit qu'elles sont nulles en tout état de cause (*ProdHaftG*, §14). Au regard de la limitation initiale du champ d'application personnel de la loi allemande, les deux systèmes juridiques sont donc identiques sur ce point.

Mais les choix différents opérés lors de la détermination du champ d'application de ce nouveau cas de responsabilité illustrent déjà les différences d'approche des droit français et allemand.

b. Les différences d'approche[173)]

172) Pas en cas de décès donc (*ProdHaftG*, §7) ce qui est également une solution traditionnelle en droit allemand. On peut s'étonner cependant de ce que l'exception prévue en droit commun n'ait pas été reprise dans la *ProdHaftG*, à savoir que, si la mort a été précédée de souffrances, le préjudice moral en découlant est réparable. Or, le §7 prévoit expressément l'hypothèse où le décès a été précédé de maladie. Cependant, en l'absence de disposition expresse en ce sens, la réparation du préjudice moral dans cette hypothèse ne peut être admise. Ultime précision, le droit allemand n'admet pas la réparation du préjudice moral par ricochet.

α. La codification civile du droit consumériste communautaire

Le premier point sur lequel droit français et droit allemand s'opposent lorsqu'ils envisagent la transposition des directives communautaires concerne la possibilité ou non de les intégrer au code civil. On prend la mesure de cette opposition lorsque l'on constate que la récente réforme du droit allemand des obligations[174)] a été l'occasion d'insérer au BGB les lois de transposition de cinq directives consuméristes portant respectivement sur le crédit à la consommation (§§488 à 507), le démarchage à domicile (§§312 et 312a), les ventes à distance (§§312 b à 312 d), le time-sharing (§§481 à 487) et, en dernier lieu, la directive du 25 mai 1999 sur certains aspects de la vente et des garanties des biens de consommation (§§474 à 479). A l'inverse, l'ensemble de ces textes ont été compilés en France dans le Code de la consommation, créé à droit constant pour servir de réceptacle aux textes d'origine communautaire.[175)] Certes, le constat est inverse pour la responsabilité du fait des produits défectueux: la loi allemande de transposition est restée extérieure au code civil contrairement à la loi française (cf. *supra*). Mais, d'un côté, cette exclusion du BGB s'explique par des raisons contingentes: l'intégration de cette loi n'aurait pu se faire qu'en réorganisant l'ensemble du droit délictuel ce que le législateur allemand n'a pas souhaité.[176)] D'un autre

---

173) Sur les différences de méthode de transposition constatées dans différents pays européens, P. Ancel, *Aperçus de droit comparé sur la transposition de la directive 1999/4/CE sur la garantie dans la vente de biens de consommation*, *RDC* 2005/3, p.881.

174) Loi du 26 novembre 2001, entrée en vigueur le 1er janvier 2002 (cf. *infra*).

175) Dernièrement encore, la directive précitée du 25 mai 1999, codifiée aux articles L. 211-1 et s. du Code la consommation par une ordonnance du 17 février 2005: O. Tournafond, *La nouvelle «garantie de conformité» des consommateurs*, *D.* 2005, *Chron.*, 1557. B. Fages, *Un nouveau droit applicable à la vente de biens de consommation*, *Lamy Droit civil* mai 2005, p.5.

176) A. Kull, *L'intégration du droit de la consommation dans le BGB*, in *La réforme du droit allemand des obligations*, *op.cit.*, p.121, spéc. p.136.

côté, la loi du 19 mai 1998 a été intégrée au Code civil à la condition *sine qua non* et minimale de la généralisation de son champ d'application *ratione personae*. A l'inverse, le droit allemand admet d'intégrer au BGB des dispositions qui ne s'adressent qu'aux consommateurs en relation avec un professionnel, deux notions d'ailleurs définies dans ce même Code.[177] Autrement dit, en droit allemand, les dispositions exclusivement consuméristes n'ont pas été jugées incompatibles avec ce qu'est un code civil.[178] Non que cela fut admis sans débat mais, en définitive, le rôle central que le BGB devait à nouveau jouer en droit des obligations - but premier de la réforme de 2001 - passait par la codification civile du droit de la consommation. Certes, le champ d'application *ratione personae* de ce dernier est formellement limité, mais, en réalité, sa portée est générale dans la mesure où chacun est amené à contracter en tant que consommateur. Certes, la logique personnelle de ce droit tranche avec la logique matérielle initiale du BGB qui différencie des types de contrats et non des catégories de contractants. Mais si la réalité économique change, le code civil qui a l'ambition de la réglementer ne doit-il pas en tenir compte? Le même argument vaut pour l'introduction dans le BGB de dispositions qui peuvent trancher avec sa logique libérale initiale. C'est au lendemain de la première guerre mondiale, et face aux difficultés économiques qu'elle a engendrées, que les juges allemands ont dû adapter le BGB en exploitant ses clauses générales.[179] N'est-il pas préférable que ce soit aujourd'hui le législateur qui reprenne la main?

On ne peut que constater cependant que l'ensemble de ces

177) Respectivement aux §§13 et 14, intégrés par la *Fernabsatzgesetz* du 27 juin 2000 sur les contrats à distance.

178) Sur l'ensemble de la question, A. KULL, *op.cit.*, p.121 et s.

179) Au premier chef, les §§138 (respect des bonnes mœurs) et 242 (exigence de bonne foi), fondements notamment de la lutte contre les clauses abusives et de la théorie de l'imprévision, institutions aujourd'hui codifiées dans le BGB.

arguments pourraient être également invoqués en faveur de l'introduction du droit de la consommation dans le Code civil. Pourquoi dès lors une telle solution n'a-t-elle pas été choisie par le législateur français, se heurtant même à une franche hostilité de la majeure partie de la doctrine? L'explication se trouve tout d'abord dans le caractère traditionnellement plus casuistique du BGB. Ce dernier est certes connu pour sa très grande abstraction, nettement plus accentuée que dans le Code civil, aux dispositions parfois délicieusement concrètes et désuètes. Il n'en demeure pas moins qu'elle s'accompagne de l'ambition de réglementer l'ensemble des hypothèses envisageables ce qui a marqué le code civil allemand d'une grande «*casuistique abstraite*».[180)] Dès lors, aucun obstacle dogmatique ne se levait devant l'introduction de nouvelles notions générales - consommateur, professionnel - embrassant la réalité économique d'aujourd'hui. Il ne s'agissait en définitive que d'intégrer une hypothèse générale de plus. De son côté, le Code civil, s'il est loin d'atteindre le même degré de «*généralisation dogmatique*» du BGB, a été marqué du sceau de la «*généralisation politique*», celle qui refuse de distinguer entre les citoyens selon leur position économique ou sociale.[181)] Si cette égalité abstraite a depuis longtemps été remise en cause hors le Code civil, elle doit, pour certains, rester l'apanage de celui-ci.[182)] Du moins formellement car si, en droit des obligations, sa lettre n'a pas changé, la Cour de cassation a, de son côté, très fortement mâtiné ses dispositions de distinctions *ratione personae* qui lui étaient initialement inconnues.[183)] Preuve qu'elles ne sont pas

---

180) F. Ferrand, *op.cit.*, n°70. V. Lasserre-Kiesow, *op.cit.*, spéc. p.75-76.

181) V. Lasserre-Kiesow, *op.cit.*, p.84 et s.

182) L. Leveneur et G. Paisant, *Quelle transposition pour la directive du 25 mai 1999 sur les garanties dans la vente de biens de consommation?*, *JCP* 2002, I, 135, spéc. n°8: «··· *le Code civil, qui exprime le droit commun applicable à tous, est-il bien le lieu idoine pour faire prospérer de telles dispositions sectorielles?*»

183) G. Lardeux, *Le droit civil hors le Code civil. Les contrats spéciaux*, *Petites Affiches*, 14

incompatibles avec une logique civiliste généralisante.

La seconde justification qui est avancée pour fonder la relégation du droit communautaire dans le Code de la consommation étonnerait certainement beaucoup un juriste allemand. Elle s'appuie sur la logique purement économique qui innerve les directives et qui est considérée comme un obstacle infranchissable à leur intégration dans le Code civil, élaboré pour des citoyens et non pour des acteurs exclusivement économiques. Comme le souligne Y. Lequette,[184] la codification civile des directives n'aurait pas pour effet d'effacer comme par magie leur origine bruxelloise qui n'est pas sans importance en ce qu'elle implique que leur interprétation et application soient soumises, non à la logique du droit civil français, mais à celle du droit économique communautaire. Aussi bien, la codification civile des directives serait sans doute des plus inopportunes en ce que ces dispositions devraient être interprétées, sous l'égide de la CJCE et non plus de la Cour de cassation, à la lumière de la seule logique concurrentielle, étrangère au Code lui-même. De ce fait, la généralisation du champ d'application *ratione personae* des dispositions communautaires par leur introduction dans le Code civil serait totalement illusoire puisqu'elle ne mettrait pas fin aux distinctions du même ordre qui caractérisent l'intervention communautaire. La comparaison avec le droit allemand est édifiante. Non seulement l'origine communautaire de certaines lois n'a pas fait obstacle à leur introduction dans le BGB mais elle est pleinement assumée. Soucieux de ce que l'unité d'interprétation du droit communautaire soit assurée par le juge allemand, le législateur a décidé d'indiquer l'origine bruxelloise de certaines dispositions du BGB

septembre 2005, à paraître: distinctions entre non-professionnels, professionnels et professionnels de la même spécialité en matière de garantie des vices cachés et responsabilité pour défaut de conformité.

184) Y. Lequette, *Recodification civile et prolifération des sources internationales, op.cit.*, n°10.

par un système de notes de bas de page (*Fussnoten*). En d'autres termes, il est tout à fait accepté qu'au sein du BGB, cohabitent des textes à la philosophie différente, devant être soumis à des critères d'interprétation spécifiques.

Mais il est une autre voie que la codification civile pour assimiler les textes communautaires au système juridique national: celle qui consiste, à l'occasion de leur transposition, à s'en inspirer pour réformer de manière complète et cohérente le domaine du droit concerné. Sur ce point également, droit français et droit allemand n'ont pas fait les mêmes choix.

ß. La réforme du code civil sous l'égide du droit consumériste communautaire

Cette question s'est posée en France une première fois lors de la transposition de la directive du 25 juillet 1985 sur la responsabilité du fait des produits défectueux. C'est dans le sens d'une réforme en profondeur du droit de la responsabilité des fabricants et vendeurs professionnels pour les défauts tant d'utilité que de sécurité de leurs produits que le premier avant-projet de loi avait été élaboré, le nouveau régime devant se substituer au droit en vigueur.[185] Ce projet ambitieux échoua cependant lors des débats parlementaires sur l'écueil de la responsabilité pour risque de développement. Par la suite, la procédure parlementaire fut à nouveau engagée sans succès. Le retard considérable alors pris par la France dans la transposition de la directive ayant motivé une condamnation en manquement accompagnée d'une astreinte très élevée, il lui fallait s'exécuter sans plus tarder. Une réforme en profondeur du droit français de la responsabilité n'était dès lors plus à l'ordre du jour. Il fallait agir vite.

Le débat a étérelancé autour d'une éventuelle réforme du droit de la vente lors de la transposition de la directive du 25 mai 1999 sur

185) G. Viney, P. Jourdain, *Les conditions de la responsabilité, op.cit.*, n°785 et 785-2.

certains aspects de la vente et des garanties des biens de consommation. Il a même pris un tour polémique.[186] *Bis repetita*: un avant-projet de loi ambitieux a été élaborédans le sens d'une transposition du texte communautaire dans le Code civil dont le droit de la vente était réformé en profondeur. L'ambition était identique, l'échec le fut également. En définitive, le législateur s'est contenté d'une transposition a minima dans le Code de la consommation. La seule modification du droit commun de la vente a touché le fameux bref délai de l'article 1648 du Code civil qui disparaît au profit d'un délai de prescription de deux ans copié sur celui de la directive.[187]

A l'inverse, le droit allemand a saisi l'occasion de la transposition de la directive de 1999 pour réformer en profondeur son droit commun de la vente sur le modèle de celle-ci.[188] Certes, ce choix ne s'est pas fait sans débat, entre les partisans de la «petite solution» (*kleine Lösung*) et ceux de la «grande solution» (*grosse Lösung*), mais le législateur allemand a, en définitive, décidé d'être ambitieux. Le but affiché de la réforme a été de simplifier le droit de la vente[189] et

---

186) Contre une réforme d'ensemble du droit de la vente sous l'égide de la directive: L. Leveneur et G. Paisant, op.cit. D. Mainguy, *JCP* 2002, I, 183. O. Tournafond, *D.* 2001, *Chron.*, 3051, *D.* 2002, *Chron.*, 2883 et *D.* 2003, *Point de vue*, 427. Pour: G. Viney, *JCP* 2002, I, 158 et *D.* 2002, *Chron.*, 3162; P. Jourdain, *D.* 2003, *Point de vue*, 4 et D. Mazeaud, *ibid.*, 6.

187) Le point de départ demeure cependant la découverte du vice. Le législateur n'a heureusement pas repris celui de la directive, *i. e.* la délivrance du bien, trop défavorable à l'acheteur. C'est pourtant cette date qui a été retenue lors de la transposition de la directive dans le Code de la consommation (art. L. 211-12). Le droit consumériste se révèle donc moins protecteur de l'acheteur que le Code civil ce qui peut paraître à tout le moins surprenant pour ne pas dire incohérent (B. Fages, *op.cit.*, n°6).

188) A comparer avec les propos de O. Tournafond, *D.* 2002, *Chron.*, 2883, spéc. 2887: «*Il n'[est] guère logique de vouloir réformer le code civil à l'occasion de la transposition d'une directive sur la protection du consommateur*…». Les juristes allemands apprécieront.

189) A comparer avec le droit français qui, du fait de la transposition *a minima*, propose désormais à l'acquéreur consommateur pas moins de trois actions différentes pour les

d'améliorer la lisibilité du droit en limitant au maximum les règles particulières, celles de la vente par rapport au droit commun, celles de la vente entre professionnels et consommateurs par rapport à la vente de droit civil.[190] S'inspirant de la directive, cette réforme a également opéré le rééquilibrage nécessaire entre les droits de l'acheteur et ceux du vendeur, le droit antérieur ayant été élaboré au bénéfice quasi exclusif du second. Le texte communautaire a directement influencé le nouveau droit allemand de la vente sur trois points. Tout d'abord, la définition du défaut (*Mangel*, littéralement «vice») devient unitaire (§434), englobant désormais l'*aliud* et le *pejus*. A comparer avec la doctrine française qui, dans sa majorité, a plaidé pour le maintien de cette distinction au motif qu'elle correspond à une différence conceptuelle réelle, ce qui est vrai, mais sans jamais expliquer pourquoi vice caché et défaut de conformité devraient pour autant être soumis à des régimes différents. Il a également été avancé que les problèmes nés de la difficile délimitation entre les deux notions ne disparaîtraient que pour laisser la place à d'autres problèmes de frontières entre les défauts relevant de la garantie de conformité et ceux restant soumis au droit commun de l'inexécution contractuelle.[191] Il est intéressant de noter que le droit allemand a résolu cette difficulté, qui est réelle, en précisant qu'il faut entendre

mêmes défauts.

190) W. Rosch, *Le nouveau droit de la vente: présentation générale*, Cl. Witz, *Le nouveau droit allemand de la vente sous le double éclairage de la Directive et de la Convention de Vienne*, in *La réforme du droit allemand des obligations, op.cit., respectivement* p.51 et p.203. O. Berg, *La vente aux consommateurs selon le nouveau droit allemand, RJ com.* 2003, p.252. Cl. Witz, *La nouvelle jeunesse du BGB insufflée par la réforme du droit des obligations, D.* 2002, *Chron*, 3156, spéc. 3159-3160. M. Schley, *La grande réforme du droit des obligations en Allemagne, D.* 2002, *Chron.*, 1738, spéc. 1739-1740. H. P. Westermann, *Das neue Kaufrecht, NJW* 2002, 241. M. Schwab, *Das neue Schuldrecht im Überblick, JuS* 2002, 1, spéc. 5 et s.

191) O. Tournafond, *D. 2002, Chron.*, 2883, spéc. 2887. Même auteur, *La nouvelle «garantie de conformité» des consommateurs, op.cit.*, n°3-4.

par défaut matériel également les hypothèses où le vendeur livre une chose différente[192] ou une quantité moindre que celle commandée (§434 III), mettant ainsi fin aux distinctions antérieures qui donnaient lieu à des décisions byzantines. Seules donc la livraison tardive ou l'absence de livraison relèveront du droit commun de l'inexécution.[193] Ensuite, a été reprise dans le droit commun de la vente la hiérarchie des sanctions imposée à l'acheteur (§437) qui doit, dans un premier temps, donner une seconde chance au vendeur défaillant en demandant l'exécution en nature du contrat (*Nacherfüllung*),[194] soit par la réparation, soit par le remplacement du bien non conforme (§439). Dans un second temps seulement, l'acheteur pourra résoudre le contrat ou demander une minoration du prix, ainsi que des dommages-intérêts.[195] Enfin, dernier grand changement initié par la directive: le délai de prescription passe, en matière mobilière, de six mois à deux ans à compter de la délivrance du bien, et, en matière immobilière, de un à cinq ans (§438).[196] Quelques dispositions particulières ont été réservées aux relations professionnels-consommateurs, telle l'interdiction de stipuler des clauses élusives ou limitatives de garantie, celle de diminuer contractuellement le délai

192) Même si une telle précision ne règle évidemment pas tous les problèmes: O. Berg, *op.cit.*, p.256, note 28. W. Rosch, *op.cit.*, p.60.

193) Cl. Witz, *Le nouveau droit allemand de la vente sous le double éclairage de la Directive et de la Convention de Vienne, op.cit.*, p.212-213.

194) Le §437 BGB ne formule pas cette hiérarchie des sanctions en termes impératifs pour l'acheteur. Au contraire, il dispose que ce dernier peut (*kann*) demander etc. Cette obligation d'accorder une *angemessene Nachfrist* (un délai supplémentaire raisonnable) au vendeur défaillant pour exécuter sa prestation est imposée par le droit commun (§281).

195) En lieu et place des dommages-intérêts, l'acheteur peut réclamer, selon le droit commun, le remboursement des dépenses qu'il a inutilement engagées (§284).

196) Sur ce point, le droit civil français de la vente reste plus favorable à l'acheteur puisqu'il prévoit, pour les vices cachés, une prescription de deux ans à compter de la découverte du vice (art. 1648) et, pour les défauts de conformité, une prescription de trente ans à compter de la délivrance.

biennal de prescription (§475) ou encore la présomption d'antériorité du défaut si celui-ci apparaît dans les six mois qui suivent le transfert des risques (§476).

Pourquoi des choix si différents par les droits français et allemand?[197] Il ne faut tout d'abord pas négliger le rôle joué par les retards incessants du législateur français dans la transposition des directives qui, sauf à encourir les foudres de la Commission,[198] l'obligent à transposer constamment dans l'urgence ce qui fait obstacle à toute réforme de fond,[199] cette circonstance n'étant d'ailleurs sans doute que le reflet de l'absence d'une volonté politique réelle de réforme. Sur le plan doctrinal, l'argument principal soulevé pour rejeter toute réforme du droit commun de la vente sous l'égide de la directive en appelle à la liberté contractuelle qui serait dangereusement remise en cause si des dispositions élaborées pour les seuls consommateurs étaient étendues aux relations entre professionnels.[200]

---

197) Certains auteurs français avancent que si le législateur allemand a choisi d'intégrer la directive de 1999 au BGB, c'est simplement qu'il n'avait pas d'autre choix, le droit allemand ne connaissant pas de Code de la consommation (L. Leveneur, G. Paisant, *op.cit.*, n°9. O. Tournafond, *D.* 2001, *Chron.*, 2883). Une telle explication est erronée dans la mesure où le législateur d'outre-Rhin aurait très bien pu transposer littéralement la directive dans une loi qui serait restée extérieure au BGB. La différence de choix s'explique sans doute plus vraisemblablement par une différence d'ambition ce qui, il est vrai, est moins facile à admettre.

198) Cela a été à nouveau le cas pour le retard pris dans la transposition de la directive de 1999 (CJCE, 1er juillet 2004, aff. C-311/03, *Commission c/ France*).

199) Le recours dernièrement aux ordonnances de l'article 38 de la Constitution est révélateur de ce phénomène puisqu'il permet au Gouvernement français de s'affranchir de la procédure parlementaire. Cela permet certes d'accélérer le processus législatif mais est également un obstacle à une réforme du Code civil qui ne peut être élaborée que par la voie parlementaire.

200) Il est également avancé que le moment n'était pas opportun pour une réforme du droit commun de la vente à l'heure où l'on envisage l'harmonisation européenne du droit des contrats: L. Leveneur et G. Paisant, *op.cit.*, n°9. A noter cependant qu'un tel

Le droit allemand, réputé traditionnellement très favorable aux vendeurs, n'a pourtant pas reculé devant une telle perspective, rendant compte de la spécificité des relations professionnelles en réservant l'exclusivité de certaines dispositions de la directive aux seuls acquéreurs consommateurs (cf. *supra*). Le fait que la directive ait été inspirée par la Convention de Vienne sur la vente internationale de marchandises aurait également dû calmer ces craintes. D'ailleurs, et de manière quelque peu incohérente, les opposants français à toute extension *ratione personae* des dispositions de la directive faisaient simultanément valoir qu'elle constituerait une régression pour la protection de l'acheteur français.[201] C'est donc bien que le texte communautaire, texte de compromis, n'était pas resté totalement étranger aux intérêts des professionnels et pouvait, de ce fait, légitimement inspirer une réforme du droit commun de la vente. Que la France ait une nouvelle fois laissé passer l'occasion de le faire est d'autant plus regrettable que, paradoxalement, l'ensemble des auteurs, au-delàde leur opinion sur le mode de transposition de la directive, se rejoignaient sur la nécessité d'une telle réforme.

B. Les rapprochements hors le droit communautairele droit commun des contrats

1. La réforme du droit allemand de l'inexécution contractuelle

a. Les rapprochements avec le droit français

Une loi du 26 novembre 2001, entrée en vigueur le 1er janvier

argument était déjà invoquédans les années soixante pour justifier que la réforme du droit français des obligations ne soit pas entamée…

201) Invoquant d'ailleurs à l'appui de ses dires les origines allemandes et conventionnelles de la directive de 1999, D. Mainguy, *op.cit.*, n°5-6.

2002, a réformé en profondeur le droit allemand des obligations.[202)] Cette réforme, envisagée depuis fort longtemps, a finalement été entreprise à l'occasion de la transposition de trois directives,[203)] son principal objectif étant d'opérer la recodification civile du droit des obligations,[204)] en premier lieu celle du droit de l'inexécution contractuelle.

De l'avis unanime, la partie du BGB consacrée à cette question était de loin la moins réussie. A l'origine en effet,[205)] il ne contenait aucune disposition similaire aux articles 1147 et 1184 du Code civil, centrés sur la notion d'inexécution du contrat au sens large de défaillance du débiteur, permettant d'englober toutes sortes de violations d'obligations. A l'inverse, le BGB avait suivi une démarche casuistique héritée du droit romain tel que reçu par les Pandectistes. Il ignorait donc la notion même d'inexécution, réduisant cette question à deux hypothèses de troubles du rapport d'obligation

---

202) M. Pédamon, *Le contrat en droit allemand*, LGDJ, 2ème éd., 2004, n°201 et s. C. Witz, *La nouvelle jeunesse du BGB insufflée par la réforme du droit des obligations, op.cit.* M. Schley, *op.cit.* Cl. Witz, F. Ranieri (dir.), *La réforme du droit allemand des obligations, op.cit.* avec la bibliographie allemande citée par F. Ranieri, *La nouvelle partie générale du droit des obligations*, p.19-21, notes 2 et 3.

203) Celles du 25 mai 1999 sur certains aspects de la vente et des garanties des biens de consommation, du 8 juin 2000 sur le commerce électronique et celle du 29 juin 2000 sur la lutte contre le retard de paiement dans les transactions commerciales, la première devant être transposée avant le 1er janvier 2002.

204) Ont ainsi été intégrées au BGB des institutions prétoriennes essentielles, telles la *culpa in contrahendo* (§311 II), l'imprévision (§313), le droit de résiliation extraordinaire (§314), ainsi que des lois restées jusqu'ici en marge du code civil, telles celle sur les conditions générales d'affaire (§§305-310) ainsi que différentes lois consuméristes (cf. *supra*).

205) Sur le droit antérieur à la réforme, M. Pédamon, *Le contrat en allemand*, LGDJ, 1ère éd., 1993, p.142 et s. F. Ferrand, *op.cit.*, n°322 et s. M. Fromont, *Droit allemand des affaires, op.cit.*, n°212 et s. Rieg, M. Fromont, *op.cit.*, tome III, *op.cit.*, p.87 et s. F. Ranieri, *Les sanctions de l'inexécution du contrat en droit allemand, in Les sanctions de l'inexécution des obligations contractuelles*, Bruylant/LGDJ, 2001, p.811.

(*Leistungsstörungen des Schuldverhältnisses*). En premier lieu, l'impossibilité d'exécution de la prestation (§280 I ancien), hypothèse elle-même divisée en de multiples branches - l'impossibilité objective (*Unmöglichkeit*, §275 I ancien), l'impossibilité subjective (*Unvermögen*, §275 II ancien), l'impossibilité survenue après la conclusion du contrat, l'impossibilité originaire, cas dans lequel le débiteur même non fautif devait répondre de son impossibilité postérieure subjective (§279 ancien)··· - étant précisé que les conséquences de ces divers cas de figure n'étaient pas identiques. Les rédacteurs du BGB avaient placé cette hypothèse au centre du droit des troubles d'exécution. Elle a joué cependant un rôle moins important qu'ils ne l'avaient imaginé car, si elle est plus large que celle de force majeure, la jurisprudence l'avait limitée à l'inexécution des obligations principales. Partant, ni l'impossibilité d'exécuter des obligations accessoires, ni la mauvaise exécution ne pouvaient être sanctionnées dans ce cadre. En second lieu, le BGB avait prévu le cas du retard d'exécution (*Verzug*, §286 I ancien), marqué par le même byzantinisme.[206] Le droit de l'inexécution contractuelle tel qu'organisé à l'origine par le BGB était donc non seulement marqué par une forte casuistique mais s'est également vite révélé lacunaire. Lacunes que la jurisprudence a comblé en adoptant la notion doctrinale de violation positive du contrat (*positive Vertragsverletzung*) pour venir en aide au créancier victime d'une mauvaise exécution ou de l'inexécution d'obligations accessoires. En conséquence, à la veille de la réforme, le droit allemand de l'inexécution contractuelle était avant tout prétorien tandis que la concurrence d'actions ainsi créée, notamment avec celles nées du droit des contrats spéciaux, donnait lieu à une jurisprudence byzantine dans la mesure où chaque action obéissait à son propre régime.

---

206) Distinction entre les rapports d'obligations unilatéraux et synallagmatiques, entre l'obligation de payer une somme d'argent et autres, entre le retard du débiteur et celui du créancier···

L'objectif poursuivi par la réforme a donc été de simplifier le droit allemand en ce domaine tout en le recodifiant. Pour ce faire, le législateur a centré le nouveau droit de l'inexécution contractuelle autour d'un nouveau concept, absent du BGB jusqu'alors, celui de violation d'obligation (*Pflichtverletzung*, §280 I 1), copié sur la notion retenue dans la Convention de Vienne sur la vente internationale de marchandises à laquelle s'est expressément référé le législateur allemand même s'il n'en a pas repris la terminologie[207)] et qui permet d'englober l'ensemble des hypothèses antérieures d'inexécution ou de mauvaise exécution.[208)] L'adoption d'une telle notion rapproche incontestablement le droit allemand du droit français dont le Code civil connaît depuis l'origine le concept très général d'inexécution du contrat.[209)]

Un tel rapprochement a également été opéré sur le plan des sanctions. Contrairement au droit antérieur en effet, le BGB prévoit tout d'abord la possibilité de cumuler la résolution du contrat et la demande de dommages-intérêts (§325). Le créancier victime devant auparavant choisir, la résolution était logiquement peu demandée; par cette réforme, son importance devrait donc être considérablement renforcée en pratique. Ensuite, à l'instar du droit français, la résolution est possible désormais même si la violation du contrat n'est pas fautive. De même, elle est ouverte pour tous les cas de violation d'une obligation contractuelle. Certes, le BGB ne contient toujours pas

---

207) *Münchener Kommentar⋯, op.cit., Schuldrecht. Allgemeiner Teil, §§241-432, Band* 2a, 4ème éd., 2003, §280, W. Ernst, n°19. U. Babusiaux, *L'influence des instruments internationaux d'uniformisation du droit sur le nouveau droit allemand général des troubles de l'exécution du contrat,* in *La réforme du droit allemand des obligations, op.cit.*, p.167, spéc. p.170-173.

208) *Münchener Kommentar⋯, op.cit.*, §280, W. Ernst, n°9. Palandt/Heinrichs, *op.cit.*, §280, n°12 et s.

209) En droit allemand, la notion de *Pflichtverletzung* est même plus large que celle de droit français car elle englobe les «troubles» qui affectent l'exécution de toute obligation (*Forderungsverletzung*), qu'elle soit contractuelle, délictuelle ou quasi-délictuelle.

de texte de portée générale similaire à l'article 1184 C. civ., la notion de *Pflichtverletzung*, énoncée à propos de l'octroi des dommages-intérêts, n'ayant pas été reprise dans le cadre de la résolution. Il n'en demeure pas moins que, avec l'adoption des nouveaux §§323, 324 et 326 BGB,[210] le législateur allemand a fait sienne la jurisprudence antérieure qui avait généralisé le droit de résolution limité à l'origine, conformément à la logique casuistique du BGB, à quelques hypothèses étroites.[211] Enfin, la résolution demeure extra judiciaire ce qui la distingue, en principe, de celle du droit français (art. 1184 al. 2). Sur ce point, il convient cependant de noter que les deux systèmes juridiques ne sont pas si opposés qu'il y paraît de prime abord, chacun ayant fait un pas vers la logique de l'autre. D'une part, le cumul entre résolution et demande de dommages-intérêts étant désormais possible en Allemagne, il est probable que la résolution sera beaucoup plus souvent constatée en justice qu'auparavant puisque le bien-fondé et le montant des dommages-intérêts ne peuvent être appréciés que par les juges. Or, à cette occasion, le juge allemand devra, à l'instar du juge français, opérer un contrôle de proportionnalité entre la gravité de la violation contractuelle et cette sanction radicale qu'est la résolution. Il est vrai qu'alors le contrôle judiciaire sera opéré *a posteriori* alors qu'en France, il est en principe réalisé *a priori* puisque c'est le juge qui prononce la résolution. Mais c'est justement sur ce point que le droit français a évolué dans le sens d'une plus grande possibilité de résilier unilatéralement le contrat, accompagnée dès lors d'un contrôle judiciaire *a posteriori*.[212]

---

210) Ces trois textes reprennent les hypothèses de violation d'obligation énoncées dans le cadre du droit à réparation (cf. *infra*), à savoir l'inexécution ou la mauvaise exécution d'une obligation principale, la violation d'une obligation de protection et l'impossibilité d'exécution. Dans le cadre de cette dernière hypothèse, la résolution, par exception, joue de plein droit.

211) M. Pédamon, *Le contrat en droit allemand*, 1ère éd., *op.cit.*, p.166-168.

212) Civ. 1ère, 13 octobre 1998, *Bull. civ.* I, n°300. Civ. 1ère, 20 février 2001, *Bull. civ.* I,

Cependant, malgréles bouleversements incontestables du droit allemand de l'inexécution contractuelle sur l'impulsion du droit uniforme, il reste très allemand.

b. Les limites du rapprochement

Concernant tout d'abord les faits générateurs de la responsabilité contractuelle, les développements précédents pouvaient laisser penser que les différentes catégories de violation d'obligation - impossibilité, retard··· - allaient disparaître au seul bénéfice du concept de *Pflichtverletzung*. En réalité, et malgré l'adoption de cette notion générale, les distinctions antérieures n'ont pas été abandonnées par le législateur allemand.213) Le concept de violation d'obligation a été jugé trop général, les cas concrets trop différents les uns des autres pour être soumis à un régime identique.214) Ainsi, l'impossibilité d'exécution demeure régie par une disposition spéciale (§275).215) De même, les

---

n°40: «*la gravitédu comportement d'une partie à un contrat peut justifier que l'autre partie y mette fin de façon unilatérale à ses risques et périls.*» Certains auteurs notent que, ce faisant, le créancier victime bénéfice d'une option entre la résolution judiciaire et la résolution unilatérale: F. Terré, Ph. Simler, Y. Lequette, Les obligations, Dalloz, 8ème éd., 2002, n°661. Le contrôle judiciaire est également postérieur à la résolution lorsqu'elle a été prononcée unilatéralement sur le fondement d'une clause résolutoire.

213) D'oùles interrogations et les divisions en doctrine sur la possibilité d'octroyer à la notion générale de *Pflichtverletzung* un contenu autonome des différents cas de figure spécifiés par le BGB *Münchener Kommentar···, op.cit.*, W. Ernst, §280, n°10 et s. De plus, même en cas d'autonomie de cette notion, l'application du seul §280 I risque de rester très rare: U. Babusiaux, *op.cit.*, p.178-180.

214) D. Medicus, *Schuldrecht I, Allgemeiner Teil*, C.H. Beck, 14ème éd., 2003, n°362a.

215) La simplification du droit allemand n'en est pas moins réelle dans la mesure où ce cas de figure est aujourd'hui réglé de manière unitaire au §275 nouveau. Il englobe tous les cas d'impossibilité antérieurement distingués qui entraînent donc désormais des conséquences identiques: le contrat est valable même si l'impossibilité est originaire tandis que le créancier peut demander des dommages-intérêts sauf dans l'hypothèse où le débiteur ne connaissait pas et n'avait pas à connaître l'impossibilité originaire (§311 a).

sanctions de l'inexécution ne sont pas soumises aux mêmes conditions de mise en œuvre selon les cas de violation contractuelle. Ainsi, le droit allemand distingue-t-il à ce stade la mauvaise exécution ou l'inexécution d'une obligation principale (§§281, 323), le retard dans l'exécution (§286), la violation d'une obligation de protection[216)] (§§282, 324) et l'impossibilité d'exécution (§§283, 326).

Dans la première hypothèse, la demande de dommages-intérêts ou la résolution sont soumises à l'octroi par le créancier au débiteur défaillant d'un délai supplémentaire raisonnable (*angemessene Nachfrist*) pour exécuter sa prestation. Obligation est donc faite au créancier d'accorder une seconde chance à son débiteur. Priorité est donnée à l'exécution en nature. On constate donc que le droit commun allemand organise la même hiérarchie des sanctions que celle déjà étudiée en droit de la vente (cf. *supra*). Elle n'est pas inconnue non plus du droit français où elle se présente cependant en des termes différents puisque la primauté donnée à l'exécution en nature malgré la lettre de l'article 1142 du Code civil, n'y est pas considérée comme une faveur accordée au débiteur avant de sanctionner ses défaillances mais comme un droit du créancier à obtenir exactement ce à quoi il s'attendait en vertu du contrat,[217)] corollaire de la force obligatoire de ce dernier.[218)] Dès lors, si l'exécution forcée en nature est également

216) *Schutz- oder Verhaltenspflicht* (obligation de comportement) en allemand. L'expression est empruntée à M. Pédamon, *op.cit.* Elle est en effet préférable à celle d'obligation de sécurité, source de confusion avec la notion de droit français. Les obligations de protection sont visées au §241 II BGB qui dispose que «*le rapport d'obligation peut, selon son contenu, obliger chaque partie à prendre en considération les droits, biens et intérêts de l'autre partie.*»

217) Cette optique est également connue du droit allemand - v. *Münchener Kommentar…, op.cit.*, §281, W. Ernst, n°1 (*'der Gläubiger hat zunächst und in erster Linie ein Recht auf Erfüllung in natura'*) - mais n'est donc pas exclusive d'une obligation faite au créancier de demander l'exécution en nature en priorité.

218) Sur cette question, dernièrement, *Exécution du contrat en nature ou par équivalent, RDC*

la sanction de principe en droit français, elle n'est pas imposée au créancier qui peut préférer résilier immédiatement le contrat et demander des dommages-intérêts le cas échéant. Par ailleurs, si le champ d'application de cette fameuse *Nachfrist* a été étendu lors de la réforme puisque, à l'origine, elle n'était prévue qu'en cas de retard dans l'exécution (ancien §326 I), il n'a pas été généralisé. Cette condition n'est pas requise tout d'abord lors de l'inexécution d'une obligation de protection (§§241 II, 282).[219] Dans cette hypothèse, *exit* l'exigence de *Nachfrist* remplacée par la condition de Unzumutbarkeit aux termes de laquelle des dommages-intérêts ne peuvent être réclamés que «*lorsque l'on ne peut plus exiger du créancier qu'il supporte l'exécution de la prestation par le débiteur*», autrement dit lorsque la confiance entre les parties nécessaire au maintien du contrat a dispar u.[220] Dans cette hypothèse, lors même que la prestation principale peut encore être exécutée par le débiteur qui, sur ce point, n'est pas défaillant, le créancier peut la refuser et demander des dommages-intérêts en réparation de l'inexécution. Il s'agit donc d'un cas de résolution. Ensuite, en cas de retard dans l'exécution, l'octroi du *Nachfrist* est remplacé par l'envoi d'une simple mise en demeure (*Mahnung*). Cette dernière est le seul préalable posé en droit français à toute demande d'exécution en nature ou de réparation mais elle est d'application générale, exigée quelle que soit le type d'inexécution[221]

2005/1, notamment l'article de N. Molfessis, *Force obligatoire et exécution: un droit à l'exécution en nature?*, p.37.

219) Très logiquement, elle n'est pas exigée non plus en cas d'impossibilité d'exécution (§283).

220) *Münchener Kommentar…, op.cit.*, §282, W. Ernst, n°5. Certains auteurs allemands considèrent cette disposition comme inutile, le créancier pouvant réclamer, dans les hypothèses visées au §282, des dommages-intérêts également sur le fondement du §281: Palandt/Heinrichs, *op.cit.*, §282, n°2 *Münchener Kommentar…, op.cit.*, §282, W. Ernst, n°1.

221) Evoquée ponctuellement par le Code civil (notamment à l'article 1146 relatif aux dommages-intérêts en matière contractuelle), cette exigence a été généralisée par la

tandis qu'en droit allemand, en dehors de l'hypothèse particulière du retard, elle n'est due que si d'après la nature de la violation contractuelle, l'octroi d'un délai supplémentaire n'est pas envisageable (§§281 III, 323 III).[222]

Une deuxième différence entre le droit français et le droit allemand concerne la condition commune à tous les cas de violation d'obligation en droit allemand à laquelle l'octroi de dommages-intérêts est soumis, à savoir la faute du débiteur (*Verschuldensprinzip*),[223] étant précisé que celle-ci est présumée (§280 I 2). En toute hypothèse donc, la responsabilité contractuelle mise en place par le droit allemand est une responsabilité pour faute présumée.[224] Le droit français sur ce point est moins uniforme et à la fois plus et moins favorable au créancier. La question de la charge de la preuve est en effet dominée par la distinction entre obligations de moyens et obligations de résultat.[225] En présence des premières, il revient au créancier de prouver la faute du débiteur tandis que, dans la seconde hypothèse, la charge de la preuve est renversée, le débiteur ne pouvant s'exonérer de sa responsabilité que s'il démontre que l'inexécution de son obligation est due à une cause étrangère. La seule preuve de l'absence de faute n'est pas suffisante ou, en d'autres termes, la faute est

---

jurisprudence, F. Térre, Ph. Simler, Y. Lequette, *op.cit.*, n°1079-1080. La mise en demeure n'est logiquement plus nécessaire lors d'une demande de résolution judiciaire: l'assignation suffit à informer le débiteur défaillant.

222) Ainsi lorsqu'il s'agit de la violation d'une obligation de ne pas faire.

223) Sur ce point, le législateur allemand n'a donc pas suivi la Convention de Vienne qui pose le principe d'une responsabilité sans faute.

224) Le droit allemand a également été simplifié sur ce point par la réforme. Auparavant, le BGB distinguait entre les contrats portant sur des corps certains (*Speziesschuld*) - responsabilité pour faute prouvée - et ceux portant sur des choses de genre (*Gattungsschuld*) - responsabilité sans faute.

225) F. Térré, Ph. Simler, Y. Lequette, *op.cit.*, n°579-580. Ph. Malaurie, L. Aynes, Ph. Stoffel-Munck, *Les obligations*, Defrénois, 2003, n°941-950.

constituée par la seule distorsion entre ce qui a été réalisé et ce qui était contractuellement prévu. Néanmoins, l'état du droit est passablement compliqué par la reconnaissance en jurisprudence d'obligations de résultat spécifiques: les allégées pour lesquelles la présomption tombe par la preuve de l'absence de faute,[226] les aggravées qui n'admettent que la preuve de certains cas fortuits.[227] Ces distinctions de droit français ne sont pas sans rappeler les termes du §276 BGB qui, définissant la notion de faute, précise que la responsabilité du débiteur peut être aggravée ou minorée par une clause du contrat ou en fonction du contenu particulier du lien d'obligation (*aus dem sonstigen Inhalt des Schuldverhältnisses*), notamment si le débiteur a accordé une garantie ou assumé un risque d'approvisionnement (pour le vendeur de choses de genre). Mais, dans la logique du §280 I 2 BGB, c'est toujours par la preuve de son absence de faute que le débiteur peut se dégager de sa responsabilité, la notion de faute étant alors plus ou moins largement entendue, englobant ou non les cas de simple négligence (*Fahrlässigkeit*), restreinte ou non aux seules fautes intentionnelles (*Vorsatz*).

Enfin, selon le §323 IV BGB, la résolution du contrat peut être prononcée avant le terme contractuel lorsqu'il est évident que les conditions de la résolution seront réunies une fois le terme échu. Le créancier peut ainsi résoudre le contrat en se fondant sur l'inexécution anticipée de ses obligations par le débiteur. Cette institution de common law (*anticipatory breach of contract*) a donc été reprise par le droit allemand via la Convention de Vienne.[228] Elle demeure inconnue du droit français.[229]

---

226) Par exemple, en matière de bail, l'article 1732 C. civ.

227) Par exemple, en cas de stipulation contractuelle: articles 1772 et 1773 C. civ.

228) Article 72: *«Si avant la date d'exécution du contrat, il est manifeste qu'une partie commettra une contravention essentielle au contrat, l'autre partie peut déclarer celui-ci résolu.»*

229) A l'exclusion évidemment du droit de la vente internationale de marchandises.

Afin de mener à bien la réforme de son droit des obligations, le législateur allemand s'est également parfois référé aux Principes du droit européen du contrat, autre source possible, quoique non contraignante, de rapprochement entre les droits français et allemand.

2. Les Principes du droit européen du contrat

La question d'une harmonisation du droit des obligations ou, à tout le moins, du droit des contrats au niveau communautaire a non seulement fait l'objet de très vives controverses[230)] mais a également donné lieu à quelques propositions concrètes. Ainsi en est-il des Principes du Droit Européen du Contrat élaborés sous l'égide de la commission LANDO(PDEC).[231)] L'Union européenne n'ayant pour l'instant aucune compétence en matière de droit commun des contrats, ces Principes nés d'une initiative privée, et même si celle-ci a pu être encouragée par la Commission, ne peuvent être considérés comme du droit communautaire puisque, plus fondamentalement, ils ne revêtent aucun caractère contraignant. Leur application effective dépendra alors exclusivement de leur autorité persuasive, au sens de la *common law* (*persuasive authority*),[232)] *i.e.* de la conviction chez les contractants et les arbitres de l'opportunité de s'y référer.[233)] Il n'en demeure pas moins que leur élaboration est en soi d'un grand intérêt en ce qu'elle est évidemment le fruit d'un compromis entre

---

230) En France, cette éventualité a été défendue et combattue avec véhémence. Rendant compte de ce débat, *Pensée juridique française et harmonisation européenne du droit*, SLC, 2003.

231) Pour la version française, G. Rouhette, SLC, 2003. Egalement, C. Prieto (dir.), *Regards croisés sur les principes du droit européen du contrat et sur le droit français*, PUAM, 2003.

232) Le parallèle avec les Restatement américains s'impose.

233) C'est l'article 1:101 qui précise les cas d'application possibles des Principes. Sur les difficultés que font naître les ambitions peut-être trop grandes exprimées àcet article, E. Putman, in *Regards croisés…, op.cit.*, p.103 et s.

différentes traditions juridiques parfois opposées. Ils peuvent dès lors être un instrument de rapprochement des droits des différents pays de l'Union.

Il en est notamment de ceux relatifs à l'inexécution du contrat qui reprennent tour à tour des solutions françaises ou allemandes. Tout d'abord, sur le plan des faits générateurs de responsabilité, la notion centrale retenue par les Principes est celle d'inexécution d'une obligation (art. 8:101), notion qui rejoint celle du droit français ainsi que la *Pflichtverletzung* du droit allemand. La généralité de ce concept permet d'y inclure tous les types d'inexécution possibles.[234] En revanche, aucune distinction n'est opérée par la suite entre les différents cas concrets de violation contractuelle pour définir les conditions de mise en œuvre des sanctions.[235] Cette casuistique reste donc une spécificité bien allemande. Concernant la faute du débiteur comme condition de l'engagement de sa responsabilité contractuelle, les Principes ont repris l'une des institutions emblématiques du droit français, àsavoir la distinction entre obligations de moyens et obligations de résultat.[236] L'article 8:101 alinéa 1er précise en effet que «*toutes les fois qu'une partie n'exécute pas une obligation résultant du contrat et qu'elle ne bénéficie pas de l'exonération prévue à l'article 8:108, le créancier est fondé à recourir à l'un quelconque des moyens prévus au chapitre 9*».[237] Or, l'exonération prévue à l'article 8:108 est fondée sur «*un empêchement qui … échappe [au débiteur] et que l'on ne pouvait raisonnablement attendre de lui qu'il le prenne en considération au moment de la conclusion du contrat, qu'il le prévienne ou le surmonte ou qu'il en prévienne ou surmonte les conséquences.*» En d'autres termes, l'exonération du débiteur

234) G. Rouhette, *op.cit.*, p.321.

235) Pour désigner les sanctions, les PDEC parlent de moyens, terme on ne peut moins évocateur et qui semble inspiré de celui de *remedies* de la common *law*.

236) *Contra*, Ph. Stoffel-Munck, in *Regards croisés…*, *op.cit.*, art. 8:101, p.416.

237) La règle est énoncée à nouveau à l'article 9:501 à propos de l'octroi de dommages-intérêts.

ne peut être due qu'à un cas de force majeure au sens classique admis en droit français: un événement extérieur, imprévisible et irrésistible. La seule preuve de l'absence d'une faute de comportement est insuffisante. Or, une telle règle n'est autre que celle énoncée aux articles 1147 et 1148 C. civ. Les PDEC posent donc en principe que les obligations sont de résultat. Bien que l'article 8:101 ne vise pas d'autres hypothèses, les commentaires nuancent ce système de responsabilité en l'excluant en présence d'une obligation de prudence et de diligence.[238] Dans ce cadre, et comme en droit français, la faute de négligence ou d'imprudence du débiteur devra alors être prouvée pour engager sa responsabilité. L'autorité de fait des Principes sera-t-elle pour autant assez forte pour que cette distinction innerve petit à petit le droit allemand? On peut fortement en douter dans la mesure où, lors de la réforme de son droit des obligations (cf. *supra*), le législateur allemand connaissait les Principes de la commission LANDO qu'il a donc, en pleine connaissance de cause, décidé de ne pas suivre sur le terrain des conditions de la responsabilité contractuelle, dont on rappelle qu'elle est, en tout état de cause, fondée sur une présomption simple de faute (§280 I 2).

Sur le plan des sanctions ensuite, les PDEC, comme le droit allemand aujourd'hui (cf. *supra*), admettent la résolution pour nexécution anticipée (art. 8:105 et 9:304). En revanche, si l'octroi au débiteur d'un délai supplémentaire pour exécuter ses obligations est prévu (art. 8:106), à la grande différence du système allemand, il ne s'agit en principe que d'une facultépour le créancier et, en aucun cas, d'un préalable obligatoire à la résolution.[239] Preuve en est qu'aucune référence à une quelconque *Nachfrist* n'est reprise à l'article 9:301,

---

238) G. Rouhette, *op.cit.*, p.35, p.263-265 sous l'article 6:102 relatif aux obligations implicites et p.397 sous l'article 9:501.

239) Lors même que la *Nachfrist allemande* a inspiré l'article 8:106 PDEC: G. Rouhette, *op.cit.*, p.341.

siège du droit de résolution. En conséquence, les Principes sont plus proches du droit français qui, sur le fondement banal de la liberté contractuelle et du consensualisme, permet à un contractant sans l'y contraindre d'accorder un délai de grâce à l'autre. Il convient cependant de nuancer cette analyse à la lecture de l'alinéa 3 de l'article 8:106 qui précise que «*lorsque le retard dans l'exécution ne constitue pas une inexécution essentielle et que le créancier a dans sa notification imparti un délai raisonnable, il est fondé à résoudre le contrat à l'expiration dudit délai si le débiteur n'a pas exécuté.*» Ainsi, dans cette hypothèse spécifique, la *Nachfrist* permet au créancier de résoudre le contrat sans que la condition de l'inexécution essentielle soit remplie. Palliant ce défaut, l'octroi d'un délai raisonnable supplémentaire devient alors un préalable nécessaire à la résolution, comme c'est le cas en principe en droit allemand. A noter enfin sur le plan de la mise en œuvre des sanctions, que, contrairement au droit français, les Principes n'exigent en aucun cas l'envoi préalable d'une mise en demeure au débiteur. Sur ce point, ils ont suivi la *common law* et dérogent donc également au droit allemand qui exige une mise en demeure (*Mahnung*) dans certains cas, notamment en cas de retard dans l'exécution (cf. *supra*).

Enfin, concernant le préjudice réparable, les PDEC ont adopté des règles conformes tantôt au droit français tantôt au droit allemand. Ainsi, la réparation du dommage moral est-elle, comme en France, admise sans restriction (art. 9:501 al. 2). Lors même qu'une loi du 19 juillet 2002 a permis d'admettre la réparation de ce type de préjudice en matière contractuelle - auparavant, elle n'était admise que dans le cadre de la responsabilité délictuelle (§847 ancien) - le droit allemand n'a pas atteint le degré de libéralisme du droit français en la matière. Il n'admet la réparation du préjudice moral qu'en cas d'atteinte à l'intégrité physique, à la santé, à la liberté ou à l'autodétermination sexuelle (§253 II nouveau). A l'inverse, les Principes ont posé l'obligation du créancier de minimiser son dommage, en d'autres termes la règle selon laquelle seul le préjudice inévitable est réparable (art. 9:505). Institution emblématique de la *common law*, elle est également connue du droit allemand (§254 II) mais demeure étrangère au droit français,[240] la Cour de cassation l'ayant même récemment expressément condamnée en matière délictuelle.[241]

240) S. Reifegerste, *Pour une obligation de minimiser son dommage*, préf. H. Muir Watt, PUAM, 2002.

241) Civ. 2ème, 19 juin 2003 (deux arrêts): *Bull. civ.* II, n°203 P. Jourdain, *RTDCiv.* 2003, 716; J.-P. Chazal, *D.* 2003, 2326; J.-L. Aubert, *Rép. Defrénois* 2003, p.1574: *«l'auteur d'un accident est tenu d'en réparer toutes les conséquences dommageables la victime n'est pas tenue de limiter son préjudice dans l'intérêt du responsable.»*

프랑스와 독일의 사법교류: 무관심과 수렴의 사이

Gwendoline Lardeux(Aix-Marseille III 대학교 교수)
번역: 남궁술 (경상대학교 교수)

프랑스와 독일이 서로 긴밀한 법적 교류를 맺고 있음은 일견 자명한 것처럼 보인다. 드골(De Gaulle)과 아데나워(Adenauer)가 확립한 1960년대 이후의 양국 우호관계에 따른 정치적 맥락은 모든 분야, 특히 법학 분야에서 양국의 상호접근을 쉽게 할 수 있었을 것이다. 이러한 상호접근은 실제로도 가능할 수 있었는데, 다비드(R. David)의 분류에 의할 경우, 프랑스와 독일의 법계는 로마로부터의 공통된 기원에 의해 법규의 발전을 이끄는 정의 및 도덕에의 관심, 법과 민법에의 우월성 부여, 법전화작업 등으로 특징지어지는 로마-게르만법계에 속하기 때문이다.[1] 따라서 두 법에 차이가 있을지라도 이 점은 극복 가능한 것이다. 그러나 현실은 프랑스와 독일의 법적 관계에 관한 이러한 순진한 전망을 부정하고 있음을 인정할 수밖에 없다. 실무적인 면에서 이 두 법계 사이의 교류는 오늘날 거의 이루어지지 않고 있다. 이론적인

1) R. David & C. Jauffert-Spinozi, *Les grands systèmes de droit contemporains*, Dalloz, 11e ed., 2002, nos 17과 25 이하.

면에서도 다른 저명한 학자들은 이들을 서로 다른 법계로 분류하는 입장에서 이들의 상호접근요소보다는 상호분리요소들을 더 강조하여 프랑스와 독일 법계의 유사성에 이의를 제기하고 있다.[2] 이런 상반된 분류들은, 호의와 거부, 경의와 경쟁 사이에서 프랑스와 독일의 법적 관계의 양면성을 잘 보여준다.[3]

이는 프랑스민법전에 대한 라인강 너머의 제한된 환영, 즉 한편으로는 독일계 국가들의 프랑스민법전 수용에 대한 찬성론과 반대론 간에, 다른 한편으로는 독일법의 법전화 시기에 관해 초기에 매우 격렬한 논쟁이 전개되었다는 점에서 가장 잘 드러난다.[4] 이 중 잘 알려진 것은 프랑스민법전의 자유와 평등의 원칙에 호의적이었던[5] 띠보(Thibaut)와 정치적[6]·법적 이유로 개별적으로는 프랑스민법전을, 일반적으로는 法典化라는 관념을 거칠게 비판하였던[7] 사비니(Savigny) 사이의 논쟁이다. 그러나 이러한 신랄한 비판에도 불구하고, 프랑스민법전이 비록 처음에는 군사적 강요에 의해 수용되었다 하더

---

2) K. Zweigert & H. Kötz, *Einfürung in die Rechtsvergleichung auf dem Gebiete des Privatrechts*, JCB Mohr(Paul Siebeck), 3e ed., 1996, §5 III, p.68; 학자들은 무엇보다도 독일은 프랑스민법전을 받아들이지 않았고 판덱텐 학파도 프랑스 법사상에 영향을 주지 못했다고 강조하며 양국에서의 법발전의 차이를 지적하고 있다. R. Legeais, *Droit allemand et droit français du regard des classifications des systèmes juridiques, in A la recherche d'un nouveau droit fondamental*, Mélanges offerts à R. Legeais, Cujas, 2003, p.465.

3) 프랑스와 독일의 법과 법리의 관계사에 관해서는, C. Witz, *Droit privé allemand, actes juridiques, droits subjectifs*, t. 1, Litec, 1992, n°2 이하.

4) M. Pédamon, *Le Code civil et la doctrine juridique allemande du XIXe siècle, in Le Code civil. Un passé, un présent, un avenir*, Dalloz, 2004, p.803, 특히 pp.805-815.

5) *Über die Notwendigkeit eines allegemeinen bürgerlichen Rechts für Deutschland*(독일을 위한 일반민법의 필요성에 대하여).

6) 사비니의 민족주의, 귀족주의적 신념 그리고 프랑스에 대한 혐오는 왜 그가 이러한 비판적 입장을 취하는가를 잘 설명해 준다.

7) *Vom Beruf unserer Zeit für Gesetzgebung und Rechtswissenschsft.* 민법전에 대한 사비니의 비판에 대해서는, H.-J. Sonnenberger, *La circulation du modèle juridiaue français : Allemagne*, Trav. Ass. Henri Capitant, t. XLIV, Litec, 1993, p.317, 특히 p.344.

라도 일부 독일계 국가에서는 이성의 명령으로서 계속 유지되었다.[8] 실정법과 관련해서도 마찬가지로 19세기 내내[9], 독일의 대학들 및 유력한 학설에 의해 프랑스민법전에 관한 연구가 이루어졌다. 그 중 가장 유명한 학자는 자카리애(Zachariae)다. 그의 '프랑스민법개론'(*Handbuch des Französischen Civilrechts*)은 1827년판부터 오브리(Aubry) 교수와 로(Rau) 교수에 의해 프랑스어로 번역되었고, 이는 프랑스 법률가를 민법전 순서에 따른 법조문의 연구와 입법작업의 취지에만 입각한 주석학으로부터 벗어나게 하였다. 이 뛰어난 독일 법학자는 정연하고 체계적인 판덱텐 방식의 연구방법론을 프랑스민법전의 연구에 응용하였다: 즉, 3부로 된 법전의 구조에 구애받지 않고, 각 제도를 지배하는 기본원칙의 탐구에 치중하였다.[10] 그러나 프랑스민법전과는 양식이나 구조면에서 완전히 다른[11] 독일민법전(BGB)의 채택[12]과 함께, 독일 법학자들의 프

8) M. Pedamon, *op.cit.*, p.804.

9) H.-J. Sonnenberger, *op.cit.*, pp.338-339; E. Müller, *Le Code civil en Allemagne. Son influence générale sur le Droit du Pays, son adaptation dans les Pays rhénans, in Livre du Centenaire*, Dalloz, re-ed., 2004, p.627.

10) Charmont & Chausse, *Les interprètes du Code civil, in Livre du Centenaire*, *op.cit.*, p.131, 특히 p.155 이하. F. Ranieri, *Le droit civil français et la culture juridique française dans la doctrine allemande d'aujourd'hui : un éloignement définitif?*, Droits, 2000, p.157 특히 pp.163-164: "그러므로 19세기의 독일이론에서 프랑스민법은 당시의 판덱텐학파의 방법론에 따른 학문적 수정을 경험한다 …. 당시의 프랑스 이론의 常用語로 표현된 서술적인 전문용어의 자리에 판덱텐학파의 추상적 개념들이 들어선다 …. 독일 판덱텐학파의 사상과 방법론을 프랑스법에 관해 학문적으로 관철시킨 것은 독일의 민법학자들이 프랑스법에 대해 갖는 관심의 절정과 종말을 동시에 표현하고 있다."

11) V. Lasserre-Keisow, *La technique législative - Etude sur les Codes civils français et allemand*, préf. M. Pédamon, LGDJ, 2002.

12) 사비니의 관점이 지배하는 상황에서, 독일에서의 민법전의 탄생을 위해서는 독일계 국가들의 정치적 통일을 기다려야 했다. 독일민법전은 1896년 7월 1일 Reichstag(옛 독일제국 의회)에 의해 채택되고, 8월 18일에 공포된 이후, 황제의 명시적인 요구에 따라, 1900년 1월 1일에서야 발효되었다. 살레이유(Saleilles)에 의하면, "1896년의 독일민법전은 프랑스민법전에 대한 역사법학파 창시자들에 의한 반응이었다. 프랑스민법전이 없었더라면, 독일민법전은 만들어지지 않았을 것이다.": *Le Code civil et la méthode historique,* in *Livre du*

랑스민법전에 관한 관심은 사라졌다. 그리고 경향이 바뀌어서, 살레이유(Saleilles)[13]를 필두로 한 프랑스 법률가들이 독일법전을 연구하게 되었다. 그들은, 총칙편(*allgemeiner Teil*),[14] 개념들의 抽象化, 구조의 체계성, 언어의 명확성 등을 특징으로 하는 독일 민법전에 매료되었다.[15] 예를 들자면 프랑스민법전에는 없는 법률행위 개념에 관한 연구가 시작된 것이 바로 이 시대였다. 계약 개념에 비하여 일반성을 지닌 이 개념은 당시의 프랑스 학계의 관심을 불러일으켰다.[16] 그렇지만, 증거(preuve)에 관한 분야를 제외하고, 법률행위 개념의 유용성은 오늘날 프랑스학계에서 다투어지고 있다.[17] '단독행위'(engagement unilatéral de volonté) 개념에 대해서도 이와 유사한 관심이 있었다.[18]

그러나 이러한 상호관심은 제1차 세계대전으로 인해 갑작스런 제동이 걸렸다.[19] 나치 독일이 모든 외국법, 특히 민주주의제도와 관련된 법제에 대

Centenaire, *op.cit.*, pp.97-98.

13) *Théorie générale de l'obligation d'après le premier projet de code civil pour l'Empire allemand, Pichon*, 2e ed., 1901. *De la déclaration de volonté - Contribution à l'étude de l'acte juridiaue dans le Code civil allemand (art. 116 à 144)*, Pichon, 1901. *Introduction à l'étude du droit civil allemand*, Pichon, 1904.

14) 이에 관하여는, 특히, Rieg-M. Fromont, Introduction au droit allemand, tome II, *Droit privé*, Cujas, 1991, p.15 이하; C. Crome, *Les similitudes du Code civil allemand et du Code civil français*, in Livre du Centenaire, *op.cit.*, p.587, 특히 p.591: "이 총칙편은 독일의 抽象化 능력의 한 모델이다 ⋯."

15) R. Sacco, *La circulation du modèle juridique français : rapport de synthèse*, Trav. Ass. Henri Capitant, *op.cit.*, p.5, 특히 n°9, p.11: "이러한 방법(개념적, 教義的 또는 체계적인 방법)은 독일뿐 아니라 독일 외의 국가에서도 風味되었다."

16) Carbonnier, *Droit civil - Les obligations*, t. 4, PUF, 2000, 22e ed., n°18 a. 법률행위개념은, 입증에 관한 법을 개정하는 '1980년 7월 12일 법률'을 통해, 실정법 즉 프랑스민법전 제1326조와 제1348조에 규정되었다.

17) M. Fabre-Magnan, *Les obligations*, PUF, 2004, n°6.

18) F. Terré & Ph. Simler & Y. Lequette, *Droit civil - Les obligations*, Dalloz, 8e ed., 2002, n°51; Marty & Raynaud, *Les obligations*, t. 1, *Les sources*, 2e ed., 1988, Sirey, n°355.

한 적대감을 드러내면서, 독일법을 예찬하였던 프랑스 법률가들은 태도를 바꾸었다. 제2차 세계대전이 끝난 후 독일의 정치적 상황이 변했음에도 불구하고, 이러한 무관심은 오늘날에도 계속되고 있다. 물론 우리는 프랑스 민법에 대한 독일법의 무시할 수 없는 몇 가지 영향의 예를 들 수 있다.[20] 즉, '격지자간의 계약체결'[21]이라든가 '인과관계' - 조건설, 상당인과관계설 - 등에 관한 독일의 이론들이, 이들의 독일법적 요소가 프랑스 교과서에서 자주 또는 더 이상 언급되지 않을 정도로, 프랑스법의 내용의 일부가 되었다. 마찬가지로, '단체소송에 있어서의 소유권유보 조항'[22]이나 '손해배상액의 예정에 있어서의 예정금액을 경감시킬 수 있는 법관의 권한(§343;[23] 제1152조 2항[24])' 의 효율성을 인식한 것도 독일법의 덕분이다. 끝으로 학위 논문과 대학 간의 교류도 없지 않았다.[25] 하지만 전체적으로 볼 때, 이런 예들이 다음과 같이 분명한 사실을 바꾸기에는 충분하지 않다: 긴밀한 정치적 관계에도 불구하고, 독일과 프랑스 사이에 법에 관한 특별한 대화는 없었다.[26] 결론적으로, 실무

---

19) H.-J. Sonnenberger, *op.cit.*, pp.320-321.

20) 여기에서 상호적이라는 것은 그리 정확한 표현이 아니다. 분명 프랑스법은 독일법에 보다 많은 영향을 주었다. 그러나 이는 민법 이외의 영역에서였다: Cl. Witz, *op.cit.*, n°14.

21) 최종적으로 채택된 해결책이 서로 일치하지는 않았다. 독일법이 도달주의(théorie de l'information; Vernehmungstheorie)를 선택한 반면, 프랑스법은 발신주의(théorie de l'émission)를 채택하였다.

22) 독일법은 소유권유보조항의 확장 또는 연장된 형식도 인정하는 반면, 프랑스법은 단순한 소유권유보조항만을 인정하고 있다.

23) §는 독일민법(BGB) 조항의 표시이다.

24) 프랑스민법전 조항의 표현이다.

25) H.-J. Sonnenberger, *op.cit.*, pp.321-322; Cl. Witz, *op.cit.*, n°6과 13.

26) 중요한 입법안을 만들 경우, 비교법적 연구가 필수적으로 따르기 마련이지만, 프랑스에서는 독일법에 대한 [cf. 비교입법에 관한 연구자료는 상원(Sénat) 사이트에서 찾을 수 있다], 독일에서는 프랑스법에 대한(H.-J. Sonnenberger, *op.cit.*, pp.320-321) 어떤 특별한 관심도 없었다. 프랑스와 독일간의 이론적 대화의 결핍에 관하여는, O. Beaud & E. V. Heyen (dir.), *Une science juridique franco-allemande ? Bilan critique et perspectives d'un dialogue culturel*, Nomos, 1999.

가들에 의해 발전되어 보다 경험적인 프랑스법과, 판덱텐법학에 익숙한 교수들에 의해 확정되어 보다 추상적인 독일법 사이에, 19세기에 파여진 간극은 메워질 것 같지 않아 보인다.[27]

그러나 법의 정신, 사고방식, 법학연구방법에 있어서의 뿌리 깊은 차이에서 비롯된, 프랑스법과 독일법 사이의 대화의 빈약함은 법률 규정 사이의 실제적인 유사성에 장애로 작용하지는 않는다. 그러므로 법논리의 유사성이 없음에도 불구하고, 법적 해결책의 측면에서는 상호 유사성을 주목할 수 있다.[28] 여기에는 3가지 요소가 있다.[29] 우선, 1945년 이후 프랑스와 독일 사회가 경제적·습속적 면에서 경험했던 발전의 유사성을 들 수 있다. 양 국가는 모두 사회적 시장경제제도를 추구하고 있는 한편, 개별적인 행동의 면에서는 항상 보다 넓은 자유를 인정하려는 경향이 있다. 그리고, 넓은 의미의 경제법 분야에서, 유럽연합 차원의 정치적 의지를 들 수 있다. 이 정치적 의지는, 유럽연합 회원국들의 법체계들을 서로 통일시킬 것을 목적으로 하는 유럽공동체법을 탄생시켰다. 마지막으로 유럽법의 법전화를 위한 노력의 일환인 이론 작업의 성과를 들 수 있다. 이런 각각의 상호접근요소들이 법의 모든 분야에서 똑같은 비중을 차지하는 것은 아니다. 따라서 본질상 통일을 위한 시도가 가장 어려운 가족법의 연구와(I) 공동체단계에서의 단일화와 유일하게 관련이 있는 채권법의 연구(II)를 구분하여야 할 것이다.

---

27) F. Ranieri, *op.cit.*, p.158: "논리전개 양식과 방법 그리고 법학과 관련한 전통에서 엿볼 수 있는, 뿌리 깊은 적지 않은 차이점들이 이러한 무지(無知)의 진정한 이유이다."

28) G. Canivet, *La convergence des systèmes juridiques du point de vue du droit privé français, RIDC*, 2003, p.7.

29) 상호접근의 원인에 관해서는, M. Fromont, *Droit allemand des affaires*, Montchrestien, 2001, n°613-614; R. Legeais, *Grands systèmes de droit contemporains*, Litec, 2004, n°63.

I. 가 족 법

이 분야에서, 서유럽 모든 국가의 법체계와 마찬가지로, 프랑스와 독일의 법체계는 두 가지 현상의 영향 아래에서 전개되었다: 주요 과학기술의 발전, 특히 유전공학 분야의 발전에 대한 양국의 반응은 동일하지 않다(A); 풍속의 급진적 변화에 대해서는 양국이 동일한 원칙에 의거하려는 경향이다.

A. 과학의 발전에 대한 상반된 반응

과학이 실현한 급격한 발전이 입법자들로 하여금 본질적이면서도 새로운 문제에 관한 연구를 하게 한 것은 바로 유전공학 분야에서이다. 즉 오늘날 자녀의 유전적 연원을 분명히 알 수 있는 가능성으로 인해 친족법상의 변혁이 일어났다. 그에 따라서, 프랑스법과 독일법은 '생물학적 진실의 우선'이라는 똑같은 원칙을 채택했지만, 이 원칙의 적용범위에 대한 양국의 태도는 달랐다.[30] 최근의 발전이 이 원칙을 어느 정도 약화시켰음에도, 독일법은 이를 절대적으로 강조하였음에 비해, 프랑스는 '비밀과 사회적 현실이 아직 자리잡고 있는' 친족법에서 이 원칙을 절대적으로 앞세우지는 않았다. 이러한 상반된 접근을 친자관계가 자연적 출산의 결과로 형성된 경우(1)와 인공수정의 결과로 형성된 경우(2)로 나누어 살피고자 한다.

---

30) R. Frank, *La signification différente attachée à la filiation par le sang en droit allemand et français de la famille, RIDC*, 1993, p.635.

1. 자연적 출산에서의 생물학적 진실

이 두 법체계의 대조는 우선 모자관계(filiation maternelle)의 경우에서 명백하게 드러난다. 독일법상 모자관계는 출생증서에 모(母)의 이름을 의무적으로 명시함으로써 자동적으로 형성된다. 즉 친자관계의 형성은 이 출생증서 하나면 충분하다(*mater semper certa est*).[31] 이에 반하여, 프랑스법은 분쟁의 증가에도 불구하고,[32] 母에게 익명으로 출산할 수 있는 가능성(제326조)을 계속 부여하고 있다. 母의 익명요구는 婚外의 모든 母性追跡訴訟의 소권을 배제시키고 있으며, 모의 인적 비밀은 사생활보호권에 근거하여 그녀의 명시적 동의에 의해서만 드러날 수 있을 뿐이다. 또한, 사생활보호권에 근거하여, 母의 인적 비밀은 그녀의 명시적 동의하에서만 드러날 수 있을 뿐이다.[33]

이러한 제도에 대한 독일법의 전통적인 거부는 자녀에게 자신의 유전적

---

31) 자녀의 권리에 관한 개정을 포함한 '1997년 12월 16일 법률'에 의해 BGB(§1591)에 삽입된 전통적인 격언(cf. *infra*). 따라서 현재는 '자녀를 세상에 나오게 한 여자가 그의 친모'라고 명시되어 있다. 즉 난자제공자 또는 대리모와의 어떠한 친자관계형성도 허락하지 않는다. 이 명시는, '태아의 보호에 관한 1990년 12월 13일 법률(*Embryonenschutzgesetz*)'에 의거하여, 이러한 행위를 금지시키는 논거에 기초한다.

32) 이는 입양아와 국가에서 보호하는 고아들의 '태생에의 접근'에 관한 '2002년 1월 22일 법률'을 채택한 데 대한 반발이었다. 그러나 이 법은, '부모의 비밀권원칙'을 포기하지 않았기 때문에, 실효성이 떨어진다: J. Rochfeld, *RTD Civ.*, 2002, 368, 특히 pp.374-375; B. Mallet-Bricout, *Réforme de l'accouchement sous X - Quel équilibre entre les droits de l'enfant et les droits de la mère biologique ?, JCP*, 2002, I, 119. 그렇지만 이 법은 유럽인권협약에 적합하다고 판결되었다: CEDH, 13 fev. 2003, D. 2003, 1240, B. Mallet-Bricout.

33) 2005년 7월 4일 政令(ordonnance n°2005-759: 이 정령은 2006년 7월 1일 발효될 것이다)에 의한 친자에 관한 프랑스법의 최근 개정도 이점을 수정하지 않았다. 그로부터, "*母의 입장에서, 친자관계가 출생증서에서 母의 지정(désignation)에 의해 형성된다*"지만[311-25조 신설; 그 때까지는, 婚外의 모가 자녀를 認知해야 만이 친자관계가 형성되었다(舊 334-8조 1항)], 친자관계의 형성에 있어서 이런 단순화된 방식은 「익명의 출산이 조성하는 '소권의 결여'」를 사라지게 하지는 못하였다. 참조 신설 325조 1항: "*출생증서 및 신분점유가 없는 경우, 母性追跡은 326조의 적용을 조건으로 허용된다.*"

태생을 알 수 있는 헌법상의 자연권을 인정함으로써 강화되었으며,[34] 이는 일반적 인격권(*allegemeines Persönlichkeitsrecht*)에 기초하고 있다[35]. 바로 이 원칙에 근거하여, 독일의 친족법상 가장 중요한 개정들이 지난 15년 동안 이루어졌다. 프랑스법도 마찬가지로 생물학적 진실의 요구에 따랐지만, 그와 같은 권리를 인정하지 않았다. 독일과는 반대로, 프랑스의 헌법위원회(Conseil constitutionnel)는 생물학적 태생의 접근에 장애가 되는 법규정들은 위헌이 아니라고 판결하였다.[36] 자녀에 의한 '父子關係(filiation paternelle)'의 설정 및 부인에 관하여, 독일의 연방헌법재판소(*Bundesversfassungsgericht*)는 '유전적 태생을 알 권리'에 관한 두 가지 핵심적인 결정을 내렸다. 우선, 1988년 1월 18일 판결[37]을 통해, 비혼생자는 그의 母에 대하여 생물학적 父의 신원[38]을 자신에게 알려줄 것을 요구할 수 있다고 결정하였다. 이 권리는 일반적 인격권은 물론 기본법 제6조 제5항에도 근거하고 있디. 이에 의하면, "법은 비혼생사에게 그들의 신체적·정신적 성장 및 사회적 상황에 관해 혼생자와 동일한

34) BVerfG, 31 janv. 1989, BVerfGE 79, 256; *NJW* 1989, 881, Ch. Enders, *ibid.*, 1594; Th. Ramm, *Jura* 1989, 520; D. Coester-Waltjen & F. Furkel, *Le droit à la reconnaissance de ses origines en République fédérale d'Allemagne, RIDC* 1997, p.931. 이 분야에서, 독일법이 이 권리의 절대적인 성격을 인정한 유일한 법이다, 이에 대한 비판도 물론 있다: R. Frank, *Le centeniare du BGB : le droit de la famille face aux exigences du raisonnement politique, de la constitution et de la cohérence du système juridique, RIDC* 2000, p.819, 특히 p.836과 840.

35) 1954년 5월 25일 판결에서 BGH에 의해 인정됨(*BGHZ* 13, 334); 인간의 존엄에 관한 헌법적 권리와(GG, 1조 1항) 인격의 자유로운 계발(GG, 2조 1항)에 기초함.

36) 1994년 7월 27일 결정, 최초의 생명윤리법(lois bioéthiques)에 대한 합헌성 검토: D. 1995, 237, B. Mathiau. 그러나 헌법위원회는 "인공수정에 있어서 제3기증자의 익명성 원칙이 인격(personnalité)의 자유로운 啓發에 대한 자녀의 권리를 침해한다"고 주장했던 청구인들의 논거에 직접 응답하지 않았다. 이 인격의 계발이 독일에서 자신의 유전적 태생을 알 권리를 인정하는 근거이다. 정확히 말해서, 헌법위원회는 "인격의 자유로운 계발에 대한 자녀의 권리」를 '健康權(droit à la santé)'과 동일시하였고「기증자의 익명성 규칙은 건강권을 침해하지 않는다"고 확정하는 데 만족하였다.

37) *FamRZ* 1989, 147.

38) 이 의무의 강제이행에 관한 실무상의 어려움에 대해서는 F. Furkel, *op.cit.*, p.942 참조.

여건을 보장하여야 한다."[39] 이러한 결정은 독일 특유의 관심을 반영한다. 그리고, 다른 두 판결[40]을 통해, Karlsruhe 법원은, 「母의 남편의 父性에 대한 자녀의 부인 가능성을 지나치게 제한하고, 유전적인 父의 추적과 이후의 진정한 친자관계 설정에 위헌적으로 장애가 되는」 BGB의 규정들이 '기본법(Loi Fondamentale)'에 반한다고 판결하였다.[41] 문제가 된 규정들은 - BGB의 舊 §1593과 관련된 §1696과 §1598 -, 첫째, 자녀에 의해 제기된 法的 父性에 대한 부인의 소를 받아들일 수 있는 경우를 제한했고, 둘째, 그 제척기간을 자녀가 성년이 된 날로부터 2년으로 제한하였다. '1997년 12월 16일 법률'은, 한편 소의 제기를 허락하는 제한목록을 포기하였고(§1600 I), 다른 한편 '2년의 제척기간의 기산점'을 「'설정된 父性'을 의심하게 하는 '사실상황'들이 청구인에게 알려진 날」로 확정하였다(§1600 b I, III). 따라서 자녀에게 부여된 '父性에 대한 부인의 소'는 물적 관할권에 관해(*ratione materiae*) 일반화되었고, 시간적 관할권에 관해(*ratione tempore*) 확장되었다.

프랑스법의 경우, 앞서 언급한 2005년 7월 4일 政令(ordonnance)에 의해 친자관계 법규들이 통일되었다. 즉 혼생친자관계(filiation légitime)와 비혼생친

---

39) 이 권리는, 1997년 12월 16일의 친자법개정법률(Kindschaftsrechtsreformgesetz)에 의해 확정되었다. 이 법은 모든 영역(친자관계, 친권, 상속)에 있어 자녀의 균일한 권리를 창설하는 데 그 목적을 두었다. 이에 관하여는, F. Furkel, *Le nouveau droit de l'enfance en République fédérale d'Allemagne, RTD Civ.*, 1998, p.804. 이 법은, 할 수 있는 모든 범위 내에서, 혼생친자관계(舊 §1591 이하)와 비혼생친자관계(舊 §1600 이하) 사이에 존재했던 차별을 없앴다. 그로부터, 부자관계의 설정과 부인은 BGB §1592 이하에 일원화된 방식으로 규율되어 있다. 그럼에도 불구하고, 그 바탕에는, 비혼생친자관계의 임의적이고 分離적인 특성으로 인한 차이가 존재한다: F. Furkel, *op.cit.*, p.811.

40) BVerfG, 31 jan. 1989, *op.cit.*; BVerfG, 26 apr. 1994, *BverfGE* 90, 263.

41) '유전학적 태생을 알 자녀의 권리'와 '생물학적 父에 관한 친자관계의 설정 및 母의 남편의 父性을 부인할 권리' 사이에 인정된 필연적 관련성은 납득되지 않을 수 있다: R. Frank, *Observation co;paratives sur la contestation de paternité, RIDC* 2005, p.85, 특히 pp.93-94; J. Vidal, *Un droit à la reconnaissance de ses origines ?*, Mélanges Boyer, PU sciences sociales de Toulouse, 1996, p.733, 특히 p.745 이하.

자관계(filiation naturelle) 사이의, 특히 父性 또는 母性에 대한 부인의 소와 관련하여(제332조 - 제337조 신설), 모든 차별이 폐지되었다.[42] 단순화하자면, 이 분야에서 앞으로는 그 출생증서가 일치하는 신분점유(possession d'état) 사실에 의해 확증되는지(제333조), 아닌지(제334조)에 따라 구분되어야 할 것이다. 후자의 경우 친자관계 부인의 소는 자녀를 포함한 모든 이해관계인이 10년 안에 제기할 수 있고[43], 반면에 전자의 경우에는 신분점유가 종료한 날로부터 5년 이내에 소를 제기하여야 하며, 한편 "출생증서와 일치하는 *신분점유가 적어도 5년을 경과한 경우에는*…" 어떠한 부인도 허용되지 않는다. 이 새로운 규정은, 친자관계가 혼생인지, 비혼생인지에 따라 달랐던 이전의 해결책들과의 타협이라고 할 수 있다: 혼생인 경우, 출생증서와 일치하는 신분점유가 있는 때에는 어떤 부인도 불가능하였고(舊 제322조 제1항); 비혼생의 경우, 認知(reconnaissance)와 일치하는 10년 동안의 신분점유에도 불구하고, 자녀는 30년의 기간 동안 자신의 친자관계를 부인할 수 있었다(舊 제311-7조 및 舊 제339조 제3항). 비교의 관점에서, "비혼생자에게 주어진 이런 '혜택'이 자신의 태생을 알 권리를 인정받은 것으로 여겨졌음에도,[44] 친자관계에 관한 새로운 규정은 반대로 출생증서에 일치하는 신분점유의 경우 '소권의 否認'을 오히려 강화시켰다"[45]는 점은 매우 흥미롭다. 따라서 혼생친자관계의 경우에만 생물

---

42) 이 법규는, 상속법(2001년 12월 3일 법률 제2001-1135호), 부모 별거의 경우의 친권(2002년 3월 4일 법률 제2002-305호, 민법전 제373-2조 이하에 규정됨), 家族姓(2002년 3월 4일 법률 제2002-304, 민법전 제311-21조 이하에 규정됨)에 관해 이미 채택된 무차별 원칙의 적용을 완결하였다.

43) 친자관계에 관한 소송의 경우 30년의 제척기간을 두었던 舊 제311-7조는 폐지되었고, 신설 제321조에 의해 10년으로 대체되었다. 그러나 제척기간의 기산점은 동일하다: "당사자가 주장하는 신분을 상실하거나 부인의 대상이 된 신분을 향유한 날로부터". 어찌 되었든, 프랑스법의 기간은 독일법의 기간보다 현격하게 길다.

44) F. Terré & D. Fenouillet, *Les personnes, la famille, les incapacités*, Dalloz, 6e ed., 1996, n° 843, p.711.

45) 물론 적어도 5년의 기간이 경과하여야 한다; 이 기간은 자녀와 '관련부모' 사이에 형성된 사회학적 관계를 진지하게 증명할 수 있는 합리적인 기간으로 여겨진다.

학적 진실에 우선하던 사회학적 현실이 더욱 확장되고 있다. 이 점은 프랑스법과 독일법을 분리시키는 간극을 좀더 깊게 하고 있다. 독일법에 의하면, 자녀가 자신의 母의 남편 또는 동거인의 父性을 부인하는 경우, 생물학적 진실이 우선적으로 고려된다. 즉 독일의 경우, 부인된 친자관계가 신분점유에 의해 확증되었는가의 여부에 따르는 프랑스법과는 반대로, 어떤 구분도 행해지지 않았다. 이는 자신의 생물학적 태생을 알 자녀의 권리로부터 나오는 논리적인 결과인 것이다.

독일은, 1997년의 개정을 통해, 父子關係에 대한 부인권을 嫡母에게도 인정하였다.[46] 생물학적 진실에 대한 예찬론에 입각해서, 다음 단계는 생물학적 父에게 이 권리를 인정해야 할 것이라는 假定을 언급한 학자들도 있었다.[47] 그러나 우리는, 1989년 독일의 연방헌법재판소의 결정에 의해 표현된 「'자신의 유전적 태생을 알 자녀의 권리'와 '혼인과 가족의 보호(GG, 6조 1항)라는 헌법적 당위'를 조화시켜야 할 필요성」은 이러한 발전에 장애가 될 것이라는 점을 생각할 수 있었을 것이다. 2004년 4월 23일 법률은 생물학적 父에게 법적으로 형성된 父子關係에 대한 부인권을 인정하였는데, 이는 자녀와 그의 법적 부 사이에 어떠한 사회적 가족관계(신설 §1600 I 2, II, III)[48]도 없는 경우에만 허용되며, 이는 프랑스의 신분점유의 개념과 유사한 것이다.[49]

---

46) 이전에는, 婚外의 母에게만 이 권리가 인정되었다(BGB 舊 §1600 g). 전술한 2005년 7월 4일 정령에 의해, 프랑스법도 똑같은 전개가 행해졌다: 이전에는, 적출의 모는 매우 제한된 경우에 한하여 자신의 전남편의 父性만 부인할 수 있었는데 반하여(舊 제318조); 婚外의 母는 아무 제한 없이 소를 제기할 수 있었다(舊 제39조 1항); 그러나 이제부터는 두 경우 모두, 같은 조건하에서, 부인의 소가 인정된다(신설 제333조 - 제335조).

47) R. Frank, *Le centenaire du BGB* …, *op.cit.*, p.836, 이런 전망에 유감을 표명하며. F. Furkel, *Le nouveau droit allemand* …, *op.cit.*, 807.

48) R. Frank, *Observations comparatives* …, *op.cit.* 이 새로운 규정은 헌법재판소의 결정에 그 기원을 두고 있다: BverfG, 9 apr. 2003, *BverfGE* 108, 82. 입법자는 판사에 의해 제시된 해결원칙을 그대로 채용하였다.

49) 신설 BGB §1600 III에 의하면, 사회적-가족 관계는 법적 父가, 실제로 자녀에 대한 책임을 부담하였을 경우, 즉 원칙적으로 그가 자녀의 母와 혼인 중에 있거나, 자녀와 오랜

이 명확한 기준은 '생물학적 진실'로 하여금 '사회학적 현실'을 제거하지 않게 하고 있으며, 또한 독일법상 '생물학적 진실'의 독보적인 지위를 고려할 때 대단히 예외적인 것 중의 하나이다. 자녀가 자신의 생물학적 태생을 알아보는데 이 기준이 장애가 되는 것은 아니다. 왜냐하면, 자녀가 자신의 진정한 父의 존재를 알았을 경우, 어떤 상황에서도, 심지어는 그의 父子關係가 신분점유에 의해 확증되었다 할지라도, 자녀는 자신의 父子關係를 부인할 수 있기 때문이다(cf. *supra*). 프랑스법에서는, 자녀가 청구인일 경우에 관한 규정들이 생물학적 부모들에 의해 제기된 친생부인의 소의 경우에도 적용된다. 그 결과 독일법은 사회학적 현실을 생물학적 진실보다 우선시키게 되었는데, 이는 프랑스법과 유사한 면이 있다. 그렇지만, 프랑스법은 신분점유가 5년이 지났을 경우에 친자관계가 더 이상 다투어질 수 없다고 명시함으로써 법적 안정성을 선택한 반면, 사회학적 현실을 더욱 중시한 독일법은, 법적 父가 "오랜 기간(*längere Zeit*)" 자녀와 함께 한 지붕 아래 생활할 경우, 자녀의 母와 혼인하지 않았을지라도, 사회적 가족관계의 존재를 추정하고 있다. 따라서 오늘날 독일법에서 "신분점유"가 수행할 역할의 중요성과 "사회학적" 친자관계의 안정성은 이 조건에 대한 판사들의 평가에 달렸다고 할 수 있다.

2. 인공수정 분야에서의 생물학적 진실

외래적 인공수정, 즉 제3의 기증자에 의한 인공수정 분야에 있어서 비록

기간 가정 공동체에서 함께 살았을 경우에 인정된다 ("*Eine sozial-familiäre Beziehung nach Abstz 2 besteht, wenn der Vater im Sinne von Absatz 1 Nr. 1 für das Kind tatsächliche Verantwortung trägt oder im Zeitpunkt seines Todes getragen hat. Eine Übernahmetatsächlicher Verantwortung liegt in der Regel vor, wenn der Vater im Sinne von Absatz 1 Nr. 1 mit der Mutter des Kindes verheiratet ist oder mit dem Kind längere Zeit in häuslicher Gemeinschaft zusammengelebt hat*"). 이런 定義는, 프랑스법상 '신분점유(possession d'état)'의 본질적인 요소로 간주되는 '*tractatus* (comportment, 처신)'의 의미와 일치한다; *tractatus*의 두 기준을 우선하여 명시한 신설 프랑스민법 제311-1조의 문구는 이를 증명한다.

독일이 최근의 입법을 통해 절대적이었던 생물학적 진실의 엄격성을 어느 정도 둔화시킴으로써 프랑스법과 독일법 사이의 대립이 조금 완화되기는 하였으나 이 두 법체계 사이의 대립은 아직 뚜렷하다.

이 분야에서 프랑스법은 자녀의 '생물학적 태생에 관한 비밀'과 '사회학적 친자관계의 촉진'이라는 양면성을 띠고 있다.[50] 따라서 '기증자 익명성의 엄격존중의 원칙'이 채택되었다(제16-8조).[51] 제3의 기증자를 통한 생식은 자녀의 —생물학적 의미가 아닌— 법적 친자관계에 어떤 영향도 미치지 못한다는 것도 규정되었다. 기증자 익명성 절대의 원칙은 '기증자와 자녀의 친자관계 형성 금지(제311-19조 1항)'로 그 의미가 倍加되었다. 익명성에 근거한 법체계 하에서는 불필요한 후자의 금지는 인공수정시 기증자에 대한 의뢰가 자녀와 사회학적 父의 관계에 혼란을 주어서는 안 된다는 입법자의 강한 의지의 표현이다. 이 제도를 정착시키기 위해 다음의 규정이 마련되었다: "의료보조생식의 실행에 관한 동의를 표시한 후에는 친자관계에 대하여 이의를 제기하거나 친자관계를 주장하는 어떠한 소송도 금지되나, 자녀가 의료보조생식에 의하여 출생하지 않았다거나 또는 의료보조생식에 관한 동의가 무효인 경우에는 그러하지 않다"(제311-20조 2항).[52] 요약하자면, 프랑스법이 인정

---

50) 여기에서 언급되는 모든 법규정들은 1994년 7월 29일의 '생명윤리법(des lois bioéthiques)'에 기초하고 있다. 이 규정들은 주로 민법전(Code civil) 또는 '공공건강법전(Code de la santé publique)'에 편입되었으며, 또한 '2004년 8월 6일 법률(P. Egea, *RJPF* septembre 2004, p.6)'에 의해서도 수정되지 않았다.

51) 물론 아무런 논쟁 없이 이 원칙이 강제된 것은 아니다: M.-F. Nicolas-Maguin, *L'enfant et les sortilèges : réflexions à propos du sort que réservent les lois sur la bioéthique au droit de connaître ses origines, D.* 1995, chron., 75. 그러나 기증자의 익명성은 앞에 언급한 「입양아와 국가로부터 보호받는 고아들의 胎生에 대한 접근을 다루는 2002년 1월 22일 법률」에 의해서도 문제가 되지 않았다. 「입양아와 '인공수정에 의해 태어난 자녀' 사이에 존재하는 평행선」은 분명 잘못된 것이다: J. Rochfeld, *op.cit.*, p.374. 같은 의미에서, F. Furkel, *Le droit à la connaissance* …, *op.cit.*, p.956 이하; J. Vidal, *op.cit.*, p.744.

52) 이 규정은 가끔 있었던 반대판례에 종지부를 찍었다: Ph. Malaurie & H. Fluchiron, *La famille*, Defrénois, 2004, n°812. 역자주: 이 규정의 한국어 번역은 명순구, 『프랑스민법전』,

하는 유일한 父는 인공수정에 동의한 남자, 즉 母의 남편 또는 동거인이다.[53] 父性의 근거로서 사회적 현실이 생물학적 진실을 대체한 것이다. 이러한 문제에 관하여 독일법은 완전히 상반된 해결책을 택하였다.[54]

즉 1989년 1월 31일 독일 연방헌법재판소의 판결(앞에서 이미 언급한 판결임)은 대다수의 학설에 의해 정자기증자는 익명을 요구할 수 없는데 이는 유전적 근원을 알고자 하는 자녀의 헌법적 권리에 장애가 되기 때문이라는 의미로 해석되고 있다. 이 원칙이 제시되자 독일법은 이로부터 가능한 모든 결과를 추출하였는데 그것이 언제나 유용하고 시의적절한 것은 아니었다. 민법규정들의 유추적용에 의하여 독일의 판례는 무엇보다도 먼저 인공수정에 동의한 母의 남편 또는 동거인과 형성된 친자관계는 부인될 수 있다는 점을 인정하였다. 그 기원이 된 판결은 母의 남편에 의해 제기된 親生否認의 소(l'action en désaveu)는 받아들일 수 있다고 선언하였다.[55] 이러한 판단에 비추어 볼 때 동거인의 父性에 대한 부인의 소에 대해서도 동일한 답이 나와야 할 것이다(舊BGB §1600 h). 그러나 이러한 친자관계의 부인과 관련하여 최근 독일법은 생물학적 진실의 절대주의와 단절하는 방향으로 변화하고 있다. 2002년 4월 9일의 법률(*KindRVerbG*) 이후 BGB §1600 IV는 “자녀가 母와 그 남편의 사전 동의 아래 제3자의 정자기증에 의한 인공수정으로 출생하였다면

법문사, 2004에 의함.

53) 따라서, 민법전 제311-20조 제4항과 제5항에 비추어볼 때, 만약 母의 동반자가, 인공수정에 동의한 이후에, 자녀를 인정하기를 거절한다면, 그는 母와 자녀에 대한 책임을 질 뿐 아니라, 그의 자연적 부성도 재판에 의해 선언된다.

54) 독일에는 프랑스의 「생명윤리법」에 비유될 만한 법이 존재하지 않는다. 앞서 언급한, 형법적 성격을 지닌 배아보호에 관한 1990년 법률과, 하나의 특정문제(§1600 IV)만을 규정한 2002년 4월 9일 법률만이 채택되었을 뿐이다. 따라서 친자관계분야에서, 학설과 연방의사협회 그리고 민법규정을 적용하는 판례가 이에 관한 민사규칙의 명확화를 시도하고 있다.

55) 이 판결은, BGH, 7 april 1983, *NJW* 1983, 2059, D. Coester-Waltjen et 2073. 남편이 이러한 親生否認의 訴를 사전에 포기한 것은 불법이며, 따라서 아무런 영향도 주지 못하였다: BGH, 12 Jul. 1995, 1272.

母 또는 그 남편은 남편의 부자관계를 부인할 수 없다[56)]"라고 규정하고 있다. 이 규정은 이전의 판례가 미처 인지하지 못했던 자녀의 이익을 위한 것이다. 이는 결국 자발적으로 인공수정이라는 방법에 호소한 부모에게 그들의 자녀에 관하여 합의한 책임을 져야 함을 상기시키면서 자녀의 친족관계의 안정성을 보장하기 위함이다.[57)] 그러나 이 점은 위 원칙에 대한 제한도 정당화시킨다: 자녀가 인공수정에 의해 태어나지 않았거나 청구자인 父가 동의를 하지 않은 경우, 부모는 다시 부자관계를 부인할 수 있다. 따라서 이는 전술한 프랑스민법 제311-20조 제2항과 비교된다; 그럼에도 불구하고 양 법 사이에 존재하는 약간의 차이는 독일법의 경우, 부자관계 부인의 소가 자녀에게는 여전히 허용되어져 있다는 점이다.[58)] 이러한 해결책의 근거는 마찬가지로 자신의 생물학적 기원을 알 헌법상의 권리이다. 그렇지만 아직 한 가지 문제가 남아 있다. 즉 이런 권리가 자녀에게 생물학적 父와 친자관계의 설정을 법원에 청구할 권리까지 포함하고 있는가 하는 것이다. 특별한 실정법상의 규정이 없는 상태에서, BGB 규정의 유추적용은 이에 대한 긍정적인 답변을 가능하게 한다(§1600 d).[59)]

---

56) *"Ist das Kind mit Einwilligung des Mannes und Mutter durch künstliche Berfruchtung mittels Samenspende eines Dritten gezeugt worden, so ist die Anfechtung der Vaterschaft durch den Mann oder die Mutter ausgeschlossen."*

57) Palandt/Diederichen, *Kommentar zum Bürgerlichen Gesetzbuch*, C.H. Beck, 62e ed., 2003, §1600, n°6. 전술한 §1600 IV의 도입 이후, 「인공수정에 동의한 자녀의 第一 父가 자신의 부성을 부인한 경우에도 자녀는 第一 父에 대한 양육채권을 보유한다고 결정하면서 정자기증자에게 지급유예(répit)를 인정한」 판례(BGH, 3 mai 1995, *NJW* 1995, 2028 et 2031)는 이제는 그 시사성이 없다. 이러한 판결은 더 이상 내려질 수 없다.

58) 또 다른 중요한 차이는 「독일법은 父性의 부인만을 염두에 두는 데 비해; 프랑스법은, 母子關係까지 포함하는, 친자관계에 대한 보다 일반적인 부인의 소를 염두에 둔다」는 점이다. 그러나 이는 논리적인 결과에서 비롯될 뿐이다. 즉, 독일의 경우, 모자관계는 항상 명확하다; 왜냐하면, 독일에서는, 대리모에 의한 출산이 불가능하고(cf. supra), 또 배아와 난세포의 기증이 전술한 1990년 법률에 의해 금지되었기 때문이다. 반면에 이러한 기증은 프랑스에서는 가능하다: F. Terré & D. Fenouillet, *op.cit.*, n°937 이하.

독일법은 혈연관계에 보다 많은 비중을 두면서 생물학적 진실의 원칙을 우선시켰다; 반면, 프랑스는 사회학적 현실에 비중을 두며 비밀유지의 필요성을 강조한다. 이러한 상황과는 달리 풍속의 변화에 대해서는 양 법체계가 서로 같은 방법으로 대응하였다.

B. 風俗(mœurs)의 변화에 대한 유사한 반응

가족법 분야에서 프랑스법과 독일법을 서로 근접시키는 요소는 양 국가가 경험한 풍속의 유사한 변화였다.[60] 프랑스와 독일은 포스트모던 사회의 특성에 그들의 법체계를 적응시키는 방안을 강구하였다: 여성 해방, 커플(couple)의 불안정, 사실혼 부모들의 급격한 증가, 시민이나 제도에 대한 개인의 우선권, 평등의 필요성, 주관적 권리들의 증가로 인한 갈등원인들의 증가 등이 그것이다. 적응이란 어느 정도 빠르기도 하고 급진적이기도 하지만, 라인강 내외에서의 적응은 항상 지나치리만큼 성급한 입법적 생산으로 나타났다.[61]

---

59) 기증자와 자녀 사이의 친자관계 설정 가능성은 독일에서 기증자의 수를 급격히 감소시키는 결과를 야기하였다.

60) 2001년 유럽의 대학교수들이 모여 위원회를 구성한 주목적은 '가족법의 조화'를 이루는데 있었다, la *Commission on European Family Law* (CEFL). 이혼에 관한 그리고 前配偶者 사이의 부양료 부담에 관한 원칙들이 출판되었다: *Principles of European Family Law Regarding Divorce and Maintenance between Former Spouses, Intersentia,* 2004; V. F. Ferrand, *Les principes de droit du divorce établis par la Commission de droit européen de la famille, Lamy Droit civil,* juin 2005, p.29 et juillet 2005, p.41, 특히 p.30: "*물론, CEFL에 의해 작성된 원칙들은 어떤 경우에도 강제성이 없다. 이 원칙들은 '유럽의 調和化'를 위한 기초작업으로서 학문적 연구와 숙고의 결과를 보여줄 뿐이다. … 이 원칙들은 '국내의 입법자들에게 대한 권고' 또는 '국내법이 채택할 수 있는 일종의 모델'로 고려될 수 있다.*" 이 글의 저자는 상기 위원회의 위원이다.

61) R. Frank, *Le centenaire du BGB* …, *op.cit.*, p.821: "지난 10년간의 개혁의 목마름에서 비

이 두 국가에서의 풍속의 유사한 변화는 서로 연관성 있는 두 현상으로 귀결된다: '개인주의의 발전'; '평등에서 평등주의로의 이동'.

1. 개인주의의 고양[62)]

다른 유럽 국가들처럼 프랑스법과 독일법에서, 개인의 주관적 권리들의 분산된 인식은 가족의 집단적 이익을 대체하고 있다. 가족 안에서의 개인주의는 오늘날 그 필연적 결과인 가족관계의 司法化(judiciarisation)와 더불어 규범이 되었다.[63)]

다음과 같은 두 가지 예가 이러한 현상을 이해하는 데 도움을 줄 것이다.

롯된 입법적 공황."

62) M.-Th. Meulders-Klein, *Individualisme et communautarisme : l'individu, la famille et l'Etat en Europe occidentale*, in *La personne, la famille, le droit. Trois décennies de mutations en Occident*, Bruylant, LGDJ, 1999, p.433, 특히 p.440: "30여 년 동안 (…), 가족공동체에서의 '우리'라는 정서는, 그 범위가 어떠하든, 자유롭고 고독한 개인에서의 '나'라는 정서로 변해 가고 있다." J. Commaille, *Une sociologie politique du droit de la famille. Des référentiels en tension: émancipation, institution, protection*, in *Liber Amicorum* M.-Th. Meulders-Klein, *Droit comparé des personnes et de la famille*, Bruylant, 1998, p.83, 특히 p.84 이하: "私的 영역의 기능과 구성양상의 전개는 개인의 해방으로 읽혀질 수 있다. 즉, 정형화된 역할의 구속과 더불어, 전통적인 가족, 가족공동체, 친족제도 등에 의한 억압으로부터의 해방인 것이다. '자치의 원칙'이 지배하는 '선택적 家族網' 안에서 드러난 개인과 그 정체성, 그리고 이러한 발현에 집중된 '개인주의적이고 연관적인 가족'이라는 역사적 사건은 '긍정적 개인주의' 또는 '개인적 삶의 민주화'의 신호이다."

63) R. Frank, *Le centenaire du BGB* …, *op.cit.*, 특히 pp.836-837: "가족법의 주변에서, 司法的인 방법을 통해 有用化할 수 있는 개인의 권리들의 밀도 있고 침투 불가능한 직물이 짜여졌다. … 비록 혼인과 가족을 억지로 규제하려는 경향이 이들 권리들을 파괴할 수 있는 씨앗을 품고 있지만, 우리는 입법자, 판례, 학설 모두가, 어느 때보다도 더, 가족법 안에서 개인의 새로운 권리들을 창조하려는 데 열중하고 있음을 확인해야 한다."

a. 이혼의 객관화(objectivation du divorce)

가족법에서 개인주의가 가장 많이 드러난 분야는 이혼이다. 이혼사유는 물론 이혼효과의 객관화 현상이 이를 입증한다.

α. 이혼사유 판단에 있어서 過責(faute)의 무시

이혼에 있어서 개인주의의 표현은 우선 객관적 사유로 인한 이혼의 형식으로 나타난다.[64] 이 경우의 이혼은 결국 한 명의 배우자로 하여금 경우에 따라서는 상대배우자의 의사에 반하여 혼인의 해소를 청구할 수 있게 한다[65]; 이를 위해서는 법정된 최소 기간 이상의 부부간 별거로 인정되는 혼인의 파탄을 법원을 통해 확정하면 충분하다. 이런 유형의 이혼[구제이혼(divorce-remède) 또는 파탄이혼(divorce-faillite)]은 분명히 이 분야를 지배해 왔던 도덕적 시각에 반한다. 이 시각에 의하면 일방 배우자의 과책만이 상대배우자로 하여금 혼인관계해소의 청구를 가능하게 하였다(유책이혼: divorce-sanction). 이 분야에서 독일은 오랫동안 프랑스에 비해 선구자처럼 보였지만 지금은 프랑스에 의해 추월당한 것으로 보인다.

1976년 7월 14일 법률 이후 독일법에서는[66], 혼인파탄의 증명이 이혼 가능한 유일한 사유가 되었다(§1565 I, *Scheitern der Ehe*).[67] 혼인의 파탄은 배우

64) 이런 현상을 앞서 예견하였던 논문으로서, J. Carbonnier, *Terre et Ciel dans le droit du mariage*, in *Le droit privé français au milieu du XXe siècle*, Mélanges Ripert, LGDJ, 1950, t. 1, p.325, 특히 pp.334-335.

65) 프랑스법상 넓은 의미에서의(*lato sensu*) 합의이혼(제230조 이하)과 최소한의 범위 내에서의 독일법상 합의이혼(§1566 I)은 여기에서 배제된다.

66) 불어로 소개된 독일이혼법에 관하여는, Rieg & M. Fromont, *Introduction au droit allemand*, t. III, *Droit privé*, p.226 이하; F. Ferrand, *Droit privé allemand*, Dalloz, 1997, n°508 이하; B. Dutoit & R. Arn & B. Spondylia & C. Taminelli, *Le divorce en droit comparé*, vol. 1, *Europe*, Droz, 2000, p.32 이하.

67) Couple의 해체를 이유로 한 이혼(*Zerrüttungsprinzip*)이 독일법에서는 1938년 법 이후부터 인정되었었다. 그러나, 1976년까지는, 이러한 사유 외에도 과책으로 인한 이혼(*Verschuldensprinzip*)이 인정되었다.

자간의 공동생활(Lebensgemeinschaft)이 끝나고 그들의 재결합을 기대할 수 없는 경우에 인정된다. 확증되기 어려운 이 중복요건과 관련하여 법은 배우자들이 최소한 3년 전부터 별거하였을 경우에 '파탄의 반박할 수 없는 추정'을 채택하였다(§1566 II).[68] 같은 시기에 프랑스 입법자는 더욱 고전주의적 경향을 나타냈다: 당시 독일의 법안이 논의 중이었음에도 불구하고,[69] 한편으로는 과책으로 인한 이혼을 포기하지 않았으며[70], 다른 한편 공동생활의 좌절을 이유로 한 이혼의 가능성을 매우 조심스럽게 채용하였을 뿐이었다(舊 제237조 이하).[71] 따라서 법이 요구하는 별거기간이 6년이었을 뿐만 아니라, 그 효과 또한 청구 배우자의 일방적 과오에 대해 인정된 유책이혼의 효과로 규정된 것이었다(舊 제265조); 한편, 혼인의 해소에도 불구하고 원조의무(제212조)는 생활보조금의 형식으로 계속 유지되었다(舊 제281조). 그러므로 별거연장을 이유로 이혼을 주도한 배우자는 가정을 포기한 것으로 추정되기 때문에 과책이 있다고 간주되었다.[72] 프랑스와 독일 사이에 왜 이런 차이가 있었을까?

---

68) 만약 배우자들이 서로 이혼의 원칙에 합의한다면, 이 기간은 1년으로 단축된다(§1566 I).

69) 법무부장관은 프랑스 비교법연구소(Centre français de droit comparé)에 이혼에 관한 각각의 입법례를 연구해 줄 것을 요청하였고, 이 연구의 결과는 다음과 같이 출간되었다: Ancel, *Le divorce à l'étranger*, Documentation française, 1975: 독일법에 관해서는, 특히 p.85 이하, "*이혼에 관한 개정법안의 일반원칙*"이 주로 많이 연구되었다; Carbonnier, *La question du divorce. Mémoire à consulter, D.* 1975, *Chron.*, 115, 특히 116.

70) 이혼에 관하여, 독일법에서도 過責이 완전히 사라지지 않았음을 주목할 필요가 있다. 비록 과책이 더 이상 독자적인 원인은 아니지만, 과책은 보조적인 역할을 계속 수행하고 있다: 만약 상대배우자의 기질을 고려할 때 혼인상태를 지속시키는 것이 일방배우자에게 견디기 어려운 일이라면, 1년이라는 별거기간의 요건도 배제될 수 있다 (§1565 II). 이 점에 관한 비교 연구는, F. Furkel, *La faute dans le divorce en droit français et allemand, RIDC* 1982, p.1153, 특히 BGB §1565 II의 "부정적 가혹 조항"에 관하여는 p.1168.

71) 프랑스(1975년 7월 11일 법률)와 독일의 '객관적 이혼'에 관한 비교는, B. Jung, *Le divorce remède ou la place faite au divorce objectif dans le nouveau droit du divorce en France et en République fédérale d'Allemagne, JCP*, 1979, I, 2940.

72) 다음과 같은 결과는 불가피하였다: 공동생활의 파탄으로 인한 이혼은 평균적으로 전체

이에 대한 설명은 한 국가의 가족개념에 항상 강력한 영향력을 미치는 종교에서 찾아야 한다.[73] 독일은 대표적인 개신교 국가이지만, 프랑스 사회는 오랫동안 카톨릭의 영향 하에 있었다. 그런데 둘 다 기독교임에도 불구하고 이 두 종교는 이혼에 대해 결코 같은 방식으로 접근하지 않았다. 카톨릭은 개신교에서 무시되는 혼인성사의 의미에 의거하며 이혼을 절대적으로 비난하였다; 이와는 달리 16세기의 개신교 발생 이후부터 개신교는 보다 자유로운 입장을 꾸준히 유지해 왔다.[74] 이러한 종교적 문화의 차이는 혼인의 파탄으로 인한 이혼 및 그에 관한 과책 개념의 고수에 있어서 -독일에 비해- 조심스럽던 프랑스의 기존 태도를 이해하는 데 도움이 될 것이다.[75] 현재 이혼에 관한 두 법체계의 상호접근, 그리고 지금은 독일법보다 더 진보적인 성향을 보여주는 프랑스법은 프랑스에서 카톨릭의 영향이 상당 부분 감소되었음을 보여준다.[76]

이런 조심스러운 태도는 이혼에 관한 최근 프랑스 법개정을 통해 현격하게 변화되었다(2004년 5월 26일 법률): 혼인관계의 결정적 악화(altération)라는 새로운 이혼사유를 통해(제237조와 제238조), 프랑스법은 객관적 원인으로 인한 이혼을 독일법보다 더 쉽게 허용하고 있다.[77] 우선, 이혼조건에 관하여 최소기간은 2년을 넘지 않으며,[78] 공동생활의 중단이 유일하게 요구되는 요

이혼의 1.5%에 지나지 않았다. 이에 비해, 과책으로 인한 이혼은 40% 정도를 유지하였다.

73) 비록 지금은 종교적 믿음이 많이 상실되었고 때로는 지배적인 종교에 대한 거부감도 있지만, 이 지적은 유럽의 국가들에게 아직 유효하다.

74) 이혼에 관한 카톨릭과 개신교의 이론은, 참조 Carbonnier, *Droit civil. La famille; l'enfant, le couple*, t. 2, PUF, 2002, 21e éd., pp.533-534; Mgr. J.-F. Arrighi, *L'avenir de l'humanité passe à travers la famille ("Familialis Consortio")* & J.-F. Collange, *Le mariage dans la perspective de la Réforme,* in *Le droit de la famille en Europe*, PU Strasbourg, 1992, 각각 p.19, p.47.

75) 비록, 프랑스 법안 작성자인 까르보니에(Carbonnier) 자신이 법사회학의 대가였고 개신교 신자였지만, 그는 카톨릭이 프랑스인 대다수의 종교라는 사실을 고려하였다.

76) 벨기에와 더불어, 프랑스는 오늘날 유럽에서 가장 비기독교화된 국가로 손꼽힌다.

77) 과책을 이유로 한 이혼은 계속 유지되고 있다(제242조 이하).

건일 뿐이다. 독일법에서 요구하고 있는 '재결합이 어려울 것'이라는 증명을 할 필요도 없다. 그리고 더욱 눈에 띄는 것은 가혹조항(la clause de dureté)이 삭제됨으로써 객관적 이혼이 매우 쉬워졌다는 점이다. 70년대에 라인강의 양쪽에서 객관적 이혼의 반대자들은 이러한 이혼의 수용은 아내에게는 비극이요, 우리 서구사회에는 혐오의 대상인[79] 축출이혼(répudiation)의 정당화를 사실상 용인하는 것이라고 주장하였다. 이런 위험을 완화시키는 방법으로, 가혹조항(*Härteklasel*)의 도입은, 부부간의 별거에도 불구하고 이혼을 원하지 않는 배우자로 하여금 혼인의 해소가 배우자 본인은 물론 자녀들에게 이례적으로 심각한 결과를 야기할 것이라는 점을 입증하게 함으로써 이혼을 막게 할 수 있게 한다는 것이다(舊 제240조; BGB §1568).[80] 객관적 이혼의 일방성에 대한 이 제한은 오늘날 프랑스법에서는 사라졌고[81] 단순한 보상청구권으로 대체되었다(제266조). 결국 법관은, 독일에서 사용된 표현(*Scheidungsautomat*)을 인용하자면, '이혼 자동판매기'(automate du divorce)가 되었다: 왜냐하면 그의 역할은 부부간의 2년 동안의 별거를 확인하는 데 그치기 때문이다.[82] 따라서 프랑스

---

78) 과책을 이유로 한 이혼청구 직후, 제기된 반소청구(demande reconventionnelle)의 범위 내에서, 판사가 이 이혼원인에 관해 결정을 내릴 경우, 이 기간조건도 배제될 수 있다(제280조 2항).

79) Carbonnier, *La question du divorce* …, *op.cit.*, 117.

80) '가혹조항'의 메커니즘은 이미 1976년 이전에 독일법에서 인식되었고(EheG, §47), 1976년 법률을 준비하는 과정에서 논의가 되었다. 이 독일의 예는 프랑스의 1975년 법률의 준비과정에서 명시적으로 언급되었고, 프랑스 민법 舊 제240조를 만드는 동기가 되었다. 그렇지만, 이 규정을 통해 양국의 입법자가 추구했던 목적은 일치하지 않았다: 이 문제에 관해서는, F. Furkel, *op.cit.*, 특히 p.1158.

81) '원조의무' 조항의 잔존도 포기되었다(제270조 1항).

82) 그러나 '가혹조항'의 필요성을 역설하는 학자로는, M.-Th. Meulders-Klein, *La problèmatique du divorce dans les législations d'Europe occidentale, RIDC* 1989, p.7, 특히 n° 44-45. 그에 의하면, '가혹조항'에 할 수 있는 유일한 비난은 "절대적 논리에서 볼 때, 온정도 형평성도 없는, 그리고 점점 더 쉽고 빠르게 혼인의 해소를 부추기는 파탄이혼의 객관성 그 자체를 부인하는 것"이라고 한다.

에서는 이혼의 주관적 권리가 분명히 생긴 것이다.[83] 이와 반대로 독일법에서는 1976년 법률이 발효된 지 얼마 안 되어 '가혹조항'의 중요성이 강조되었다는 점에서 매우 흥미롭다. 처음에는 "별거기간이 5년을 넘은 경우 피고 배우자는 '가혹조항'을 더 이상 원용할 수 없다"라고 규정되었다(舊 §1568 II). 따라서 이혼을 주저하는 배우자에게 이혼이 강요될 수 있었다. 하지만 독일의 연방헌법재판소는 '혼인과 가족은 국가의 특별보호대상'[84]이라고 규정한 기본법(*Grundgesetz*) 제6조 제1항을 근거로 이 조항을 위헌이라고 선언하였다.[85]

혼인제도 對 개인의 자유로운 자기실현[86] 사이의 선택에서 프랑스법과 독일법은 분명히 두 번째 부분을 택하였다. 이는 이혼의 효과를 결정하는 단계에서도 마찬가지이다.

ß. 이혼의 효과결정에 있어서의 과책의 무시

프랑스의 2004년 5월 26일 법률 이후 프랑스와 독일의 입법자의 의도는 동일하다: 이혼의 효과결정에서 일방배우자의 過責性을 배제한다. 달리 말해서, 혼인기간 동안의 과책은 혼인파탄의 원인일 것이나, 평화로운 이혼을 위하여 이혼시에는 원칙적으로 더 이상 징벌의 사유가 되어서는 안 된다는 것이다. 이는 다시 한 번 개인주의를 강조한 것이다. 왜냐하면 약속을 위반한데 대하여 개인을 비난할 수 없으며, 혼인이라는 제도적 틀이 개인을 더 이상 괴롭혀서는 안 되기 때문이다.[87] 독일법에서 배우자들에 의해 어쩌다 저

---

83) G. Pierati, *Un point de vue sur la réforme du divorce : le XXIe siècle, témoin de l'affaiblissement du mariage et de l'apparition d'un droit au divorce, Petites affiches*, 15 avril 2004, p.3, 특히 p.9.

84) "*Ehe und Famille stehen unter des besonderen Schutze der staatlichen Ordnung.*"

85) BVerfG, 21 oct. 1980, NJW 1981, 108. §1568 II는 1986년 2월 20일 법률에 의해 폐지되었다.

86) 이러한 개념에서, 독일에서는 '가혹조항규정'과 '파탄이혼의 원칙'의 합헌성에 관한 논쟁이 전개되었다. '개인의 자유로운 人格啓發權은 기본법 제2조 제1항에 의해 보장되어 있다.

87) B. Dutoit & *alli*, *op.cit.*, p.25 혼인의 평가절하, 즉 해체에 관하여: "*이러한 전개의 암시*

질러진 과책들을 부정함으로써 이혼을 드라마처럼 만들지 않겠다는 의도가 실현된 것은 1976년 법률에서부터였다. 혼인의 원인이 단일화되었듯이 혼인기간 동안의 배우자들의 품행이 어떠하든 이혼의 효과도 동일해야 했다. 이와 달리 2004년의 프랑스 법률은 이혼, 특히 과책으로 인한 이혼사유의 다양성에 완전히 종지부를 찍은 것은 아니지만, 과책의 역할이 상당히 축소된 것은 마찬가지이다. 따라서 오늘날 독일법과 마찬가지로 프랑스법도 일방배우자의 비난받을 만한 품행은 혼인관계상의 이익 및 증여에 아무런 영향을 미치지 않는다(舊 제267조와 現 제265조 제1항 비교). 독일에서도 생활보장연금청산(*Versorgungsausgleich*)이나,[88] 수혜배우자의 곤궁한 상황에 대해서만 인정되는 부양청구권(*Unterhaltsanspruch*)과 관련하여 過失은 삭제되었다(§§1569 이하).

그러나 부양청구권제도에 관해서는, '과실무시의 원칙'의 의미는 상당히 감소된다. BGB §1579에 의하면, 다음의 경우에 보조금의 수혜자의 권리가 상실·감소 또는 제한된다: 그가 자신의 배우자 또는 근친 중 1인에게 범죄 또는 고의로 중대한 불법을 행한 경우; 그가 별거 이전에 중대하게 그리고 오랜 기간 동안 가족의 생계를 유지해야 할 의무를 위반하였을 경우; 보다 일반적으로, 그가 자신의 배우자에 대하여 중대하고 분명한 과실 있는 행동을 하였을 경우.[89] 이혼의 효과결정의 단계에서, 독일법상 과실의 재도입은 —이 표현은 입법자가 사용한 용어의 신중함을 고려할 때 매우 조심스럽다

에서 …, 현대인을 특징짓는 쾌락주의와 섞인 개인주의가 뚜렷이 나타난다. 인간은 이제, '최상이든 최악이든 하나의 운명공동체에 자신과 타인을 연결짓는 부부간의 정결사상'에 알레르기 반응을 보인다."

88) 이는 매우 섬세하게 규정된 제도이다(§§1587 이하). 이 제도의 목적은 경제적으로 빈약한 이혼배우자에게 일정한 연금을 보장하여 주기 위함이다. 만약 그 배우자가 경제활동을 전혀 하지 않았다면, 혼인기간 동안 상대배우자가 가지는 퇴직금에 대한 권리의 반을 그에게 허락한다; 한편, 만약 그 배우자의 연금이 더 적다면, 그는 「그의 연금과 그의 전 배우자의 연금과의 차액」의 반을 수령할 것이다.

89) 마지막 경우에 관하여는, *Münchener Kommentar zum Bürgerlichen Gesetzbuch, Familienrecht I, §§1297-1588*, C.-H. Beck, *Band* 7, 4ᵉ éd., 2000, §1579, H.-U. Maurer, n°44 이하.

— 객관적 이혼의 논리에 반한다고 자주 언급되었음에도, 마치 귀걸이의 다른 한쪽처럼 필요한 듯하다. 결국 과실무시의 원칙은 비현실적일 뿐 아니라 —법은 행해진 과책을 무시할 수는 있다, 그래도 역시 과실은 과실이다—, 이 원칙이 피해배우자의 고통에 대한 모든 법적 고려를 박탈함으로써, 타방의 과실행위로 인한 피해배우자의 존엄을 부정하는 것은 매우 불공평한 것이다.[90] 과실을 부정하는 것은 피해(자)를 무시하는 것이다. 이러한 이유 때문에 이혼에 관한 프랑스의 새 법률이 과책의 역할을 약화시키기는 하였지만 과책을 완전히 삭제할 수는 없었다.[91] 다음과 같은 두 가지 문제가 이를 보여준다.

독일법과는 반대로 프랑스법은 상대 배우자의 일방적 과오로 인한 이혼의 경우에 피해배우자가 이혼으로 인하여 입은 물질적·정신적 피해에 대한 손해배상청구권을 항상 인정하였다(舊 제266조). 오늘날 개정된 민법 제266조는 '특별히 심각한 결과'(conséquence d'une particulière gravité)에 대한 배상만을 예정하고 있다. 손해배상청구권의 범위를 축소시킨 입법자의 의도는 분명하다. 그러나 '특별히 심각한'이라는 표현의 해석은 이 요건을 판단할 권한 있는 법관에게 맡겨질 것이다. '보상급부'(prestation compensatoire)에 관한 프랑스법의 발전도 또한 의미가 있다. 1975년 법률(舊 제280-1조) 아래에서 유책의 배우자는 보상급부에 대한 모든 권리를 상실하였다; 그리고 형평의 요구에 입각하여[92] 법관이 그에게 보상금을 허락할 수 있었던 것은 매우 예외적인

---

90) 이는 또한 有責의 배우자를 무시하는 것이다: B. Dutoit et *alii*, *op.cit.*, p.25: "*이는 결국 스스로를 극복하는 능력을 가진 인간을 과소 평가하는 것이다. 이 시대의 위대한 영적 목소리(교황 베드로 2세)가 강조하듯이, ≪인간은 자기 인생을, 성취해야 할 작업이 아닌, 마치 표현해야 할 일체의 느낌처럼 여긴다. 안정되게 서로를 연결하는 것을 포기함은 자유를 상실하는 것이다.≫(Jean-Paul II, Centesimus Annus).*"

91) 이 분야에서 프랑스 입법자가 실현해야 했던 균형적인 노력에 관해서는, F. Bellivier, *RTD Civ.*, 2004, 565, 특히 569.

92) 판사는 두 가지 상황만을 고려해야 하였다: "공동생활의 기간과 … (유책의 배우자가) 다른 배우자의 직업에 제공한 협력."

경우에 한정되었다. 오늘날 프랑스 민법 제270조 제2항과 제3항은 상반된 원칙을 제시하고 있다: 이혼의 원인이 무엇이든 모든 배우자는 보상급부에 대한 권리를 가지고 있다; 그리고 과책의 배우자는 형평의 요구에 입각해 '*파탄의 특별한 상황을 고려해서*'만 그 권리가 박탈될 수 있다.

따라서 과책의 제거는 프랑스법에서는 물론 독일법에서도 절대적이지 않다. 이 두 법체계에 의해 확인된 경향도 역시 동일하다: 개인의 자유는 원칙적으로 상대 배우자에게 피해가 생길지라도 그의 약속보다 우선되어야 한다. 독신으로 살 개인의 권리에 입각한 이와 유사한 관념이 夫婦姓(nom conjugal)의 경우에서도 확인될 수 있다.

b. 夫婦姓(nom conjugal)의 '주관화'

家族姓(nom de famille)의 문제가 남녀평등원칙의 선호분야라면(이에 대해서는 후술함), 夫婦姓의 문제는 독일 가족법에서 개인주의의 과잉을 보여준다. 이 분야에서 아직 뒤쳐져 있는 프랑스법은 이웃과 같은 굴레에 빠지지 않았다.

독일법에서 夫婦姓에 관하여 개인주의는 두 영역에서 나타난다. 첫 번째는 同伴姓(*Begleitname*)이다. 부부에게 그들 공통의 夫婦姓(*Ehename*, §1355)[93]을 선택할 수 있는 가능성을 부여하는 1976년 6월 14일의 한 법률[94] 이후, 자기의 성이 채택되지 않은 배우자는 부부성에 자기의 성을 첨가할 수 있다.[95] 그러므로 개인으로서의 각각의 배우자에 대한 고려는 독일인들에게는 물론 독일입법자에게도 가치 있는 하나의 원칙, 즉 '가족성의 단일성 원칙'보다 우선한다. 독일에서 夫婦姓의 문제를 근본적으로 개혁한 1993년 12월 16일 법률[96]은 同伴姓(§1355 IV)의 사용에 보다 많은 유연성을 부여하며 개인주의를

---

93) cf. *infra*.

94) F. Furkel, *Les dispositions françaises de la loi allemande du 14 juin 1976 relatives au nom : modèle pour une réforme du droit français ?, RIDC* 1985, 353.

95) 따라서 이는 자신의 태어날 당시의 本姓, 또는 이전의 夫婦姓일 수도 있다.

96) cf. *infra*.

강조하였다. 따라서 당해 배우자는 두 개의 성이 어떤 순서로 기재될 것인가를 선택할 수 있다(이전에는 자신의 姓을 먼저 적어야 했다.[97]) 한편, 그는 언제든지 이러한 同伴姓을 철회할 수도 있다(과거에는 이러한 철회권이 없었다). 그러나 여기에서 중시해야 할 것은 이러한 권리들의 임의성이다: 이 권리들을 행사하는 배우자는 자신의 선택에 대해 어떠한 이유도 제시할 필요가 없다. 가족이 그에게 상석을 양보하여야 한다.

독일의 가족법에서 개인주의가 좀 지나치리만큼 발전된 두 번째 분야는 '夫婦姓' 그 자체이다. 이 분야에 있어서 지리적 근접성에도 불구하고 프랑스법과 독일법은 서로 상반된 입장을 취하고 있다. 프랑스 법률은 이 주제에 관하여 침묵하고 있다. 따라서 이와 관련하여 혼인이 변경시키는 것은 아무것도 없다: 법적으로, 두 배우자는 각자 그들의 本姓을 유지한다. 이러한 법의 침묵은 거의 예외 없이 아내가 남편의 姓을 따르는 관습에 의해 완화되었다.[98] 그러나 이것이 바로 독일법과 본질적으로 다른 점이다; 프랑스에서 이것은 관습에 불과할 뿐, 어떤 경우에도 주관적인 권리가 아니다. 그러므로 이혼 후에 여자는 정식으로 입증된 이익을 토대로 하여 전 남편 또는 법관의 허락이 있는 경우를 제외하고는 자신의 전 남편의 姓을 사용하는 것을 중단해야 한다(제264조). 반대로 독일에서 부부는 그들이 공동으로 선택한 夫婦姓에 관하여 하나의 진정한 '주관적 권리'를 가지게 된다. 夫婦姓은 논리적으로 볼 때 각 배우자가 혼인의 해소, 즉 이혼 이후에도 간직하는(§1355 V) 인격의 표상으로 간주된다. 이 夫婦姓의 '주관화'(subjectivation)는 연방헌법재판소를 통해 중요한 결과를[99] 야기했다. 최근까지 BGB §1355 II는 "부부는

97) 이 점은 —비록 약간은 지나치게 적용되기는 하였지만 아직 존재하는— '가족성의 단일성원칙'의 강제성에 비추어 볼 때 그리 논리적이지 못하다: F. Furkel, *La réforme du nom en Allemagne, RIDC* 1994, p.1135, 특히 p.1137.

98) 혼인한 여자들의 법적 무능력의 마지막 화신(avatar). 그 반대는 가능하지 않다: 남편은 자신의 姓을 자기 아내의 姓으로 대체할 수 없다. 물론 아내의 姓을 첨가시킬 수는 있지만, 실례는 매우 드물다. 현대의 婚姻女들은 본인의 姓에 두 姓을 함께 쓰는 경향이 있다.

남편의 本姓 또는 아내의 本姓을 夫婦姓으로 선택할 수 있다"고 규정하였다. 그러나 반대로 이전의 夫婦姓은 채택될 수 없었다.[100] 전 남편의 姓을 두 번째 夫婦姓으로 선택하길 원하던 한 여자는, 그 姓을 통해 자신이 직업적으로 많이 알려졌기 때문에 인격의 일반적 권리에 근거하여 BGB §1355 II에 대한 위헌법률심판청구를 하였다. 놀랍게도 연방헌법재판소는 이를 이유 있다고 받아들였다.[101] 그 결과, 그로부터 모든 사람에게 인정된 과거의 夫婦姓에 대한 주관적 권리에 입각하여, 전 배우자의 姓이 두 번째 남편에게 승계될 수 있을 것이다. 추측하건대, 이는 그리 환영받을 일이 아니다.[102] 이 점에 관해, 프랑스법과의 비교는 두 법체계의 극단적 대립을 명확하게 보여준다. 남편의 姓이라 칭해야 할, '夫婦姓'은 프랑스법에서는 관습적 姓일 뿐이다. 비록 이혼 후 前妻가 그 성을 계속 사용하는 것이 허용될 수는 있어도, 이러한 허용은 재혼의 경우 완전히 효력을 상실한다. 허용의 근거가 되는 직업적 또는 개인적 이익이 오래 지속될지라도,[103] 자신의 이름을 통해 한 여자가 '重

---

99) 姓의 승계(transmission)과 관련하여, 이혼한 배우자가 자신의 권리에 의거하여 계속 간직할 첫 번째 夫婦姓은 두 번째 혼인에 의해 태어난 자녀들에게 승계될 수 있을 것이다(§1617, cf. *supra*). 이와 같은 규정의 적절성에 대해서 다툼이 있다: *Münchener Kommentar*…, *op.cit.*, A. Wacke, §1355, n°25.

100) Palandt/Brudermüller, *op.cit.*, §1355, n°3. *Münchener Kommentar* …, *op.cit*, A. Wacke, §1355 n°12. 반대로, 종전의 夫婦姓은 同伴姓으로 선택될 수 있다(cf. *supra*).

101) BverfG, 18 fev. 2004, *RIDC* 2004, p.477, F. Furkel, 입법자에게 2005년 3월 31일 이전에 법률을 개정할 것을 권고함.

102) 기본적 권리들의 효력부여에서의 비례성(proportionnalité)의 요구는 아마도 반대의 해결책을 제시했을 수도 있다. 어찌 되었든, 이 결정에 의해, 첫 번째 배우자의 이익은 희생되었다: F. Furkel, *op.cit.*, p.479.

103) TGI Paris, 10 fév. 1981, *Isabelle de Wangen*, JCP 1981, II, 19624, note critique Huet-Weiller. 이 판결을 비판한 Huet-Weiller는 이혼한 여자가 첫 번째 남편의 姓을 통해 얻을 수 있었던 직업적 명성에 호소하였다; *D.* 1981.443, note approbative Lindon. 이 판결을 옹호한 Lindon은 이혼한 여자들은 직업과 관련하여 자신들의 본래의 姓을 사용할 수 있을 뿐이며, 전 남편의 姓을 사용하고자 하는 것은 아직 90%의 婚姻女들이 관련된 비중 있는 습관을 존중하지 않는 것으로, 이는 큰 실망만을 야기할 뿐이다라고 하였다.

婚' 상태에 있는 것을 허용할 수는 없다는 것이다.[104] 한편으로는 극도의 개인주의요, 다른 한편으로는 많든 적든 남성우월주의에 대한 명백한 애착이다.

부부성에 관하여 독일법이 경험해 온 발전에 대해서도 물론 비판이 가능할 것이지만, 그래도 이는 집단주의적 영역에서 개인의 주관적 권리들이 성장함에 따른 불가피한 결과로 보인다. 家族姓의 선택과 승계의 문제도 이러한 어려움을 피할 수 없다.[105] 그러나 이 어려움은 현대 가족법의 또 다른 경향, 즉 평등주의에서도 나타난다.[106]

2. 평등주의의 고양

우리는 수많은 법률연구에서 이에 관한 문제를 접할 수 있다. 왜냐하면 유럽사회에서 평등의 문제는 어디서든 다루어지는 문제가 되었기 때문이다. 특히 상이한 친자관계(혼생 및 비혼생) 사이의 절대적 평등의 원칙이 그 중 하나이다. 이 원칙은 오늘날 독일법이든 프랑스법이든 하나의 실정법상의 권리이다. 독일의 경우, 전술한 1997년 12월 16일 법률에 의해 이 원칙의 법규범화가 완성되었다. 프랑스의 경우, 한편으로는 2001년 12월 3일 법률을 통해 주로 상속법을 개정하면서 비혼생자에 대한 모든 불평등규정들이 폐지되

… 판사들은, 그들의 결정을 뒷받침하기 위해, 「만약 한 여자가 두 가지 —그 중 하나는 그녀의 혼인상황과 전혀 일치하지 않는— 姓을 사용하도록 허락된다면, 이는 제3자에게 큰 혼동을 야기할 것」이라는 점을 들었다.

104) Ph. Malaurie, *Les personnes, les incapacités*, Defrénois, 2003, n°137. 이혼녀에게 전 남편의 姓을 계속 사용하는 것이 허락된다면, 전 남편은 자신의 재혼시 자신의 姓을 사용하는 두 여자를 보게 될 것이다. 그는 결국 "명의상의 중혼" 상태에 있게 된다. 이 경우 야기될 상황은 결코 단순하지가 않다 ….

105) 개인주의의 표현과 그 결과에 관해서는, 2002년 3월 4일 법률에 관련하여 J. Rochfeld가 잘 설명하고 있다: *RTD* Civ. 2002, 377, 특히 381-382.

106) 개인주의와 평등주의는 서로 긴밀하게 연결되어 있다: F. Bellivier, 2003년 6월 18일 법률에 대한 평석. 마찬가지로 家族姓의 승계에 관하여, 그는 "*평등주의적 개인주의(individualisme égalitaire)*"를 언급한다 (*RTD Civ.*, 2003, 554, 특히 558).

었고, 다른 한편으로 공동친권(un droit commun de l'autorité parentale)[107]의 확립을 목적으로 하는 2002년 3월 4일 법률이 제정되었다.

다음에서는 프랑스와 독일의 가족법에서, 최근의 법 발전의 특징을 보여주는 두 주제만을 다루고자 한다.

a. 남녀평등

이에 관하여 독일법은 항상 프랑스법을 앞서 왔다. 독일의 기본법 제117조 제1항은 "독일법은 1953년 3월 31일 이전까지 남녀평등의 요청(GG, 제3조 제2항)에 적합하게 규정되어야 한다"고 규정하였다. 가족법이 물론 그 첫 번째 대상이었다. 이에 따라 남녀평등은 다음의 분야에서 실현되었다: 부부재산제[108](1957년 6월 18일 법률), 친자관계와 친권[109](1957년 6월 18일 법률, 1969년 8월 19일 법률, 1997년 2월 16일 법률). 남성 우위가 여전히 지배적이었던 분야가 독일 및 프랑스에서 최근 개혁의 대상이 되었다: '家族姓'의 선택.

이 문제를 근본적으로 개선한 독일의 법률은 1993년 12월 16일 법률이다.[110] 이 분야에서의 대부분의 입법적 발전과 마찬가지로 이 문제는 연방헌법재판소에 의해 제기되었다. 1991년 3월 5일 판결[111]을 통해 연방헌법재판소는 "부부의 선택이 없는 경우에 夫婦姓(Ehename)은 남편의 성에 의한다는 규칙은 남녀평등의 원칙에 반하며 위헌이다"라고 판결하였다. 따라서 독일의 입법자는 다음의 서로 상반되는 것들을 조정해야 했다: 남성 우위의 원칙을 포기하면서 가족성의 단일성을 보장하는 것(기본법 제6조 제1항). 가족성의 단

107) "'출생환경에 따라 자녀들을 차별하지 않고 지위에 따라 부모를 차별하지 않는" 일반법: S. Royal, JOAN 11 décembre 2001, p.9233.

108) 프랑스의 경우, 1965년 7월 13일 법률에 의해 시작되었고, 1985년 12월 23일 법률에 의해 완료되었다.

109) 프랑스의 경우, 1970년 6월 4일, 1972년 1월 3일, 1987년 7월 22일, 1993년 1월 8일, 2002년 3월 4일의 법률들에 의함.

110) F. Furkel, *La réforme du nom en Allemagne*, *op.cit.*

111) *BverfGE* 84, 9.

일성 문제는 이미 부부성 제도를 통해 해결하였다. 남성우위의 문제에 대해 새로운 입법은 "만약 부부가 그들에게 부여된 부부성의 선택권을 행사하지 않았다면 각 배우자는 자기의 本姓을 유지한다"라고 규정하였다(§1355 II).[112)]

독일법의 특징인 부부성에 대한 공동 선택의 경우(§1616) 이외의 영역에서 프랑스법과 독일법은 모두 가족성의 승계(transmission)에 관한 규정들을 두고 있다. 이 분야에서 두 국가는 똑같은 목적, 즉 父와 母 사이의 평등을 추구하지만, 이 평등은 독일법에 의해서만 실현되었다. 독일법에서 이 문제는 매우 치밀하게 다루어졌다(§§1617 이하); 이는 이 분야에서 '개인에게 인정된 늘 확장되고 있는 자유'와 '부모 사이의 완전한 평등을 이루려는 배려'의 대가이다. 남녀평등의 원칙을 유지하기 위해서 다음의 해결책들이 선정되었다: 부모는 父의 姓과 母의 姓 사이에서 선택권이 있다[113)]; 자녀의 출생 후 1개월 이내에 합의가 없는 경우 가정법원(Familiengericht)은 이를 해결할 부모 중 1인을 선정한다; 선정된 자가 그에게 부여된 기간 내에 어떤 선택도 하지 않으면 그의 姓이 자녀에게 부여될 것이다(§1617).[114)]

프랑스법[115)]에서는 부모에게 부여된 선택의 가능성이 더 많다. 왜냐하면 이들은 父의 姓과 母의 姓 그리고 두 姓 모두(그들이 정한 순서에 따라) 중에서 선택할 수 있기 때문이다.[116)] 프랑스법은 독일에서와 같이 부의 성과 모

---

112) 프랑스법에서 인정된 유일한 해결책(cf. *supra*).

113) 가족성의 단일성을 보장하기 위해, 첫째 자녀에게 채택된 姓이 이후의 자녀들의 성이 될 것이다(§1617 I 3).

114) 전술한 1997년 12월 16일 법률 이후, 부모 사이의 엄격한 평등은 혼외의 가족의 경우에도 마찬가지로 보장된다 (과거에는, 혼외의 자녀는 母의 姓을 따라야 했다). 즉, 친권을 가진 자가 자녀에게 부여할 姓을 선택한다(§1617 a). 만약 친권이 공동으로 행사된다면, 상기의 규칙들이 적용된다.

115) 이는 다음 두 법률의 결과이다: 2002년 3월 4일 법률, 2003년 6월 18일. 2003년 법률은 2002년 법률의 발효를 늦추며 후자의 결함을 보충하였다. 민법전의 관련규정의 개정(제311-21조~제311-23조)은 2005년 7월 4일 정령에 의해 이루어졌다. 국사원(Conseil d'Etat)의 표현대로, "입법에 있어서의 병적인 수다(logorrhée législative)"는 그야말로 있는 그대로의 현실이다.

의 성 중에서 선택할 수 있도록 하는 것은 너무 제한적이라고 판단하였다. 프랑스 입법자는 특히 이런 제한적 선택이 부모 사이의 갈등을 오히려 부추길 수 있다는 점에 주목하였다.[117] 반대로, 兩姓使用의 내부적인 복잡성은 독일의 입법자로 하여금 이의 채택을 거절하는 이유가 되었다: 제2세대에게 姓이 승계됨에 따라 발생하는 姓의 연쇄(Namenkette)를 피하고자 한다면 어떠한 보충규칙들을 제시해야 하는가?[118] 프랑스법은 이 어려움을 아주 단순한 보충규칙을 통해 해결하였다. 부모의 선택이 없는 경우, 자녀는 다음의 성을 따른다: 비혼생의 경우, 부모 중 자녀가 처음으로 친자관계를 맺었던 당사자의 姓을 따른다; 자녀가 부모 모두와 동시에 친자관계를 맺었다면 父의 姓을 따른다. 여기에서 우리는 이 규칙의 단순성은 남녀의 불평등에서 얻은 것임을 다시 한 번 확인할 수 있다. 입법자가 父系의 姓[119]을 家族姓으로 대체하면서 배제하고자 했던 남성의 우위는 따라서 오랜 생명을 유지하고 있다.[120]

---

116) 독일법과 마찬가지로, 첫째 자녀에게 부여된 성은 이후의 다른 자녀들에게도 똑같이 부여된다(제311-21조 3항). 그러나, 다른 면에서, 프랑스의 부모는 독일의 부모보다 좀더 주의를 기울여야 한다; 왜냐하면 가족성이 자녀의 출생증서에 명시되어야 하는데, 이 출생증서는 3일 이내에 작성되어야 하기 때문이다(제55조와 제57조).

117) "*이 제도의 단점은, 부부관계에 갈등을 일으킬 수 있는, 선택의 의무를 만든다는 것이다. … 3중 택일 (부의 성/ 모의 성/ 양성 모두)에는 분명 장점이 있다. 결국, 이런 장치는, 양성 모두의 선택을 통해, 역학관계를 피하게 한다.*"

118) F. Furkel, *op.cit.*, p.1139; 유사한 비판으로, Ph. Jestaz, *A propos du nom patronymique: diagnostic et pronostic, RTD civ.* 1989, 269, 특히 274.

119) '가족성'이라는 용어를 사용하며, '父系의 姓(nom patronymique)'이라는 표현은 민법전에서 의도적으로 배제되었다.

120) 국회에서 표결된 첫 번째 안은 부모 사이의 완전한 평등의 의미에 보다 부합하였다: "*… 자녀에게 부여할 姓에 대해 부모 사이에 견해가 일치하지 않는 경우, 알파벳 순서에 따라, 부모 각자의 祖上姓들(patronymes) 중 하나씩만을 택하는 범위 내에서, 자녀는 그들의 두 성 모두를 취한다.*" 그러나 상원(Sénat)은, 세속적인 전통의 존중과 현실에의 부합을 이유로 들며, 부계 우위의 원칙을 회복시켰다. 다음의 주장은 그리 설득력이 없다: 첫 번째의 경우[부모가 서로 동의하여 자녀의 姓을 선택한 경우]에 의한 제한 없이 [자녀의 姓을] 인정하는 것은 일률적으로 모든 개혁을 차단하는 것이다; 한편 두 번째 경우[견해

그런데 이러한 선택은 두 가지 점에서 놀랍다. 첫째, 이것이 개혁의 의미를 상당히 감소시킨다는 사실이다: 이 제도에서 姓의 선택은 결국 父의 의사에 의하게 된다; 자신의 성의 승계를 강요하기 위해서 父는 수동적인 거절만 하면 충분할 것이다.[121] 둘째, 이 선택은 인권을 보장하는 유럽협약에 반한다.[122] 따라서 이 규정에 대해서는 개별적인 저항이 발생할 가능성이 있으며 이를 방어한다는 것이 쉽지 않을 것이다.

b. 성적 지향(orientations sexuelles)에서의 평등

모든 유형의 차별을 없애자는 의미에서, 서유럽 국가들은 최근에 새로운 과제를 채택하였다: 그것은 이성간의 결합만을 인정하는 전통적 혼인의 특성이 부정될 정도로 동성결합의 인정을 위해 노력한다는 것이다. 유럽의 법체계는 오늘날 평등주의를 만족시킬 정도에까지 이르렀다.[123] 프랑스와 독일도

의 불일치로 인해 부모가 자녀의 姓을 선택하지 못한 경우]는 그리 효과적이지 못하다, 왜냐하면 [각자의] 單一의 祖上姓의 승계가 의무적이었기 때문이다. 하원(Assemblée nationale)은, 법률의 발효일을 늦추지 않기 위해서(선거기간이 도래함으로 인해), 이러한 상원의 수정에 복종하였다.

121) 이것이 바로 1993년 개정 이전의 독일의 상황이었다.

122) CEDH, 22 fév. 1994, *Burghartz c. Suisse, D.* 1995, 5, J.-P. Margeunaud.

123) 혼인의 해소, 친자관계 및 친권의 설정의 영역에서 오늘날 嫡出의 가족과 婚外의 가족 사이에 어떠한 차별도 존재하지 않는다 (독일의 1997년 12월 6일 법률과 프랑스의 2005년 7월 4일 정령이 이룩한 엄격한 평등). 이러한 영역에서, 자녀의 이익의 보호필요성은 이러한 발전을 정당화한다. 동성결합인정의 경우에 있어서는, 반대로, "현대의 입법자들이 선거권을 가진 시민들이, 새로운 권리들 및 이들의 유용성을 인식하기에 앞서 그리고 어떠한 문제제기도 없이, 표출하는 모든 요구를 들어주기를 멈추지 않는 것 (D. Cohen, *Le droit à* …, Mélanges F. Terré, Dalloz, PUF, JC, p.393)"은 악화된 개인주의의 경향으로밖에 설명되지 않을 수 없다. 요컨대, 독일이 프랑스보다 동성애자들의 요구에 좀더 조심스럽게 대처하였던 것은 우연이 아니다(cf. infra.). 국가(Reich)의 이익 앞에 개인이라는 존재가 부정되었던 나치(NAZI)시대의 경험은 오늘날 의심의 여지없이 독일로 하여금 반대의 과격행위에 보다 쉽게 굴복하게끔 한다. 이러한 점에서, 독일의 연방헌법재판소가 "'인격의 자유로운 계발에 관한 기본법(Loi fondamentale) 2조'와 '모든 종류의 차별금지

이 현상을 회피할 수 없었고, 프랑스 입법자는 독일의 입법자보다 조금 일찍 이 문제에 개입하였다.124) 그러나 독일은 동성간의 결합제도를 혼인제도와 거의 동일하게 다루면서 프랑스보다 좀더 진보적인 입장을 취하였다. 즉 동성간의 혼인의 인정이 원칙상 독일법에 의해 배제되고 있음에도 불구하고125), 독일에서는 동반자관계(partenariat)와 혼인의 차이가 상당한 수준으로 줄어들었다.126)

프랑스와 독일의 제도 —혼인과 거의 동일시하는 독일과는 달리, 프랑스는 혼인과 구별되는 동성간의 공동생활약정(PACS)의 특성을 강조한다— 사이에 동성간 결합(unions homosexuelles)의 개념대립은 파트너 간의 별거에 관

에 관한 동법 3조'가 동성간의 동반자관계(partenariat)의 보호규범에 해당한다"고 판결(2002년 7월 17일 결정, cf. *infra*)한 것은 주목할 만하다.

124) 공동생활약정(PaCS)에 관한 프랑스의 1999년 11월 15일 법률. 이 법률은 민법전 제515-1조 이하에 삽입되었다. 독일의 경우, '등록된 인생동반자(*eingetragene Lebenspartenerschaft*)에 관한 2001년 2월 16일 법률'은, 2005년 1월 1일에 발효된 법률에 의해 수정되었고, 법전화되지는 않았다: Palandt/Brudermüller, *op.cit.*, *LPartG*, p.2800 이하. *Münchener Kommentar* …., *op.cit.*, *Band* 10 (*Ergänzungsband*), 4e ed., 2004, A. Wacke, *LpartG*.

125) 혼인을 법질서의 특별한 보호 아래 두고 있는 '기본법 제6조 1항'은 同性結婚의 도입에 주된 장애가 되고 있다. 독일 헌법재판소는, 2001년 7월 18일(*NJW* 2001, 2457)과 2002년 7월 17일(*NJW* 2002, 2543)의 결정을 통해, 「인생동반자(partenariat)에 관한 법률」이 위의 제6조에 적합하다고 판결하였다. R. Arnold, *La protection des droits fondamentaux dans la Loi Fondamentale : jurisprudence récente de la Cour constitionnelle fédérale allemande, RIDC* 2003, p.679, 특히 pp.681-686. 위의 결정에 의하면, 단지 이 법의 적용범위를 異性간의 couple에게만 확장하고자 하는 것은, 협력적이고 덜 구속적인 결합유형을 창조하면서, 혼인제도를 훼손하는 것이라고 하였다. PaCS에 관하여 일반적인 적용범위를 두고 있는 프랑스법과 비교할 것.

126) 2005년 1월 1일에 발효된 개정 이후, 동성의 커플은 약혼할 수 있다. 일화적으로, 약혼은 더 이상 거의 행해지지 않음을 볼 때, 이 점은 단지 독일의 입법자가 바라던 이성의 커플과 동성의 커플 사이의 완전한 평등의 상징성만을 지닐 뿐이다. 반대로 프랑스 정부는, 의회에서의 토론과정에서, '공동생활약정(PaCS)은 어떤 경우에도 혼인은 아니라는 점'을 끊임없이 강조하였다. 그러나 이는 그리 설득력이 없다: Carbonnier, *Droit civil, La famille, l'enfant, le couple*, *op.cit.*, p.748.

한 조건에서 명백히 드러난다. 독일법에 있어서 이들의 별거는 이혼과 마찬가지로 사법적 결정의 결과이고, 또 별거청구가 두 파트너에 의한 것인가 아니면 그 중 1명에 의한 것인가에 따라 12개월 또는 36개월의 숙고기간의 경과를 요한다(LpartG, §15).[127] 생활보조의무에 관하여, 이들의 파경과 이혼의 결과는 동일하다(LpartG, §16). 이와 달리 프랑스에 있어서 공동생활약정(PACS)은 쌍방동의에 의한 것이든 일방적인 것이든[128] 아무런 사법적 심사 없이 언제든지 지방법원의 서기관에게 신고함으로써 종료된다(제515-7조).[129] 그리고 공동생활 후에 대하여 어떠한 생활보조의무도 규정되지 않았고 또 허가되지도 않는다. 왜냐하면 공동생활약정에서 보상지급 또는 생활보조금지급을 예정한 모든 조항은 약정파기권을 실행할 자유에 장애가 되므로 무효가 될 것이기 때문이다.[130] 이는 분명 프랑스 입법자가 제2혼인(mariage bis)을 만들지 않고자 하는 의지에서 비롯된 것이다. 이렇게 볼 때 공동생활약정은 기한을 정하지 않은 계약(contrat à durée indéterminée)으로 볼 수밖에 없다. 이러한 두 법체계 사이의 본질적 차이로 인해 동성간의 결합의 재산적 또는 인적 효과의 내용에 관한 입장도 서로 다르다.[131]

---

127) 그러나 이혼과는 달리, 법적 요구기간의 기산일은, 파트너간의 사실별거일이 아닌, 파경선언일이다. 또, 파경에 반대하는 파트너를 위한 '가혹조항'이 없다; 반대로, 법적 숙고기간을 준수할 필요 없이 파경을 원하는 파트너를 위해 '부정적 가혹조항'이 마련되었다(§15 II 3).

128) 이 경우, 공동생활을 종료하고자 하는 일방은 상대 파트너에게 이를 알려야 한다 —따라서 집달관(huissier de justice)을 통해, 상대 파트너는 공동생활종료를 알게 될 것이다; 그리고 공동생활의 종료는 신고 후 3개월 후에야 그 효력이 발생한다.

129) 전 파트너 간의 권리와 의무를 청산할 때에 어려움이 발생하면 "법관은 파경으로 인한 재산적 효과에 대하여 판단하고, 이는 파탄으로 인해 당사자 일방이 입은 손해의 배상에 영향을 미치지 않는다."

130) Rép. civil Dalloz, V° *Pacte civil de solidarité(PaCS)*, par Cl. Lienhard, n°175.

131) 유효조건에 관하여, 프랑스법과 독일법은 혼인제도를 위협하는 것들을 금지하기 위해 서로 입장을 같이하고 있다(제515-2조; LpartG, §1 II): 혼인한 자 또는 이미 다른 공동생활을 영위하고 있는 자와의 공동생활(또는 동반생활)약정 금지(중혼의 금지); 직계인척 사

먼저 인적 효과에 관하여[132] 본다면, 독일법에서는 夫婦姓[133]의 결정의 효과는 '동반자관계'와 혼인이 동일하다(LpartG, §3). 또한 파트너들은 상대방의 친족과 인척이 된다(LpartG, §11). 반면, 프랑스법상 공동생활약정은 아무런 친족관계도 형성하지 않는다; 민사적으로 파트너들은 독신상태에 머물러 있다.[134] 끝으로, 독일의 파트너들은 마치 부부와 같이 救助와 援助의 상호의무를 부담한다(LpartG, §2); 이와 달리, 프랑스의 공동생활약정은 혼인과 달리(제212조) '상호적이고 물질적인 원조'를 약정하는 데 그치며(제515-4조 제1항) —이는 혼인상 생활비용부담의무(제214조)를 代用하는 것이다— 친족법상 아무런 의무도 발생시키지 않는다. 한편, 독일법은 부부간의 생활유지의무와 동일한 의무를 부과하고 있다(LpartG, §5). 그러나 가장 눈에 띄는 것은 동성애자와 그의 파트너의 자녀들 사이에 이루어질 수 있는 관계에 관하여 '동반자관계'의 체결이 야기하는 효과이다. 원래 독일법상 '동반자관계'는 커플의 일원에게 그의 파트너의 자녀들을 입양하는 것을, 적어도 자녀들이 미성년자인 동안은 허락하지 않았다. 즉 '등록된 동반자관계'에 관한 법률은 이에 관한 아무 규정도 두지 않았고 이러한 혼인과 '동반자관계' 간의 동일화의 결여(효과상의 차이)는 동성애 커플이 일방 배우자가 상대 배우자의 자녀들을 입양하는 것을 규정한 BGB의 혜택을 받는 것에 장애가 되었다. 일반규정들의 적용도 또한 이러한 입양을 가로막고 있었다. 즉 독신자의 지위에서 한 동성애

이 및 방계혈족 사이의 공동생활약정 금지(근친상간의 금지). 프랑스법은, 三從姉妹까지의 방계혈족 간의 공동생활약정(pactes)을 금지함으로써, 보다 엄격히 규정하고 있다.

132) 민사분야 이외의 영역에서, 독일의 '동반자관계'는 '외국인에 관한 법'과 '국적'에 관하여 혼인과 동일한 권리를 인정하고 있다. 이 점에 대해 프랑스법은 훨씬 뒤처져 있다. 프랑스법은 PaCS를, 외국인이 프랑스에서 유지하고 있는 인척관계를 판단하는 데 있어서, 행정기관에 의해 자유로이 평가될 수 있는 단순한 사실요소로 파악할 뿐이다. 프랑스법상 공동생활의 매우 자유로운 파경조건들을 볼 때, 이러한 유보는 논리적으로 이해될 수 있다. 또한 이 자유로운 파경조건은 사기를 조장하기도 한다.

133) 이에 관한 최근의 개정도 동성애자의 동반자관계에 적용된다.

134) Rép. civil Dalloz, *op.cit.*, n°26.

자가 자녀를 입양한다면, 그의 파트너의 자녀는 친권을 상실하기 때문이다. 따라서 최근의 법개정에 따라 일방 파트너에게 그의 동반자의 자녀에 대한 입양권(*Stiefkindadoption*)을 허락함으로써 이러한 차별은 사라졌다. 이 법개정은 또한 이러한 입양의 경우 자녀의 다른 친권자[파트너의 전 배우자]의 동의를 요하도록 하고 또 그의 권리에 아무 영향을 미치지 않도록 함으로써 입양에 관한 일반규정도 적용 가능하게 되었다. 그렇지만 아직 동성의 커플이 공동으로 한 자녀를 입양하는 것은 불가능하다: 따라서 이러한 특권은 현재 혼인한 커플의 고유권으로 남아 있다. 그러나 언제까지 이런 상태가 지속될 것인가? 프랑스법은 입양에 관한 아무 규정도 두고 있지 않다. 물론 이 문제가 의회의 입법논의 과정에서 무시된 것은 아니다; 그러나 동성애 커플이 자녀를 입양하는 것에 대한 반대가 너무 심하였기 때문에 이에 관한 모든 규정들이 법안에서 삭세되었나.[135] 그러나 이런 침묵이 문제를 사라지게 하지는 않을 것이다. 왜냐하면 머지않은 장래에 이 문제는 다시 프랑스 입법자에게 제기될 수밖에 없기 때문이다.

'동반자관계'의 재산적 효과에 관해 독일법은 프랑스법보다 훨씬 더 대담하다. 독일법은 당사자들의 계약에 반하는 규정을 제외하고, 법정부부재산제를 '동반자관계'에 적용하고 있다.[136] 이 점에 관해 PACS의 당사자들에 대하여 극히 획일적인 일반법상의 공유제도(제815조 이하)를 적용하는 프랑스법은 매우 잘못되었다고 평가받고 있다.[137] 그리고 독일법은 생존한 파트너에게 배우자와 똑같은 상속권을 인정하고 있다(LpartG, §10 VI).[138] 프랑스법에서는 PACS의 파트너에게 상속권이 없다. 즉 이들은 단지 보통의 '자유처분가능분

---

135) 여기에서 우리는, 異性의 커플을 PaCS의 적용범위에 포함시킨, 프랑스 입법자의 커다란 위선을 엿볼 수 있다(제515-1조). 이 법률은 자녀의 문제를 해결할 수 없었던 동성커플을 위해서 특별히 채택된 것이기 때문이다.

136) 즉 婚後取得財産參加制(§§1363 이하).

137) Carbonnier, *Droit civil, La famille, l'enfant, le couple*, *op.cit.*, p.740: "이것은 일시적인 상황만을 고려한 근시안적인 수단이다."

138) 이러한 입장은 유럽에서도 소수이다.

(quotité disponible)'만을 원용할 수 있다. 그리고 세법상 파트너 사이의 무상승계의 경우, 세금공제 또는 특별세율의 혜택을 받을 뿐이다.[139)]

이러한 고찰을 통해 우리는 독일법에서는 동성의 결합과 구별되는 혼인제도와 특수성이 거의 사라졌음을 확인할 수 있다. 프랑스법에서 양 제도상의 차이가 있다면, 그것은 법의 흠결에서 비롯되었거나(특히 자녀들에 대한 배려가 없다), 악화된 개인주의에서 비롯된 것이다[모든 정신적 원조의무의 부재; 지극히 행정적이고 아무런 재정적 효과도 없는 '전격적 파경'(dissolution-éclair)].[140)]

가족법상의 상호유사성을 기원으로 한 프랑스와 독일 사회의 이러한 병행적 변화는 채권법 분야에 있어서도 다르지 않다.[141)] 그러나 이 분야에 있어서의 상호접근의 핵심적 원인은 유럽통합에 따른 조화(harmonisation)라는 정치적 의지에서 찾아야 한다.

II. 채 권 법

법적 조화, 이것은 분명 유럽공동체법에서 찾아야 한다. 채권법에서 유럽연합이 관여하는 분야는 자유롭고 공정한 경쟁의 정착에 관한 사항, 즉 민법

139) 권리의 발생일을 기준으로 하여, 약정(pacte)이 체결된 지 적어도 2년이 지나야 한다.

140) 이런 양자택일의 냉정한 논리는, 2004년의 개정안을 제시하는 과정에서, 독일정부에 의해 분명해졌다: "*Mit dem Gesetz werden homosexuellen Paaren mehr Rechte gegeben. Gleichzeitig wird erwartet, das sie füreinander einstehen, Unterhalt zhalen und sich gegenseitig unterstützen.*(새로운 법은 동성애 커플들에게 보다 많은 권리를 부여하였다. 따라서 우리는 그들이 서로의 삶을 유지하고 후원하며, 서로 주고받음이 있기를 기대한다.)" 이는 *LpartG*, §2에 이미 명시되었다.

141) M. Fromont, *Droit allemand des affaires*, *op.cit.*, n°613-614.

에서는 소비자법에 제한되지만(A),[142] 그 외에도 더 본질적으로 계약에 관한 일반법을 목표로 조화를 위한 시도가 진행된 영역에 있어서 그러한 노력이 가지는 중요성을 간과해서는 안 된다(B).

A. 공동체법에 의한 상호접근: 소비자법

유럽공동체 법원은 계약법에 관하여 직접 관할하지 않는다. 그러나 유럽연합의 유일한 존재이유인 자유로운 경쟁의 조건들이 성숙될 수 있는 '공동체내 시장 건설'이라는 명분 아래 사업자와 소비자 사이에 체결된 계약에 관계되는 많은 법률안들이 나오고 있다.[143] 비록 공동체법의 적용범위에 대해서는 협약에서 매우 세밀하게 규정된 사항으로 제한되어 있기는 하나, 그 적용범위에 대한 논의는 여전히 의미를 가지는데, 이러한 현상은 소비자보호에 관한 지침이 날로 늘어나고 있기 때문에 더욱 그러하다.[144]

그러나 공동체법은 타협에 의한 것일 수밖에 없기 때문에, 독일법과 프랑스법 사이의 상호접근은 라인강 주변의 법률가들의 사고방식에 의존해야 하는 한계가 있다.[145]

---

142) 여기에서는 넓은 의미에서의 분배계약을 규율하는 상법상의 면제규정들에 관한 연구는 다루지 않을 것이다.

143) J. Huet, *Les sources communautaires du droit des contrats*, in *Le renouvellement des sources du droit des obligations*, Journées Capitant, LGDJ, 1996, p.11.

144) 이에 관한 지침을 모두 열거하기가 어렵다: 제조물책임에 관한 1985년 7월 25일 지침; 영업소 밖에서 협의된 계약에 관한 1985년 12월 20일 지침(방문판매에 관한 것); 소비신용에 관한 1986년 12월 22일, 1990년 2월 22일 지침; 여행사의 급부의무에 관한 1990년 6월 13일 지침; 불공정약관에 관한 1993년 4월 5일 지침; 격지자 간 계약에 있어서의 소비자보호에 관한 1997년 5월 20일 지침; 소비재 판매와 보장에 관한 1999년 5월 25일 지침; 전자서명에 관한 1999년 12월 13일 지침; 전자상거래에 관한 2000년 6월 8일 지침 등.

145) '다른 곳 또는 알 수 없는 곳'에서 나온 법 – Carbonnier의 표현(*Droit et passion du*

1. 조화의 진전

a. 불공정 조항에 대한 투쟁

α. 상반된 접근

프랑스민법전(Code Civil) 이후 거의 1세기가 지나서야 제정되기는 하였으나 BGB는 프랑스민법전과 마찬가지로 자유주의와 개인주의 정신에 입각해 있다.146) 계약자유의 원칙에 기초한 프랑스민법전과 BGB는 계약 내용의 결정을 당사자들의 자유의사에 맡기고 있다. 하지만 이러한 인류학적·법적 가설은 산업화로 특징지어지는 경제적 현실 및 그 법적 귀결인 계약의 표준화와 모순된다는 것이 곧 드러났다. 이런 새로운 계약현실 —일방적으로 작성되고 교섭할 수 없는 내용의 정형화된 계약 체결— 에 대해 프랑스법과 독일법은 서로 다른 방식으로 대응하였다.

물론 오늘날 두 법체계는 불공정 조항에 대한 사법적 규제를 인정하고 있다.147) 그러나 독일법은 문제된 계약조항들의 표준화된 특성에 근거하여

---

droit sous la Ve République, Flammarion, 1996, p.47 이하) – 은 분명히 많은 영향을 미칠 수 없다.

146) M. Pédamon, *Le contrat en droit allemand*, LGDJ, 2004, 2e éd., n°22-24; Cl. Witz, *Droit privé allemand. 1. Actes juridiques, droits subjectifs*, Litec, 1992, n°31; F. Ferrand, *op.cit.*, n°69; Rieg et Fromont, *Introduction au droit allemand*, tome 1, *Les fondement*, Cujas, 1977, p.74 등.

147) 독일법에서, 이 규제는 20세기 초부터 제국법원에 의해 이루어졌고(RG, 8 jan. 1906, RGZ 62, 264/266), 본격적인 규제는 1956년 10월 29일 판결부터이다. 이를 통해, BGH는 처음으로 계약상의 신의성실의무를 명시한 BGB §242를 그 기초로 하였다. 이후 모든 판례의 해결책은 1976년 12월 9일 법률(보통거래약관에 관한 법률: *Gesetz zur Regelung des Rechts der Allegemeinen Geschäftsbedingungen* (AGB-G))에 포함되었다(현재 BGB §§305-310). 이에 반하여, 프랑스는 1978년 1월 10일 법률에 의해서만 불공정 조항을 규제할 수가 있었다. 그러나 이 법은 불공정 조항을 규제하는 데 규정상의 한계가 있었다. 따라서, 1991년 5월 14일 판결(*D.* 1991.449, J. Ghestin; *RTD Civ.*, 1991.526, J. Mestre; *JCP*, 1991.II. 21763, G. Paisant)을 통해, 파기원(Cour de cassation)은 자체적으로 불공정조항을 선언할 권한을 참취(僭取)하였다. 이 사법적 권한은 결국 1993년 4월 26일 지침 이후 인정되었

그 적법성을 찾지만, 프랑스법은 사업자와 소비자간의 계약에 초점을 맞추고 있다. 따라서 독일법의 접근이 物的이라면, 프랑스법의 접근은 人的이다.[148] 그러나 두 법체계 모두 일방 당사자(가입자 또는 소비자)의 열악성(infériorité)을 근거로 하여 이러한 사법적 규제를 정당화하고 있다. 그런데 이 열악성을 평가하는 기준은 상이하다. 프랑스법은 계약당사자의 비직업성에 의한다: 이를 정의하자면, 관련 사업에 대한 경험이 없고 지식도 없으며, 사업자로서의 정보력이나 협상력이 없는 자를 말한다. 독일법에 의하면, 협상할 수 없는 표준계약에 있어서 이러한 인적 사유(*ratione personae*)에 의한 구별은 계약당사자의 자격이 어떠하든 별 의미가 없다. 즉 일반 소비자이든 사업자이든 아니면 상인이든, 계약내용 작성자의 상대방당사자는 미리 작성된 계약내용을 강요받을 수 있는 열악한 지위에 있을 뿐이다. 이러한 이유로 독일법상 불공정조항에 대한 사법적 규제의 적용범위는 인적 사유가 아닌 물적 사유(*ratione materiale*)에 의해 제한된다.

이런 접근상의 차이는 이 제도의 운용에 영향을 미친다. 가장 중요한 것은 계약조항들의 불공정성에 대한 평가방법이다. 독일법이 적용되는 계약들은 표준화되었기 때문에, 즉 모든 잠재적인 고객들에 대하여 똑같은 방식으로 작성되어 있기 때문에 그 내용의 평가는 일반적이고 추상적인 방법으로 이루어진다. 이는 계약체결을 둘러싸고 있는 실제의 특별한 사정들, 특히 가입자(adhérent)의 특정 지식 등은 해당 계약조항들의 불공정성 여부에 아무런 영향도 미치지 않는다는 것을 의미한다. 따라서 한 번 평가된 조항은 만약 이 조항이 같은 유형의 계약에 포함되었다면 다른 상황에서라도 다른 평가를 받지 않을 것이다. 그러므로 사법적 판결의 예견가능성은 보장된다. 달리 말하면, 독일법은 '계약의 정의'와 '법적 안정성'을 결합시킬 수 있는 커다란 장점을 가지고

고, 이 지침은 1995년 2월 1일 법률에 의해 프랑스법으로 전환되었다(소비자법전 L 제132-1조).

148) 이 문제에 관하여, G. Lardeux, *Les clauses standardisées en droit français et en droit allemand*, PU du Septentrion, 2001.

있다. 이것이 결국 불공정 조항에 대한 사법적 규제를 商事關係에까지 넓힐 수 있었던 이유였다. 앞에서 확인한 바와 같이, 상반된 원칙은 상반된 결과를 낳는다. 프랑스법의 인적 접근은 규제해야 할 계약의 특성이 아니라 보호해야 할 소비자의 능력에 초점을 맞추고 있기 때문에, 계약해석의 고전적 원칙들의 기능이 약화되지는 않았다: 이러한 접근은 주관적이다; 따라서 실제의 상황 전체를 고려한다(소비자법전 L제132-1조 제5항). 따라서 사법적 결정의 예견가능성을 기대하기 어렵다. 이는 불공정 조항에 대한 사법적 규제가 사업자들 간의 관계에까지 —심지어 독일법에서 인정했던 것처럼, 사업자들 간의 관계에서 마찬가지의 불균형이 드러날 수 있는 경우조차도— 확장되는 것을 법적 안정성을 이유로 반대하는 이들에게 결정적 논거를 제공해 준다.

ß. 독일법의 양보에 의한 상호접근

소비자 계약에서의 불공정 조항에 관한 1993년 4월 5일 공동체지침은 프랑스법과 독일법이 서로 접근할 수 있게 하였다.[149] 그러나 이러한 조화로 인해 독일은 약간의 반대급부를 제공해야 했다: 즉 보통거래약관법(droit des conditions génerales d'affaires)에 소비자 조항들을 포함시킴으로써 프랑스법에 부분적으로 동조해야 했다. 물론, 공동체법이 보통거래약관법의 물적 논리를 깨뜨린다는 점을 인식한 독일의 입법자는 이 공동체 지침을 최소한으로 전환시켰다. 따라서 가능한 한 이전의 체계를 보존하는 방법을 찾으면서, 독일 입법자는 다른 조항들 옆에 소비자 조항을 첨가하는 데 만족하였다.[150] 이로부터, 독일법에서는 사업자와 소비자 사이의 계약에서 불공정조항에 대한 사법적 규제는 개별적인 부합계약(contrats d'adhésion)에까지 미친다. 그리고 표준화 조건은 포기되었기 때문에 '불공정성'은 계약체결을 둘러싼 모든 상황을 고려하여 결정되어야 한다(§310 III).

149) 이 지침의 국내전환은 프랑스에서는 1995년 2월 1일 법률에 의해, 독일에서는 1996년 7월 19일 법률에 의해 이루어졌다.

150) Cl. Witz, *Chronique de droit civil allemand, RTD Civ.*, 1997, 271-273.

b. 제조물책임

α. 상반된 접근

1985년 7월 25일 지침을 제외하고, 독일법과 프랑스법은 제조물책임에 관한 문제를 근본적으로 다른 방법으로 해결한다. 고객이 제조자에게 직접 소송을 제기할 경우, 독일법은 이를 불법행위책임(§823 이하)에서 다루는 반면 프랑스법은 이를 계약효의 상대성(effet relatif des conventions)을 덜 엄격하게 적용함으로써 직접청구권(action directe) 범위 내에서 인정되는 계약책임으로 다루고 있다.

BGH가 제조물책임 사건에 대해 불법행위책임 규정을 적용할 수 있음을 분명히 한 것은 1968년 11월 26일의 판결에 의한 것이다.[151] 이 규정들은 독일 판례로 하여금 만족스러울 정도로 피해자를 보호할 수 있게 하였는데, 이런 보호조치는 무엇보다도 동일한 판결에서 BGH가 제시한 과실의 추정에 의해 효과적으로 보장되었다. 이는 —생산자가 자신에게 과실이 없음을 증명함으로써 원칙적으로 책임을 회피할 수 있는— 단순추정(présomption simple)이지만, 이런 입증은 실제로는 전혀 인정되지 않았다. 따라서 이는 사실상 무과실책임, 즉 단지 제품의 결함이란 사실만으로 바로 발생하는 책임에 해당한다. 반대로, 불법행위로 인한 책임 체계의 다른 면들은 피해자에게 불리하다. 피해자는 계약의 연쇄 위에 있는 모든 주체들에 대항해서 행동할 수는 없다: 그 중 일부에게만 책임을 추궁할 수 있는데, 즉 생산과정에 관여한 사람들(완제품생산자와 부품제공자)이 이에 해당되고, 상업화에만 관여한 사람들(수입업자, 도매상인과 공급업자, 제품에 자기 고유 상표를 부착하는 자)은 제외된다. 또한 피해자의 순수재산손해(*reine* Vermögensschäden)는 독일법상 계약책임 소송에서만 배상가능하며,[152] 위자료(*Schmerzensgeld*)는 불법행위책임법상 매우

---

151) *BGHZ* 51, 91 (닭 페스트 사건: *Hühnerpestfall*).

152) 불법행위책임에 근거하여 배상받을 수 있는 '신체적 손해'로 인한 '수입의 감소'는 제외된다(§§842, 843).

제한된 경우에만 배상이 가능하다.[153)]

프랑스법도 매우 높은 수준의 피해자보호를 실행하고 있는데, 이는 계약의 영역에서이다. 이런 책임은 '안전에 대한 결과채무'(obligation de sécurité de résultat)에 근거하는 점에서 유리하다. 독일법과 마찬가지로 제조자의 과실을 증명할 필요가 없다. 그러나 계약책임의 선택은 또한 청구의 대상자가 계약의 직접상대방이 아닌 경우 피해자에게 많은 불편함을 야기한다. 파기원에 의하면 직접소권은 '종물이론'(théorie de l'accessoire)에 근거하는데[154)]; 고등법원은 물품공급단계에서 사업자들간의 여러 계약에서 임의로 약정된 책임면제 또는 책임제한 조항들이 최종 고객에 대해서 대항력을 갖는다는 계약 논리에 따른 필연적 결론을 주저하면서도 배척할 수 없었다.[155)] 따라서 이러한 조항들을 적용하게 되면, 소비자의 입장에서는 이들 조항이 부당하게 여겨질지라도 소비자는 어떠한 배상도 받을 수 없게 된다.[156)] 더욱이, 계약책임과 불법행위책임의 경합을 금지하는 원칙에 의거할 경우, 피해자는 배상혜택을 박탈당하게 되며 어떠한 경우에도 계약의 덫에서 빠져나올 수 없게 된다. 그렇지만, 이러한 책임과 관련하여 프랑스법은 피해자에게 매우 우호적이다: 한편으로는, 연속되는 계약에 관련된 어느 누구에 대해서도 배상청구가 인정되

---

153) 2002년 7월 19일 법률에 의해, 독일법은 이런 유형의 손해의 원활한 배상을 위해 개정되었다: F. Heseler, A. Kull, *Du nouveau en matière de réparation du dommage : les apports de la loi du 19 juillet 2002, in La réforme du droit allemand des obligations,* SLC, 2004, p.217, 특히 pp.219-221.

154) Ass. Plén., 7 fév. 1986, *Bull. civ. Ass. Plén.*, n°82. 좀더 자세히는, 안전의무(obligation de sécurité) 위반에 근거한 소송, Civ. 1er, 27 janv. 1993, *Bull. civ.*, I, n°44. AIDS에 감염된 피의 수혈 사건에서는, Civ. 1er, 12 avril 1995, *Bull. civ.*, I, n°179; Civ. 1er, 9 juillet 1996, *Bull. civ.*, I, n°303.

155) P. Ancel, *Les arrêts de 1988 sur l'action en responsabilité contractuelle dans les groupes de contrats, quanze ans après*, Mélanges Ponsard, Litec, 2003, p.3 특히 n°18-20 참조.

156) 다수설에 의하면, 신체적 손해의 경우, 계약당사자의 자격이 어떠하든, 이런 종류의 조항들은 배제되어야 한다: G. Viney & P. Jourdan, *Les effets de la responsabilité*, LGDJ, 2001, 2e éd., n°194-196.

며(상황이 계약에 언급된 대로 진행되었다는 조건으로); 다른 한편으로는, 모든 손해에 대해 그 손해의 성질(신체적 또는 정신적, 물질적 또는 경제적)에 관계없이 전액배상을 인정하고 있다.

ß. 프랑스법의 양보에 의한 상호접근

이 분야에 관한 1985년 지침[157]에 의해 이루어진 조화의 첫 번째 효과는 계약책임과 불법행위책임(제1386-1조; *ProdHaftG*, §1 I) 사이의 모든 차이를 없애는 것이었다. 그리고 책임제도의 몇 가지 중요한 면에서 오늘날 프랑스법과 독일법은 일치한다.

우선, 책임부담자에 관해 살펴본다. 이 분야에서 지침의 국내법으로의 전환 초기에는 완벽한 조화가 이루어질 수 없었다. 공동체규정은 제품의 결함으로 인한 책임을 부담하는 세조업자의 개념을 매우 광범위하게 채택했다: 이 개념에는 제품의 최종제조업자뿐 아니라 1차제품공급자, 부품제조업자, 유럽연합 내의 수입업자 그리고 제품에 자기상호와 상표 또는 기타 식별가능한 표시를 부착하는 배급업자까지도 포함되었다. 공동체 지침을 충실하게 국내법으로 전환한 독일법(ProdHaftG, §4, I II)은 책임부담자의 범위를 과거에 비해 획기적으로 확장하였다. 그러나 이와는 반대로 공동체지침은 기타 다른 판매자나 중간 임대업자에 대하여는 부수적인 책임만을 규정했는데, 제조자가 불분명한 경우에만 이들에게 책임을 추궁할 수 있다.[158] 이런 관점에서 보면 공동체규정은 피해자로 하여금 상업화의 사슬에 속한 모든 사업자에게

157) 이 지침은 매우 늦게 프랑스법으로 전환되었다: 1998년 5월 19일 법률에 의함, 민법전 제1386-1조 이하에 삽입. 독일에서는, 1989년 12월 15일 법률에 의함, 법전화되지는 않음 (*Gesetz über die Haftung für fehler Produkte - ProdhaftG.*). 독일법에 관한 불어로 된 자료로는: I. Schwenzer, *L'adaptation de la directive communautaire du 25 juillet 1985 sur la responsabilité du fait des produits défectueux en Allemagne fédérale, RIDC*, 1991, p.57; F. Ferrand, *op.cit.*, n° 419 이하; M. Fromont, *op.cit.*, n° 121-123.

158) 이 규정은 제조물책임법에 의해 채택됨, §4 III, 위의 중개인들이 피해자에게 청구일로부터 1개월 이내에 제조자의 이름을 알리는 것을 조건으로 함.

책임추궁을 가능하게 한 프랑스법에 비해 후진적이라고 볼 수 있다. 바로 이러한 이유로, 공동체 지침의 국내법 전환이 피해자 보호 측면에서 퇴보하지 않기 위해 프랑스법은 부수적인 책임에 관한 지침체계를 채택하지 않고 모든 생산관련 사업자들을 동일한 범주에 포함시켰다(제1386-7조 제1항). 이 분야에서 지침은 소비자보호를 목적으로 유럽연합 회원국들에게 배제가능성을 부여하지 않았다. 따라서 프랑스는 '공동체법원'(CJCE)으로부터 지침의 국내법 전환시 필요규정을 배제하였다는 판결을 받았으며,[159] 2004년 12월 9일 법률을 통해 공동체지침이 추구하는 방향으로 관련규정을 개정했어야 했다. 이러한 국내법 전환이 비록 프랑스 소비자에게 불리한 방향으로 작용하는 생각지도 않았던 결과를 가져왔지만, 적어도 이러한 전환은 프랑스법과 독일법을 동일선상에 있도록 완벽하게 조화시키는 이점이 있다. 이는 사실상 지침이 가장 우선적으로 추구하는 목표이다.

다음으로 손해배상, 좀더 구체적으로는 배상의 범위에 관한 조화는 두 기간에 걸쳐 이루어졌다. 초기단계에서 지침의 개입은 역설적으로 프랑스체계와 독일체계 사이에 명백한 불균형을 초래하였다. 프랑스는 지침에 의한 문제제기에도 불구하고 손해에 대한 완전한 보상이라는 기본적인 원칙에 집착하였다. 지침을 세밀하게 존중한 독일법은 물건에 대한 손해의 경우 현재 500유로(euros)까지의 손해배상 면제기준을 다시 채택하였다(*ProdHaftG*, §11). 반면에 프랑스법은 이러한 공동체규정에 매이지 않았다(제1386-2조). BGB §823에 비추어 볼 때, 손해에 대한 전부배상의 원칙이 독일법에서도 인정되고 있는데, 왜 이런 차이가 존재하는가? 어리석은 대답이 되겠지만, 지침은 이 점에 관하여 소비자를 위한다는 명분 아래 어떠한 배제도 인정하지 않았기 때문이다.[160] 따라서 공동체법의 존중을 위해 프랑스에 대한 공동체재판

159) CJCE, 25 avril 2002 : P. Jourdan, *RTD Civ.*, 2002, 523; G. Viney, *JCP* 2002, I, 177; J. Calais-Auloy, *D.* 2002,2458; Ch. Larroumet, *ibid.*, 2462.

160) 이에 대한 정당화 논거로, *Münchener Kommentar* …, *op.cit.*, *Schuldrecht. Besonderer Teil III, §§705-853, Band 5*, 4ᵉ ed., 2004, *ProdHaftG*. G. Wagner, §11, n°1.

소의 판결과 이로 인한 법의 개정이 다시 한 번 반복되었다. 프랑스가 책임법상 가장 핵심적인 원칙 중의 하나를 희생시킨 효과161)는 공동체법원의 2002년 4월 25일의 판결에서 지침 제13조에 대한 해석을 통해 더욱 강화되었다. 이 해석에 의하면, 국내법상의 책임근거가 지침에 규정된 책임과 동일한 경우 피해자는 책임에 대한 '국내법상'의 소송을 제기할 수 없다. 따라서 프랑스민법 제1386-18조의 문구에도 불구하고, 이제는 일반법상의 안전의무(obligation de sécurité)에 근거하여 배상 면제기준에 해당하는 금액을 청구하는 것은 불가능할 것 같다.162) 독일법도 마찬가지로 이 공동체 판례의 영향을 받는다. 그러나 독일법은 법률상(de jure) BGB §823의 범위 내에서 전개되는 일반법상의 책임은 과실의 추정에 근거한다고 주장함으로써 이 문제를 피할 수도 있을 것이다. 즉 이는 위험책임이 아니기 때문에 공동체법상 소송의 근거와는 다르다고 할 것이다.163)

제조물책임과 관련하여 프랑스법이 거쳐 온 과정에서 면책사유의 문제는 필히 언급되어야 한다. 이 점에 관하여 프랑스법은 이미 이에 관한 면책사유를 인정한 독일의 영향하에, "제조자가 제품을 유통시킬 시점의 제품에 대한 과학적·기술적 지식수준으로는 결함의 존재를 발견할 수 없었던 경우," 책임이 면제된다고 본다(제1386-11조, 4°; *ProdHaftG*, §1 II 5). 달리 말하면, 제조자는 개발위험(*Entwicklungsrisiko*)을 부담하지 않는다. 그러나 프랑스 입법자의 입장에서 볼 때 기존의 프랑스법에서는 생소한 이러한 면책사유를 인정한다

161) Y. Lequette, *D'une célébration à l'autre (1904-2004)*, in *Le Code civil. Un passé, un présent, un avenir*, Dalloz, 2004, p.9, 특히 n°15. 이로 인한 프랑스법의 부조화는, 지침의 국내법으로의 전환을 위한 법률이 민법전에 삽입된 만큼, 보다 분명히 드러날 것이다.

162) P. Jourdan, *op.cit.*, 526; Ph. Malaurie & L. Aynès & Ph. Stoffel-Munck, *Les obligations*, Defrénois, 2003, n°301.

163) 이 점은, 손해액이 얼마이든 손해배상면제기준에 해당하는 금액만큼은 피해자가 부담한다는 내용과 더불어, 독일의 피해자가 인식해야 할 중요한 사항이다. cf. *Münchener Kommentar* ···, *op.cit.*, *Schuldrecht. Besonderer Teil III, §§705-853*, *op.cit.*, *ProdaftG*, G. Wagner, §11, n°3; I. Schwenzer, *op.cit.*, p.71.

는 것은 더욱 어려운 일이었다.164) 이 점은 지침의 국내법 전환으로 인해 피해자보호가 약화되리라는 위험을 다시 한 번 보여주는 것이었다. 따라서 의회에서의 격렬한 논쟁 이후에, 제조자가 "제품의 출고 후 10년 안에 나타난 결함에 대해 손해결과를 예방하는 적절한 조치를 취하지 않았을 경우," 제조자는 면책사유조항을 원용할 수 없게 되었다(제1386-12조 2항). 즉 개발위험에 대한 제조자의 면책은 그에게 부과되는 의무를 준수하였느냐에 달려 있다. 프랑스법이 이미 국내 일반법의 영역에서 개발위험에 대한 모든 책임을 부인하고, 그 반대급부로 제품의 상업화 이후에 나타난 결함에 대해 유사한 의무(제조물계속감시의무: *Produktbeobachtungspflicht*)를 제조자에게 부과함으로써, 제조자가 일정한 조치, 즉 가능한 경우 고객에게 이를 개인적으로 통보하거나, 그렇지 않은 경우 또는 公示(라디오 등에 의한)를 통해 결함제품을 시장에서 회수하여야 한다고 규정한 독일법165)에서 영감을 얻었다는 것은 흥미로운 일이다.166) 그런데 프랑스에 대한 공동체 재판소의 판결 후에 이러한 의무는 제거되었어야 되지 않았을까?167) 결국 프랑스와 독일의 법은 이 분야에 있어서도 동일하다.

---

164) J. Ghestin, *La directive communautaire du 25 juillet 1985 sur la responsabilité du fait des produits défectueux*, *D.* 1986, *chron.*, 135, 특히 140-141.

165) G. Viney & P. Jourdan, *Les conditions de la responsabilité*, *LGDJ*, 2e éd., 1998, n° 787-6.

166) Palandt/Thomas, *op.cit.*, §823, n° 208-209. 그러나 두 법체계 사이에 하나의 중요한 차이가 있다: 즉 이 의무는 독일법에서, 1989년 법률의 범위에 채택되지 않고, 일반법상 책임의 범위에서만 인정되었다: *Münchener Kommentar* …, *op.cit.*, *Schuldrecht. Besonderer Teil III, §§705-853*, *op.cit.*, ProdHaftG, G. Wagner, §1; n°61. 일반법상의 책임은 또한 위험책임이라는 점에서 이런 차이는 놀라운 일이다.

167) 이 점에 대해, CJCE는 중간적 해결책을 선택한 프랑스를 비난하였다. 지침에 의할 경우, 회원국은 '개발위험'에 대해 '책임'과 '무책임' 사이의 선택권만을 가질 뿐이었다. 그런데 프랑스는, 과거의 법에서 이러한 책임을 인정하면서, 이를 계속 保持할 가능성을 가졌지만, 결국 반대의 해결책을 선택한 것이다. 더욱 놀라운 일은 프랑스가 일반적인 무관심 속에서 —바로 이 문제가 지침의 국내법전환을 위한 초기의 시도들을 실패하게 한 원인이었음에도 불구하고— 이러한 선택을 한 것 같다는 것이다.

2. 조화의 한계

a. 근본적 차이점

제조물책임 분야에서 완전한 조화가 이루어지지 않았다는 점은 기업의 어려움을 상징하고 있다. 다른 유럽연합 지침들의 일반적인 특성과는 달리 이 지침은 결국 공정한 경쟁의 실현에 필히 요구되는 '법규의 단일화'를 우선시하며, 회원국들이 소비자에게 보다 유리한 규정을 두는 것을 허락하지 않았다.[168] 그런데 이러한 엄격성에도 불구하고 독일법과 프랑스법은 이 분야에서 항상 완전히 일치하지는 않았다. 회원국들 간에 타협점을 찾을 수 없었던 사안에 관하여, 프랑스와 독일은 서로 근본적으로 상반된 입장을 일률적으로 옹호해 왔음을 감안할 때, 이 점은 그리 놀라운 것이 아니다. '개발위험'에 대한 책임이 그 예이다. 손해배상 상한액(plafond d'indemnisation)의 도입의 경우에도 마찬가지이다. 지침에 이러한 제도의 도입가능성이 예정되었던 것은 독일의 명시적인 요청에 의한 것인데, 이러한 도입이 회원국들에게 강요되지 않았던 것은 프랑스의 압력에 의한 것이었다. 따라서 이 점도 그리 놀랄 일이 아니다: 독일은 신체적 손해(*ProfHaftG*, §10)로 인한 손해배상금의 한도액을 최대 8500만 유로로 정했지만, 프랑스법은 이와 같은 규정을 두지 않았다. 독일에서 배상액의 최대한도를 정하는 것은 전통적으로 모든 위험책임(*Gefährdungshaftung*)에 필요한 조정수단으로 여겨졌다는 점에서, 독일 입법자의 선택은 당연하다.[169] 그러나 이러한 배상금의 최대한도가 물건에 대한 손해를 배제한 채, 신체적 손해에만 적용된다는 것은 역설적으로 보인다. 이러한 구별은 경제적인 면에서는 분명 논리적이다 —신체적 손해의 경우 결국 배

---

168) G. Viney, *JCP* 2002, I, 177, n° 3-6.

169) *Münchener Kommentar* ⋯, *op.cit.*, *Schuldrecht. Besonderer Teil III*, §§705-853, *op.cit.*, *ProdHaftG*, G. Wagner, §10, n° 1. I. Schwenzer, *op.cit.*, p.68. 그렇지만 피해자는 일반법상의 민사책임에 근거하여, 최대상한액을 넘는, 손해의 전부배상을 청구할 수 있는 가능성을 가지고 있다(*ProdHaftG*, §15 II). 피해자에게 주어진 이 선택권에 대해서는, cf. *supra*.

상금의 총액이 이 한도액에 이를 위험이 있을 것이다— 그렇지만 원칙적인 면에서 산정할 수 없는 인간의 가치는 어떠한 물건과도 비교될 수 없다는 점을 고려한다면 이것은 의외일 수밖에 없다. 경제적 요소보다 인간적인 요소에 치중하는 프랑스법이 최대한도를 정하지 않은 것은 당연한 일이다.

그리고 공동체재판소의 지침 제13조의 해석에 의해 강화된 1985년 지침의 엄격성과는 대조적으로, 공동체법규는 많은 영역을 국내법의 관할에 맡겼다. 이는 회원국들의 법 사이에 존재할 수 있는 다양성을 고려한 것이다.[170] 특히 배상 가능한 손해의 본질에 관한 것이 그 예이다. 이 점에 관해서 프랑스와 독일의 일반법은 근본적으로 서로 다르다. 그리고 지침의 국내법 전환은 이러한 차이를 완화시키지 않았다: 신체적 손해의 경우, 피해자의 노동능력의 감소 또는 상실로 인한 소득감소의 결과인 재산적 손해는 배상 가능하다고 규정한 독일 제조물책임법 §7과 §8은, 불법행위책임의 일반규정인 BGB §842의 수용일 뿐이다.[171] 마찬가지로 1989년 법에 의해서는 정신적 손해에 대한 배상이 불가능하였다. 위험책임의 경우 이런 손해의 배상을 전통적으로 배제하였던 독일법은 그러나, 공동체법의 강요에 의해서가 아닌 전술한 2002년 7월 19일 법률에 의한 민사책임법의 개정을 통해, 부상의 경우에 한하여 정신적 손해의 배상을 인정하였다(*ProdHaftG*, §8 S. 2).[172] 한편 프랑스법은, 그 법적 전통이 그러하듯이, 이에 아무런 제한을 두지 않는다: 즉

---

170) G. Viney & P. Jourdan, *Les conditions de la responsabilité*, *op.cit.*, n° 784~784-4.

171) cf. *ProdHaftG*, §9. 이 조항은 "배상액은 원칙적으로 BGB §843에 상응하여 정기금의 형태로 지불된다"라고 규정하고 있다.

172) 사망의 경우는 물론 아니다(*ProdHaftG*, §7). 이 또한 독일법의 전통적인 해결책이다. 그러나 일반법상 예정된 예외가 제조물책임법에 채택되지 않았다는 점은 의외이다. 즉, 만약 신체적 고통이 먼저 발생하고 그 이후에 사망에 이르렀다면, 그 동안의 정신적 손해는 배상 가능할 것이다. 그런데, 제조물책임법 §7은 질병이 먼저 발생하고 사망에 이른 경우를 명시적으로 예정하고 있다. 그러나, 위 경우의 정신적 손해의 배상에 관한 명문규정이 없는 상태에서, §7에서의 정신적 손해의 배상은 인정되지 않을 것이다. 결과적으로, 독일법은 '간접적인 정신적 손해'의 배상을 인정하지 않고 있다.

그 본질이 무엇이든 모든 손해는 배상 가능하다(제1386-2조).

프랑스법과 독일법은 물질적 손해에 대해서 서로 극단적으로 대조를 이루고 있다. 프랑스법이 공동체규정을 전환하면서 그 적용범위를 일반화시킨 반면(제1386-2조), 독일법은 그 적용범위를 성질상 일상적으로 사적 용도로 사용되는 것으로서 실제로도 피해자에 의해 주로 그러한 용도로 사용되었던 물건에 대하여 발생한 손해로 한정하였다(*ProdHaftG*, §1 I 2). 독일법은 이와 같이 소비에 관한 공동체 지침의 논리를 반영하였는데, 프랑스법의 경우에는 면책 또는 책임제한에 관한 계약상의 약정이 있어야만 그와 같은 결과를 도출할 수 있을 뿐이다: 책임제한조항들은 '사업자 사이의 계약'과 "피해자가 주로 자신의 개인적인 사용 또는 소비의 용도로 쓰인 것이 아닌 물건에 대하여 발생한 손해의 경우"에만 허용된다(제1386-15조 제2항). 논리적으로 볼 때 독일법에서 책임제한조항들은 어떤 경우에도 무효이나(*ProdHaftG*, §14). 독일 제조물책임법의 인적 적용범위의 내적 한계를 살펴볼 때 이 두 법체계는 이 점에서 일치한다.

그러나 이러한 새로운 종류의 책임의 적용범위를 결정할 당시 행해진 상이한 선택은 프랑스법과 독일법이 서로 달리 접근하고 있음을 나타낸다.

b. 상이한 접근방식[173)]

α. 공동체 소비자법의 민법전화

공동체 지침들을 국내법으로 전환할 때 프랑스법과 독일법 사이에 제일 먼저 대조를 이루는 것은 민법전에 이를 포함시킬 수 있느냐의 여부에 관한 것이다. 이러한 대조는 독일채권법의 최근 개혁[174)]에서 드러나는데, 이 개혁은 소비자와 관련된 다음의 5개의 공동체 지침을 BGB에 통합시키는 기회였

173) 유럽의 여러 나라에서 행해진 각기 다른 전환방법에 대하여는, P. *Ancel, Aperçus de droit comparé sur la transposition de la directive 1999/4/CE sur la garantie dans la vente de biens de consommation, RDC* 2005/3, p.881.

174) 2001년 11월 26일 법률, 2002년 1월 1일 발효.

다: 소비대차계약(§§488 - 507), 방문판매(§§312 - 312 a), 통신판매(§§312 b - 312 d), 일시거주권계약(§§481 - 487) 및 소비재매매와 그 보장에 관한 1999년 5월 25일 지침(§§474 - 479). 이에 반하여 프랑스는 위에서 언급한 모든 지침들을 공동체법에 기초를 둔 법령들의 집합소인 소비자법전(Code de la consommation)에 포함시켰다.[175] 물론 제조물책임에 관해서는 이와는 반대의 상황으로 전개되었다: 독일의 전환법률은 프랑스법과는 반대로 민법전 밖에 존재하고 있다. 독일이 제조물책임을 특별법으로 다룬 이유는, 모든 불법행위규정을 재구성하지 않고는 이 법을 BGB의 영역에 포함시키는 것이 불가능하였기 때문이었으며, 이는 독일 입법자가 원하는 바가 아니었다.[176] 다른 한편 프랑스는 1998년 5월 19일 법률을, 그 인적 적용범위의 일반화라는 필요불가결하면서도 최소한의 조건하에서, 민법전에 포함시켰다. 반대로 독일은, 현행 민법전에 정의되어 있는 두 개념, 즉 사업자와 관련된 소비자에 관한 규정만을 BGB에 삽입하는 것을 인정하였다.[177] 달리 말해서, 독일은 소비자에 관한 규정들만이 민법과 양립될 수 있다고 판단하였다.[178] 이는 물론 많은 논쟁의 결과였지만, 결국 BGB가 채권법에서 새로이 수행해야 했던 핵심임무는 —2001년도 개혁의 일차 목표인— 소비자법의 민법전화과정을 거치는 것이었다. 소비자법의 인적 적용범위는 형식적으로는 분명히 제한되어 있다. 그러나 현실적으로 볼 때, 각 개인이 소비자로서 계약을 체결하게 되기 때문에 그 효과는 일반적이다. 물론 소비자법의 인적 논리는, 계약당사자들의 범주보다

---

175) 마지막으로, 전술한 1999년 5월 25일 지침은, 2005년 2월 17일 정령을 통해, 소비자법전 L. 제211-1조 이하에 규정됨: O. Tournafond, *La nouvelle "garantie de conformité" des consommateurs, D.* 2005, *chron.*, 1557; B. Fages, *Un nouveau droit applicable à la vente de biens de consommation, Lamy Droit civil,* mai 2005, p.136.

176) A. Kull, *L'intégration du droit de la consommation dans le BGB,* in *La Réforme du droit allemand des obligations, op.cit.*, p.121, 특히 p.136.

177) 순차적으로 §§13과 14. 이 조항들은 격지자간 계약에 관한 2000년 6월 27일의 Fernabsatzgesetz에 의해 삽입됨.

178) 이에 관한 문제에 대해서는, A. Kull, *op.cit.*, p.121 이하.

는 계약의 유형들을 구분하는 BGB 본래의 물적 논리와는 뚜렷한 대조를 이룬다. 그러나 경제적인 현실이 변화한다면, 이 현실을 규제하는 민법이 이런 변화를 고려해야 하지 않을까? 자유주의 논리와 대조적인 규정들을 BGB로 도입하는 데 있어서도 동일한 논거가 제시된다. 제1차 세계대전의 종전과 이로 인한 경제공황에 직면해서 독일의 판사들은 BGB의 일반조항들을 활용해서 BGB를 현실에 적응시켜야 했다.[179] 현대의 입법자도 이러한 태도를 취해야 하지 않을까?

마찬가지로 우리는 '소비자법이 민법전에 포함되는 것'에 대해 모두가 우호적인 입장을 취하고 있음을 확인할 수 있다. 그런데 프랑스의 입법자는 다수의 이론에 반하면서까지 왜 이러한 해결책을 선택하지 않았을까? 우선 이에 대한 설명은 전통적으로 결의론적인 BGB의 특성에서 찾을 수 있다. BGB는 추상성으로 유명한데, 이 점은 프랑스민법의 구체적이면서 때론 낡아빠진 규정들과 비교할 때 뚜렷이 구별된다. '추상성'은 예견할 수 있는 모든 假定들을 규정하고자 하는 야망을 일으키기 마련이다. 이것이 독일민법을 하나의 커다란 '추상적인 決疑'(casuistique abstrait)로 나타나게 한 것이다.[180] 따라서 오늘날의 경제현실을 포용하는 새로운 일반개념(소비자, 전문 직업인 등)을 도입하는 데 있어서 어떠한 교조적인 장애물도 존재하지 않는다. 이는 결국 하나의 일반적 가정을 추가로 도입하는 것에 불과할 뿐이다. 한편, 프랑스민법전은 BGB의 '교조적인 일반화'의 단계에 이르는 것과는 거리가 있다. 오히려 프랑스 민법전은 시민들을 그들의 경제적 또는 사회적 지위에 따라 구별하기를 거부하는, '정치적 일반화'로 특징지을 수 있다.[181] 만약 이런 추상적 평등이 오래 전부터 민법전 이외의 영역에서 문제가 되었었다면, 적어도 형식적으로라도 이런 평등은 분명 민법전의 일부가 되어야 한다.[182] 왜냐

179) 최우선적으로, §138(선량한 풍속)과 §242(신의성실). 오늘날 BGB에 규정된 이들 제도는 오늘날 사정변경의 이론과 불공정 조항에 대한 대항 근거이다.

180) F. Ferrand, *op.cit.*, n° 70; V. Lasserre-Kiesow, *op.cit.*, 특히 pp.75-76.

181) V. Leveneur-Kiesow, *op.cit.*, p.84 이하.

하면 채권법 분야에서 비록 그 문구가 변하지는 않았음에도, 파기원은 전에는 잘 알려지지 않았던 인위적으로 구분된 규정들[183]로부터 매우 적극적으로 새로운 의미를 찾아내었기 때문이다. 이 점은 이러한 규정들이 보편화될 수 있는 민법학자들의 논리와도 화합할 수 있다는 증거이다.

공동체법을 민법전(Code Civil)이 아닌 소비자법전(Code de la consommation)에 넣기 위한 근거로 제시된 두 번째 논거는 분명히 독일 법학자를 놀라게 할 것이다. 이 논거는 순수한 경제논리에 근거하고 있다. 이 경제논리는 공동체지침들을 자극하고 또 경제주체들이 아닌 시민들을 위해서 제정된 민법전에 이 지침들을 통합하는 데 큰 장애물이라 할 수 있다. 르께트(Y. Lequette) 교수가 강조하였듯이,[184] 지침이 민법전에 통합되었다고 해서, 지침의 해석과 적용은 프랑스민법의 논리가 아닌 공동체의 경제법 논리에 의거해야 함을 일깨우는, 브뤼셀이라는 기원이 마술처럼 지워지지는 않을 것이다. 또한 지침의 규정들은 프랑스의 파기원이 아닌 공동체 재판소(CJCE)에 의해 단지 경쟁 논리에 비추어서 해석되어야 한다(이는 민법 자체의 입장에서는 매우 어색한 논리이다)는 점에서 지침의 민법전화는 가장 부적당할 것이다. 이런 점에서 민법전에의 도입을 통한 공동체규정들의 인적 적용범위의 일반화는 완전히 비현실적이라 할 수 있다. 왜냐하면 이러한 일반화가 공동체적 개입을 특징짓는 동일한 질서에서의 구별을 종식시킬 수는 없기 때문이다. 여기에서 독일법과 비교하는 것은 매우 유익하다. 특정 법률의 공동체적 기원이 그 법률의 BGB로의 도입을 막지는 못할 것이다. 독일판사들이 공동체법을 일관되게 해석할

---

182) L. Leveneur & G. Paisant, *Quelle transposition pour la directive du 25 mai 1999 sur les garanties dans la vente de biens de consommation ?*, *JCP* 2002, I, 135, 특히 n°8: "…모두에게 적용할 수 있는 일반법을 표현한 민법전은 이러한 각 분야별 규정들을 융성하게 하는 데 적절한 장소인가?"

183) G. Lardeux, *Le droit civil hors le Code civil. Les contrats spéciaux*, *Petites Affiches*, 14 septembtre 2005: 하자담보책임과 적합성책임에 있어서의, 비사업자, 사업자, 동종분야의 사업자 사이의 구별.

184) Y. Lequette, *Recodification civile et prolifération des sources internationales*, *op.cit.*, n°10.

수 있도록 입법자는 법전에 각주를 달아 BGB의 특정 규정들의 기원은 브뤼셀이라는 것을 표시하기로 결정했다. 즉 BGB 안에는 상이한 철학의 법규들이 공존하고 이들은 특정의 개별기준에 의해 해석되어야 하는 것이다.

그러나 공동체법규를 국내 법체계에 도입하는 데 있어서, 민법전화 외에도 다른 방법이 있다: 이는 국내법으로의 전환시 관련법 분야를 완벽하고 정연한 방법으로 개혁하는 데 있다. 이 점에 대해서도 프랑스법과 독일법은 서로 다른 선택을 하였다.

ß. 유럽공동체 소비자법의 보호하에서의 민법의 개혁

이 문제는 제조물책임에 관한 1985년 7월 25일 지침의 국내법 전환시에 처음으로 프랑스에서 제기되었다. 제조물의 성능과 안전에 흠결이 있는 경우의 제조자와 판매자의 책임에 관한 법의 개혁을 목적으로 기존의 법을 내체하기 위한 제1의 입법초안이 상정되었다.[185] 그러나 이 야심적인 계획은 개발위험에 관한 책임이라는 장애물로 인해 국회 논의과정에서 좌초되었다. 계속해서 국회에서 심의절차가 진행되었지만 이 역시 성공을 거두지는 못하였다. 프랑스는 지침의 국내법 전환에 있어서의 지나친 지연으로 인해 공동체재판소(CJCE)로부터 상당한 금액의 연체료를 지급하도록 하는 선고를 받았다. 따라서 더 이상의 지체 없이 지침을 전환해야 했던 프랑스 입법자에게 책임법에 대한 깊이 있는 개혁을 기대하기는 어려웠다.

프랑스에서, 소비재매매와 담보에 관한 1999년 5월 25일 지침의 국내법 전환과 관련하여 민법의 개혁에 관한 논의가 다시 일어났다.[186] 즉 전환을

---

185) G. Viney & P. Jourdan, *Les conditions de la responsabilité*, *op.cit.*, n°785 et 785-2.

186) 지침의 영향 아래 진행된 매매법의 전반적 개정에 반대했던 학자로는: L. Leveneur & G. Paisant, *op.cit.*; D. Mainguy, *JCP* 2002, I, 183; O. Tournafond, *D.* 2001, *Chron.*, 3051, *D.* 2002, *Chron.*, 2883 et *D.* 2003, Point de vue, 427.. 찬성했던 학자로는: G. Viney, *JCP* 2002, I, 158 et *D.* 2002, *Chron.*, 3162; P. Jourdan, *D.* 2003, *Point de vue*, 4; D. Mazeaud, *ibid.*, 6.

통해 공동체법을 민법전에 도입하고자 하는 야심적인 초안이 마련되었는데, 이는 당연히 매매규정에 대한 심도 있는 개혁을 수반하는 것이었다. 그러나 야심이 동일한 만큼 그 실패 또한 동일했다. 결국 프랑스 입법자는 공동체법을 소비자법전에 도입하는 최소한의 전환에 만족해야 했다. 매매에 관한 민법 일반규정에서 행해진 유일한 개정은 민법 제1648조의 '단기간 내에'(dans un bref délai)'를 지침이 정한 기간인 2년으로 대체함으로써 그 시효를 연장한 것뿐이다.[187]

반대로, 독일은 1999년 공동체지침의 국내법 전환을 매매에 관한 민법 일반규정을 심도 있게 개혁하는 기회로 삼았다.[188] 이런 선택이 '작은 해결책'(*kleine Lösung*)과 '큰 해결책'(*grosse Lösung*)의 옹호자들 사이에 논쟁을 일으킨 것은 사실이나, 결국 독일의 입법자는 야심에 찬 선택을 하였다. 개혁의 목적은 매매에 관한 법을 단순화하고,[189] 특별 규정들(즉 일반법에 대한 매매규정 그리고 민법상의 매매에 대한 전문직업인과 소비자 사이의 매매규정)을 최대한 제한함으로써 법의 의미를 보다 명확히 하기 위함이었다.[190] 지침으로부터 영

---

187) 기산점은 결함의 발견시이다. 입법자는 다행스럽게도 지침상의 기산점을 채용하지는 않았다. 물건의 인도시는 매수인에게 매우 불리하다. 그럼에도 불구하고, 소비법전에 전환된 규정의 기산점은 물건의 인도시이다(L211-12조). 따라서, 매수인의 보호에 있어서, 소비법전은 민법전보다 미약하게 되었다(B. Fages, *op.cit.*, n° 6).

188) 다음의 논거와 비교. O. Tournefond, *D.* 2002, *Chron.*, 2883 특히 2887: "*소비자보호를 위한 지침을 전환하면서, 민법 자체를 개정하려 하는 것은 논리적이지 않다.*" 독일의 법률가들이 참조할 만하다.

189) 프랑스법과 비교할 경우, 최소한의 전환을 한 프랑스법에 의하면, 소비자는 같은 결함에 대해 3개 이상의 서로 다른 소송을 제기할 수 있다.

190) W. Rosch, *Le nouveau droit de vente : présentation générale*, Cl. Witz, *Le nouveau droit allemand de la vente soous le double éclairage de la Directive et de la Convention de Vienne,* in *La réforme du droit allemand des obligations, op.cit.*, p.51 et p.203; O. Berg, *La vente aux consommateurs selon le nouveau droit allemand, RJ com.* 2003, p.252; Cl. Witz, *La nouvelle jeunesse du BGB insufflée par la réforme du droit des obligations, D.* 2002, *Chron.*, 3156, 특히 3159-3160; M. Schley, *La grande réforme du droit des obligations en Allemagne, D.* 2002, *Chron.*, 1738 특히 1739-1740; H. P. Westermann, *Das neue Kaufrecht, NJW* 2002, 241.; M. Schwab, *Das neue*

감을 얻은 이 개혁은 또한 매수인의 권리와 매도인의 권리 사이에 요구되는 재균형을 형성하였다: 구법은 매도인에게만 유리하게 구성되어 있었다. 공동체 규정은 세 가지 면에서 독일의 새로운 매매법에 직접적인 영향을 미쳤다. 우선, 하자(Mangel; 프랑스어로는 vice)의 정의가, 이후로는 다른 물건(aliud)과 과소한 수량(pejus)을 모두 포함하며 단일화되었다(§434). 프랑스의 이론과 비교하자면, 대부분의 프랑스 이론은 실질적인 개념상의 차이에 상응한다는 이유를 들며 위의 두 요소를 구분하고 있다. 이 점은 사실이나, 왜 숨은 하자(vice caché)와 부적합성(défaut de conformité)이 각각 다른 제도에 속해야 하는지가 전혀 설명되지 않고 있다. 이와 더불어 위의 두 개념 사이에 존재하는 경계를 확정해야 하는 어려운 문제가 대두되었다. 이 문제는 물건의 적합성 담보에 속하는 결함과 계약불이행에 관한 일반법의 적용을 받는 결함 사이의 경계라는 또 다른 문제로 나타난다.[191] 매도인이 계약과는 다른 제품[192] 또는 주문량보다 적은 양의(§434 III) 제품을 인도하는 경우도 물적 결함으로 이해해야 한다는 것을 분명히 하면서, 따라서 쓸모없는 결정(판결)들의 원인이 되었던 이전의 구별을 종식시키면서, 독일법이 이런 실제상의 어려움을 해결했다는 것은 흥미로운 일이다. 결국 단지 인도가 지연되었거나 또는 인도가 이루어지지 않았을 경우 채무불이행에 관한 일반법의 적용을 받을 것이다.[193] 그리고 매매에 관한 일반법은 단계적인 제재를 매수인에게 강요하는 방식을 다시 채택하였다(§437). 제1단계에서 매수인은 제품의 수리 또는 부적합한 제품의 대체(§439) 등과 같은 계약의 追完(Nacherfüllung)[194]을 요구

Schuldrecht im Überblick, JuS 2002, 1 특히 5 이하.

191) O. Tournefond, *D.* 2002, *Chron.*, 2883, 특히 2887. 동저, *La nouvelle "garantie de conformité" des consommateurs*, *op.cit.*, n° 3-4.

192) 물론 이런 분석이 모든 문제를 해결하는 것은 아니다: O. Berg, *op.cit.*, p.256, note 28; W. Rosch, *op.cit.*, p.60.

193) Cl. Witz, *Le nouveau droit allemand de la vente sous le double éclairage de la Directive et de la Convention de Vienne*, *op.cit.*, pp.212-213.

194) BGB §437은 이러한 매수인에 대한 제재의 단계를 형식적으로는 표현하지 않는다. 반대

하면서, 매도인에게 두 번째 기회를 부여해야 한다. 제2단계에 이르러서야 매수인은 손해배상의 청구는 물론 계약을 해제할 수 있거나 또는 대금감액을 청구할 수 있을 뿐이다.[195] 지침에 따른 마지막 큰 변화는: 동산의 경우 시효기간이 6개월에서 인도 후 2년으로 연장되었고, 부동산의 경우에 1년에서 5년으로 연장되었다(§438).[196] 몇 가지 특별한 규정이 사업자-소비자 관계를 위해 마련되었다: 담보를 면제하거나 제한하는 조항의 금지, 합의에 의해 2년의 시효기간을 단축시키는 조항의 금지(§475), 위험 이전시로부터 6개월 이내에 드러날 수 있는 하자의 先在性에 대한 추정(§476) 등이 그 예이다.

프랑스법과 독일법은 왜 이렇게 상이한 선택을 한 것일까?[197] 우선, 공동체지침의 국내법으로의 전환을 끊임없이 늦추어 온 프랑스 입법자의 역할을 무시할 수 없다. 유럽위원회의 독촉을 받은 경우도 있었지만,[198] 프랑스는 이러한 지체로 인하여 항상 촉박하게 국내법 전환을 단행하였기 때문에 근본적인 개혁을 이룰 수가 없었다.[199] 이런 상황의 발생은 물론 개혁하고자

로, 매수인은 …을 청구할 수 있다(*kann*)고 규정하고 있다. 이러한 채무이행을 위한 유예기간(*Nachfrist*)을 매도인에게 부여해야 하는 의무는 일반법에 의해 강요되었다(§281).

195) 손해배상액의 청구에서, 매수인은 일반법에 입각하여 자신이 불필요하게 지출한 비용의 보상도 요구할 수 있다(§284).

196) 이 점에 대해 프랑스법은 매수인에게 보다 유리하게 규정하고 있다. 숨은 하자의 경우, 하자의 발견일로부터 2년(제1648조), 부적합의 경우, 인도한 날로부터 30년의 시효기간을 정하고 있다.

197) 몇몇 프랑스학자에 의하면, 독일의 입법자가 1999년 지침을 BGB에 통합한 것은 단지 다른 선택의 여지가 없었기 때문이라고 한다, 즉 [소비자보호 관련법규를 단행으로 법전화한] '소비법전(Code de la consommation)'이 독일법에는 존재하지 않았기 때문이라고 한다. (L. Leveneur & G. Paisant, *op.cit.*, n° 9; O. Tournafond, *D.* 2001, *Chron.* 2883) 이러한 설명은, 독일의 입법자가 지침을 BGB 이외의 특별법의 제정을 통해 전환할 수 있었다는 점에서, 잘못된 것이다. 선택의 차이는 의심의 여지 없이, 물론 이 점을 받아들이기 어렵겠지만, 단지 의욕의 차이에서 비롯한 것이라고 봄이 보다 사실적이다.

198) 1999년 지침의 전환도 역시 지체되어, 공동체 위원회의 독촉이 있었다(CJCE, 1[er] juillet 2004, aff. C-311/03, *Commission c/France*).

199) 최후의 수단으로, 헌법 제38조의 정령(ordonnances)에 의존하는 것은 이 현상을 잘 보여

하는 실질적인 정치의지가 결여되었기 때문이다. 이론적인 면에서 지침에 따른 매매 일반법상의 모든 개혁을 거부하고자 하는 주된 논거로, 만약 소비자를 위해서만 제정된 규정들이 사업자 간의 관계에까지 확장된다면 계약의 자유가 심각하게 손상될 것이라는 점을 든다.[200] 전통적으로 매도인에게 매우 우호적인 독일법은 이런 전망에 굴하지 않고 오히려 지침의 몇 가지 규정을 오로지 매수인인 소비자에게만 배타적으로 적용함으로써 사업자 간의 관계의 특수성을 설명하고 있다. 공동체 지침이 「국제물품매매에 관한 비엔나 협약」에서 영감을 얻었다는 사실이 이러한 우려를 잠재울 것임에 틀림없다. 게다가, 그리 설득력 있게 들리지는 않지만, 공동체 지침 규정들의 인적 확장에 반대하는 프랑스 학자들은 이런 확장이 프랑스 매수인의 보호에 역행할 것이라고 주장하였다.[201] 결국 타협의 결과인 공동체법은 사업자들의 이익에 완전히 생소한 것이 아니며, 따라서 매매에 관한 프랑스 일반법의 개혁을 이끌어낼 수도 있었다. 공동체지침의 전환방식에 대한 의견을 떠나, 대부분의 학자들이 이런 개혁의 필요성에 대해서는 공감하였기 때문에 프랑스가 이런 기회를 다시 한 번 놓친 것은 매우 유감스러운 일이다.

준다. 왜냐하면 정령을 통해 프랑스 행정부는 의회의 심의절차를 피할 수 있기 때문이다. 이는 분명 입법절차를 신속히 진행하는 데는 도움이 되나, 의회를 통해서만 개정 가능한 민법전(Code Civil)의 개혁에는 장애가 된다.

200) 계약법에 관한 유럽공동체상의 調和化를 꾀하고 있는 시점에, 매매에 관한 일반법을 개정하려고 하는 것은 시기상으로 적당하지 않다는 것도 이유로 들고 있다: L. Leveneur & G. Paisant, *op.cit.*, n°9. 이러한 논거는, 프랑스 채무법의 개정을 반대하기 위해, 1960년대에 이미 제기되었던 것임을 되새길 필요가 있다.

201) 더구나, 그들의 주장을 뒷받침하기 위해, 1999년 지침의 독일법적이고 합의적인 기원을 내세우고 있다: D. Mainguy, *op.cit.*, n°5-6.

B. 공동체법 밖에서의 접근: 일반 계약법

1. 채무불이행에 관한 독일법의 개혁

a. 프랑스법과의 접근

2002년 1월 1일에 발효된 2001년 11월 26일의 법률은 독일채권법을 심도 있게 개혁하였다.[202] 오래 전부터 예견된 이 개혁은 세 개의 공동체지침[203]을 국내법으로 전환하는 계기에 이루어졌는데 이 개혁의 주목적은 채권법의 재구성[204], 우선적으로는 채무불이행에 관한 법의 재구성이었다.

모두가 동의하듯이 오래 전부터 BGB에서 이 문제에 할애된 부분은 가장 미비하였다. 원래[205] BGB는 프랑스 민법 제1147조 및 제1184조와 유사한 어떠한 규정도 두지 않았다. 프랑스 민법의 이들 조항은 모든 종류의 의

202) M. Pédamon, *Le contrat du droit allemand*, LGDJ, 2e éd., 2004, n° 201 이하; C. Witz, *La nouvelle jeunesse du BGB insufflée par la réforme du droit des obligations*, *op.cit.*; M. Schley, *op.cit.*; Cl. Witz & F. Ranieri (dir.), *La réforme du droit allemand des obligations*, *op.cit.* 그 밖에 Ranieri가 언급한 독일어 문헌은, F. Ranieri, *La nouvelle partie générale du droit des obligations*, pp.19-21, notes 2와 3에 나와 있다.

203) 소비재 매매와 담보에 관한 1999년 5월 25일 지침, 전자상거래에 관한 2000년 6월 8일 지침, 상거래에 있어서 지불지연 방지에 관한 2000년 6월 29일 지침. 이 중 첫 번째 지침은 2002년 1월 1일 이전에 전환되어야 했다.

204) 따라서, BGB에는 다음의 중요한 司法的 제도가 통합되었다: 계약체결시의 급부장애(§311a); 사정변경(§313); 중대한 사유에 기한 계약해지(§314); 그 밖에 민법전 주변에 머물러 있던 특별법, 예를 들어, 보통거래약관에 관한 법률(§§305-310), 기타 소비자관련 법률(cf. *supra*).

205) 개혁 이전의 법에 관하여는, M. Pédamon, *Le contrat en allemand*, LGDJ, 1er éd., 1993, p.142 이하; F. Ferrand, *op.cit.*, n° 322 이하; M. Fromont, *Droit allemand des affaires*, *op.cit.*, n° 212 이하; Rieg & Fromont, tome III, *op.cit.*, p.87 이하; F. Ranieri, *Les sanctions de l'inexécution en droit allemand*, in *Les sanctions de l'inexécution des obligations contractuelles*, Bruylant/LGDJ, 2001, p.811.

무위반을 포함하는 채무자의 의무이행의 실패라는 넓은 의미에서의 채무불이행이라는 개념에 중점을 두고 있다. 이에 반하여 BGB는 판덱텐주의자들에 의해 로마법에서 계승된 유형론적 방식을 따랐다. 따라서 BGB는 불이행의 개념 자체를 몰랐고, 이 문제를 채무관계의 급부장애(Leistungsstörungen des Schuldverhältnisses)에 관한 두 가지 경우로 환원시켰다. 첫째는 급부의 불능(舊 §280 I)인데, 이 경우는 다시 여러 가지로 분류되었다: 객관적 불능(*Unmöglichkeit*, 舊 §275 I); 주관적 불능(*Unvermögen*, 舊 §279 II); 계약체결 후의 불능; 원시적 불능; 과실 없는 채무자일지라도 후에 발생하는 주관적 불능에 대하여 책임을 부담하는 경우(舊 §279)… 따라서 이런 다양한 경우의 결과는 서로 동일하지 않았다. BGB의 기초자들은 이 유형을 급부장애에 관한 법의 핵심내용으로 삼았다. 그러나 이 유형은 그들이 상상한 것에 비해 그리 중요한 역할을 수행하지 못했다. 왜냐하면 이러한 유형이 불가항력의 경우보다 더 광범위함에도 판례는 이를 주된 채무의 불이행에만 제한했기 때문이다. 따라서 부수적 채무의 이행불능뿐만 아니라 불완전이행도 이 유형의 범위 내에서는 규율될 수 없었다. 둘째로, BGB는 이행지체(*Verzug*, 舊 §286 I)를 규정하였는데, 이 이행지체에 대해 사소한 논쟁이 자주 일어났다.[206] 따라서 BGB에 본래 구성되었던 채무불이행에 관한 법은 지나치게 유형론적이었을 뿐 아니라 흠결도 많음이 드러났다. 판례는 불완전이행 또는 부수의무의 불이행으로 인한 피해 채권자를 구제하기 위하여 '적극적 계약침해'(*positive Vertragsverletzung*)라는 이론적 개념을 채택함으로써 이러한 흠결을 보충하였다. 결과적으로, 개혁이 진행되기 전까지는 독일의 채무불이행법은 우선적으로 판례에 의해 주도되었고, 한편 이렇게 발생한 소송들간의 경쟁, 특히 특수계약법에서 나온 소송들과의 경쟁은, 각 소송이 자신의 고유의 제도에 의한다는 점에서 쓸모없는 판례를 낳았다.

---

206) 편무채무관계와 쌍무채무관계의 구별, 금전지급채무와 기타 채무의 구별, 채무자지체와 채권자지체의 구별 등….

그러므로 개혁이 추구했던 목표는, 재구성을 통해 이 분야의 독일법을 단순화시키는 것이었다. 이를 위해서 독일의 입법자는 그 이전까지 BGB에 존재하지 않았던 새로운 개념, 즉 '의무위반'(*Pflichtsverletzung*, §280 I 1)이라는 개념 주위에 채무불이행에 관한 새로운 법을 집중시켰다. 이 '의무위반' 개념은 독일 입법자가 비록 동일한 어휘를 사용하지는 않았지만, 「국제물품매매에 관한 비엔나 협약」에서 채택한 개념을 명시적으로 차용한 것이다.[207] 이 개념은 급부의 '불이행' 또는 '불완전이행'이라는 이전의 모든 유형을 포함하고 있다.[208] 이러한 개념의 채택은 의심의 여지 없이 독일법을 프랑스법에 접근시키는 것이다. 즉 프랑스민법전은 처음부터 계약의 불이행에 관한 매우 일반적인 개념을 인정하고 있었다.[209]

이러한 접근은 채무불이행에 대한 제재 분야에서도 이루어졌다. 이전의 법과는 반대로 BGB는 우선 계약의 해제와 손해배상청구의 경합가능성을 규정하고 있다(§325). 과거에는 피해 채권자는 선택을 해야 했고, 따라서 계약의 해제는 논리적으로 거의 청구되지 않았다. 그러나 개혁 이후에 계약해제의 비중은 실제로 분명히 강조되어야 할 것이다. 그리고 프랑스법을 본따 비록 계약위반이 과실로 인한 것이 아니더라도 계약의 해제가 가능하게 되었다. 더욱이, 계약상 의무위반에 해당하는 모든 경우에 계약해제가 가능해졌다. 물론 BGB는 프랑스 민법의 제1184조와 같은 일반규정을 아직 두고 있지는 않다. 손해배

---

207) *Münchener Kommentar* …, *op.cit.*, *Schuldrecht. Allgemeiner Teil, §§241-432*, Band 2a, 4e éd., 2003, §280, W. Ernst, n° 19; U. Babusiaux, *L'influence des instruments internationaux d'uniformisation du droit sur le nouveau droit allemand général des troubles de l'exécution du contrat*, in *La réforme du droit allemand des obligations*, *op.cit.*, p.167, 특히 pp.170-173.

208) *Münchener Kommentar* …, *op.cit.*, §280, W. Ernst, n° 9; Palandt/Heinrichs, *op.cit.*, §280, n° 12 이하.

209) 독일법에서, '의무위반(*Pflichtverleitzung*)'은 프랑스법의 '계약의 불이행(l'inexécution du contrat)'보다 넓은 개념이다. 왜냐하면, *Pflichtverletzung*은, 그것이 계약이든 불법행위이든 또는 준불법행위이든, 모든 종류의 의무이행(*Forderungsverletzung*)에 영향을 미치는 '장애(troubles)'를 포함하기 때문이다.

상액의 인정과 관련하여 언급된 의무위반(*Pflichtverletzung*)이라는 개념도 해제의 경우에는 채택되지 않았다. BGB §§323, 324, 326을 새로이 채택하면서[210], 독일의 입법자는 본래 몇 가지 제한적 유형에만 인정되었던 계약해제권을 이전의 판례를 반영하면서 일반화하였다.[211] 그리고 독일법상 계약의 해제는 법원의 판결이 아니라 해제권자의 의사표시에 의하여 이루어지는 '非司法的'(extra-judiciaire)인 성격을 유지하고 있다. 이 점이 프랑스법의 계약해제(제1184조 제2항)와 다르다. 그러나 이에 관해 두 법체계가 그렇게 상이한 것이 아니며 각각 상대방의 법논리에 한 걸음씩 다가서고 있음을 주목해야 한다. 독일에서는 계약해제와 손해배상의 청구 사이의 경합이 가능해졌으므로 계약해제가 과거보다는 훨씬 자주 법원에서 인정될 것이다. 왜냐하면 손해배상의 적법성과 배상총액은 판사에 의해서만 평가될 수 있기 때문이다. 이 경우 독일의 판사는 프랑스의 판사를 본받아 '계약위반이라는 심각성'과 '계약해제라는 극단적인 제재' 사이에 균형을 이루어야 할 것이다. 司法規制는 사후에(*a posteriori*) 행해질 것이라는 점은 사실이다; 그런데 프랑스에서는 해제의 선고는 판사에 의해 행해지기 때문에 사법규제가 원칙상 먼저(*a priori*) 실현된다. 그러나 바로 이 점에 관하여, 事後的 司法規制를 수반하는 계약의 일방적 해소의 가능성이 보다 넓어지고 있다는 의미에서 프랑스법은 발전하였다.[212]

그렇지만, 법통일화의 강요 아래 이루어진 독일의 채무불이행법에서 일

---

210) 이 세 조문은 손해배상과 관련하여 언급된 의무위반 假定들을 취합한 것이다(cf. *infra*): 즉, 주채무의 불이행 또는 불완전이행, 보호의무위반, 이행불능. 이행불능의 경우, 예외적으로, 해제가 당연히 적용된다.

211) M. Pédamon, *Le contrat en droit allemand*, 1ère éd., *op.cit.*, pp.166-168.

212) Civ. 1re, 13 octobre 1998, *Bull. civ.* I, n° 300; Civ. 1re, 20 février 2001, *Bull. civ.* I, n° 40: "계약의 일방당사자의 행태의 심각성은 타방당사자로 하여금 일방적으로 자신의 위험과 손실을 종결짓는 것을 정당화시킬 수 있다." 몇몇 저자들에 의하면, 피해 채권자는 사법적 해제와 일방적 해제 사이에 선택할 수 있는 혜택을 누린다: F. Terré & Ph. Simler & Y. Lequette, *Les obligations*, Dalloz, 8e éd., 2002, n° 661. 해제가 계약상의 해제 조항에 근거하여 일방적으로 선언될 경우, 사법규제도 마찬가지로 해제 후에 행해진다.

어난 명백한 변혁에도 불구하고 독일법은 아직 매우 독일적인 특성을 유지하고 있다.

b. 접근의 한계

우선 계약책임을 유발하는 사실들에 관해 이전의 전개상황을 볼 때, 불능, 지체 등과 같은 상이한 범주의 급부의무위반들은 사라지고 오직 '의무위반'이라는 개념만이 남을 것이라고 생각할 수 있다. 그러나 실제로는 이런 일반적인 개념의 채택에도 불구하고 독일 입법자는 이전의 구별된 개념들을 포기하지 않았다.[213] 즉 의무위반 개념은 너무 일반적이라고 판단되었고, 동일한 제도에 종속되기에는 각각의 구체적인 경우가 너무나 달랐다.[214] 결국 이행불능은 특별규정(§275)에 의해 규제된다.[215] 마찬가지로 불이행에 대한 제재는 계약위반의 여러 경우에 따라 그 효력요건이 동일하지가 않다. 따라서 이 단계에서 독일법은 불완전이행 또는 주된 급부의 불이행(§§281, 323), 이행지체(§286), 보호의무위반[216](§§282, 324) 및 이행불능(§§283, 326)을 구분한다.

---

213) '의무위반(*Pflichtverletzung*)'이라는 일반개념에 BGB상의 기타 특수개념과는 다른 독자적인 내용을 부여할 수 있는가에 관한 문제제기와 학설상의 구분이 있다: *Münchener Kommentar* …, *op.cit.*, W. Ernst, §280, n° 10 이하. 더욱이, 이 개념의 독자성이 인정되는 경우라 하더라도, §280 I만을 적용하는 것은 매우 드물 우려가 있다: U. Babusiaux, *op.cit.*, pp.178-180.

214) D. Medicus, *Schuldrecht I, Allgemeiner Teil*, C.H. Beck, 14e éd., 2003, n° 362a.

215) 그러나, 이 경우는 신설 §275에 규정되어 있다는 점에서, 독일법의 단순화는 현실화되었다. §275는 이전에는 구분되었던 불능의 모든 경우를 포함하고, 따라서 그 효과도 동일하게 되었다: 이행불능이 원래 존재하였을지라도 계약은 유효하다; 그렇지만, 채무자가 이러한 이행불능을 알지 못하였거나 알 수 있는 상황에 있지 않았던 경우를 제외하고, 채권자는 손해배상금을 청구할 수 있다(§311a).

216) 행태의무(obligation de comportement)로서 독일어로는 '*Schutz- oder Verhaltenspflicht*'. 위의 표현은 Pédamon의 표현을 빌린 것이다(M. Pédamon, *op.cit.*). 이는, 프랑스법의 'obligation de sécurité' 개념과 혼동을 일으킬 수 있는, '안전의무(obligation de sécurité)'라는 표현보다는 낫다. 보호의무는 BGB §241 II에 규정되어 있다: "*채무관계는 그 내용에 따라 각 당사자에게 상대방의 권리, 재산 그리고 이익을 고려할 의무를 지울 수 있다.*"

첫 번째의 경우에 손해배상의 청구나 계약해제는 채권자가 채무자에게 급부를 이행할 수 있도록 부여하는 '합리적인 유예기간'(*angemessene Nachfrist*)이 경과한 이후에야 행사할 수 있다. 결국 채권자가 채무자에게 두 번째 기회를 주는 것은 채권자의 입장에서는 일종의 의무인 것이다. 즉 이행청구에 우선성이 부여된다. 따라서 독일의 일반법은 매매법의 경우와 같이 단계적 제재로 구성되어 있다. 이러한 단계적 제재는 프랑스에도 익숙한 제도인데, 프랑스에서는 다른 의미로 소개되어 있다. 즉, 프랑스민법 제1142조의 문구에도 불구하고, '이행청구'에 부여된 우선권은, 채무자의 불이행을 제재하기에 앞서 채무자에게 허용된 혜택이 아니라, 오히려 채권자가 계약으로부터 기대하는 것을 정확히 취득하기 위한,[217] 계약의 구속력에서 나온 채권자의 당연한 권리로 간주되고 있을 뿐이다.[218] 따라서 강제적인 이행청구가 프랑스법의 제재원칙일지라도 채권자가 즉시 계약을 해제하고 손해배상을 청구하는 것을 선호할 경우, 이런 강제이행청구는 강요사항이 아니다. 그 밖에 이 유명한 유예기간(*Nachfrist*)의 —원래 이 유예기간은 이행지체(舊 §326 I)에만 적용되었었다— 적용범위는 법개정시에 확대되기는 하였지만 일반화되지는 못했다. 즉 이런 조건은 보호의무의 불이행(§§241 II, 282)의 경우에는 요구되지 않았다.[219] 이런 경우에 유예기간은 기대불가능성(Unzumutbarkeit)이라는 조건으로 대체되었다, 즉 "*채무자의 급부이행을 기다리라고 채권자에게 더 이상 요구할 수 없을 때,*" 달리 말해서 계약유지에 필요한 상호간의 신뢰가 사라졌을 때에만 손해배상이 청구될 수 있다.[220] 이 경우, 채무자가 주된 급부를 아직

---

217) 이러한 관점은 독일법에서도 알려져 있다 —참조, *Münchener Kommentar* …, *op.cit.*, §281, W. Ernst, n°1 ("*der Gläubiger hat zunächst und in erster Linie ein Recht auf Erfüllung in natura*")— 그러나, 이것이 채권자로 하여금 우선하여 이행청구를 하도록 그에게 부과된 하나의 의무라는 견해를 배제할 정도는 아니다.

218) 이 문제에 관한 최근의 자료로서, *Exécution du contrat en nature ou par équivalent, RDC* 2005/1, 특히 N. Molfessis의 논문, *Force obligatoire et exécution : un droit à l'exécution en nature ?*, p.37.

219) 당연히, 이 유예기간은 이행불능의 경우(§283)에도 요구되지 않는다.

이행할 수 있다 하더라도, 채권자는 이를 거부하고 불이행에 대한 손해배상액을 청구할 수 있다. 결국 이는 계약해제의 한 예이다. 그리고 이행지체의 경우, 유예기간의 부여는 간단한 최고(*Mahnung*)의 발송으로 대체된다. 이 최고는 모든 종류의 이행청구 또는 배상청구에 앞서 프랑스법이 요구하는 유일한 선결조건이다. 프랑스에서 이런 최고는 모든 종류의 불이행에 일반적으로 요구된다.[221] 반면 독일법에서는 지체의 특별한 경우 외에 계약위반의 성질에 따라 유예기간의 부여가 고려될 수 없을 경우에만 이런 최고가 요구된다(§§281 III, 323 III).[222]

프랑스법과 독일법 사이의 두 번째 차이점은 독일법에서 모든 의무위반의 경우에 요구되는 공통조건과 관련이 있다. 독일법에서는, '과실의 추정'(§280 I 2)을 명시한 바와 같이, 채무자의 과책이 인정되는 경우(*Verschuldensprinzip*)[223]에 손해배상의 청구가 가능하다. 따라서 모든 경우에 있어서 독일법에 규정된 계약책임은 추정된 과책에 대한 책임이다.[224] 이 점에 관해 프랑스법은 획일적이지 않고 채권자에게 어느 정도 우호적이다. 입증책임에 관한 문제는 사실상 '수단채무'(obligation de moyens)와 '결과채무'(obligation de résultat)의 구분에 의한다.[225] 수단채무의 경우, 채권자가 채무자의 과책(faute)

---

220) *Münchener Kommentar* …, *op.cit.*, §282, W. Ernst, n° 5. 몇몇 독일학자는 이 규정이 무용하다고 보고 있다. 즉, §282에 예정된 경우에, §281에 근거하여 채권자는 손해배상금을 청구할 수 있다고 한다: Palandt/Heinrichs, *op.cit.*, §282, n° 2; *Münchener Kommentar* …, *op.cit.*, §282, W. Ernst, n° 1.

221) 이는 민법전에 의해 어김없이 요구되고 있다 (특히, 계약에 있어서의 손해배상액의 청구에 관한 제1146조). 이러한 요구는 판례를 통해 일반화되었다, F. Terré & Ph. Simler & Y. Lequette, *op.cit.*, n° 1079-1080. 사법적 해제 청구시에는, 이러한 최고는 논리적으로 더 이상 필요하지 않다: 채무자에게 이를 알리는 것은 소환장만으로 충분하다.

222) 즉, 일종의 부작위채무의 위반인 경우.

223) 이 점에서, 독일의 입법자는 무과실책임 원칙을 제시한 비엔나협약을 따르지 않았다.

224) 이 점에 대해서도 독일법은 법 개정을 통해 단순화되었다. 과거에, BGB는 특정물(*Speziesschuld*)에 관한 계약(입증된 과실에 의한 책임)과 종류물(*Gattungsschuld*)에 관한 계약(무과실 책임)을 구별하였다.

을 증명해야 하지만, 결과채무의 경우, 입증책임은 채무자에게 있으며 채무자는 만약 자신의 채무불이행이 '외래원인'(causes étrangères)으로 인해 발생했다는 것을 증명할 경우에만 책임이 면제될 뿐이다. 과책이 없다는 입증만으로는 충분하지 않다. 달리 말해서, 과책은 '이행된 결과'와 '계약에 예정된 결과' 사이에 발생하는 불합치만으로 인정된다. 그럼에도 불구하고 법적 상황은 판례가 특별한 결과채무를 인정함으로써 곧잘 복잡해진다: 과책의 부존재를 증명함으로서 책임이 면제되는 방식으로 결과채무가 완화되며,[226] 어떤 경우에는 불가항력을 증명할 경우에만 책임이 면제되는 방식으로 결과채무가 강화된다.[227] 프랑스법의 이런 구분은 과책 개념을 정의하면서, 특히 만약 채무자가 보장을 약속했거나 또는 조달위험을 부담했다면(종류물의 매도인의 경우), 채무자의 책임이 계약의 조항에 의해서 또는 채무관계의 특별한 내용에 따라서(*aus dem sonstigen Inhalt des Schuldverhältnesses*) 악화되거나 감소될 수도 있다고 규정하는 BGB §276을 연상하지 않을 수 없다. 그러나 BGB §280 I 2의 논리에 따르면, 과책의 부존재를 증명함으로써 채무자는 책임을 면할 수 있다. 결국, 독일법상 과책의 개념은 과실(*Fahrlässigkeit*)의 경우를 포함하느냐의 여부, 고의(*Vorsatz*)에만 한정되느냐의 여부에 따라 어느 정도 폭넓게 확장된다.

마지막으로 BGB §323 III 4에 의하면, 해제의 요건이 충족됨이 명백한 경우, 계약해제는 급부의 이행기의 도래에 앞서서 선언될 수 있다. 따라서 채권자는 채무자의 사전적 급부불이행에 근거하여 계약을 해제할 수 있다. 이러한 영미법의 제도(사전이행거절: anticipatory breach of contract)는 비엔나 협약[228]을 거쳐서 독일법에 채택되었다. 프랑스법에는 이런 제도가 없다.[229]

---

225) F. Terré & Ph. Simler &3 Y. Lequette, *op.cit.*, n° 579-580; Ph. Malaurie & L. Aynès & Ph. Stoffel-Munck, *Les obligations*, Defrénois, 2003, n° 941-950.

226) 임대차의 경우 제1732조..

227) 특약의 경우, 제1772조, 제1773조.

228) 비엔나 협약 제72조: "계약의 이행일 전에, 만약 일방 당사자가 계약을 본질적으로 위반할 것이 분명한 경우, 상대방은 계약의 해제를 선언할 수 있다."

229) 물론 국제물품매매법의 경우는 제외됨.

채무법의 개혁을 잘 수행하기 위해 독일의 입법자는 때때로 유럽계약법 원칙을 준용한다. 비록 강제성은 없을지라도 이는 프랑스법과 독일법의 접근을 가능하게 하는 또 다른 연원이다.

2. 유럽계약법 원칙

채무법 또는 계약법을 유럽공동체의 차원에서 조화하는 문제는 매우 격렬한 논쟁[230]의 대상이 되었을 뿐 아니라 몇 가지 구체적 제안의 동기가 되었다. 또한 이는 Lando위원회의 주도하에 입법화된 유럽계약법의 원칙(PDEC: Principes du Droit Européen du Contrat)의 기원이 되었다.[231] 유럽연합이 현재 계약에 관한 국내법에 어떠한 관할권도 없기 때문에, 민간의 주도에 의해 태어난 이런 원칙들은 비록 이것이 위원회에 의해 격려되었을 수는 있을지라도 유럽공동체법으로 간주될 수는 없다. 근본적으로 이 원칙은 어떠한 구속력도 지니지 않기 때문이다. 이 원칙의 실질적 적용은, 보통법상의 의미(설득적 권위: *persuasive authority*)에서, 유럽계약법원칙의 설득적 권위,[232] 즉 '당사자들의 신념과 중재자가 그에 의거할 가능성'[233]에 달려 있다 할 것이다. 이 원칙의 작성은, 이 원칙이 때때로 서로 상충되어온 상이한 법전통 사이의 타협의 결과라는 점에서 그 자체가 큰 이익이 아닐 수 없다. 즉 이 원칙은 유럽연합 내 다양한 국가들의 법을 서로 접근하게 하는 수단이 될 수 있는 것이다.

이 점은 특히 프랑스와 독일의 계약의 불이행에 관련된 해결책들을 번

---

230) 프랑스에서도 이 점은 격렬한 논쟁거리였다. 이 논쟁에 관하여는, *Pensée juridique française et harmonisation européenne du droit*, SLC, 2003.

231) 불어본으로는, G. Rouhette, SLC, 2003. 또한, C. Prieto (dir.), *Regards croisés sur les principes du droit européen du contrat et sur le droit français*, PUAM, 2003.

232) 미국의 Restatement와의 비교가 요구된다.

233) 1:101조는 유럽 계약법 원칙의 적용 가능한 경우를 명시하고 있다. 이 조항에 표명된 야심의 실현에 대한 어려움은, E. Putman, in *Regards croisés* …, *op.cit.*, p.103 이하.

갈아 가며 채택한 유럽계약법원칙에서 찾을 수 있다. 우선, 책임의 발생사유와 관련하여 이 원칙이 채택한 핵심개념은, 프랑스법의 개념 및 독일법의 의무위반(Pflichtverletzung) 개념에 상응하는 채무불이행이다(제8:101조). 이 개념의 일반성은 가능한 모든 형태의 불이행을 포함할 수 있게 한다.[234] 반대로, 제재를 시행하기 위한 요건을 정의하기 위해 계약위반의 서로 다른 구체적인 경우들 사이에 어떠한 구분도 하지 않는다.[235] 이러한 입장은 결국 독일적인 특성을 나타낸다. 계약책임의 요건으로서의 채무자의 과실에 관하여, 이 원칙은 프랑스법을 상징하는 제도 중의 하나인 수단채무와 결과채무의 구분을 채용하였다.[236] 원칙 제8:101조 1항은 실제로 "일방 당사자가 계약상 채무를 이행하지 않고 8:108조에 규정된 면책혜택을 받지 않는 모든 경우에, 채권자는 9장에 규정된 수단들 중에 어느 것이라도 주장할 수 있다"[237]고 규정한다. 그런데, 제8:108조에 예정된 면책은 '장애요소'에 근거하고 있다: 즉, "채무자의 영향력을 벗어나는 장애요소에 기인하고, 또한 계약체결시에 채무자가 이 장애요소를 고려하고, 이를 예견하거나 극복하고, 또는 이로부터 발생하는 결과를 예견하거나 극복하는 것이 합리적으로 기대될 수 없을 경우"에 채무자는 면책된다. 달리 말해서, 채무자의 면책은 프랑스법에서 고전적으로 인정된 불가항력(예견할 수 없고 항거할 수 없는 외부의 사건)의 경우에만 가능하다. 즉 행위 당시 과책(faute)이 결여되었다는 증거만으로는 불충분하다. 그런데 이런 규칙은 프랑스민법 제1147조와 제1148조에 규정된 것과 다르지 않다. 따라서 유럽계약법원칙은 계약상의 채무는 원칙적으로 '결과채무'(obligation de résultat)라는 것을 제시하고 있다. 원칙 제8:101조가 비록 다른 유형을 예정하고 있지는 않지만, 주석서들은, '주의의무'(obligation de prudence et diligence)가

234) G. Rouhette, *op.cit.*, p.321.

235) 제재(sanctions)를 칭하는 용어로, 유럽계약법원칙은 '수단(moyens)'이라는 용어를 사용하고 있다. 이는 common law의 '*remedies*'라는 용어에서 착상된 듯하다.

236) *Contra*, Ph. Stoffel-Munck, in *Regards croisés* …, *op.cit.*, art. 8:101, p.416.

237) 이 규칙은, 손해배상액의 허용과 관련하여, 제9:501조에 다시 명시되어 있다.

요구되는 경우에, 이 책임체계에서 '결과채무'를 배제하고자 하는 뉘앙스를 준다.[238] 이 경우에, 그리고 프랑스법과 같이, 채무자의 책임을 인정하기 위해서는 채무자의 태만 또는 부주의라는 과실이 입증되어야 할 것이다. 이러한 구분이 독일법을 조금씩 자극할 만큼 유럽계약법원칙의 권위는 강력한가? 채권법의 개정 당시 독일의 입법자가 Lando위원회의 원칙들을 충분히 인지하고 있었음에도 불구하고 계약책임의 조건에 관하여 이 원칙을 따르지 않기로 결정했다는 점에서 이를 강하게 의심할 수 있다. 앞에서 살핀 바와 같이, 독일법에서 계약책임은 과실의 단순추정에 근거하고 있다(§280 I 2).

제재와 관련하여, 유럽계약법원칙은 오늘날의 독일법과 같이 사전이행거절에 의거한 해제를 인정한다(제8:105조, 제9:304조). 반면, 비록 채무자의 의무이행을 위한 유예기간의 부여가 규정되어 있더라도(제8:106조) 이는 독일법체계와는 달리 원칙적으로 채권자를 위한 권한일 뿐이며, 어떤 경우에도 해제에 대한 의무적인 선결조건일 뿐이다.[239] 해제권의 근거가 되는 제9:301조에 유예기간에 관련된 어떤 기준도 채택되지 않았다는 것이 그 증거이다. 결과적으로, 유럽계약법원칙은 계약자유와 낙성주의라는 평범한 기초에 의거하여, 계약의 일방당사자로 하여금 상대방에게 '관용기간(délais de grâce)'을 부여하도록 하는 프랑스법에 더 가깝다고 볼 수 있다. 그러나 원칙 제8:106조를 볼 때, 이러한 분석은 정확하지 않은 것 같다. 제8:106조 제3항은 "이행지체가 본질적 불이행을 구성하지 않을 때, 그리고 채권자가 합리적인 유예기간을 정한 통지를 한 경우, 채무자가 이행을 하지 않는다면 채권자는 이 기간의 종료 후에 계약을 해제할 수 있다"고 명시하고 있다. 따라서 이와 같이 특별한 경우 유예기간은 채권자로 하여금 '본질적 불이행'의 조건이 충족되지 않더라도 계약을 해제할 수 있게 한다. 이런 결함을 완화하면서 독일법의 경우

238) G. Rouhette, *op.cit.*, p.35, 묵시적 의무에 관한 제6:102조하에서는 pp.263-265, 제9:501조하에서는 p.397.

239) 독일의 *Nachfrist*가 유럽계약법원칙 제8:106조에 영향을 주었다 하더라도 마찬가지이다: G. Rouhette, *op.cit.*, p.341.

와 마찬가지로 합리적인 유예기간의 부여는 해제의 선결조건이 되었다. 제재의 시행과 관련하여 프랑스법과는 반대로, 유럽계약법원칙은 어떤 경우에도 채무자에 대한 최고의 사전발송을 요구하지 않는다. 이 점에 있어서, 유럽계약법원칙은 영미법을 모범으로 했고 특정의 경우, 특히 이행지체의 경우에 최고를 요구하는 독일법과도 다르다.

마지막으로, 배상 가능한 손해에 관하여, 유럽계약법원칙은 혹은 프랑스법과 혹은 독일법과 일치하는 규칙을 채택했다. 따라서 정신적 손해의 배상은 프랑스의 경우처럼 제한 없이 인정되었다(제9:501조 2항). 2002년 7월 19일 법률이 계약분야에서 이런 유형의 손해배상을 인정하였음에도 —과거에는 불법행위책임의 경우에만 이러한 배상이 인정되었었다(舊 §847)—, 독일법은 프랑스법의 자유주의의 정도에까지 이르지 않았다. 즉 독일법은 신체, 건강, 자유 또는 성적 자기결정권에 침해가 일어난 경우에만 정신적 손해의 배상을 인정한다(§253 II). 이와는 반대로, 유럽계약법원칙은 채권자가 자신의 손해를 최소화해야 하는 의무를 부과하였다; 달리 말해서, 오직 피할 수 없는 손해만이 배상 가능하다는 규칙이다(제9:505조). 이 영미법상의 상징적 제도는 독일법에도 알려져 있지만(§254 II), 프랑스법에는 아직 생소하다.[240] 프랑스 파기원도 불법행위에 관해서 최근에 이 제도를 명시적으로 비난한 바 있다.[241]

---

240) S. Reifegerste, *Pour une obligation de minimiser son dommage*, préf. H. Muir Watt, PUAM, 2002.

241) Civ. 2e, 19 juin 2003 (2개의 판결): *Bull. civ.* II, n° 203; P. Jourdan, *RTD Civ.* 2003, 716; J.-P. Chazal, *D.* 2003, 2326; J.-L. Aubert, *Rép. Defrénois* 2003, p.1574: "*사고의 책임자는 모든 손해의 결과를 배상하여야 한다; 피해자는, 책임자의 이익에 비추어, 자신의 손해를 제한할 필요가 없다.*"

한국과 프랑스 간의 민사법 교류사

김 욱 곤 (성균관대학교 명예교수)

I. 서 언

필자에게 주어진 주제는 "한국과 프랑스 간의 민사법 교류사"이다. 필자가 본 주제를 맡게 된 것은 이와 관련된 특별한 자료가 있어서가 아니고, 단지 본 세미나의 개최취지가 너무 좋아서였다. 본 주제와 관련되는 자료로서 —필자의 노력이 부족했기 때문인지는 모르겠지만— 필자가 접해볼 수 있는 것은 극히 희소하였다.

일반적으로 "교류사"라고 하면, "서로 오고 감이나 주고 받음"을 의미한다. 그러나 한국의 민법이 프랑스에 영향을 준 바는 거의 없으며, 일방적으로 프랑스로부터 영향을 받았을 뿐이지 않는가 생각한다. 우리나라가 서양법학을 최초로 수용하기 시작한 것은 중국에서 가톨릭 선교사들이 번역하거나 저술한 西學書를 17세기부터 우리나라 實學派 학자들이 중국을 드나들면서 가져온 데서부터이다. 예를 들면 이태리 출신 예수회 신부 알레니(Julius

Aleni, 1582-1649)가 집필한 "西學凡"(1623)이나 "職方外記"(1623) 같은 것이다. 서학범은 李家煥(1741-1801)이 소장하고 있었다는 기록이 黃嗣永帛書에 있고, 직방외기는 1631년 정두원에 의하여 우리나라에 전래되었다고 한다.[1)]

당시의 실학파들인 朴趾源, 朴齊家, 丁若鏞이나 李圭景 등은 서양법학의 수용을 적극적으로 주장하였다. 그러나 이들 실학파의 선각적 주장은 오로지 그들의 이상적인 학문적 주장에 머물게 되었다. 1830년대부터 파리외방전교회(La Société des Missions Étrangères de Paris)의 선교사들이 한국에 들어와서 활동을 하기 시작하였고, 또 1876년 한일수호조약의 체결과 함께 소위 開化期에 들어감으로써, 서양법학이 수용되기 시작한 것이라고 말할 수 있다.

언급한 바와 같이 희소한 자료이지만, 한국과 프랑스 간의 민사법 교류관계를 다음과 같이 시대를 구분하여 검토해 보기로 한다. 첫째 개화기시대, 둘째 일본의 식민기시대, 셋째 우리 민법전 제정 이후부터 현재까지로 나눈다.

II. 개화기에 있어서의 교류관계

A. 샤를르 달레(Charles Dallet) 신부에 의한 한국 민사규범의 소개

1784년 정월 말경에 李承薰이 北京의 北堂聖堂에서 De Grammont 신부로부터 영세를 받고난 후, 여러 박해, 특히 辛亥迫害(1791년)와 辛酉迫害(1801년) 등 많은 시련을 겪은 후 1831년 9월 9일 조선은 教皇廳 布教省으로부터 代牧區로 설정되고, 초대 교구장에 파리외방전교회(La Société des Missions

1) 崔鍾庫, 韓國의 西洋法受容史, 博英社, 1982, 19면.

Étrangères de Paris)의 Bruguieres가 임명되었다. Bruguieres 주교는 여러 난관을 거친 후, 1835년 10월에 조선입국을 위하여 국경으로 향하였으나, 도중에 갑자기 病死하고 말았다. Bruguieres 주교로부터 만약의 경우를 대비하여, 미리 교구 관할권을 위임받았던 Maubant 신부가 1835년 말에 조선으로 입국하였고, 1836년에는 Chastan 신부가, 그리고 1837년 말에 Imbert 주교가 조선교구 제2대 주교로 입국하게 됨으로써, 파리외방전교회에 의한 선교가 본격적으로 시작되었다.[2] 그 이후부터 파리외방전교회의 선교사인 신부들은 그들의 선교활동을 통하여, 보고 느끼고 그리고 겪은 여러 가지 박해의 참상들을 편지로나 서면으로 외방전교회 본부에 보고하였다. 그리고 초기 박해의 진실성에 대하여 조선교구 제5대 교구장이었던 Daveluy 주교는 말하기를 "口傳으로 내려오는 이야기를 증인들의 선서를 통한 증언에 입각하여 불어로 번역하여 보고한 것"이라고 하였다.[3]

외방전교회 본부에 보내진 이러한 편지와 보고서를 기준으로 하여, 한 번도 조선에 와 본 적이 없는 Charles Dallet 신부가 1874년에 프랑스어로 '한국천주교회사'(HISTOIRE DE L'ÉGLISE DE CORÉE)라는 책을 두 권 간행하였다. 이 Dallet 신부의 저작은 1979-1980년 安應烈 교수와 崔奭祐 몬시뇰에 의해서 세 권으로 나뉘어 우리말로 번역되었다. 아마도 Dallet 신부가 이 저서를 집필하던 시기(1872-1874)에는 우리나라에 民法이라는 말이 사용되지 않았던 것으로 보인다.[4] 그러나 우리나라에서도 민사법적인 생활관계와 이에 대한 규범이 없을 수가 없는 것이며, 그 규범들이 大明律附例나 大淸律例 등에 타 규범들과 혼재하였던 것이다. Dallet 신부의 상기 교회사 제1권 서설(Introduction)에서는 a) 조선의 자연지리, b) 조선의 역사, c) 조선의 왕실, d) 정부조직, e) 사법제도, f) 과거와 교육제도, g) 조선어, h) 사회신분, I) 여성의 처지, j) 가족제도, k) 종교, l) 조선인의 성격, m) 오락, n) 주거와 풍습,

---

2) 崔奭祐, 韓國天主教會의 歷史, 韓國教會史硏究所, 1982, 88-89면.

3) Dallet(안응열 · 최석우 역주), 한국천주교회사(상), 분도출판사, 16면.

4) 양창수, "한국민법사," 민법학의 회고와 전망, 한국민사법학회, 1993년, 11면.

o) 산업과 국제관계에 관하여 기술하고 있다. Dallet 신부는 교회사에서 이와 같은 서설 부분을 집필한 이유를 다음과 같이 설명하고 있다. 즉 "진정한 의미의 천주교회사에 들어가기 전에 조선의 제도, 정부, 풍속, 습관에 관한 서설이 나온다. 여기에는 선교사들의 편지 중 여기저기에 흩어져 있는 것으로, 쉽게 본문에 들어갈 수가 없는 많은 정보를 모아 분류하였고, 따로 한 장을 마련하여 지금까지 동양학 학자들에게 거의 알려지지 않은 조선말의 초보 문법의 대강을 적었으며, 또 한 장에는 이 나라의 공식 행정구역의 일람표를 넣었다. 사실에 대한 이야기를 보충하기도 하고, 또 그것에 의해 보충되기도 하는 이 예비작업이 그래도 어쩔 수 없는 결함을 드러낸다. 그러나 그런대로 이 서설은 독특한 가치를 지니고 있으니, 그것은 이 나라에 머물며, 그 나라 말을 하고, 본국민들과 오랫동안 살면서, 그들의 법률과 성격과 편견, 관습을 확실히 알 수 있는 서양인은 선교사들뿐이기 때문이다"[5]라고 하였다. 박해로 얼룩진 한국의 천주교회사를 이해하기 위하여는 이와 같은 서설부분에 대한 이해가 예비적으로 필요한 것임은 분명하였다.

앞에서 열거한 바와 같이 Dallet 신부가 천주교회사 서설 부분에서 기술하고 있는 항목들 중에서, 민사법규범과 관련되는 것은, 특히 h) 사회신분, I) 여성의 처지 그리고 j) 가족제도라 할 수 있다. 이들 중에 민사법규범과 관련이 있다고 생각되는 몇 가지를 그대로 옮겨본다.

1) 우선 'h) 사회신분' 항목 중 어느 곳에서는 "모든 양반은 軍籍에 기입되지 않을 권리, 신체와 주거에 대한 불가침권, 양반계층 특유의 표지인 말총으로 된 網巾을 집안에서 쓰는 권리 따위의 약간의 공통된 특권을 가지고 있다. 그러나 양반 신분에도 여러 가지의 높고 낮은 계층이 있다. 나라에 두드러진 공헌을 한 집안이나 임금 자신에게 큰 충성을 보인 집안, 학문과 효행 따위에 있어 뛰어난 명성을 얻은 집안은 다른 집안들보다 훨씬 세력이

5) Dallet(안응열 · 최석우 역주), 전게서, 15면.

크고, 궁중의 요직을 독차지한다…"[6]라고 기술함으로써 양반 계급의 신분상의 지위 내지 권리를 기술하고 있다.

더 나아가서는 "양반과 엄밀한 의미의 良人 사이에는 中人 계급이 있는데, 이것은 실제로는 서울 밖에는 없다. 이 계급은 몇 대 전부터 정부 밑에서 통역관, 천문관, 의관 따위의 어떤 특수한 관직에 종사하는 집안으로 구성되어 있다…(중략).

中人 계급 밑에 오는 것이 良人인데, 이들은 전혀 아무런 정치적 세력도 없다. 법률상으로는 양인도 文武 官職을 얻기 위한 과거에 응시할 수 있으나, 실제로는 무슨 칭호를 얻는다 할지라도, 進士나 及第가 되어도 정부로부터 시시한 관직밖에는 결코 받지 못할 것이다…(중략).

奴婢의 수는 오늘날은 옛날보다 훨씬 적으며 점점 줄어져 간다. 적어도 중부지방에서는 노비는 지체 높은 양반집 외에는 거의 볼 수 없게 되었다. 노비가 되는 자는 어미가 노비인 사람, 스스로 노비로 몸을 팔거나 양친에 의하여 팔린 사람, 끝으로 주워서 기른 버려진 아이들이다…(중략). 주인은 노비에 대하여 生殺權을 가지고 있다. 그러나 만약 보통 경우에 그 권리를 행사하든지, 또는 너무 심하게 때리기만 하더라도, 법정에서 재판을 받아야 한다…(중략). 개인 소유물인 노비 외에 정부에 속한 자들도 있다. 그들은 각 曹, 각 郡 등 여러 가지 관청에 매여 있어 가장 낮은 하인의 일을 한다. 그 노비들 중 어떤 사람들은 태어날 때부터 노비이지만, 대부분은 형사재판의 판결결과로 노비가 된 자들로서, 그런 사람들은 노비라기보다는 오히려 徒刑囚이다.

이런 종노릇은 특히 여자 종에게는 보통 종노릇보다 훨씬 더 고통스럽다. 官家의 여자 종들은 거의 짐승 취급을 받는다. 그 여자 종들은 수령들뿐 아니라, 아전 · 포졸 · 사령 등 누구라도 마음대로 할 수 있다. 그들에 대한 멸시에 비길 만한 것은 아무 것도 없으며, 이런 관비의 선고를 받는 것은

6) Dallet(안응열 · 최석우 역주), 전게서, 177면.

정숙한 부인에게는 사형보다도 몇 천 배나 더 고약한 것이다"[7]라고 자세히 기술하고 있다.

이상과 같이 당시 우리나라에 있어서의 사회 신분관계와 양반, 중인, 양인 그리고 노비 등의 지위와 권리의무관계에 대하여 비교적 자세히 기술하고 있다.

2) 다음은 'i) 여성의 처지'라는 항목을 보기로 한다. "여자는 이름이 없다. 하기는 대부분의 처녀가 어떤 별명을 받고, 나이 더 먹은 친척이나 그 집안의 친구들이 그 처녀들이 어렸을 때 그 별명으로 부르기는 한다. 그러나 그들이 과년에 이르면 부모만이 그 이름을 부를 수 있고, 집안의 다른 식구들은 남들과 마찬가지로, 아무개의 딸, 아무개의 누이와 같은 완곡한 표현을 쓴다. 결혼한 뒤에는 여자는 이름이 없어진다. 친정 쪽 친척들은 내개의 경우 그 여자가 출가한 고을이름으로 부르고, 시가 쪽 친척들은 시집오기 전에 살던 고을이름으로 부른다."[8]라고 함으로써, 당시 여성들의 이름 내지 호칭에 대하여 설명하고 있다.

그리고 "양반 집에서는 처녀가 과년이 되면, 그의 친척까지도 촌수가 아주 가까운 이들을 제외하고는, 그를 만나는 것도 그에게 말하는 것도 허락되지 않으며, 이 법에서 제외되는 사람들도 그에게 말을 할 때에는 깍듯이 조심해서 한다. 결혼을 한 양반집 부인들에게는 가까이 갈 수가 없다. 거의 언제나 자기들 방에 갇혀 있어, 그들은 남편의 허가 없이는 외출도 할 수 없고 거리에 눈길을 던질 수조차도 없다…(중략). 조선에서는 여자들이 비록 사회에서나 자기들 가정에서마저도 전혀 무시되고 있기는 하나, 그래도 어떤 대외적인 존경은 많이 받고 있는 셈이다. 그들에게 말할 때에는 경어를 쓰며, 자기의 여자 종에 대해서가 아니라면, 아무도 감히 경어를 쓰지 않을 수 없

7) Dallet(안응열 · 최석우 역주), 전게서, 177-181면.

8) Dallet(안응열 · 최석우 역주), 전게서, 183면.

을 것이다. 사람들은 어떤 숙녀에게까지도 길을 사양한다. 부인의 방은 침범할 수 없다. 관리들일지라도 거기에 발을 들여놓지 못하며, 양반 남자가 내실에 들어가 있으면 결코 강제로 체포되지 않을 것이다. 모반 사건만은 예외이다…(중략). 수령 부인들은 二頭마차를 사용할 권리가 있고, 서울 문안에서도 수종군들의 辟除소리를 중지시키지 않아도 되는데, 이 벽제소리는 監司나 대신 같은 매우 높은 관리들도 중지시켜야 되는 것이다. 여자들은 일정한 親等의 친척에게가 아니면, 그것도 소정의 예법에 의해서가 아니면, 아무에게도 무릎을 꿇고 절하지 않는다. 가마를 타고 가는 여자들은 대궐문 앞을 지날 때에 내리지 않아도 된다."[9]라고 기술함으로써, 여성들의 가정 내외에서의 지위와 능력에 대하여 설명하고 있다.

또 나아가 "아이들이 혼인할 나이가 되면 그들과 의논하지도 않고, 그들의 취미는 상관하지도 않고, 또 흔히는 그들이 싫어하는데도 정혼을 하고 혼인을 시킨다…(중략). 아직 한 번도 서로 보지도 못하고 말도 못해 본 신랑과 신부가 엄숙히 단 위에까지 인도되어 서로 마주보고 소개된다. 한 동안 그대로 있다가, 아무 말 없이 맞절을 하고 나서, 제각기 자기 쪽으로 물러간다…(중략). 증인들 앞에서 동의를 뜻하는 이 맞절을 함으로써 합법적 혼인은 성립된다. 이 때부터 남편이 소정의 형식에 따라 아내와 이혼하지 않으면, 언제 어디서나 아내에 대하여 남편의 권리를 주장할 수 있다."[10]라고 하여, 혼인의 방식과 성립에 대하여 기술하고 있다.

그리고 "과부나 노비가 아닌 한, 정식으로 혼인한 여자는 모든 것에 있어서 완전히 남편의 사회적 지위에 참여한다. 출생은 양반이 아니더라도 양반에게 시집가면 그 여자도 양반이 되고, 그 아이들도 양반이 된다. 또 가령 두 형제가 숙모와 질녀에게 장가들어 질녀가 형의 아내가 되면, 그 사실로서 그 여자가 형이 되고 숙모는 동생으로 취급될 것인데, 그것은 이 나라에서는

---

9) Dallet(안응열 · 최석우 역주), 전게서, 184-186면.

10) Dallet(안응열 · 최석우 역주), 전게서, 186-188면.

커다란 차이가 나는 것이다…(중략). 남녀간의 부당한 불평등은 한쪽 배우자가 죽어서 마침내 혼인이 해소된 뒤에도 계속된다. 남편은 아내가 죽은 뒤, 몇 달 동안만 半期喪을 입고 이내 재혼할 수 있다. 아내는 반대로, 특히 상류계급에 있어서는 평생을 두고 죽은 남편을 서러워하고 상복을 입어야 한다…(중략). 평민에게는 재혼이 법률이나 관습으로 금지되어 있지 않다."[11]고 기술함으로써, 혼인을 하면 발생하게 되는 신분상의 변동, 즉 혼인의 효력과 재혼 등에 대하여 설명하고 있다.

3) 마지막으로 'j) 가족제도' 항목을 보기로 한다. "아주 어릴 때부터 맨 처음 어린이에게 가르치는 것은 아버지에 대한 존경이다. 아버지에 대한 어떠한 불복도 즉시 엄벌을 받는다. 어머니에게 대하여는 그렇지 않다."[12]라고 하여, 부모와 자식과의 관계를 설명하고, "양자는 조선에서 매우 흔하다. 親子가 없는 사람은 친척 중에서 양자를 골라야 하는데, 이런 풍습의 큰 이유는 이 나라의 종교적 신앙에 있다. 과연 조상을 일상 숭배하고, 神主를 모시고, 장례와 喪禮의 여러 가지 의식을 지키고, 제사를 드리고 하는 것은 자손들이다. 가문의 보존은 양자의 부수적 목적에 불과하다. 그러므로 딸은 결코 入養하지 않는다. 딸은 규정된 제사를 드릴 수 없기 때문이다. 한편 양자로 올 사람이나 그 부모의 동의는 도무지 필요치 않다. 왜냐하면 그것은 종교적·사회적 필요에 관한 문제이므로, 필요한 경우에는 정부가 강제로 그 수락을 강요하기 때문이다…(중략). 대개의 경우 양자가 되는 것은 아직 젖먹이지만, 나이의 조건은 없다. 양자는 양부모에 대하여 아들로서의 모든 의무를 지며, 아들로서의 모든 권리와 특권을 빠짐없이 가진다…(중략). 법적 양자는 禮曹의 특별한 허가로만 취소될 수 있는데, 그 허가를 얻기는 꽤 어렵다."[13] 라고 함으로써, 양자의 요건과 효력에 대하여 설명하고 있다.

---

11) Dallet(안응열 · 최석우 역주), 전게서, 194-197면.

12) Dallet(안응열 · 최석우 역주), 전게서, 199면.

13) Dallet(안응열 · 최석우 역주), 전게서, 201-202면.

또 "아버지가 죽으면 맏아들이 그 자리를 잇고 소유권을 간직한다…(중략). 모든 재산은 맏아들 것이 되고, 맏아들은 아우들을 자기의 친자식처럼 돌보아 주어야 한다."[14]고 함으로써, 당시의 상속관계를 설명하고 있다.

다음에 "姓氏는 그 수가 매우 적어서 고작 145개 내지 150개인데, 게다가 그 중 많은 성씨들은 별로 번성하지도 않다. 모두 한자 하나로 되어 있고 6, 7개만이 두 자로 되어 있다. 같은 성을 가진 여러 가문을 구별하기 위하여 그 성에 본이라는 것, 즉 그 가문이 맨 처음에 생긴 고장을 표시하는 말을 붙인다. 이러한 본이 다르면 친척으로 간주되지 않으나, 같으면 법률상 견지에서 친척이며 결혼이 금지된다…(중략). 성은 결코 단독으로는 사용되지 않는다. 그 뒤에 이름이라든지, 아직 젊은 남자일 때에는 「서방」이라는 말이든지, 나이 먹은 양반이나 가장일 때에는 「생원」이라는 칭호가 붙는다. 이런 표현은 거의 불어의 Monsieur, Seigneur라는 말에 해당한다."[15]라고 하여, 우리나라의 성씨의 표시방법에 대하여 설명하고 있다.

B. 로랑 크레마지(Laurent Cremazy)[16]의 활약

사이공 控訴院長으로 재직하다가 1899년 말에 62세의 나이로 정년퇴직

---

14) Dallet(안응열 · 최석우 역주), 전게서, 202면 이하.

15) Dallet(안응열 · 최석우 역주), 전게서, 206면.

16) Laurent Cremazy는 1837년 8월 11일 프랑스의 식민지 Madagascar의 Réunion島에서 출생하였다. 프랑스 Paris 대학에서 법학을 공부하여 법학사와 법학박사 학위를 받았으며, 그가 Paris 대학에서 수학하는 동안 G. E. Boissonade 교수와 師弟之間의 관계에 있었다고 한다. 학업을 마치고 그는 Pondicery 법원과 Caenne 법원의 판사직을 거쳐, 1876년에는 Fort-le-France 법원의 원장이 되었다. 1879년 12월에 Cremazy는 그의 고향인 Réunion島로 돌아가서 島廳의 法律顧問으로서 17년간 지내다가, 1896년 프랑스領 인도차이나 總督 Paul Doumer의 초청으로 Saigon 控訴法院長으로 전임되었다. 여기서 3년간 근무한 다음 1899년에 62세로 정년퇴직한 후, Paris 공소법원과 Marseille의 Lourain 지방법원의 명예원장으로 있다가, 1900년 5월 28일 대한제국의 법부 법률고문으로 임명받았다.

하여, 프랑스 Paris 공소법원과 Marseille의 Lourain 지방법원의 명예원장으로 있던 Laurent Cremazy 박사가 당시 주한 프랑스 대리공사 Collin de Plancy의 적극적인 교섭으로 대한제국의 법률고문이었던 Charles William Le Gendre와 Clarence Ridgeby Graethouse의 사망으로 공석이 된 자리에 法部顧問으로 임명된 것은 1900년 5월 28일이었다.[17] 그리하여 1905년 8월 29일까지 만 5년 3개월간 재임하는 동안 그가 남긴 업적은 크다. 그 중 민사법과 관련되는 것으로서, 첫째 법관양성소에서의 활약, 둘째 제주민란 및 외국인과 관련된 사항의 처리, 그리고 셋째 "대한형법"의 프랑스어로의 번역출판 등으로 나누어 보기로 한다.

1) 1895년에 창설된 한국 최초의 법학전문 교육기관인 法官養成所는 6개월간의 속성교육을 시켜 '成法學士'학위를 수었는데, 단지 2회의 졸업생을 배출하고는 중단되었다가, 1903년에 再開하고 교육연한을 3년으로 연장하여 1908년까지 존속하였다. 당시 법관양성소의 교수는 일본에서 官費로 유학을 마치고 돌아온 한국인 법률가와 외국인 고문관들로 구성되었다.[18] Cremazy가 법관양성소에서 강의를 한 것은 1903년 再開한 후부터인데, 그가 구체적으로 무슨 과목을 강의하였는지에 대하여는 명확한 자료가 없지만, 법사학자들은 「法國律例」라는 프랑스법을 강의한 것은 거의 틀림없는 것으로 보고 있다. 法國律例는 Napoléon때에 편찬된 프랑스의 각종 법률을 한문으로 번역한 것인데, Cremazy와 그의 제자들이 법관양성소에서 학생들에게 교과서로 사용하게 하였다고 한다. 그 중 Napoléon민법전(Code Civil, 1804)을 「民律」이라 하였고, 다른 4종류의 법전과 함께 중국에서 번역된 것인데, Cremazy는 이 청나라판을 그대로 쓰지 않고, 필생들을 시켜 손수 필사본을 만들어 교재

17) L. Cremazy의 법률고문으로서의 임명과정에 관하여 보다 자세한 것은 洪淳鎬, "大韓帝國 法律顧問 L. Cremazy의 任命過程分析," 韓國文化研究院論叢(梨大), 제36집, 1980, 33면 이하와 崔鍾庫, 전게서, 165면 이하 참조.

18) 최종고, 전게서, 174면.

로 썼다고 한다.[19]

뿐만 아니라 Cremazy는 개인적으로 자기 집에서 프랑스어를 아는 한국인에게 프랑스법을 가르쳤다. 이들 가운데 5명을 법관양성소 교관으로 추천하여, 근대적 한국법학의 기초자로 만드는 공적을 쌓았다. 예를 들어 方承憲, 金廷植, 鄭基學, 崔炳玉 그리고 李信宇 같은 이들이 그러하다.[20]

2) 한국과 프랑스의 관계는 Paris 외방전교회의 선교사 신부들을 통하여 이루어졌으며, 또 수 차례의 박해와 마찰로 인하여 다른 서방 국가들보다도 4년이나 늦게 수호조약을 체결하게 되었다. 즉 1886년(고종 23년) 6월 4일에 서울에서 양국의 전권대사에 의하여 인준된 韓佛修好通商條約에 의하여 비로소 한국에서도 종교 내지 선교의 자유가 보장되었다.[21]

그러나 이러한 수호조약에도 불구하고 지방에서는 아직도 선교활동을 하는 외국 선교사들에 대한 일반 민중들의 불만이 없지 아니하였다. 1901년 5월 6일 제주도의 한 상인 천주교신자에 대한 구타사건으로 인하여 발단한 제주도 교난사건은 그 중요한 예이다. 사건 발생 10여일 만에 제주읍성을 포위하는 사태로 진전되어 300여명의 대한병사와 프랑스함대 2척과 일본함대 1척이 충돌하는 국제적인 사건으로 비화되었고, 결국 피살된 천주교인의 수는 700여명에 이르게 되었다. 이와 같이 국제적인 사건으로 비화된 이 문제의 해결을 위하여, 우선 재판부의 구성, 범인의 처벌, 교인의 보호, 피살된 교인의 매장지, 교회의 피해재산의 배상문제 등 여러 가지 복잡한 문제가 제기되었다.

이 때까지 우리나라에서는 근대적인 입법이 이루어지지 않았으며, 형사

---

19) 정종휴, 역사속의 민법, 교육과학사, 1994, 74면; 최종고, 한국법사상사, 서울대학교출판부, 1989, 215면. 그리고 법관양성소에서 교재로 사용하던 「法國律例」가 서울대학교 법학도서관에 소장되어 있다.

20) 최종고, 전게서(각주 1), 174-175면.

21) 최석우, "한불조약과 신교자유," 사학연구 제21호, 1969, 209면 이하.

사건은 大明律이나 재판관의 법상식에 의하여 처리되고 있었다. 그런데 제주도 사건처럼 국제적인 사건에 있어서는 그러한 적당주의로 처리할 수는 없었고, 프랑스인, 미국인 등의 외국인 심판관에게 의뢰하지 않을 수가 없었다. 이 사건은 平理院에서 개정하고 심사를 시작하였다가, Cremazy 法部顧問官과 樂峴성당의 Camile E. Doucet 신부 등 프랑스인 3명과 宮內部顧問官인 William Sands로 하여금 심사케 하였다. 이들은 수 개월에 걸쳐 엄정하게 심사하여 1901년 10월 말에, 특히 Cremazy의 교시 아래, 한불수교조약에서 보장된 선교 자유의 원칙을 살리면서 무사히 해결하였다.[22]

여기서 우리가 주목할 것은 당시 "皇城新聞"의 1901년 5월 19일자의 기사이다. 즉 "從今以後로 外國人이 該居留地 附近 裁判所에 提呈하는 事件이 外國人이 關係된 者는 該民所在地方으로 轉照하여 招來 或은 押送하여 質事歸決하라 하였더라"라고 기록되어 있다. 이것은 국제적인 사건에 있어서 소위 裁判管轄權에 관한 문제로서, Cremazy가 우리나라의 司法史에 남긴 업적 중의 하나라고 하지 않을 수가 없다.

뿐만 아니라 내용은 알려져 있지 않지만, Cremazy는 대한제국의 법부고문으로 1900년 5월 28일 1년의 임기로 계약하였으나, 이어서 1901년 5월 28일 3년의 임기로 재계약을 하고서 보다 많은 활동을 하였다. 법사학자에 의하면 당시 우리나라에 체류하는 외국인의 수는 상당한 수에 이르렀는데, 한국인과 외국인 사이에 사소한 싸움, 토지매매, 계약불이행, 구타사건 등이 생기면 그 법적 처리에 진력하였다고 한다.[23] 여기서 토지매매라든가, 계약불이행 등은 민사법적인 문제로서, Cremazy가 어떻게 처리하였는지는 알 수가 없지만, 프랑스 민법적인 지식에 기하여 해결했을 것으로 추정된다.

3) Cremazy가 대한제국의 법률고문으로서 남긴 업적 중에 학문적으로 가장

22) 이상 더 자세한 것은 최종고, 전게서(각주 1), 177-179면 참조.

23) 최종고, 전게서(각주 1), 177면.

훌륭한 것으로는 大韓刑法典을 불역(Le Code Pénale de la Corée)한 것이라고 말할 수가 있다. 1900년 5월에 법률고문으로 임명된 Cremazy는 당시 이미 진행 중이던 법부의 刑法校正官들이 기초하고 있던 형법개정 작업에 참여하게 되었다. Cremazy는 당시 법부대신 兪箕煥의 요청에 의하여 대한제국 법전을 1901년 8월까지 프랑스어로 완역할 예정이었으나,[24)] 1904년도에 이르러서야 출판을 하게 되었다. 여기서 형법개정작업이란 大明律, 經國大典 및 大典會通 등 개국 503년 이후의 新頒律 등을 참작하여 국한문으로 조문화하는 작업이었다.

총 672개 조문의 개정형법초안이 1902년 5월에 의정부에 상정되었는데, Cremazy의 동 개정안에 대한 의견서라고 볼 수 있는 8개 항의 "의정부에 제의한 형법개정안(Réformes pénales proposées au Grand Conseil Coréen)"이 Cremazy의 프랑스어 판에 수록되어 있다. 의정부에 제안된 이 초안은 1905년 4월 29일(법률 제2호) 총 680개조로 약간 수정되어, '刑法大典'[25)]이라는 명칭으로 公布發效되었다.[26)]

그런데 Cremazy가 그의 서문(Préface)에서도 밝히고 있는 바와 같이,[27)]

---

24) Cremazy가 1901년 6월 9일 프랑스의 외무장관 Delcasse에게 보고한 「일년간의 업무보고서」(Note sur les travaux confies à Cremazy pendant la première année de son séjour à Seoul) 제7항 d) 에 명기되어 있다. 홍순호, 전게논문, 369면에서 재인용.

25) 형법대전은 이조 최후의 일반형법전으로서 법률기초위원회의 최대입법사업의 하나이다. 근대형법전인 일본형법전을 계수하지 않고 대명률, 경국대전, 그리고 대전회통과 개국 503년 이후의 신반률을 참작하여 제정된 것으로서, 이 형법대전의 공포 및 시행으로 종전의 모든 율례는 폐지되었다. 전문 총 680개조의 방대한 법전이었지만, 1906년(광무 10년) 법률 제1호로 32개조가 개정되었고, 다시 융희 2년에 법률 제19호로써 90개조가 대폭 개정되었으며, 263개조가 삭제되어, 결국 417개조만이 남게 되었다(박병호, 한국법제사고, 법문사, 1974, 429면 참조).

26) 1905년 8월 29일까지 법부 고문관직에 근무하고 귀국한 Cremazy는 1906년 Paris의 'Imprimerie et Librairie Générale de Jurisprudence, Marchal et Billard' 출판사에서 Texte Complémentaire du Code Pénale de la Corée(대한형법 보충편)을 출판하였다. 이 책에서는 1904년 서울에서 출판한 자기의 Le Code Pénale de la Corée에서와는 달리 수정된 조문들을 밝히고, 거기에 없던 조문은 새로 번역하여 실었다.

27) Cremazy는 그의 서문(Préface)에서 다음과 같이 기술하고 있다. 즉 Le Code Pénale de

대한형법은 형사법규범만이 아니고 민사법규범을 많이 포함하고 있는 법전이다. 예컨대 제27조, 제28조, 제30조, 제31조, 제32조, 제41조, 제48조 등 많은 조문들이 그러하다.

Cremazy는 대한형법을 번역하면서 제5대 한국천주교회의 교구장인 Mutel 주교로부터 철자법의 사용에 있어서 많은 교시를 받았으며, 법부의 관리였던 방승헌과 조창호로부터는 초안에서 사용된 용어의 번역 작업에서 많은 도움을 받았다고 서문에서 밝히고 있다.

그런데 이 책이 몇 부나 출판되고 어느 정도 프랑스 학계에 분포되었는지는 알 수가 없지만, 대한제국의 민사법규범들이 대한형법대전(Le Code Pénale de la Corée)이라는 이름 속에 숨겨진 채로 프랑스 등 세계만방에 알려진 것이라고 할 수 있을 것이다.

III. 일제 식민지시대의 교류관계

1910년 8월 22일 한일합방조약이 체결됨으로써, 일본이 명실공히 한국을 강점하자마자 "조선에 시행할 법령에 관한 건"이라는 이름의 칙령을 공포하였으며, 그 칙령의 내용은 한국에서 법률을 요하는 사항은 조선총독의 명령, 즉 조선총독의 制令으로 규정할 수 있다는 것이었다. 이와 같이 조선총독에게 제령권이 부여되고 나서 약 1년반 정도 지난 후인 1912년 3월에 제령 제7호로 朝鮮民事令이 발포되었다. 조선민사령 제1조는 "민사에 관한 사항은

---

la Corée est un récente codification des lois coréennes, basée sur les lois chinoises, et renferment, comme son modèle, tout à la fois des dispositions de droit criminel et de droit privé, des règles d''étiquette et des préceptes d'observance des rites(L. Cremazy, Le Code Pénale de la Corée, Préface, X면).

본령 기타의 법령에 특별한 규정이 있는 경우를 제외하고는 왼쪽의 법률(즉 일본민법 기타의 민사법)에 의한다"라고 함으로써, 일제 식민지 시대에는 일본 민사법이 우리나라에 시행되었음은 주지의 사실이다.

그런데 日本民法은 일찍이 明治 3년(1870)부터 箕作麟祥이 주축이 되어 프랑스민법을 번역하여 일본민법의 초안을 만들려는 시도가 여러 번 있었으나 실패하였다. 당시 법전편찬 작업에서 중요한 역할을 하였던 箕作麟祥의 도불유학 요청에 대한 대안으로 司法省의 고용외국인으로 초청되었던 G. E. Boissonade에게 明治 13년(1880년) 민법초안 작성이 명해졌다. 그리하여 財産編, 財産取得編의 대부분, 債權擔保編 및 證據編은 Boissonade에 의하여, 그리고 人事編과 財産取得編의 일부(相續編)는 日本人委員에 의하여 明治 21년(1888년) 초안이 완성되었고, 明治 23년(1890)에 공포되었으며, 明治 26년(1893년) 1월 1일부터 시행할 예정이었다. 그런데 이 와중에 유럽에서는 프로이센의 주도에 의한 독일의 통일이 이루어지고, 제국통일독일법전의 편찬작업이 시작되어, 독일민법(BGB) 제1초안이 1888년에 공표되었다. 이와 같이 19세기 중반기 이후 변화한 사회적, 경제적 및 정치적 변화에 즉응하기 쉽게 만들어진 BGB 제1초안과 통일독일이 군사, 정치, 및 학문적인 면에서 우세하다는 인식으로 인하여, 일본에서는 기왕에 완성된 민법전의 시행을 단행하자는 단행파와 연기하자는 연기파로 나뉜 소위 法典論爭이 벌어졌고, 결국 1892년(명치 25년) 帝國議會에서 그 시행을 무기한으로 연기하게 되었다. 그리하여 1893년(명치 26년)에 다시 法典調查會가 설치되고, 호즈미 노부시케(穗積陳重), 도미이 마사아키라(富井政章) 그리고 우메 겐지로(梅謙次郎)를 기초위원으로 임명하였다. 이러한 기초위원들의 초안작성과 법전조사회의 회의, 일본 중의원 및 귀족원의 의결절차에 따라, 財産編(總則, 物權, 債權編)은 1896년(메이지 29년)에 공포되고, 親族相續編은 1898년에 공포되어, 동년 7월 16일부로 시행된 것이다.

Boissonade가 프랑스 민법전을 모범으로 하여 만든 초안에 의한 구민법을 수정하는 형식으로 만들어진 현행 일본민법은 그 기초자의 한 사람이었던 우메 겐지로(梅謙次郎)가 일찍이 말한 바와 같이, 형식적으로 독일민법과 비슷하기에 오로지 독일법에 따른 것으로 오해하는 자도 있지만, 독일법과 적어도 동등한 정도로 프랑스법과 프랑스법에서 나온 다른 법전들, 그리고 이에 관한 학설 및 판례 등이 참고가 되어서 만들어진 것이다.[28)]

나아가 시행초기와는 달리 1915년부터 1925년까지는 소위 독일법의 學說繼受의 시기로서, 민법만이 아니라 타법의 분야에서도 법의 해석과 적용에 있어서 독일의 영향을 절대적으로 받았다.[29)]

이와 같은 시기에 일본의 식민지가 된 한국에 있어서 한국과 프랑스 간의 민사법의 교류라는 것은 있을 수가 없었다. 우선 그들의 식민정책상 한국인의 서구유학은 금지되었으며, 또 그들의 민법학은 獨逸化 일변도이었기 때문이다. 단지 프랑스에서 공부하고 일본민법의 제정에 있어서 지대한 역할을 하였으며, 또 유명한 교과서와 논문들을 남긴 우메 겐지로(梅謙次郎)와 같은 이를 통하여, 간접적인 방법으로 프랑스법을 조금이나마 공부할 수가 있었을 따름이다. 이와 같은 현상은 1945년 8월 15일 해방이 되고 대한민국정부가 수립되었지만, 일본민법을 依用하던 시기, 즉 우리민법의 제정 및 시행시까지 큰 변동이 없었다. 해방 이후에는 식민지 시기와 같은 제한이 없었으므로, 故 李太載 교수는 1954년에 벨기에 Louvain 대학에 유학하여, 1957년에 Docteur en droit 학위를 받고, 프랑스 Paris 대학의 비교법연구소(L'institut de droit comparé)에서 비교사법을 연구하고, 1958년에 귀국하여 1960년 8월부터 경북대학교 법과대학에 봉직하면서 本格的인 연구활동을 시작한다.

---

28) 梅謙次郎, 佛蘭西民法百年記念論集(明治 38年), 開會議事, 佛國民法編纂의 沿革, 3-4면.

29) 이러한 현상은 오랫동안 계속되어 오다가 1965년도부터 일본의 星野英一의 논문발표를 시발로 하여 일본민법은 독일민법보다 더 많게나 혹은 동등하게 프랑스민법의 영향을 받았다고 입증되고 있다. 자세한 것은, 金星洙, "日本民法立法過程에서 브와쏘나드에 관한 연구 序說," 論文集(警察大學), 第18輯(1998年 12月), 820면 이하 참조.

IV. 민법전 제정이후의 교류관계

A. 개 설

우리민법은 기본적으로 舊 依用民法을 모범으로 하면서, 근대민법, 즉 프랑스, 독일, 스위스, 그리스 그리고 만주 등의 민법제도를 계수하면서 제정되었다. 따라서 우리민법은 프랑스, 독일 등 諸國의 민법을 복합적으로 계수했다는 점에서 複合繼受이며, 또한 일본민법을 매개 내지는 모범으로 하여 계수했다는 점에서 間接繼受라는 특성을 가지고 있다.[30] 1958년도에 공포하여 1960년 1월 1일부터 시행되고 있다. 전술한 바와 같이 일본 식민지 시대에 있어서는 일본민법의 독일법화라고 하는 신화적인 유행에 의하여, 해방 이후에도 우리나라의 대다수 법학자들은 독일법학을 숭배하면서 맹종하기에 이르렀다. 우리나라의 대다수 민법학자들은 독일로 유학을 하게 되었고, 또 독일법학의 학설계수는 거의 유행화되다시피 되었다.

이에 비하여 프랑스민법학의 계수 내지 연구는 상대적으로 극히 미약하다고 할 수 있겠다. 그러나 몇몇의 유수한 민법학자들이 프랑스 유학을 마치고 귀국하여 프랑스민법학을 소개하기도 하고, 프랑스민법에서 연유되는 우리민법상 어떤 제도의 해석에 있어서 프랑스민법학적인 해석 방법을 소개 내지 주장하기도 하였다. 그리고 일부 민법학자들은 프랑스어로 저서나 논문을 씀으로써 우리 민법학을 프랑스에 소개하기도 하였다. 뿐만 아니라 근래에 와서는 우리 민법학에 프랑스 법학적 요소들의 중요성을 인식함으로써, 비록 프랑스 유학을 하지 않았지만 독자적으로 프랑스 법학을 연구 발표하는 자들이 점점 많아지고 있다.

---

30) 명순구, 프랑스 민법 연구 및 향후의 전망 —채권자대위제도의 운용을 중심으로—, 비교사법, 제12권 1호, 2004; 양창수, 전게논문, 32면.

그리고 각 법과대학에서 프랑스법 원서강독과 같은 과목이 교과과정에 포함되어 있는 학교가 점점 늘어나다가, 최근에는 망국적인 제2외국어 정책의 변동으로 인하여, 그 수가 주춤하는 추세에 있다. 그리고 한불법학회가 오래 전에 창립되어, 민법학에만 한정하는 것은 아니지만, 프랑스법학 전반에 관한 연구활동을 하고 있으며, 또 오늘 이 세미나와 같은 프랑스민법학 관련 국제세미나가 몇 회 개최되기도 하였다.

이하에서는 우리나라에서 지난 수십 년간, 즉 1960년 이후부터 프랑스민법학에 관한 연구의 현황을 개괄적으로, 그리고 피상적으로나마 살펴보기 위하여, (B) 프랑스법계 국가에서 민법학을 연구한 학자들, (C) 프랑스 민법학에 관련하여 발표된 연구서 및 논문들, (D) 각 대학에서의 프랑스법과 관련되는 교과과정, (E) 한불법학회 및 대학에서의 프랑스법 관련 학술세미나 등으로 나누어 보기로 한다.[31]

B. 프랑스에 유학한 민법학자들

프랑스에 유학을 하고 돌아온 민법학자들은 필자가 알기로는 그 숫자가 몇 명 되지 않는다. 필자가 알고 있는 범위 내에서 대충 연대순으로 열거해 보면 다음과 같다.

1. 李太載 교수(1921-2002)

이태재 교수는 1954년에 벨기에 Louvain 대학에 유학하여 1957년에 Docteur en droit 학위를 받았고, 프랑스 Paris 대학 비교법연구소(L'institut de droit comparé)에서 비교사법을 연구하다가 1958년에 귀국하였다. 귀국 후에

31) 이하에서 열거되는 사람들, 저서나 논문들, 교과과정 그리고 세미나 등은 필자가 개인적으로 알고 있는 범위 내의 것이므로 혹시 누락된 것이 있으면 해량하여 주기를 바란다.

대건고등학교 교장으로 일하다가, 1960년부터 경북대학교 법과대학 교수로서 정년퇴임 때까지 봉직하였다. 저서로 자연법개론, 서양법제사개설, 로마법, 민법총칙, 물권법, 채권총칙, 채권각칙 그리고 법철학사와 자연법론 등이 있고, 수많은 논문을 남겼다. 이태재 교수는 프랑스민법에 관련되는 문제를 독립해서 다룬 논문은 없지만, 저서와 개별적 논문에서 비교법적 차원의 프랑스민법을 소개한 곳이 많다.

2. 金旭坤 교수(1939-)

김욱곤 교수는 1964년에 벨기에 Louvain 대학에 유학하여 1967년에 Docteur en droit 학위를 받았고, 프랑스 Paris 대학 비교법연구소(L'institut de droit comparé)에서 비교사법을 연구하였으며, 독일 München 대학 비교법연구소(Institut für Rechtsvergleichung)에서 연구조교로 일하다가, 1970년에 귀국하여 숭실대학교 법과대학에서 근무하였으며, 1984년부터 성균관대학교 법과대학에서 정년퇴임까지 봉직하였다. 저서로는 Répertoire de nationalité(République de Corée), Juris Classeur, Paris, 1988 등이 있으며, 프랑스민법관련 논문으로는 ① 불 · 독 민법상 원인론의 고찰(상 · 하), 숭전대학교 논문집 제3집, 1971과 제4집, 1973, ② 불란서민법에 있어서의 채권자 대위권제도(상 · 하) 사법행정 1973, 1월호와 2월호, ③ De la loi d'application spéciale de l'adoption des orphelins, 숭전대학교 논문집 제6집, 1976, ④ 불란서민법에 있어서의 채권자취소권제도, 숭전대학교 논문집, 제11집, 1982, ⑤ 불란서민법에 있어서의 원인론, 성균관법학, 제8호, 1997 등이 있다.

3. 南孝淳 교수

남효순 교수는 1986년부터 1991년까지 프랑스 Nancy 대학에 유학하여, 1991년에 Nancy 제2대학 법경대학에서 법학박사학위를 받고 귀국하여, 1992

년부터 서울대학교 법과대학 교수로 봉직하고 있다. 프랑스민법에 관련되는 논문을 보면, ① 나뽈레옹법전(프랑스민법전)의 제정에 관한 연구, 법학, 제35권 제1호, 서울대학교, 1994, ② 나뽈레옹과 프랑스민법전, 한국법사학회, 1994, ③ 프랑스민법에서의 물권변동법리, 사법연구, 제3권, 1995, ④ 프랑스민법에 있어서의 행위채무와 결과채무, 민사법학, 13・14권, 1996, ⑤ 프랑스민법상의 타인행위책임, 법학, 제38권 제2호, 서울대학교, 1997년, ⑥ 프랑스상속법에서의 혈족상속, 법학, 제38권 제3・4호, 서울대학교, 1997, ⑦ 프랑스민법상의 점유 및 취득시효, 판례실무연구(1), 1997, ⑧ 프랑스민법상의 대상청구권, 판례실무(1), 1997, ⑨ 프랑스민법상의 공동소유, 법학, 제39권 제1호, 서울대학교, 1998, ⑩ 프랑스법에서의 법인의 역사, 법학, 제40권 제3호, 서울대학교, 1999, ⑪ 프랑스민법상의 국적전속재판관할규정, 법학, 제41권 제4호, 서울대학교, 2001, ⑫ 프랑스의 변호사 자격시험에 관한 연구, 법학 제45권 제4호, 서울대학교, 2004 등이 있다.

4. 李相旭 교수

이상욱 교수는 영남대학교 법과대학에 재직 중이던 1995년 7월부터 1996년 7월까지 연구년으로 프랑스의 Grenoble 대학에 유학하였으며, 현재도 영남대학교에서 봉직하고 있다. 프랑스민법에 관련되는 논문으로서는 ① 프랑스에서의 계약전의 정보제공의무, 이철원교수 화갑기념논문집, 1993, ② 프랑스에서의 계약상 정보제공의무, 영남법학, 제1권 제1호, 1994, ③ 프랑스민법상의 강박에 의한 의사표시, 현대법학의 제문제, 김기동박사정년기념논문집, 1996, ④ 프랑스민법상의 불공정행위, 영남법학, 제3권 제1・2호, 1997, ⑤ 프랑스민법상의 Lésion, 법이론과 실무, 제1집, 영남민사법학회, 1997, ⑥ 프랑스계약법상의 Cause이론, 사회과학연구, 제18집 제2권, 영남대사회과학연구소, 1999, ⑦ 프랑스민법상의 Faute, 사회과학연구, 제20집 제2권, 영남대사회과학연구소, 2001 등이 있다.

5. 明淳龜 교수

명순구 교수는 1989년 초에 프랑스 Paris로 유학하여 Paris 제1대학(Université de Paris I, Panthéon-Sorbonne)에서 법학박사학위를 받았으며, 프랑스의 교수자격(Habilitation à diriger des recherches)을 획득하였고, 1994년에 귀국하여 고려대학교 법과대학에 근무하면서, 동시에 프랑스 Paris 제1대학의 채권법연구센터(Centre du Droit des Obligations)의 연구위원으로 일하고 있다. 프랑스민법에 관련되는 저서로는, La rupture du contrat pour inexécution fautive en droit coréen et français, Paris, L.G.D.J., 1996과 프랑스민법전, 법문사, 2004 등이 있으며, 프랑스민법 관련논문으로서는 ① 프랑스민법상 생명 없는 물건으로 인한 민사책임, 저스티스, 제27권 제2호, 1994. 12, ② 프랑스민법상 의식장애자의 불법행위책임, 법학논집, 제31집, 고대법학연구소, 1995, ③ 프랑스민법상 친생, 친자관계, 금산법학, 창간호, 1998, ④ La formalité《délai supplémentaire》dans la résolution du contrat, Le contrat au début du XXIe siècle: Études offertes au Professeur Jacques Ghestin, Paris, L.G.D.J., 2001; ⑤ 프랑스 이혼법: 그 이념과 규범구조, 판례실무연구 V, 대법원비교법실무연구회 편, 2001; ⑥ 프랑스법에서의 동성간 공동생활약정(PACS), 우리 동거할까요, 2002, ⑦ 프랑스민법 연구의 성과 및 향후의 전망 —채권자대위제도의 운용을 중심으로—, 비교사법 제12권 제1호, 2004 등이 있다. 그리고 명교수는 2004년도에 프랑스파기원(Cour de Cassation)에서 주관한 프랑스민법 200주년 기념행사(Colloque du Bicentenaire du Code civil)에 참가하기도 하고, 또 오늘 이 세미나도 주관하는 등 많은 활동을 하고 있다.

6. 鄭泰綸 교수

정태윤 교수는 1995년 9월부터 Paris 제1대학에서 1년간 민사법학을 연구하였으며, 현재는 이화여자대학교 법과대학에서 근무하고 있다. 프랑스민법

7. 洪春義 교수

전북대학교 법과대학에 재직 중이던 홍춘의 교수는 1999년에 프랑스 Strassbourg 대학에서 1년간 프랑스 민법을 연구하였으며, 지금도 전북대학교 법과대학에 근무하고 있다. 프랑스민법에 관련되는 논문으로는 현대 프랑스 친자법과 친권법의 발전과 동향, 가족법연구 13호, 1999. 12 이 있다.

C. 연구서 및 연구논문

프랑스민법에 관련되는 국내에서 발표된 논문들은 그 숫자가 꽤 많다. 여기서 우리가 논의하는 것은 민법학의 교류관계이기에, 우선 우리민법을 프랑스어로 소개한 저서나 논문을 먼저 보고, 국내의 논문들을 보기로 한다. 순서는 발표연도에 따르기로 한다.

1. 프랑스어로 발표된 저서와 논문

〈저서〉

Louis Kim-Ukkon, Répertoire de nationalité(République de Corée), Juris Classeur, Paris, 1988, Éditions Techniques S.A. Paris, 1988

Myoung Soon-Koo, La rupture du contrat pour inexécution fautive en droit coréen et français, Préface de Jacques Ghestin, L.G.D.J., Paris, 1996

〈논문〉

Louis Kim-Ukkon, De la loi d'application spéciale de l'adoption des orphelins, Essays and Papers, vol. 6, Soong Jun University, 1976;

Myoung Soon-Koo, La formalité <delai supplémentaire> dans la résolution du contrat, Le contrat au début du XXIe siècle: Études offertes au Professeur Jacques Ghestin, L.G.D.J., Paris, 2001

2. 한국어로 발표된 논문

김욱곤, 불 · 독 민법상 원인론의 고찰(상 · 하), 숭전대학교 논문집 제3집 · 제4집, 1971 · 1973

김욱곤, 불란서민법에 있어서의 채권자 대위권제도(상 · 하), 사법행정, 1973. 1 · 2

한봉희, 프랑스 개정이혼법개요(상), 사법행정, 1978.3

김욱곤, 불란서민법에 있어서의 채권자 취소권제도, 숭전대학교논문집 제11집, 1981

한봉희, 프랑스 제조물책임법 개요, 사법행정, 279호, 1984

정환담 · 서달주, 불란서의 채무불이행법체계와 보장의무위반유형, 전남대논문집 제31집, 1986

김성태, 프랑스 민법전 약사(The French Civil Code—A Brief History), 경희법학, 제25권 제1호, 경희법학연구소, 1990

김성태, 프랑스 사법상의 손해배상의 범위 —초과배상금지측면을 중심으로—, 손해배상법의 제문제(성헌 황적인박사화갑기념), 1990

김동훈, 프랑스 불법행위법 일고, 법학논총 제5집, 국민대학교, 1993

남효순, 프랑스민법에서의 매도인의 담보책임, 법학 제34권 제1호, 서울대학

교 법학연구소, 1993

이덕환, 프랑스 민법상 Consentement libre et éclairé 법리의 고찰, 한양대 법학논총 제10집, 1993

이상욱, 프랑스에서의 계약전의 정보제공의무, 한터 이철원교수 화갑기념논문집, 1993

이종건, 프랑스 판례법상의 표현소유권 이론에 관한 연구, 법률실무연구, 제23집, 서울지방변호사회, 1993

남효순, 나뽈레옹과 프랑스민법전, 한국법사학회, 1994

남효순, 나뽈레옹법전(프랑스민법전)의 제정에 관한 연구, 법학, 제35권 제1호, 서울대학교 법학연구소, 1994

명순구, 프랑스 민법상 생명 없는 물건으로 인한 민사책임 —불란서 민법전 제1384조 제1항의 적용요건을 중심으로—, 저스티스, 제27권 제2호, 1994

윤진수, 프랑스에서의 부동산 이중양도에 관한 법적 규율 —사해의 공모이론에서 불법행위이론으로—, 사법연구, 제2집, 1994

이상경, 채권자취소소송에 있어서 원상회복방법 및 채권의 만족방법, 인권과 정의, 제246호, 대한변호사협회, 1994

이상욱, 프랑스에서의 계약상 정보제공의무, 영남법학 제1권 제1호, 영남대학교 법학연구소, 1994

남효순, 프랑스민법의 물권변동법리 —물건의 인도와 물권변동—, 사법연구, 제3집, 1995

명순구, 프랑스 민법상 의식장애자의 불법행위책임, 법학논집 제31집, 고려대학교, 1995

남효순, 프랑스민법에서의 행위채무와 결과채무—계약상 채무의 불이행책임의 체계, 민사법학 제13 · 14호, 1996;

남효순, 프랑스민법상의 점유제도, 법학 제37권 제2호, 서울대학교 법학연구소, 1996

[illegible]교, 판례실무연구 1, 박영사, 1997

남효순, 프랑스민법상의 타인행위책임, 법학 제38권 2호, 서울대학교 법학연구소, 1997

남효순, 프랑스상속법에서의 혈통상속 —계통상속 및 대습상속—, 법학 제38권 3·4호, 서울대학교 법학연구소, 1997

이상욱, 프랑스 민법상의 불공정행위 —Lésion 법리를 중심으로—, 영남법학 제3권 제1·2호, 영남대학교 법학연구소, 1997

주기동, 민법상 착오의 제문제 —프랑스 민법과의 비교연구—, 법조 제46권 제6호, 1997

김성수, 일본민법 입법과정에서 브와쏘나드에 관한 연구 서설 —이른바 브와쏘나드 민법초안을 중심으로—, 경찰대 논문집 제18집, 1998

김준원, 프랑스에 있어서의 인공수정에 관한 법적 대응, 법학의 현대적 제문제(덕암 김병대교수 화갑기념), 1998

남효순, 프랑스 민법상의 공동소유 —공유를 중심으로—, 법학 제39권 제1호, 서울대학교법학연구소, 1998

명순구, 프랑스민법상 친생친자관계, 금산법학, 창간호, 1998

이용성, 프랑스의 교통사고 손해배상에 관한 고찰, 법조 제47권 제8호, 1998

남효순, 프랑스법에서의 법인의 역사, 법학 제40권 제3호, 서울대학교 법학연구소, 1999

이상욱, 프랑스 계약법상의 Cause 이론, 사회과학연구 제18집 제2권, 영남대

학교 사회과학연구소, 1999
정상현, 프랑스민법상 원인의 부도덕성과 반환청구 배척법리, 성균관법학 제11호, 성균관대학교 비교법연구소, 1999
오수원, 프랑스의 채권자대위권에 있어서 채권자의 채권과 특정물채권자 —1980년대 이후의 새로운 경향—, 법조 제528호, 2000
김성수, 우리 민법의 채무불이행규정의 계수과정에 관한 연구 (1) —프랑스민법과 일본구민법의 조문을 중심으로—, 경찰대논문집 제21집, 2001
남효순, 프랑스민법상의 국적전속재판관할규정, 법학 제41권 제4호, 서울대학교 법학연구소, 2001
명순구, 프랑스 이혼법: 그 이념과 규범구조, 판례실무연구 V, 대법원 비교법실무연구회 편, 2001
이상욱, 프랑스민법상의 Faute, 사회과학연구 제20집 제2권, 영남대학교 사회과학연구소, 2001
명순구, 프랑스법에서의 동성간 공동생활약정(PACS), 우리 동거할까요, 2002
남효순, 프랑스의 변호사자격시험에 관한 연구, 법학 제45권 제4호, 서울대학교 법학연구소, 2004
명순구, 프랑스 민법 연구의 성과 및 향후의 전망 —채권자대위제도의 운용을 중심으로—, 비교사법 제12권 제1호, 2004

D. 프랑스법 관련 교과과정

우리나라 대학에서 프랑스법 관련 과목이 교과과정으로 들어가 있는 대학은 몇 개가 되지 않는다. 서울대학교 법과대학에서는 프랑스법 강독과 프랑스법의 2개 강좌가 개설되어 있고, 고려대학교 법과대학에서는 프랑스법과 유럽연합법이, 성균관대학교 법과대학에서는 불법원강이, 연세대학교 법과대학에서는 EU법이 그리고 한국외국어대학교 법과대학에서는 법률외국어(불어)

가 개설되어 있을 따름이다. 이와 같이 프랑스법 관련과목의 개설이 저조한 이유는 모든 면에서 미국화(Américanisation)하려는 사회풍조와 이에 따르는 망국적인 문교정책, 특히 제2외국어정책의 잘못으로 인한 것이라고 생각된다.

E. 프랑스민법 관련 학술 세미나

프랑스 민법과 관련된 학술 세미나는 필자가 알기로 몇 개 되지 않는다. 이하에 열거해 본다.

1) 우리나라에는 아직까지 프랑스 민법학을 연구하는 학술단체는 조직되어 있지 않다. 프랑스법 전반을 연구하기 위한 목적으로 조직된 "한불법학회"가 있는데, 이는 1989년도에 창립되어 꾸준히 활동하고 있는 것으로 알고 있다. 그러나 유감스럽게도 이 학회에서 프랑스민법에 관련되는 세미나는 단 한 차례밖에 없었다고 한다.

2) 1997년 10월 7일에 서울대학교 법과대학 주최로 국제학술 세미나가 개최된 바가 있다. 이 세미나에서는 Nancy 법과대학 교수인 Bernard Gross가 『프랑스 계약법: 근래의 발전과 미래에 대한 전망』(Le Droit Français Des Contrats : Evolution récente et Perspective d'avenir)이라는 주제의 발표가 있었고, 고려대학교의 명순구 교수와 필자가 토론 참가자로 토의한 바가 있다.

3) 1997년도 8월에 성균관대학교 비교법연구소 주최로 "현대 민사법의 비교법적 과제"라는 주제의 학술심포지엄이 개최되었는데, 여기서 필자가 "佛蘭西民法에 있어서의 原因論"라는 제목으로 발표를 하였고 토론이 있었다.

V. 결 어

이상에서 우리는 한국과 프랑스 간의 민사법의 교류관계를 개화기시대, 일본의 식민기시대 그리고 우리 민법의 제정·시행 후의 시대로 나누어서, 아주 개괄적으로 살펴보았다.

우선 개화기에 있어서는 Charles Dallet 신부와 Laurent Cremazy라는 외국인에 의하여 우리나라에서는 아직까지 민사법이라는 개념이 확실히 정립되어 있지도 아니한 시기에, 주로 우리의 민사법규범들은 그들이 집필한 프랑스어로 된 저서를 통하여 프랑스 등 세계만방에 알려지게 되었다.

신부이면서도 역사학자이었던 Dallet는 당시 우리나라에 있어서의 사회신분관계인 양반, 중인, 노비 등의 지위와 권리 의무관계, 당시에 관행되었던 여성들의 이름과 호칭, 그리고 여성들의 가정 내외에서의 지위와 능력, 혼인의 방식과 성립, 그리고 혼인의 효력과 재혼, 부모와 자식과의 관계, 양자의 요건과 효력, 상속관계, 그리고 당시 우리나라의 성씨의 표시방법 등을 프랑스어로 자세히 소개하였음을 보았다.

그리고 당시 법부 고문관이었던 Laurent Cremazy는 당시 법관양성소 등에서 우리 한국인들에게 프랑스 민법 등을 가르쳐 주었으며, 또 大明律, 經國大典 및 大典會通 등에 산재해 있던 모든 규범을 조문화하는 작업인, 소위 개정 형법초안을 프랑스어로 번역하였다. 이것은 대한제국의 민사법규범들이 대한형법대전(Le Code Pénale de la Corée)이라는 이름으로 숨겨진 채로 프랑스 등에 알려진 획기적인 일이라고 하겠다.

다음 일본 식민기시대 및 의용민법시대에 있어서는 일본의 식민정책상 한국인의 구라파유학은 금지되었으며, 또 법의 운용과 해석에 있어서 그들의 광신적인 독일화사상으로 인하여, 한국과 프랑스 간의 교류라는 것은 있을 수가 없었다.

그리고 우리민법의 제정 시행 이후 오늘날까지 약 반세기 동안에는 우리나라의 몇몇 민법학자들만이 프랑스 유학을 마치고 돌아 왔으며, 또 연구논문들의 발표는 아주 산발적이며 근래에 와서 그 수가 조금씩 늘어나기는 하지만, 약 반세기라는 긴 기간에 비추어 볼 때에 그리 많은 수가 아니다. 그리고 프랑스 민법관련 세미나도 그 동안 두세 번에 그치는 등, 극히 미미하기 짝이 없다. 그런데 이와 같은 현상은 우리의 망국적인 문교정책으로 인하여 각급학교가 집행하고 있는 정책과 학생들의 태도로 보아, 조금도 개선될 기미가 보이지 않는다.

연구와 교육을 담당하고 있는 우리들은 이러한 현상에 순응만 할 것인가? 오늘날 우리가 처하고 있는 시대는 각 분야에 있어서 하나로 통일화되어 가는 즉, 세계화 현상에 처해 있다. 프랑스민법은 약 2세기 전에 제정되어 시행되고 있는 근대 민법의 모범이라고 할 수 있으며, 우리 민법은 언급한 바와 같이, 프랑스, 독일 등의 민법을 일본을 매개로 하여 계수한 복합적, 간접적 계수민법인 것이다. 따라서 우리는 일본 학자들이 한 연구의 결과만을 추종할 것이 아니고, 우리 독자적으로 프랑스민법을 연구하고 프랑스 학자들과 교류하여야 할 것이다. 왜냐하면 일본도 우리의 입장에서 볼 때에 하나의 외국에 지나지 아니하며, 또 우리는 항상 일본을 따라만 가는 학문의 종노릇을 이제는 그만해야 할 뿐만 아니라, 그렇지 않으면 일본 학자들이 그르친 부분을 우리는 바로잡지 못할 것이기 때문이다.

마지막으로 프랑스민법을 연구하는 우리들은 오늘 이 세미나를 계기로 하여, 가칭 '프랑스민법연구회'와 같은 조직을 만들어서 프랑스민법을 보다 더 조직적으로, 유기적으로 그리고 체계적으로 연구함으로써, 한국과 프랑스 사이의 민법학 교류를 더욱 활성화시킬 수 있을 것이며, 나아가 우리 민법의 원활한 운용에 기여할 수 있을 것이라고 생각한다.

Les échanges franco-anglo-américains: échanges agressifs ou amicaux?

Ruth Sefton-Green

Maître de conférences à l'Université Paris I (Panthéon-Sorbonne)

Introduction

Je vais parler d'échanges franco-anglo-américains, ce qui implique un regard sur la globalisation. L'acception de l'échange que j'adopterai ici est l'idée du passage, de la circulation de modèles juridiques. On va voir si cet échange va dans les deux sens, un peu comme la marchandise. De plus l'échange évoque le commerce. On a parlé récemment du «commerce des juges» et leur rôle dans la mondialisation.1) En poursuivant la métaphore, il est à noter que si les juges font du commerce entre eux, il faudra qu'une confiance s'installe, sinon aucun échange ne sera plus possible.2)

L'objet de l'étude me permet de saisir l'archétype de la distinction

1) J. Allard et A. Garapon, *Les juges dans la mondialisation*, La nouvelle révolution du droit, Seuil, 2005.

2) *Idem*, p.21.

de deux cultures juridiques distinctes: d'une part, celle du droit français, codifié; d'autre part, celle du droit anglo-américain de «*common law*». Il y a une opposition immédiate et flagrante de traditions, de mentalités et de fonctionnement des systèmes juridiques. Néanmoins, l'échange d'idées, voire la circulation des concepts juridiques ont lieu, et ce grâce au travail des juristes à la fois de la doctrine et surtout des juges. Ceci est vrai, nonobstant le fait que le statut et l'estime sociale accordés aux juges diffèrent dans les deux systèmes juridiques. De surcroît, il ne faut pas négliger l'aspect pratique des échanges qui ont lieu grâce à la forte présence des cabinets anglo-américains en France. Les échanges franco-anglo-américains sont donc une réalité concrète et non simplement l'objet de spéculations académiques.

Mais de quel échange parlons-nous? Y-a-t-il une distinction à faire, entre l'interaction de cultures et celle de traditions juridiques?[3] Le professeur Glenn fait une différence entre culture et tradition en soulignant que la signification de la culture aujourd'hui implique un esprit guerrier (d'où l'expression de «*culture wars*»); on parlerait alors d'une confrontation entre ces deux systèmes juridiques.[4] Cet esprit est né du sentiment défensif qu'il faut à tout prix protéger l'acquis qui est en quelque sorte enraciné.[5] Cette conception de la culture me semble dangereuse, susceptible de donner lieu aux sentiments nationalistes ou encore communautaristes. La tradition, en revanche, étant un concept perméable permettrait un va-et-vient réciproque et

3) A. Watson, «Legal Culture v Legal Tradition», in M. Van Hoecke (sous la dir.), *Epistemology and Methodology of Comparative Law*, Hart Publishing, 2004, 1s.

4) H. P. Glenn «Legal Cultures and Legal Traditions», in *Epistemology and Methodology of Comparative Law*, note 3, p.7s.

5) Y. Delazay et B. Garth, «The Import and Export of Law and Legal Institutions: International Struggles in Palace Wars» in D. Nelken et J. Feest, *Adapting Legal Cultures*, Hart Publishing, 2001, p.241s, spéc. p.242 où les auteurs remarquent: «Aspects of culture can be used to fight against change».

paisible.[6] Par conséquent, on n'est pas obligé d'envisager l'échange en termes agressifs et l'on pourrait imaginer un schéma de circulation plus ouvert d'esprit, plus amical, moins protectionniste. Derrière l'idée de l'échange on trouverait donc une envie de partager et de s'enrichir grâce aux autres.[7] Même s'il est souvent suggéré que la finalité de l'opération ne serait autre que la greffe d'un concept étranger dans le pays de l'accueil, question très controversée,[8] nous nous pencherons davantage sur le travail des juges - et éventuellement la doctrine - et leurs rôles accrus dans le phénomène de la globalisation, plutôt que de réfléchir sur le point de savoir si la greffe est possible ou même désirable.

L'échange qui participe de la mondialisation du droit sera examiné sous deux aspects: d'abord, l'interaction au sein de l'Europe, et plus précisément la circulation entre droit anglais et droit français. Il s'agit du phénomène de l'européanisation (I). Ensuite, il faudra examiner les rapports entre le droit français et le droit américain, ce qui oblige à relever un autre défi, celui de l'américanisation (II).

I. Le phénomène de circulation à l'intérieur de l'Union européenne: l'européanisation

Nous commencerons par étudier un modèle de circulation à

6) H. P. Glenn, *Legal Traditions of the World*, OUP, 2000.

7) Voir à cet égard, G. Canivet, «Le juge entre progrès scientifique et mondialisation», *RTDCiv* 2005, 33.

8) Voir pour un partisan de la notion de greffe juridique, A. Watson, *Legal Transplants*, University of Georigia Press, 2ème édn., 1993. D'autres auteurs contestent l'existence même des greffes juridiques, voir par exemple, P. Legrand, «What 'Legal Transplants'?» in *Adapting Legal Cultures*, note 5, p.55s.

l'intérieur de l'Union européenne. Les enjeux ici sont particuliers car ils sont liés à la construction d'un Etat dans lequel la diversité juridique a une signification spécifique.9) Les échanges se placent donc dans un contexte socio-politique car des projets d'harmonisation, voire d'uniformisation, sont à l'ordre du jour.10) Rappelons à cet égard que de nombreux projets d'étude pour élaborer et promouvoir un Code européen civil sont en cours.11) C'est pourquoi ces questions touchent, de façon concrète, la communauté des juristes en Europe et potentiellement le législateur. Cet aspect affecte non seulement la France et le Royaume Uni, mais tous les pays de l'Europe et dépasse ainsi l'objet de l'étude.

Dans le passé, la France et le droit anglais ont exporté leurs systèmes juridiques de façon impérialiste. Plus précisément, la France a pu exporter son Code civil du fait des guerres napoléoniennes. De la même manière, le droit des anglais, de «*common law*» fut imposé dans le monde par la colonisation, en Amérique, au Canada, en Australie, en Inde etc. Toutefois, il faudra nuancer le propos, car le modèle d'exportation impérialiste n'était ni unique ni exclusif. Au demeurant, l'exportation est étroitement liée au commerce; examinons donc comment exportation et importation se produisent grâce aux juges et à la doctrine.

---

9) «L'Union respectera la diversité culturelle, réligieuse et linguistique» l'article 22 (chapitre II) de la Charte des droits fondamentaux de l'Union européenne, *J.O. des Communautés européennes* 18.12.2000, 2000/C 364/01 (le «Traité de Nice»).

10) *Communication concernant le droit européen des contrats, J.O. des Communautés européennes* 13.9.2001, COM 2001/C 255/01; *Un droit européen des contrats plus cohérentun Plan d'Action*, Bruxelles 12.2.2003 COM (2003) 68; *Le droit européen des contrats et la révision de l'acquis*, Bruxelles, 11.10.2004 COM (2004) 651.

11) Ch von Bar, «From Principles to Codification: Prospects for European Private Law» *Colombia Journal of European Law 2002, 379s.* pour une polémique virulente, v; Y. Lequette, «Quelques Remarques à propos du projet de code civil européen de M. von Bar», *Dalloz* 2002, doctrine, 2202s.

Dans un premier temps, nous examinerons comment les juges anglais se sont tournés vers le droit français (A). Dans un second temps, nous étudierons la mode contemporaine de l'influence réciproque (B).

A. Les juges anglais receptionnaires du droit français

Des influences civilistes peuvent être repérées en droit anglais au 19ème siècle, par exemple.[12] Je fais référence à l'utilisation de Pothier par les juges anglais en droit des contrats. L'une des meilleures illustrations se trouve dans les opinions du LJ Blackburn, un juriste écossais. Par exemple, on a démontré qu'une théorie des vices du consentement n'était pas élaborée en droit anglais. Il s'ensuit qu'au cas de besoin et à défaut d'un concept existant, les juges ont eu recours à des notions étrangères et la notion d'erreur illustre parfaitement l'emprunt de Pothier.[13] Il va sans dire que cet emprunt a créé des incohérences dans le droit anglais contractuel, car l'erreur a été calquée sur le droit anglais de façon impromptue. Un autre exemple est celui des dommages et intérêts prévisibles, empruntés à l'article 1150 du Code civil et formulé dans un arrêt de principe - *Hadley v. Baxendale*.[14] Il ne s'agit pas d'importation délibérée, mais plutôt d'une action de juges érudits qui puisent leur source

12) A.W.B. Simpson, «Innovation in Nineteenth Century Contract Law» (1975), 91 *Law Quarterly Review*, 265; D. Ibbetson *A Historical Introduction to the Law of Obligations*, OUP 1999, chap.12.

13) V. J. Cartwright, 'The Rise and Fall of Mistake', in R. Sefton-Green (sous la dir.), *Mistake, Fraud and Duties to Inform in European Contract Law*, CUP 2005, p.65, spéc. p.66s.

14) (1854) 156 E.R. 145. Pour une explication de la généalogie de la règle, voir T. Bingham, «'There is a World Elsewhere': The Changing Perspectives of English Law», 41 *International and Comparative Law Quarterly* 1992, p.513, notamment p.528.

d'inspiration dans le droit français pour trouver des nouvelles solutions. Mais en examinant le travail des juges, on peut se demander si les juges anglais cherchaient les solutions du droit français ou de nouveaux modes de raisonnement. Au demeurant, il est à noter qu'au 19ème siècle les juges (et non la doctrine) s'instruisaient et s'inspiraient du droit étranger; la raison étant d'ordre institutionnel, car l'enseignement du droit à l'Université n'a eu lieu que très tardivement en Angleterre.[15] Cette ouverture d'esprit, manifestée par les juges anglais afin de trouver des sources d'inspiration créatrice est également visible sur la scène juridique contemporaine.

B. Les influences réciproques entre juges anglais et français

Qu'en est-il donc du droit français et du droit anglais au 21ème siècle? Le rôle des juges évolue: vu sous l'aspect intra-communautaire ils véhiculent les valeurs européennes. Au demeurant, ils jouent inévitablement un rôle politique et démocratique dans le façonnage de l'Union européenne. Cette question est reliée à la multiplication des sources du droit en Europe.

Ce constat de renouvellement des sources du droit s'observe sous plusieurs angles, que ce soit à travers l'évolution des techniques d'interprétation de la loi (1), la réception de concepts contenus dans des directives européennes qui «irritent» le jardin anglais (2) ou enfin l'exploitation des concepts étrangers afin de réformer le droit (3).

---

15) N. Duxbury, *Jurists and Judges, An Essay on Influence*, Hart Publishing, 2001. Pour une description de l'histoire de l'enseignement de droit en Angleterre, voir, M. Zander, *The Law-Making Process*, 6ème édn., Cambridge University Press, 2004, pp.443-444.

1. L'évolution dans les techniques d'interprétation de la loi

Tout d'abord on peut évoquer le changement perceptible dans l'utilisation des sources du droit en droit anglais grâce à la proximité des pratiques civilistes. Le droit anglais est en train, à certains égards, de s'européaniser.

L'utilisation des techniques d'interprétation de la loi en est un bon exemple. Pendant très longtemps et jusqu'au 1993, les juges anglais ont refusé d'examiner les travaux préparatoires du Parlement lors de l'interprétation d'une loi litigieuse.[16)] La raison de cette règle, surprenant de prime abord, fut le principe de la séparation des pouvoirs. Autrement dit, le droit anglais estimait que c'était la fonction du Parlement d'élaborer la loi, celle du pouvoir judicaire de l'interpréter, chaque pouvoir ayant son propre domaine de compétence. Cependant, l'adhésion du Royaume Uni à l'Union européenne en 1972 a amené les juges à interpréter la législation européenne, qui n'était pas rédigée de la même manière que la législation anglaise. Dès lors, les juges ont eu recours aux nouvelles techniques d'interprétation et ont consulté les travaux préparatoires. Environ vingt ans plus tard en 1993, les juges anglais ont appliqué cette même méthode à l'interprétation d'une loi anglaise, en l'espèce une loi fiscale. L'équivalent d'un revirement de la jurisprudence a donc eu lieu dans l'affaire *Pepper v. Hart*[17)] pour admettre la possibilité pour les juges de consulter les travaux préparatoires, comme font les juges français, par exemple.

---

16) Une règle dite «exclusive», formulée dans l'affaire *Black Clawson International Ltd. v. Papierwerke Waldhof-Aschaffenburg* [1975] AC 591.

17) *Pepper v. Hart* [1993] AC 593. Le litige concernait l'abattement donnéaux enseignants d'une école privée pour les frais de scolarité de leurs propres enfants; la question était de savoir si cet abattement constituait ou non un émolument imposable. Il a fallu examiner les débats parlementaires pour trouver la réponse dans une annonce ministérielle.

D'autres exemples de fertilisation croisée peuvent être identifiés dans les réformes de procédure civile.[18] Il est connu que Lord Woolf, promoteur de ces réformes, a été inspiré par le droit français. Comme illustration, on peut remarquer que les juges anglais, siégeant à la Cour d'appel, exigent dorénavant le dépôt de plaidoirie écrite afin de limiter le temps consacré à la plaidoirie orale et pour permettre aux juges de comprendre par avance les arguments. En outre, la Cour d'Appel rend de plus en plus d'arrêts composés d'une opinion unique, se fiant ainsi au principe de collégialité utilisé par les magistrats français.[19]

2. La réception de concepts des directives européennes ou le jardin anglais «irrité»

A titre liminaire, on remarque que la transposition impose parfois des concepts juridiques étrangers contenus dans des directives européennes. On a suggéré que ces concepts ont pour effet d'«irriter» le droit dans lequel le nouveau concept est calqué.[20] Le meilleur exemple est celui du concept de bonne foi et de la directive sur les clauses abusives de 1993. Autant la France connaît un principe général de bonne foi, contenu dans l'alinéa 3 de l'article 1134 du Code Civil,[21] autant le droit anglais refuse d'admettre un tel principe

18) V. The Right Honourable Lord Woolf, M.R. *The Final Report on Access to Justice*, HMSO 1996. Pour un aperçu du contenu du rapport, voir http://www.dca.gov.uk/civil/final/index.htm; A. Adeline, «Modernisation de la justice anglaise, le rapport Woolf», *Gazette Palais* 1997, doctr. 508.

19) R. Munday, «'All for One and One for All'- The Rise to Prominence of the Composite Jugement within the Civil Division of the Court of Appeal», 61 *Cambridge Law Journal* 2002, 321-350.

20) G. Teubner, «Legal Irritants: Good Faith in British Law or How Unifying Law Ends Up in New Divergences», 61 *Modern Law Review* 1998, 11s.

21) «Les conventions doivent être exécutées de bonne foi»

abstrait et notamment pour le stade précontractuel.[22] Il n'y a donc aucune obligation de négocier de bonne foi en droit anglais, par exemple. En revanche, que les juristes anglais le veuillent ou non, la directive européenne sur les clauses abusives de 1993, régissant les clauses contractuelles dans des contrats conclus entre les professionnels et les consommateurs, contient une mention explicite de la bonne foi, critère d'appréciation de l'équilibre des parties contractantes pour déterminer la nature abusive ou non de la clause. Cette directive a fait l'objet de nombreuses transpositions en droit anglais,[23] alors que sa transposition en droit français dans le Code de la consommation n'a pas posé de difficulté particulière. La transposition en Angleterre de cette directive fut difficile, entre autres, à cause de l'insertion du concept de bonne foi, traité avec suspicion par le monde juridique anglais. Dans *l'affaire Director of Fair Trading v. National First Bank*,[24] par exemple, Chambre des Lords s'est référée à ce concept avec précaution, en le considérant comme un ami étranger. En effet, la bonne foi, inspirée par des concepts de pays civilistes dont la France fait partie, a perturbé le droit anglais et a créé plus de problèmes, plus de divergences que ceux qui existaient auparavant.[25]

---

22) *Walford v. Miles* [1992] 1 All ER 453, HL. La phrase de Lord Ackner est devenu légendaire: «However, the concept of a duty to carry on negotiations in good faith is inherently repugnant to the adversarial position of the parties when involved in negotiations.»

23) Unfair Terms in Consumer Contract Regulations 1994, S.I. 1994, n° 3159. Unfair Terms in Consumer Contract Regulations 1999, S.I. 1999, n° 2083. Voir E. MacDonald, 'Unifying Unfair Terms Legislation' 67 *Modern Law Review* 2004, 69. En 2002 La Law Commission a publié un rapport avec recommandations pour unifier le régime actuel avec la loi de 1977 *(Unfair Contract Terms Act* 1977) et un projet de loi fut déposé en 2005.

24) [2001] UKHL 52.

25) V. G. Teubner, note 20.

3. L'exploitation des concepts étrangers afin de réformer le droit

Cependant, heureusement cette hostilité à l'innovation, dérivée d'une peur de l'inconnu, n'est pas ubiquiste. Pour boucler la boucle en quelque sorte, nous pouvons constater un mouvement moins méfiant et plus ouvert, qui nous permet de tracer la continuité d'une tradition d'échange savante, connue autrefois au 19ème siècle. En effet, des deux côtés de la Manche, le travail des comparatistes permet aux juges de s'ouvrir aux concepts étrangers afin de les aider à rénover le droit.[26)]

Les illustrations en droit anglais sont faciles à repérer, car les juges citent explicitement des sources de droit étranger à l'appui de leur argumentation. Toutefois, il serait hâtif d'en inférer que la mention explicite du droit étranger a un effet plus fort que son utilisation tacite. Le professeur Duxbury a bien démontré, au contraire, que le fait de citer les sources ne rend pas forcément plus convaincante l'argumentation.[27)] Il est peut-être plus intéressant de s'arrêter sur une illustration française, exemple plus subtil et complexe de notre propos que les exemples abondants en jurisprudence anglaise.[28)]

Revenons donc au travail des juges; ces derniers aiment bien parfois montrer du doigt le droit étranger, à des fins comparatives, pour convaincre du bien-fondé de telle ou telle solution. Cependant, certains suggèrent que les juges procèdent ainsi, non pour trouver la

---

26) V. J. Allard et A. Garapon, note 1 *supra*, pp.69-70.

27) N. Duxbury, note 15, *supra*.

28) Pour un exemple concernant l'équivalent de la répétition de l'indu, voir *Kleinwort Benson Ltd v. Liverpool City Council* [1998] 4 All ER 513. Dans cet arrêt il y a long passage dans l'opinion de Lord Goff, citant la jurisprudence étrangère. La référence au droit des autres pays de common law, tels le droit américain ou le droit australien, par exemple, date depuis longtemps comme autorité persuasive. La mention du droit des pays civiliste, tels le droit français ou le droit allemand est beaucoup plus récent.

solution, mais pour s'inspirer de nouveaux modes de raisonnement.[29]) Ce processus s'insère dans la tendancedes juges à s'impliquer davantage qu'auparavant dans le processus démocratique de l'élaboration de la règle de droit. En outre, la référence aux normes étrangères se fait de plus en plus fréquemment, compte tenu de la pluralité des normes juridiques. Les juges ont une fonction significative dans la circulation de ces normes, qui se construisent donc petit à petit, au terme d'un certain «bricolage». Examinons cette activité des juges de plus près.

En ce qui concerne la démocratisation du travail judiciaire, remarquons que même si la motivation des arrêts de la Cour de cassation reste assez laconique, un nouveau mouvement de publication de plus en plus systématique des conclusions de l'Avocat Général peut marquer une nouvelle étape dans la transparence de la jurisprudence.[30]) Considérons par exemple l'arrêt *Perruche*, arrêt phare, concernant la réclamation d'un enfant handicapé, à l'égard du médecin qui avait donné un résultat erroné du test relatif à la rubéole fait sur la mère pendant la grossesse. La question juridique était de savoir si le médecin avait une responsabilité, forcément quasi-délictuelle, envers l'enfant pour son préjudice. La Cour de cassation a admis la réclamation, ce qui a provoqué un grand bruit au sein de la doctrine, dans les deux sens, pour et contre.[31]) Or, lorsqu'on examine les

---

29) G. Canivet, art. précité, pp.45-45; J. Allard et A. Garapon, note 1, *supra*, p.59s., spéc p.60; p.67 citant le juge Breyer, de la Cour suprême des Etats-Unis. En réalité les raisons selon lesquelles les juges citent des solutions du droit étrangères sont complexes, voir *infra*.

30) E. Lesueur de Givry, «La diffusion de la jurisprudence, mission du service public», publié sur le site web de la Cour de cassation 2003: http://www.courdecassation.fr.

31) L'arrêt fait partie de ce qu'on appelle la jurisprudence provocatrice car ensuite le législateur est intervenu pour modifier la solution de l'arrêt et encadrer ce type de réclamation. Voir M. Fabre-Magan, *Les Obligations*, PUF, 2004, n° 263, pp.719-721 pour une synthèse des controverses doctrinales.

conclusions de l'Avocat Général M. Sainte-Rose, il est intéressant à noter qu'il s'est servi d'un arrêt anglais de la Cour d'Appel, fondé sur des faits très similaires pour plaider contre l'indemnisation de l'enfan t.[32] La jurisprudence américaine fut également mentionnée. La plaidoirie de l'Avocat Général n'a pas convaincu la Cour, étant donné que l'arrêt anglais n'a pas reconnu la réclamation dite de «*wrongful life*», par opposition au «*wrongful birth*», mais il importe de signaler les particularités de pratique judicaire en l'espèce. Le droit comparé a été utilisé par analogie et pour donner force à une argumentation donnée. En effet, la référence à la jurisprudence étrangère est faite pour des raisons bien précises. Tout d'abord ce raisonnement analogique facilite l'ouverture des horizons et la possibilité d'apprendre des autres, les solutions du droit étranger représentent donc «une sorte de boîte à idées» qui permet aux juges d'alimenter leur créativité.[33] D'autre part, cette référence sert aux juges de procédé justificatif; comme Mme Allard et M. Garapon le disent très justement: «à la fertilisation réciproque, s'ajoute donc une recherche de légitimité».[34] Cependant, cette tentative pour légitimer la solution reste relative car au mieux, l'apport ou la mention de la jurisprudence étrangère consiste en une autorité persuasive, pas plus.[35]

L'ouverture des juges français à l'extérieur se manifeste sous des formes diverses. En étroite collaboration avec la doctrine, les juges de la Cour de cassation se renseignent sur les nombreuses évolutions dans les droits anglo-américains. La tentative de traduire les arrêts de la Cour de cassation, instauré par une rencontre franco-anglaise,[36] fait

---

32) *Mckay v. Essex Area Health Authority* [1982] QB 1166. Voir les conclusions de l'Avocat Général, JCP 2000, éd. G II.10438, rapp. P. Sargos, concl. J. Sainte Rose.

33) J. Allard et A. Garapon, note 1, pp.18-19.

34) *Ibid.*

35) P. H. Glenn, «Persuasive Authority», 37 *McGill Law Journal* 1987, 260; N. Duxbury, préc.; J. Allard et A. Garapon, préc. notamment, pp.58-60.

36) Voir le site web de l'Institute of Global Law de l'University College of London:

partie de cette évolution. Nous constatons ainsi que les juges ressuscitent une pratique judiciaire ancienne et portent leur regard à l'extérieur, à l'instar des tournesols. Nous poursuivons cet examen par un aperçu rapide de l'inspiration et l'influence du droit américain sur le droit français.

II. Le défi de l'américanisation du droit français

Le droit américain, encore plus que le droit anglais, représente un terrain exotique qui fascine le juriste français.[37] Le modèle américain donne lieu à l'échange à travers un jeu d'imitation (A), puis l'attraction inspire la fabrication de la nouvelle copie (B).

A. Le jeu d'imitation: Le revirement de jurisprudence et la balle rebondissante

Récemment la Cour de cassation a eu l'occasion de commander une étude de droit comparé, comme partie d'un rapport sur les revirements de jurisprudence, sous l'égide du Professeur Molfessis.[38]

---

http://www.ucl.ac.uk/laws/global_law/index.shtml. Pour trouver les traductions des décisions étrangères, voir http://www.ucl.ac.uk/laws/global_law/content.shtml?decisions.

37) Cette fascination n'est pas neuve. Rappelons qu'Alexis De Tocqueville fut envoyé en Amérique pour étudier les pénitentiaires. Son voyage a donné lieu à un grand livre de droit comparé - 'De la démocratie en Amérique', paru en 1837.

38) N. Molfessis, *Rapport sur les revirements de la jurisprudence*, Dalloz, 2004. Le rapport se trouve aussi à l'adresse suivante: www.liaisons_sociales.com/pdf/complements_616_rapport_revirements/pdf; «Les revirements de la jurisprudence ne vaudront-ils que pour

Ce rapport a fait l'objet d'un colloque à la Cour de cassation sur la question épineuse de la rétroactivité de la jurisprudence, la fonction créatrice des juges et les effets néfastes des revirements jurisprudentiels. Le rapport comprend un aperçu du droit comparé[39] et fait mention, entre autres, d'une technique américaine dite revirement pour l'avenir («*prospective overruling*») utilisée par la Cour Suprême fédérale dans l'arrêt *Great Northern Railway Co. v. Sunburst Oil & Refining Co.* en 1932. L'intérêt de la doctrine française pour cette question n'est pas neuf.[40] Ce procédé de revirement pour l'avenir a connu un sort étrange, comme si on lançait une balle à travers le monde, qui ne cesse de rebondir. Après avoir été reconnu aux Etat-Unis, il a suscité la méfiance dans le reste du monde de *common law*. Dans les années 1970 les juges anglais craignaient son utilisation par peur de franchir le Rubicon, c'est-à-dire de traverser la frontière entre les fonctions - du juge - et législative - du législateur.[41] La Cour de justice des Communautés Européenne a utilisé le revirement pour l'avenir, puis la Cour Européenne de Strasbourg des droits de l'homme. Par effet ricochet, la Cour de cassation l'a invoqué, à travers l'article 6 §1, en vertu du procès équitable.[42] Mais ce processus

---

l'avenir? Entretien avec M. G. Canivet et M. N. Molfessis» *JCP* 2004. I. 189; Pascale Deumier et Rafael Encinas de Munagorri, "Sources du droit en droit interne - Faut-il différer l'application des règles jurisprudentielles nouvelles? Interrogations à partir du rapport *les revirements de jurisprudence*," *RTDCiv* 2005, pp.83-88.

39) L'arrêt anglais *Kleinwort Benson Ltd. v. Liverpool City Council*, préc. a fait l'objet d'un développement dans le rapport, car lors de cet arrêt les juges anglais ont admis explicitement leur pouvoir créateur et la nature rétroactive des revirements jurisprudentiels et les conséquences qui peuvent en découler.

40) Ch. Mouly, «Le revirement pour l'avenir», JCP 1996. I. 3776.

41) L'expression est empruntée à Lord Devlin, «Judges and Lawmakers», 39 Modern Law Review 1976, p.11 «It crosses the Rubicon that divides the judicial and the legislative powers». La métaphore est reprise par la doctrine française, voir P. Morvan, Le revirement de jurisprudence pour l'avenir: humble adresse aux magistrats ayant franchi le Rubcon, D. 2005, Ch. 247.

d'imitation est effectivement comparable à une balle bondissante: les juges français s'y intéressent, leurs homologues anglais aussi. Une recrudescence d'intérêt doctrinal et judiciaire en droit anglais a porté ses fruits.[43] Pour finir, la Chambre des Lords a décidé récemment, le 30 juin 2005,[44] qu'elle aussi avait le pouvoir de procéder à des revirements pour l'avenir, même si elle ne l'a pas appliqué dans l'espèce considéré.

L'imitation du droit américain n'est pas un jeu réservé à la doctrine, ni au pouvoir judiciaire. Le législateur français s'inspire également du droit américain, citons, comme exemple, la mise en place de la procédure de «comparution sur reconnaissance préalable de culpabilité» inspirée par la pratique américaine du plaider coupable,[45] introduite par la loi Perben du 9 mars 2004.

Il semblerait donc que le droit américain soit une source d'inspiration et d'influence pour le droit français.[46] D'autres exemples d'une influence plus indirecte sont aussi identifiables. Songeons à la place accordée aujourd'hui dans la doctrine américaine à l'école dite l'analyse économique du droit («*law and economics*»). Cette école de pensée influe non seulement sur la doctrine française et la future doctrine,[47] si l'on peut dire, mais aussi sur la conscience des juges

42) Cass. *2ème* Civ. 8 juillet 2004, Dalloz, Jur, 2956. Pour un exposé historique, v. P. Morvan préc., note 41.

43) Lady Mary Arden, "Prospective Overruling," 120 *LQR* 2004, 7; The Rt Hon Lord Roger of Earlsferry- «A Time for Everything under the Law: Some Reflections on Retrospectivity» (121) *LQR* 2005, p.57.

44) *National Westminster Bank plc. v. Spectrum Plus Limited and others* [2005] UKHL 41.

45) I. Papadopoulos, «Plaider Coupable», La pratique américaine, le texte français, PUF, Droit et Justice, 2004.

46) Voir les Actes du colloque, *L'Américanisation du droit*, Arch. phil de droit, Dalloz, 2001.

47) Nombreuses thèses récentes ont eu recours à ce courant doctrinal américains, voir par exmple, M. Fabre-Magnan, *De l'obligation d'information dans les contrats - Essai d'une théorie*, LGDJ 1992, préf. J. Ghestin, dont une séction est consacrée à l'analyse économique,

qui deviennent de plus en plus intéressées par cette approche. Il suffit de faire un recensement des colloques récents à la Cour de cassation pour s'en rendre compte.[48] L'attraction que les juristes ressentent pour le droit américain les pousse parfois plus loin.

B. La fabrication d'une nouvelle copie

Est-ce une simple curiosité intellectuelle, ou encore une admiration un peu intéressée pour les concepts étrangers qui pousse la doctrine et les juges français vers une collaboration de plus en plus étroite? Les illustrations de la fascination française pour certaines institutions américaines sont nombreuses, telle l'utilisation des dommages et intérêts punitifs dans les réclamations en responsabilité quasi-délictuelle,[49] ou le regard porté sur des procédures judiciaires, telles les actions collectives, nom donné pour signifier les «*class actions*» américaines. Ces deux pratiques américaines peuvent se chevaucher, mais sont tout de même deux institutions entièrement distinctes et autonomes. Malgré le fait qu'en droit américain, l'allocation de dommages et intérêts punitifs, censée dissuader et punir l'auteur d'un comportement qualifié d'«outrageant», soit liée en droit américain, à la

---

pp.49-117; Y.-M. Laethier, *Etude comparative des sanctions de l'inexécution du contrat*, LGDJ 2004; G. Maître, *La Responsabilité Civile à l'épreuve de l'analyse économique du droit*, LGDJ, 2005, préf. H. Muir WattDans son introduction, ce dernier auteur expose l'intérêt accroissant, mais ambivalent, de la doctrine française pour la matière, p.1s., notamment note 6.

48) Voir sur le site web de la Cour de cassation: www.courdecassation.fr sous les rubriques: manifestations.

49) V. J. Coffee, «Les dommages punitifs aux Etats Unis, Prémisses, justifications et perspectives», allocution donnée à la Grand'chambre de la Cour de cassation le 25 mars 2004 faisant partie du Séminaire "Cultures judiciaires comparées," cycle 2003-2004: "Risques, assurance, responsabilité".

présence d'un jury en matière de responsabilité civile, un colloque à la Cour de cassation en 2004 a révélé un accueil plutôt favorable de la part du public français. En effet, on a insistésur le fait que la réception des dommages-intérêts punitifs n'implique pas inéluctablement l'importation du jury à l'américaine, car la décision d'accorder des dommages-intérêts punitifs et exceptionnels pourrait très bien revenir au juge et être qualifiée d'une question de droit, et non de fait.[50] Il me semble que l'enthousiasme suscité par l'idée d'utiliser les dommages et intérêts en France est assez surprenant, compte tenu des sommes exorbitantes accordées par les jurys aux Etats-Unis et des conséquences secondaires néfastes qui en suivent.[51] De même, un constat paradoxal s'impose à propos de l'intérêt français pour l'action collective qui semble être dans l'air du temps. Ces deux institutions, celle des dommages et intérêts punitifs et celle de l'action collective, subissent des évolutions et des difficultés majeures en droit américain actuellement.

Ce bilan nous permet de poser une question de comparatiste: pourquoi le droit français s'intéresse-t-il à ces deux institutions américaines alors que le droit américain s'interroge sur l'opportunité de les reformeret diminuer leur importance? C'est comme si l'activité comparatiste était démodée en quelque sorte, le modèle brille de loin, mais chez soi, l'institution semble plus rouillée que brillante; il est temps de la rénover. Je me demande si la tentation d'imiter est née d'une ignorance sur les inconvénients du modèle, ou d'un sentiment de supériorité dans la mesure où les juristes qui préconisent l'importation d'un concept étranger pensent pouvoir l'améliorer en le ramenant chez eux.

---

50) Voir l'allocution de G. Durry le 25 mars 2004.

51) Pour quelques interrogations sur l'histoire et l'avenir des dommages et intérêts punitifs, voir A. J. Sebok, «*What did Punitive Damages do? Why Misunderstanding the History of Punitive Damages Matters Today*», (78) *Chicago-Kent Law Review* 2003, 163; C. Sharkey, «Punitive Damages as Societal Damages», (113) *Yale Law Journal* 2003, 347.

En guise de conclusion, rappelons que nous avons constaté deux épiphénomènes de la mondialisation, l'un relatif à l'européanisation, l'autre à l'américanisation du droit français. Dans le monde contemporain, l'échange, c'est-à-dire la circulation de concepts et l'ouverture des esprits, s'accroît. Toutefois, l'échange n'est pas sans inconvénient. Dans le monde juridique, tous les acteurs ont un rôle à jouer, les juges, la doctrine, et n'oublions pas les praticiens qui tâtent le terrain et créent des nouvelles solutions sur le tas.

Nous proposons un modèle d'échange amical et non agressif, enclin à l'ouverture et non à la compétitivité, avec une réserve importante. Sans vouloir mettre l'accent sur le désir de défendre et répandre sa culture, il ne faut pas tomber dans l'excès inverse et vouloir imiter à tout prix. Une bonne dose de lucidité permet la juste amitié, il ne faut pas se perdre dans l'autre.

프랑스와 영미 간의 사법교류: 공격적 교류인가 우호적 교류인가?

Ruth Sefton-Green (파리 제1대학교 교수)
번역: 남 궁 술 (경상대학교 교수)

머리말

이 논문은 프랑스와 영미 간의 교류에 관한 것이다. 이 주제는 세계화(globalization)현상에 대한 검토를 필요로 한다. 여기서 교류라 함은 법 모델의 이동 내지는 소통을 뜻한다. 이 교류가 과연 상품의 교역과 같이 양방향으로 이루어지는지를 살펴볼 것이다. 물론 교류는 거래를 연상시킨다. 이른바 "사법관의 수출입"과 그것이 세계화과정에서 수행하는 역할에 대하여는 최근에 논의된 바 있다.[1] 마찬가지 비유를 사용하자면, 법관들 간의 교역은 그들 간에 신뢰가 자리잡아야 가능하다. 신뢰가 없이는 어떤 교류도 불가능하다.[2]

본 연구의 목적상 두 개의 서로 다른 법문화를 상정할 수 있다. 그 하나는 성문법전화된 프랑스의 법문화이고, 다른 하나는 코먼 로(Common law)라

1) J. Allard et A. Garapon, *Les juges dans la mondialisation*, La nouvelle révolution du droit, Seuil, 2005.

2) *Idem*, p.21.

불리는 영미의 법문화이다. 양자 간에는 전통, 의식구조 그리고 사법체계의 작동에 있어 당장 분명한 차이가 존재한다. 그럼에도 불구하고, 사상의 교류, 특히 법개념의 전파가 있었는바, 이는 법률가들의 이론적 작업과 무엇보다도 법관들의 노력 덕분이다. 두 법체계에서 법관들이 누리는 지위와 사회적 평가가 다름에도 불구하고, 이것은 사실이다. 이와 더불어, 프랑스에 영미계 법률사무소가 많이 포진해 있음으로 인하여 이루어지는 교류의 현실적 측면을 무시할 수 없다. 프랑스와 영미의 법교류는 단지 순수학문적 논의에 그치는 것이 아니라 구체적인 현실인 것이다.

그러면 어떤 교류에 대해 논할 것인가? 문화의 교섭과 법전통의 교섭은 구분되어야 하는가?[3] 글렌(Glenn) 교수는, 문화와 전통을 구분하면서, 오늘날 문화는 전투적 의미를 띠고 있다고 한다(문화전쟁 —culture wars— 이라는 말도 여기서 나온다). 그렇다면, 이 두 법체계의 충돌에 대하여 논의해야 될 것이다.[4] 이런 사고방식은 깊게 뿌리내린 자기 것을 어떻게 해서든 보호해야 한다는 방어적인 심정에서 기인한다.[5] 이런 문화관은 민족주의적, 심지어는 패거리적 감정을 불러일으킬 수 있는 위험한 것으로 보인다. 반면에, 전통이란 개념은 스며드는 것이므로, 상호적이고 평화로운 왕래를 가능하게 할 것이다.[6] 따라서, 굳이 공격적인 의미에서의 교류를 상정할 필요 없이 개방적, 우호적이고 보호주의적 성향이 덜한 교통 모델을 상정할 수 있을 것이다. 교류라는 개념의 이면에는 이처럼 서로의 것을 나누어 가지고, 서로 덕을 보자는

---

3) A. Watson, Legal Culture v. Legal Tradition, in M. Van Hoecke (sous la dir.), *Epistemology and Methodology of Comparative Law*, Hart Publishing, 2004, 1s.

4) H. P. Glenn, Legal Cultures and Legal Traditions, in *Epistemology and Methodology of Comparative Law*, note 3, p.7s.

5) Y. Delazay et B. Garth, The Import and Export of Law and Legal Institutions: International Struggles in Palace Wars in D. Nelken et J. Feest, Adapting Legal Cultures, Hart Publishing, 2001, 241면 이하, 특히 242면 참조. 저자들은 문화의 어떤 측면은 변화에 저항하는 데 사용될 수도 있다고 하고 있다.

6) H. P. Glenn, *Legal Traditions of the World*, OUP, 2000.

욕구가 자리하고 있다.[7] 비록 이러한 작업의 결말은 외국 개념이 수입국에 이식되는 것에 지나지 않는다는 주장이 흔히 제기되고, 이는 논란이 많은 주제이긴 하나,[8] 이 발표에서는 그러한 이식이 가능한지 또는 바람직한지에 대해 숙고하기보다는 법관의 작업, 그리고 때로는 법이론에 관하여, 그리고 세계화 현상과 함께 증대된 그들의 역할에 우선 주목하고자 한다.

법의 세계화의 일환을 이루는 이 교류는 두 가지 측면에서 고찰될 수 있다. 우선, 유럽 내에서의 상호교섭, 보다 정확히 말하자면 영국법과 프랑스법 간의 교통을 살펴본다. 이는 해당 각 국가법의 유럽화에 관한 문제이다(I). 다음으로, 프랑스법과 미국법의 관계를 살펴본다. 이는 또 하나의 도전인 프랑스법의 미국화라는 문제를 제기하게 된다(II).

I. 유럽연합 내에서의 교통: 회원국 법의 유럽화

우선 유럽연합 내에서의 교류모델에 대해 살펴보고자 한다. 이 문제는 매우 독특한데 이는 각 회원국의 법적 다양성이 각별한 의미를 가지는 하나의 국가 건설에 관한 문제이기 때문이다.[9] 따라서 사법교류는 특이한 사회정치적 맥락에서 이루어지고 있다고 하겠다. 왜냐하면 회원국 간의 調和(harmonisation), 심지어는 통합(uniformisation)을 위한 여러 작업들이 활발하게 이루어지고 있는

7) 이와 관련하여는 G. Canivet, Le juge entre progrès scientifique et mondialisation, *RTDCiv* 2005, 33 참조.

8) 법 개념의 이식을 주장한 저자로는 A. Watson, *Legal Transplants*, University of Georigia Press, 2me dn., 1993 참조. 법 개념의 이식이란 있을 수 없다는 견해를 가진 논자도 많다. P. Legrand, What 'Legal Transplants'? in *Adapting Legal Cultures*, note 5, p.55s. 참조.

9) 유럽연합은 문화, 종교 및 언어의 다양성을 존중한다. 유럽연합 기본법 헌장 제22조(제2장), *J.O. des Communautés européennes* 18.12.2000, 2000/C 364/01 (le Traité de Nice).

중이기 때문이다.[10] 이와 관련하여, 유럽민법전(Code européen civil)의 편찬 및 채택추진을 위한 여러 연구와 사업들이 현재 진행되고 있음을 상기할 필요가 있다.[11] 사법교류의 문제가 유럽의 모든 법률가, 그리고 잠재적으로는 입법자들의 구체적인 관심사로 되어 있는 이유가 바로 여기에 있다. 이 점은 프랑스와 영국만의 문제가 아니라 유럽의 모든 국가들이 직면한 문제이므로, 이 논문의 범위를 넘어서는 것이다.

과거 프랑스와 영국은 제국주의적인 방식으로 그들의 법체계를 수출하였다. 정확히 말하자면, 프랑스는 나폴레옹 전쟁을 통해 프랑스 민법전을 수출할 수 있었다. 마찬가지로 영국법, 즉 코먼 로(common law)는 식민지화를 통하여 미국, 캐나다, 호주, 인도 등지에서 그 시행이 강요되었다. 그렇지만 문제를 이처럼 단순화시켜 논할 것은 아니다. 왜냐하면 제국주의적 수출모델이 다 같았던 것도 아니고, 법체계 수출의 유일한 경로도 아니었기 때문이다. 더욱이 수출은 교역과 밀접한 관련이 있으니만큼, 법의 수출과 수입이 어떻게 법관들에 의해, 그리고 학자들에 의해 이루어지는지 살펴보자.

먼저, 영국법관들이 어떻게 프랑스법을 참조하게 되었는지를 보겠다(A). 다음으로 양국 법이 오늘날 어떻게 서로 영향을 주고 받는지를 검토한다(B).

---

10) *Communication concernant le droit européen des contrats, J.O. des Communautés européennes* 13.9.2001, COM 2001/C 255/01; *Un droit européen des contrats plus cohérent: un Plan d'Action*, Bruxelles 12.2.2003 COM (2003) 68; *Le droit européen des contrats et la révision de l'acquis*, Bruxelles, 11.10.2004 COM (2004) 651.

11) Ch von Bar, From Principles to Codification: Prospects for European Private Law, *Colombia Journal of European Law 2002, 379s.* 그러나 매우 과격한 반론으로는 Y. Lequette, Quelques Remarques à propos du projet de code civil européen de M. von Bar, *Dalloz* 2002, doctrine, 2202s. 참조.

A. 프랑스법을 받아들인 영국법관들

로마법학자들이 19세기 영국법에 끼친 영향을 예로 들어 볼 수 있다.[12] 계약법 분야에서 영국법관들이 Pothier의 저술을 참조한 것이 바로 그것이다. 가장 두드러진 예는 스코틀랜드 출신 법률가인 블랙번 재판관(Blackburn, LJ)의 판결문에서 찾아볼 수 있다. '합의를 무효화하는 흠(les vices du consentement)'에 관한 이론이 영국법에 존재하지 않았었다는 점은 밝혀진 바 있다. 따라서 필요한 경우 또는 기존 개념이 존재하지 않는 경우 영국법관들은 외국의 개념에 의존하였고, 착오라는 개념은 Pothier의 저술을 원용하였음을 완벽하게 보여주고 있다.[13] 이렇게 착오 개념을 빌려옴으로써 영국 계약법 체계가 일관성이 없게 된 것은 물론이다. 왜냐하면 이 개념이 즉흥적으로 영국법 체계위에 모사되었기 때문이다. 또 다른 예는 프랑스민법 제1150조에서 따온 예견가능한 손해의 배상이라는 개념인데, 이는 Hadley v. Baxendale 판결에서 자세히 표명된 바 있다.[14] 이는 계획된 수입이라기 보다는 새로운 해결책의 실마리를 찾기 위해 프랑스법을 참조한 박식한 법관들의 활동에 기인한 것이다. 그러나 법관들의 이런 작업을 검토하면서 드는 의문은 영국법관들이 프랑스법이 제시하는 해결방안을 찾고 있었는지 아니면 새로운 논리 전개방식을 찾고 있었는지 하는 점이다. 더욱이 19세기에는 법관들이(법학자가 아니라) 외국법을 공부하였고 이로부터 문제해결의 실마리를 얻었다는 점

---

12) A.W.B. Simpson, Innovation in Nineteenth Century Contract Law (1975), 91 *Law Quarterly Review*, 265; D.Ibbetson *A Historical Introduction to the Law of Obligations*, OUP 1999, chap.12.

13) V. J. Cartwright, "The Rise and Fall of Mistake," in R. Sefton-Green (sous la dir.), *Mistake, Fraud and Duties to Inform in European Contract Law*, CUP 2005, p.65, spc. p.66s

14) (1854) 156 E.R. 145. 이 규칙의 기원과 발전과정에 대하여는 T. Bingham, "There is a World Elsewhere": The Changing Perspectives of English Law, 41 *International and Comparative Law Quarterly* 1992, p.513. 특히 p.528 참조.

을 주목하여야 한다. 그 이유는 제도적인 것에 기인한다. 왜냐하면 영국 대학에서는 법학교육이 매우 늦게 이루어지기 시작했기 때문이다.[15] 영국 법관들이 창의적 영감을 얻고자 외국 자료를 섭렵하며 보여준 개방적 사고는 오늘날의 사법영역에서도 관찰된다.

B. 영국 법관과 프랑스 법관 사이의 상호 영향

21세기에 있어서 프랑스법과 영국법의 관계는 어떠한가? 법관의 역할이 변천하고 있음은 물론이다. 유럽연합 내부에서 관찰하자면, 그들은 유럽적 가치들을 전파하고 있다. 요컨대, 유럽연합을 형성해 나감에 있어 피할 수 없이 정치적이고 민주적인 역할을 그들은 수행하고 있다. 이 문제는 유럽에서의 法源의 다양화와 연결된다.

法源이 새롭게 다변화되고 있다는 점은 다음과 같은 여러 측면에서 관찰되는 바이다: 법 해석기법의 변화(1), 영국 법조계를 자극하는 여러 유럽연합 지침에 포함된 개념들의 도입(2), 그리고 법개정에 있어서의 외국개념 활용(3).

1. 법 해석기법의 변화

우선, 대륙법적 기법과의 지리적 근접성으로 인하여 영국법의 法源을 사용하는 방법에 분명한 변화가 있다는 점을 들 수 있다. 영국법이 어느 정도 유럽화되어가고 있는 것이다.

제정법 해석에 동원되는 기법의 변천은 이 점을 잘 보여 주는 예이다.

---

15) N. Duxbury, *Jurists and Judges, An Essay on Influence*, Hart Publishing, 2001 영국에서의 법학교육의 역사에 대하여는 M. Zander, *The Law-Making Process*, 6ème édn., Cambridge University Press, 2004, pp.443-444 참조.

1993년 이전까지, 아주 오랫동안 영국 법관들은 제정법의 해석이 재판의 쟁점으로 된 경우, 그 법안이 의회를 통과하는 과정에서 사용되었던 법안 준비자료를 검토하기를 거부해 왔었다.[16] 그러나 일견 놀랍게 보이는 이 원칙은 권력분립의 원칙에 근거한 것이었다. 다시 말해, 영국법에 의할 때 의회는 제정법을 만드는 기능을 수행하고, 사법부는 그 법을 해석하는 기능을 수행하되, 이 각 권능은 각자 고유한 영역을 가지고 있다는 것이다. 그러나 1972년에 영국이 유럽연합에 가입하게 되면서 영국 법관도 유럽연합법을 해석하게 되었는바, 유럽연합법은 영국의 제정법과는 다른 방법으로 제정된 것이다. 그 때부터 영국 법관들은 새로운 해석기법을 원용하기에 이르렀고, 법안 준비자료를 참조하게 된다. 약 20년 후인 1993년, 영국 법관들은 이 방법을 영국 법률(세무 관련법이 문제가 된 사례였다)의 해석에 적용하였다. 판례 변경에 준하는 결정이 Pepper v. Hart[17] 사건에서 내려진 결과 영국 법관들도 프랑스 법관과 마찬가지로 제정법을 해석함에 있어서 법안 준비자료를 참고할 수 있게 되었다.

양 제도 간에 서로 영향을 주고받는 또 다른 예는 민사소송 절차의 개정에서 찾을 수 있다.[18] 이 개정을 주도한 울프 경(Lord Woolf)이 프랑스법의 영향을 받았다는 사실은 잘 알려져 있다. 일례를 들자면, 민사소송 절차 개정 이후로는 영국의 고등법원 판사들은 변론요지서의 사전 제출을 요구하는

16) 이른바 배타적 해석 원칙이 Black Clawson International Ltd. v. Papierwerke Waldhof-Aschaffenburg [1975] AC 591 사건에서 설파된 바 있다.

17) Pepper v. Hart [1993] AC 593. 사건은 사립학교 교원에게 제공된 그 자녀들의 학비 감액 조치에 관한 것이었다. 이 감면액이 과세대상 소득인지가 문제가 되었다. 의회의 법안 심의 과정을 검토한 끝에 관계 장관의 제안 설명 중 이 문제에 대한 대답을 찾을 수 있었다.

18) The Right Honourable Lord Woolf, M. R., *The Final Report on Access to Justice*, HMSO 1996 참조. 이 보고서 내용에 대한 요약 평가로는 http://www.dca.gov.uk/civil/final/index.htm; A. Adeline, Modernisation de la justice anglaise, le rapport Woolf, *Gazette Palais* 1997, doctr. 508 참조.

데, 이는 구두변론에 소요되는 시간을 줄이고, 제기될 주장을 판사가 미리 파악할 수 있게 하기 위한 것이다. 그 밖에도, 영국의 고등법원은 프랑스 판사들이 채택하는 '합의체 원칙(principe de collgialité)'을 점차 채용하여 단일 의견으로 된 판결이 내려지는 경우가 계속 증가하는 추세에 있다.[19)]

2. 유럽연합지침에 포함된 개념의 도입: 영국법의 반응

유럽연합지침을 실행하는 과정은 지침에 포함된 외국 법개념을 회원국에 강요할 여지가 있다는 점을 잠정적 시론으로 제시하고자 한다. 이러한 외국 개념들은 수용국의 법을 자극하여 문제를 낳는다는 주장이 제기된 바 있다.[20)] 대표적인 예로 '신의칙(bonne foi)' 개념과 불공정조항에 관한 1993년의 유럽연합지침을 들 수 있다. 프랑스는 민법 제1134조 제3항[21)]에 규정된 신의칙을 일반원칙으로 인정하고 있지만, 영국법은 이러한 추상적인 원칙을, 특히 계약교섭 단계에서 인정하기를 거부하고 있다.[22)] 따라서, 신의칙에 따라 계약교섭에 임해야 할 의무는 영국법에 존재하지 않는다. 반면에, 영국 법률가들이 원하든 원하지 않든 간에, 불공정조항에 관한 1993년의 유럽연합지침은 사업자와 소비자 간에 체결되는 계약에 적용되는바, 이 지침에는 신의칙이

---

19) R. Munday, 'All for One and One for All' - The Rise to Prominence of the Composite Judgement within the Civil Division of the Court of Appeal, 61 *Cambridge Law Journal* 2002, 321-350.

20) G. Teubner, Legal Irritants: Good Faith in British Law or How Unifying Law Ends Up in New Divergences, 61 *Modern Law Review* 1998, 11s.

21) 이 규정의 내용은 다음과 같다: "합의는 신의에 따라 성실히 이행되어야 한다."

22) Walford v. Miles [1992] 1 All ER 453, HL. 애크너(Ackner) 경의 판시는 유명하게 되었다: 그러나, 신의칙에 따라 계약교섭에 임하여야 할 의무란 것은 계약교섭에 임한 당사자의 대립구도에 본질적으로 반하는 개념이다(However, the concept of a duty to carry on negotiations in good faith is inherently repugnant to the adversarial position of the parties when involved in negotiations.).

명시적으로 언급되어 있어, 이를 거래당사자 간의 균형을 가늠하는 기준으로 삼아 해당 조항의 불공정 여부를 판단하도록 하고 있다. 영국법은 이 지침을 실행하기 위하여 여러 조치들을 도입하여야 했던 반면,[23] 프랑스에서는 소비자법전(Code de la consommation)을 통하여 이 지침을 실행하는 데 별 어려움이 없었다. 이 지침을 영국에서 실행하는 데 어려움이 있었던 이유 중 하나는 영국 법조계가 의심에 찬 눈길로 대하는 신의칙이라는 개념을 도입하여야 했기 때문이었다. Director General of Fair Trading v. First National Bank Plc.[24] 사건을 예로 들자면, 영국 최고법원은 이 개념을 조심스럽게 원용하며, 마치 이방인 친구를 대하듯하였다. 사실, 신의칙 개념은 프랑스를 포함한 대륙법계 국가의 개념들에서 온 것으로서 영국법에 혼란을 야기시켰고 이전보다 더 많은 문제와 이견을 불러일으켰다고 하겠다.[25]

3. 법 개혁을 위한 외국개념 활용

개혁에 대한 이 같은 적대감은 모르는 것에 대한 두려움에서 오는 것이지만, 다행히 모든 분야에 나타나는 것은 아니다. 이야기를 매듭짓는 차원에서, 상대에 대한 의심이 덜하고, 보다 개방적인 어떤 움직임에 대하여 논하고자 한다. 이 움직임을 통하여 19세기에 있었던 학술교류의 전통이 오늘날까지 연결됨을 알 수 있을 것이다. 사실은 두 나라 모두에서 비교법 연구가들의 작업 덕분에 법관들이 외국 개념에 대하여 개방적이고, 이는 법 개혁에

23) Unfair Terms in Consumer Contract Regulations 1994, S.I. 1994, n. 3159. Unfair Terms in Consumer Contract Regulations 1999, S.I. 1999, n. 2083. E. MacDonald, 'Unifying Unfair Terms Legislation', 67 *Modern Law Review* 2004, 69. 2002년에 입법조사위원회(Law Commission)는 당시의 여러 조치들과 1977년의 제정법(Unfair Contract Terms Act 1977)을 통합하는 권고안을 담은 보고서를 발표하였고, 이와 관련된 법안이 2005년에 제출되었다.

24) [2001] UKHL 52.

25) G. Teubner, note 20.

도움이 된다.[26)]

이런 예는 영국법에서 쉽게 찾아볼 수 있는데, 그 이유는 법관들이 자신의 주장을 뒷받침하는 외국의 法源을 분명히 밝히기 때문이다. 그러나, 외국법을 명시적으로 언급하는 것이 묵시적으로 그를 사용하는 것보다 더 큰 효과를 가져온다고 결론짓는 것은 성급해 보인다. 덕스베리(Duxbury) 교수는 오히려 주장의 근거자료를 밝힌다고 해서 그 주장이 더 설득력 있게 되는 것은 아니라는 점을 잘 밝혀낸 바 있다.[27)] 이 주제와 관련하여는 프랑스의 한 사례를 살피는 것이 보다 흥미로울 것 같다. 이 예는 영국의 여러 사례들[28)] 보다는 좀더 미묘하고 복잡하다.

법관들이 하는 일에 대하여 다시 생각하여 보자. 그들은 때로는 자신들의 어떤 해법을 뒷받침하는 근거가 충분하다는 점을 설득하고자 외국법을 지목하고 비교법적 접근을 하곤 한다. 그러나 판사들이 이런 시도를 하는 이유는 해답을 찾기 위함이라기보다는 새로운 논리전개 방식을 도입하기 위함이라는 주장이 제기된 바 있다.[29)] 이러한 과정은 법관들이 과거에 비하여 법규범의 민주적 형성과정에 더 많이 개입하는 경향에서 이루어지고 있다. 그 외에도 외국법에 대한 언급이 계속 증가하는 추세에 있는데, 이는 법규범의 원천이 다양하게 된 결과이다. 법관들은 이 다양한 법규범들이 전파되는 과정에서 중요한 역할을 하고 있는바, 법규범은 이처럼 점진적으로 짜깁기하듯

---

26) J. Allard et A. Garapon, note 1 *supra*, pp.69-70.

27) N. Duxbury, note 15, *supra*.

28) 부당이득 반환과 유사한 법리에 관한 예로는 Kleinwort Benson Ltd. v. Liverpool City Council [1998] 4 All ER 513 참조. 이 판결 중 고프(Goff) 경이 집필한 판결이유에는 외국 판례를 인용한 긴 구절이 있다. 영미법계의 다른 나라 판례, 즉 미국, 오스트레일리아 등의 판례를 설득력 있는 논거로 인용하는 일은 오래 전부터 있어 왔다. 대륙법계 국가의 법, 예를 들어 프랑스법을 언급하는 것은 훨씬 최근의 일이다.

29) G. Canivet, 전게 논문, pp.45-45; J. Allard et A. Garapon, note 1, *supra*, p.59s., 특히 pp.60, 67에서 저자들은 미국 대법원의 브라이어(Breyer) 판사의 견해를 인용하고 있다. 사실 판사들이 외국법의 해법을 인용하는 이유는 복잡하다. 이 점 후술한다.

누적적으로 형성되는 것이다. 이러한 법관의 활동을 좀더 자세히 살펴본다.

사법업무의 민주화와 관련하여 주목할 점은 —파기원(Cour de cassation)의 판결이유는 여전히 매우 간략하지만— 파기원 법정에서 변론을 담당하는 사건변론판사(Avocat général)의 의견이 점점 더 체계적으로 되고 있다는 점이고, 이는 판례의 투명성을 이룩하는 데 있어서 새로운 전기를 마련하고 있다.[30] 중요 판례의 하나인 뻬뤼슈(Perruche) 사건을 예로 들어 보겠다. 이 사건은 임신 중에 있던 산모에게 실시한 풍진(風疹)검사에서 오진을 한 의사를 상대로 하여, 출산한 障碍兒가 제기한 손해배상 청구소송에 관한 것이다. 이 사건의 법적 쟁점은 출산한 아기가 입은 손해에 대하여 의사에게 배상책임, 즉 준불법행위(quasi-délit)에 기한 책임이 있는지의 문제였다. 파기원은 배상청구를 인정하였는데, 이 판결은 학자들 사이에 찬반양론을 크게 불러일으켰다.[31] 그러나 사건의 종합변론을 담당한 생뜨-로즈(Sainte-Rose) 판사의 결론을 살펴보면, 그는 매우 유사한 영국법원의 사례를 원용하면서 배상책임이 없다는 주장을 펴고 있음을 알 수 있고,[32] 이는 매우 흥미로운 점이다. 미국 판례도 언급되었다. 사건변론판사의 견해는 파기원을 설득하지는 못하였다. 왜냐하면 영국 판결은 원하지 않았던 삶(wrongful life)을 사는 데 대한 배상청구를 부인한 것임에 반하여, 이 사건은 원하지 않는 출산(wrongful birth)에 대한 배상청구였기 때문이다. 그러나 이 경우 법관이 한 작업의 특이점을 주목할 필요가 있다. 비교법이 유추의 대상으로, 그리고 주장을 강화하는 용도로 사용되었다. 사실 외국 판례가 언급된 이유는 매우 분명하다. 우선, 사례의 유

30) E. Lesueur de Givry, La diffusion de la jurisprudence, mission du service public, publié sur le site web de la Cour de cassation en 2003: http://www/courdecassation.fr.

31) 이 판결은 이른바 입법촉진적 판결 중 하나였다. 이 판결 후 입법부는 법률을 제정하여 이 판결이 제시한 해법으로 변경하고 이러한 종류의 배상사건을 별도로 처리하는 방안을 마련하였다. M. Fabre-Magan, *Les Obligations*, PUF, 2004, n°263, pp.719-721은 이 사건에 대한 찬반 양론을 종합해 보려는 시도를 하고 있다.

32) Mckay v. Essex Area Health Authority [1982] QB 1166. 변론 담당 판사의 결론은 JCP 2000, d. G II.10438, rapp. P. Sargos, concl. J. Sainte Rose에 수록되어 있다.

사성에 근거한 이러한 논의전개는 사고의 지평을 넓히고, 남으로부터 배우는 것을 가능하게 한다. 외국의 법적 해법은 결국 일종의 아이디어 상자와 같아서 판사들이 그것으로부터 창의적 해법을 찾을 수 있게 해준다.[33] 다른 한편으로, 외국법을 원용하는 것은 결론을 정당화하는 한 방편이기도 하다. 알라르(Allard)와 가라퐁(Garapon)이 적절히 지적하였듯이, 외국법과의 교섭은 서로 영향을 주고받는 것은 물론, 자기의 정당성을 확보하는 데 도움이 된다.[34] 그러나 자기 해법의 정당성을 외국법에서 찾으려는 시도는 한계가 있다. 왜냐하면 외국판결을 언급하거나 원용하는 것은 기껏해야 그저 설득력이 있는 한 논거에 불과하기 때문이다.[35]

프랑스 법관들이 외국법에 대하여 가지는 개방적 태도는 다양한 형태로 나타난다. 법학자들과 긴밀히 협력하고 있는 파기원의 법관들은 영미법의 여러 변화를 연구하고 있다. 파기원 판결을 번역하는 사업은 프랑스와 영국의 접촉을 통해 기획되었는바,[36] 이것도 이러한 움직임의 일환이다. 따라서 우리는 지금의 법관들도 과거의 판사들이 그랬던 바와 같이 해바라기처럼 외부로 눈을 돌리고 있음을 확인할 수 있다.

이하에서는 대략적으로나마 프랑스법에 대한 미국법의 영향에 대하여 검토하고자 한다.

---

33) J. Allard et A. Garapon, note 1, pp.18-19.

34) *Ibid.*

35) P. H. Glenn, Persuasive Authority, 37 *McGill Law Journal* 1987, 260; N. Duxbury, 전게서; J. Allard et A. Garapon, 전게서. 특히, pp.58-60 참조.

36) University College of London의 Institute of Global Law가 운영하는 다음 웹사이트를 참조: http://www.ucl.ac.uk/laws/global_law/index.shtml. 외국판결은 http://www.ucl.ac.uk/laws/global_law/content.shtml?decisions 참조.

II. 프랑스법의 미국화가 초래하는 문제

미국법은 또 하나의 이국적 영역으로서, 영국법보다 더더욱 프랑스 법률가를 매료시키고 있다.[37] 미국 모델은 모방게임을 통한 교류를 낳고(A), 외국 모델에 대한 매력은 새로운 복제품 제작에 영향을 미치기도 한다(B).

A. 모방게임: 판례변경과 리바운드 볼

최근 파기원은 판례변경에 대한 비교법적 연구를 몰페시 교수의 지휘 아래 수행하도록 한 바 있다.[38] 그 연구보고서는 판례의 소급효, 법관의 법창조 기능, 소급적 판례변경의 부정적 효과 등의 까다로운 문제를 주제로 파기원이 개최한 학술대회에서 발표되었다. 보고서는 비교법적 검토를 담고 있는바,[39] 미국 연방대법원이 1932년 Great Northern Railway Co. v. Sunburst

---

37) 이것은 새로운 현상이 아니다. 알렉시스 드 토끄빌이 식민지를 연구할 목적으로 미국에 파견된 바 있고, 그 여행의 결과 그는 비교법 분야의 명저라 할 미국 민주주의 연구(De la dmocratie en Amrique)를 1837년에 출판한 바 있다.

38) N. Molfessis, Rapport sur les revirements de la jurisprudence, Dalloz, 2004. 이 보고서는 인터넷상으로도 열람 가능하다: www.liaisons_sociales.com/pdf/complements_616_rapport_revirements/pdf; Les revirements de la jurisprudence ne vaudront-ils que pour l'avenir? Entretien avec M. G. Canivet et M. N. Molfessis *JCP* 2004.I.189; Pascale Deumier et Rafael Encinas de Munagorri, "Sources du droit en droit interne - Faut-il différer l'application des règles jurisprudentielles nouvelles? Intérrogations à partir du rapport *les revirements de jurisprudence*," RTDCiv 2005, pp.83-88.

39) 앞서 인용한 영국 사례인 Kleinwort Benson Ltd. v. Liverpool City Council 이 보고서에서 자세히 논의되었는데, 그 이유는 이 판결에서 영국법관들은 그들이 법창조적 역할을 한다는 점을 명시적으로 인정하고, 판례변경의 소급적 효력과 그로부터 발생할 수 있

Oil & Refining Co. 판결에서 사용한 이른바 비소급적 판례변경(prospective overruling)에 대하여 언급하고 있다. 프랑스 학자들은 사실 오래 전부터 이 문제에 관심을 보여 왔다.[40] 비소급적 판례변경은 마치 탄력있는 공을 땅에 던졌을 때 같이 이곳저곳으로 계속 옮겨가는 특이한 현상을 보이고 있다. 미국 법원이 이를 인정한 뒤, 나머지 영미법계 국가들에서는 그에 대한 회의적인 입장이 지배적이었다. 1970년대의 영국법관들은 비소급적 판례변경을 인정하는 것을 마치 루비콘 강을 건너는 것처럼 여기며 —법관의 사법작용과 의회의 입법작용 간의 경계를 넘어서는 일이라고 생각하며— 이를 피하고 있었다.[41] 그러나 유럽연합법원이 비소급적 판례변경을 사용하였고, 스트라스부르그에 있는 유럽인권법원이 그 뒤를 이었다. 그 파장으로 프랑스 파기원도 유럽인권협약 제6조 제1항에 언급된 공정한 재판절차와 관련하여 이를 원용하였다.[42] 사실 이러한 모방의 과정은 계속 리바운드되는 공과 비슷하다. 프랑스의 법관들이 이것에 흥미를 가지게 되면, 영국의 법관도 같이 관심을 가지게 되는 것 같다. 영국의 법학자와 법관들이 이 문제에 대하여 큰 관심을 보인 성과가 없지는 않다.[43] 결국, 영국의 최고법원은 최근인 2005.6. 30.에 비소급적 판례변경을 할 수 있다는 결정을 내렸다(비록 그 사건에서 당장 이를 적용하지는 않았지만).[44]

는 결과에 대하여 논하고 있기 때문이다.

40) Ch. Mouly, Le revirement pour l'avenir, JCP 1996. I. 3776.

41) 이 표현은 데블린(Devlin) 경이 사용한 것이다. Devlin, Judges and Law makers, 39 Modern Law Review 1976, p.11 It crosses the Rubicon that divides the judicial and the legislative powers. 이 비유는 프랑스 학자들도 다시 사용한 바 있다. P. Morvan, Le revirement de jurisprudence pour l'avenir: humble adresse aux magistrats ayant franchi le Rubcon, D. 2005, Ch. 247 참조.

42) Cass. 2me Civ. 8 juillet 2004, Dalloz, Jur, 2956. 이 문제에 대한 역사적 논의로는 P. Morvan prc., note 41 참조.

43) Lady Mary Arden, Prospective Overruling, 120 *LQR* 2004, 7; The Rt Hon Lord Roger of Earlsferry — A Time for Everything under the Law: Some Reflections on Retrospectivity (121) *LQR* 2005, 57.

미국법의 모방은 법학자나 판사만이 하는 것은 아니다. 프랑스의 입법부 역시 미국법의 영향을 받고 있다. 예를 들어 유죄 인정에 기한 출석절차는 미국의 유죄인락(guilty plea)제도에서 영향을 받은 것인바,[45] 이 절차는 2004.3.9. 페르벤(Perben)법에 의해 프랑스에 도입되었다.

따라서 미국법은 프랑스법에 상당한 영향력을 행사하고 있는 것 같다.[46] 보다 간접적인 영향력 행사의 예도 있다. 이른바 법경제학(law and economics)파라 불리는 미국의 이론이 오늘날 프랑스에서 어떤 위상을 누리는지를 생각해 보자. 이 학파의 사고는 프랑스의 법이론, 그리고 어찌 보면 장래의 법이론[47]에 영향을 미치고 있을 뿐 아니라, 법관들도 점점 이 접근방법에 관심을 보이고 있어서 그들의 사고방식에도 영향을 미치고 있다. 단적인 예로, 이 문제를 주제로 한 여러 차례의 학술대회가 최근 파기원에서 개최되었다는 점을 들 수 있다.[48]

법률가들이 미국법에 대하여 느끼는 매력은 그들로 하여금 또 다른 작업을 하게끔 하기도 한다.

---

44) National Westminster Bank plc. v. Spectrum Plus Limited and others [2005] UKHL 41.

45) I. Papadopoulos, Plaider Coupable, La pratique américaine, le texte français, PUF, Droit et Justice, 2004.

46) 다음 학술대회 발표문 참조: Actes du colloque, *L'Américanisation du droit*, Arch. phil de droit, Dalloz, 2001.

47) 최근의 여러 박사학위 논문은 이 미국이론을 주제로 한 것이다. 예를 들어, M. Fabre-Magnan, *De l'obligation d'information dans les contrats — Essai d'une théorie*, LGDJ 1992, prf. J. Ghestin. 이 논문의 한 부분은 경제분석에 관한 것이다. pp.49-117; Y.-M. Laethier, *Etude comparative des sanctions de l'inexécution du contrat*, LGDJ, 2004; G. Maître, *La Responsabilité Civile à l'épreuve de l'analyse économique du droit*, LGDJ, 2005, prf. H. Muir Watt. 이 저자는 서문에서 최근 프랑스 학자들 사이에 이 이론에 대한 관심이 증대하고 있지만 채택과 거절이 팽팽히 맞서고 있음을 지적하고 있다. 1면 이하, 특히 note 6.

48) 파기원 홈페이지: www.courdecassation.fr에서 manifestations이라는 항목을 참조.

B. 복제품의 생산

프랑스의 법학자와 법관이 점점 더 긴밀히 협력하는 이유는 그저 지적 호기심에 기인한 것인가, 아니면 외국개념에 대하여 득실을 어느 정도 따져본 뒤 가지는 감탄 때문인가? 미국의 제도에 프랑스 법조인이 흠뻑 빠져 있는 예는 여럿 있다. 준불법행위에 대한 징벌적 배상책임을 인정하는 것이라든가,[49] 미국의 대표소송(class action)제도에 대하여 가지는 관심이 그것이다. 미국의 이 두 제도는 서로 겹치는 부분이 있기도 하지만, 이들은 엄연히 구분되어 각기 독자적으로 존재하는 제도이다. 비록 미국법에서 징벌적 손해배상은 공분을 사는 행위를 저지른 자에 대한 응징 내지 예방책으로서 민사재판에 배심제도가 존재한다는 사실에 밀접하게 관련이 되어 있음에도 불구하고, 파기원에서 2004년에 개최된 학술대회의 발표를 보면, 프랑스 국민은 이 제도를 꽤 긍정적으로 생각하고 있음을 알 수 있다. 실제로, 징벌적 배상제도를 도입한다고 해서 배심제도까지를 반드시 도입해야 하는 것은 아니라는 주장이 제기되기도 하는데, 그 이유는 징벌적 내지 예외적 배상액의 결정을 사실문제가 아니라 법률문제로 규정하고, 그 액수 결정을 법관이 하도록 하는 것도 가능하기 때문이라는 것이다.[50] 미국에서 배심원에 의하여 수여되는 엄청난 액수의 징벌배상금과 그로 인하여 생겨나는 매우 부정적인 결과들을 볼 때,[51] 징벌적 배상제도의 도입 제안이 프랑스에서 이렇게 인기가 있다는

49) V. J. Coffee, Les dommages punitifs aux Etats Unis, Prémisses, justifications et perspectives, allocution donnée à la Grand'chambre de la Cour de cassation le 25 mars 2004 faisant partie du Séminaire "Cultures judiciaires comparées," cycle 2003-2004 : "Risques, assurance, responsabilité".

50) 2004년 3월 25일 G. Durry의 발표 참조.

51) 징벌적 배상제도의 역사와 전망에 대한 연구로는 A. J. Sebok, *What did Punitive Damages do? Why Misunderstanding the History of Punitive Damages Matters Today*, (78) *Chicago-Kent Law Review* 2003, 163; C. Sharkey, Punitive Damages as Societal Damages,

점은 사실 좀 놀랍다. 마찬가지로, 대표소송이 프랑스에서 큰 관심을 끌고, 그 도입이 마치 대세를 이루듯 하고 있다는 점에 대하여도 역설적인 논평이 가능하다. 징벌적 손해배상제도와 대표소송제도는 현재 미국 내에서 큰 변화와 어려움에 직면해 있는 제도이기도 하다.

이러한 검토에 기하여 다음과 같은 비교법적인 질문을 던질 수 있다: 왜 프랑스 법률가들은 미국 법률가들이 스스로 바꾸고 싶어하고, 비중을 낮추고 싶어하는 미국의 이 두 제도에 그렇게 관심을 가지는 것일까? 마치 비교법 연구가 유행에 조금 뒤진 채 이루어진 나머지, 멀리서 보는 그 모델은 찬란해 보이나, 정작 그 본국에서는 이미 광채를 잃고 녹슬어 가고 있어 갈아치워야 할 때가 다가온 것이 아닐까 싶다. 모방하고 싶은 유혹이 과연 그 모델의 불편한 점을 그저 모르기 때문에 생겨나는 것인지, 아니면 이를 알지만, 그 제도를 가지고 와서 원래보다 더 낫게 개선할 수 있다는 우월감에서 생겨나는지 궁금할 따름이다.

결 론

요약하자면, 본 발표는 세계화의 두 가지 현상 형태를 살펴보았는데, 그 중 하나는 프랑스 법의 유럽화이고, 다른 하나는 프랑스법의 미국화이다. 오늘날의 세계에서 교류 즉, 개념의 전파와 사고의 개방화는 계속 증가하고 있다. 그렇지만 교류가 부작용이 없는 것은 아니다. 법률가 집단에서 각자는 그 역할이 있다. 법관, 법학자, 그리고 현장에서 지형을 더듬어 가며 새로운 해결책을 만들어 내는 실무가들이 있음을 잊어서는 안 된다.

여기서 제시된 교류의 모델은 공격적이 아니라 우호적이고, 경쟁적이 아니라 개방적인 것이지만, 중요한 단서가 있다. 자신의 고유문화를 방어하고

(113) *Yale Law Journal* 2003, 347 참조.

확산시키려는 욕망을 강조하고자 하는 것은 아니지만, 그 반대 방향으로 과도하게 나아가 무조건 모방하고자 해서는 아니될 것이다. 제대로 된 우정은 상대를 잘 알 때에야 가능하다. 상대방에 몰입되어 자기 스스로를 잃는 우를 범해서는 안 될 것이다.

법적 담론 전개양식의 차이

-성문법 국가와 판례법 국가의 비교-

김 기 창 (고려대학교 법과대학 교수)

> 입법의 과학이 있음은 물론, 사법의 과학도 있다. 이 양자는 서로 다르다. 입법의 과학은 매 사안에서 공익에 가장 도움이 되는 원칙들을 발견해 내는 데 있다. 사법의 과학은 이러한 원칙들을 사인 간의 분쟁에 현명하고 합리적으로 적용하여 그 원칙들을 실행에 옮기고, 분화, 확장해 나가는 데 있고, 성문규정으로 표현될 수 없는 법의 정신을 탐구하고, 성문규정의 노예가 되었다가, 규정을 거부하거나 하며 오락가락하지 않으며, 忠僕의 정신으로 반항하는 데 있다.

포르탈리스의 이 유려한 설명은 입법자와 법관이 법의 형성과 운용과정에서 서로 상보적 역할을 할 것으로 프랑스 민법전 초안자들 스스로가 기대하고 있었음을 보여주고 있다. 법전화 작업이 완성된다 하더라도 포르탈리스는 법관에 의한 법 발견활동이 사라질 것이라고 생각하지는 않았다. 법관의 역할은 법전채택 이후에도 계속됨은 물론, 그 역할이 성문규정의 해석 적용에 국한되는 것은 아니라는 점은 다음 구절에서 더욱 분명하게 드러난다.

> 사법관계를 이루는 무한히 다양한 사정 속에서 내려지는 판결이다. 많은 경우에 결론을 보강한다기보다는 그저 결론으로 지향하게 하는 여러 진술들의 결합인 것이지, 어느 분명한 규정이 적용된 결과라고 보기는 어렵다. 따라서 제정법을 무시할 수 없는 것과 마찬가지로 판례의 법리도 무시할 수는 없다.

성문법전이 지향하여야 할 가치는 적절한 수준의 추상화를 담고 있는 규범적 진술들을 사용하여, 입법자와 법관이 결국에는 공동으로 수행하는 법발견과 법형성의 과정이 조화롭게 이루어지도록, 그리고 공동체가 선택하는 방향으로 이루어지도록 확보하는 데 있다. 입법권과 사법권을 엄격하고도 분명하게 구분하려는 시도는 어쩌면 이데올로기적인 선언 이상의 의미를 가지기 어려울지 모른다. 몽테스키외의 저술을 통하여 서양정치사의 표면에 등장한 권력분립이론이 비록 눈부신 성공을 거두었다 하더라도, 포르탈리스의 다음과 같은 견해가 가지는 설득력은 오늘날은 물론 앞으로도 쉽사리 퇴색하지는 않을 것이다.

> 우리가 남겨두는 공백은 실제 운영과정을 통하여 점차로 메워질 것이다. 법전이란 시간이 가면서 이루어지는 것이다. 더 정확히 말하자면, 법전은 만들어지는 것이지, 사람이 만드는 것이 아니다.

200년이 지난 오늘, 포르탈리스의 예상, 아니 희망은 어느 정도 적중하였을까? 성문법 체계를 선택한 국가들은 오늘날 법관에게 어느 정도의 법 형성, 법 보충의 여지를 인정할까? 입법의 기술로서, 입법과학의 중요한 테크닉으로서 입법자가 의도적으로 남겨둔 '공백'이 오늘날 법원에 의하여 과연 채워져가고 있는가? 아니면 법원은 그 공백을 반복하여 확인하기만 할 뿐인가? 성문법 국가이건, 불문법 국가이건, 법원, 더 정확하게는 법관이 법을 발견, 변용, 보충, 형성하는 매우 중요한 역할을 수행하고 있다는 것을 부인하거나 외면할 수는 없다. 그러나 성문법전이 있느냐, 그렇지 아니하냐에 따라 법원이 그 입장을 표현하는 양식이나 스타일이 때로는 미묘하게, 때로는 분명하게 차이가 있을 것이다.

불법행위책임을 간략한 규범적 진술로 규정한 한국민법 제750조("고의 또는 과실로 인한 위법행위로 타인에게 손해를 가한 자는 그 손해를 배상할 책임이 있다")는 바로 포르탈리스가 말한 것처럼 입법자가 의도적으로 남겨둔 여백임이 분명하다.[1] 한국법원이 그 동안 이 분야에서 축적한 판례법리들은 법형성의 과정을 분명히 보여주는 중요한 성과물이라 할 수 있음은 물론이다. 그러나 성문규범이 남겨 둔 공백을 법원이 보충하기보다는, 그 공백을 그저 재확인하는 데 그치는 분야도 있다. 이 발표는 그러한 분야의 한 예로서 이른바 '가짜 거래'의 효력에 관한 한국민법규정(제108조 제1항)과 한국 법원의 논의 전개양식에 대하여 간단히 살펴보고자 한다. 민법 제108조 제1항은 다음과 같다.

> 상대방과 통정한 허위의 의사표시는 무효로 한다.

이 규정은 프랑스 민법전에는 없는 규정이다. 이 규정은 독일민법 규정의 영향을 받아 한국에 도입된 것이다. 19세기 독일 민법학자들의 학문적 상상력의 산물인 법률행위라는 개념이 총칙(Allgemeiner Teil)이라 분류되는 독특한 민법전 규정들을 탄생시켰음은 잘 알려진 바와 같다.[2] 학자적인 분석은 여기서 중단하지 아니하고, 법률행위를 구성하는 심리적 요소로서 의사표시라는 분석적 개념을 상정하기에 이르렀고, 이러한 학문적 성과를 반영하는 규정들이 독일민법전 총칙 중 의사표시에 관한 일반적 규정으로 등장하기에 이르렀다. 매우 고도의 추상화, 이론화를 거친 독일 민법의 이러한 규정들의 바탕에 놓인 입법자의 의도는 무엇이었을까?

프랑스 민법전을 기초한 자들이 시도한 것은 기존의 성문법 문헌과 불

---

1) 프랑스 민법 제1382조도 같다: Tout fait quelconque de l'homme, qui cause à autrui un dommage, oblige celui par la faute duquel il est arrivé, à le réparer.

2) 한국민법전 역시 이러한 독일민법전 편찬자들의 선택을 수용하여 법률행위에 대한 총칙 규정을 두고 있다.

문의 관습규범을 적절한 수준에서 정리하여(transaction entre le droit écrit et les coutumes) 입법자와 법관이 계속 법을 형성하여 나가는 토대를 마련하는 것이었다고 할 수 있다. 그로부터 1세기 뒤에 독일 법학자들에 의하여 이루어진 법률행위, 의사표시 등에 관한 입법작업은 학문적 분석과 이론적 설명을 법규정으로 고착하여 표현하려는 시도였다고 할 수 있다. 성문법과 관습법의 적절한 조화라든가, 입법자와 법관의 상보적 역할을 기대한 것은 아닌 것 같다. 사실 그 때쯤 와서는 프랑스에서도 더 이상 법관과 입법자의 상보적 역할을 강조한다거나, 불문 관습법과 성문법전의 상호 공존을 상상하거나, 성문법전의 의도된 공백을 찬미하는 학자는 없어졌다. 법전지상주의 내지는 (법전의 완결성, 충만성을 암묵적 전제로 하여 번성한) 해석학파의 승리로 특징지어지던 시대가 아니었던가? 독일민법전 제정자들 역시 입법자와 법관의 상보적 역할에 무관심하기는 마찬가지였던 것 같다. 오히려 그들은 입법자와 법학자의 상보적 역할에 골몰하였고, 민법규정의 학문적 엄밀성과 논리적 일관성에 가장 큰 집착을 보인 듯하다.

이러한 역사적 배경에서 등장한 한국민법 제108조가 어떻게 실제로 동원되는지를 몇 가지 사례들을 통하여 살펴보기로 한다. 포르탈리스가 꿈꾸었던 세계는 입법자와 법관이 조화롭게 법형성을 분담하는 것이었다. 그러나 법관이 규범형성자의 역할을 포기하고, 추상적으로 표현된 성문 규정의 적용자에 불과하다는 입장을 취한다면, 판결이 성문규정의 공백을 채우기는커녕, 판결이 거듭될수록 성문규정은 더욱더 공허하게 될 위험이 있다는 점을 지적하고자 한다. 이 점을 부각시키는 데 필요한 한도에서 영국법원이 취하는 태도와의 비교도 간략히 시도한다.

금융기관의 부실화를 막기 위하여 동일인에게 대출할 수 있는 한도를 법령이나 금융기관의 내규로 정하는 경우가 있다. 그러나 금융기관과 대출희망자가 이 제약을 회피하기 위하여 제3자의 명의를 사용하여 대출관련 서류를 작성하여 대출이 이루어진 경우에 과연 그 제3자가 대출금의 상환채무를 부담하는지가 문제로 된 사건들이 여럿 있다. 흔히 이 경우 금융기관 직원이 대출액의 일정비율을 뇌물로 수수하고, 제3자의 신용도에 대한 실질적인 평가 없이 그 자에게 대부하는 데 필요한 여러 서류를 작성하고, 제3자가 이 서류에 서명날인하는 절차를 거친다. 많은 경우 거래의 당사자 모두가 왜 이렇게 거래를 하는지를 잘 인식하고 있다. 법원은 금융기관과 이렇게 동원된 제3자간에선 실제로 금전소비대차관계를 창설하고자 하는 '의사' 없이, 서로의 양해하에 또는 서로 통정하여 소비대차의 표시행위를 허위로 하는 것(통정허위표시)이므로 무효의 법률행위라고 판단하는 경우가 있다(98다48989, 2000다65864, 2001다7445, 2001다11765).

흥미로운 점은, 문제의 행위가 과연 통정허위표시인지를 판단하면서 한국법원은 가능한 한 가치중립적인 담론전개 양식을 취한다는 것이다. 표시된 거래가 허위(거짓)인지가 논의의 초점이 되었더라면, 그 거짓 수단을 통하여 이루려는 목표가 무엇인지(이유 없이 거짓을 행하는 자는 비교적 드물다), 그 목표가 도덕적으로 비난받아 마땅한지, 그 목표를 달성하려는 당사자의 의도를 저지할 정책적 필요가 있는지, 그리고 당사자가 만들어 내놓는 표시행위를 그대로 강행하는 것을 법원이 명령하는 것이 과연 용납될 것인지 등을 논의하여야 할 것이므로 법원의 논의가 짙은 윤리적 색채를 띠게 되었을 것이다. 그러나 이것은 한국법원의 접근방법이 아니다. 표시자의 '진의'가 무엇인지, 그리고 진의와 표시에 저어가 있는지 여부에 치중하는 한국법원은 '진의'탐구를 위한 심리추리에 골몰하게 된다. 대출관련 서류에 서명할 때 채무부담 가능성에 대한 경고가 있었는지, 대출자로 서명하는 자의 신용도에 대하여 금융기관이 어느 정도 신중하게 검토하였는지, 제3자가 거래에 연루되게 된 경위가 무엇인지 등을 검토하여 당사자의 '진의'를 탐구하고, 그렇게 탐구된 진의가 표시된 거래행위의 내용과 부합하는지를 가늠하여 결론에 도달한다. 법원이 이렇게 '진의'를 찾아 헤매는 동안 그 담론은 윤리적 논의로부터 멀리 떨어져 있게 된다. 진의와 표시와의 차이 여부만이 관심사로 되기 때문이다.

법원의 이 같은 접근 방법은 통정허위표시에 관한 민법전 규정의 문언만을 보았을 때에는 잘 예상하기 어려운 것이다. 왜냐하면, 법조문에는 이미 명백한 도덕적 평가를 담고 있는 용어가 사용되고 있기 때문이다. '허위'는 '거짓'과 같은 뜻을 가지는 용어이고, '거짓'이나 '허위'는 아무리 기발하게 해석하더라도 긍정적, 또는 중립적으로 제시할 수는 없는 개념이다. 그러나 법관과 법학자들은 '허위'를 윤리적으로 정면승부하기보다는 과학적, 심리적 분석을 시도하여 '비진의 표시'라고 우회하여 설명하고자 한다. 사실 비진의 표시에 관하여는 민법 제107조 제1항에 다음과 같은 규정이 있다:

> 의사표시는 표의자가 진의 아님을 알고 한 것이라도 그 효력이 있다. 그러나 상대방이 진의 아님을 알았거나 이를 알 수 있었을 경우에는 무효로 한다.

문제는, 여기서 말하는 '진의 아닌 의사표시'는 윤리적으로 중립적이라는 데 있다. 호의나 예의의 표시로서 하는 인사치레 말, 은근한 농담 등도 모두 '진의 아닌 의사표시'이다. 분명한 윤리적 함의를 담고 있는 제108조의 '허위의 의사표시'를 어째서 굳이 윤리적으로 중립적인 제107조에서 언급된 '비진의 표시'와 동일시하려 하는 것일까? 법관이나 법학자가 윤리적 문제를 윤리적 문제로서 정면으로 다루는 것이 부담스러운가? 법관이 윤리를 논하는 것이 못마땅한가? 문제된 거래가 거짓인지 여부를 윤리적으로 판단하고 그에 따라 법적 결론을 도출하는 것보다는, 그 행위의 표시내용과 표시자의 의사를 대조하여 일치하는지 여부에 따라 결론을 도출하는 것이 좀더 '과학적'인 분위기를 풍기기는 한다. 이러한 태도는 법의 윤리적 기초를 애써 외면하고, 법적 담론을 '과학적 관찰과 객관적 묘사'에 근거하고 있는 듯 내세움으로써 법학의 과학성(Wissenshaftlichkeit)을 과장해 보려는 과거 어느 한때의 시대풍조에 부합하기는 할 것이다.

그러나 어렵게 확보한 과학적 외관은 인간 심리의 비과학성 때문에 여지없이 깨어지고 만다. 意思는 복잡한 것이다. 진정한 의사는 진정으로 복잡한 것이다. 원하기도 하고 원하지 않기도 하며, 원하지 않기를 원하기도 하고, 원하기를 원하지 않기도 하기 때문이다. 결국 대출제한을 초과한 거래를 성사시키기 위하여 동원된 제3자에게도 법률상 채무부담의 의사는 있다고 법원이 판단하기도 한다. 실제로 누가 대출금을 소비하였는지, 상환되어야 할 금원을 누가 궁극적으로 조달할 책임을 지는지는 금융기관이 상관할 바 아니라는 것이다. 대출관련 서류에 서명날인하는 자는 소비대차의 당사자로 될 '진정한 의사'로 그러한 표시행위를 하였다는 것이다. 그가 채무를 부담하지 않기를 진정으로 원하였다 하더라도 그것은 경제적으로 손해보지 않기를 원한다는 것에 불과할 뿐, 법적 의무를 면제할 이유가 되지는 못한다고 한다 (96다18182, 96다21492, 97다8403, 98다17909). 그러한 결론이 과연 윤리적으로 정당한지에 대하여 법원은 아무런 언급을 할 필요가 없다. 그 반대의 결론을 내리는 경우에도 마찬가지다. 법원은 오로지 제108조 제1항이 적용되는지, 아닌지만을 설명하면 된다고 믿고 있는 듯하다.

허위표시에 대한 논의를 탈윤리화한 결과는 만만찮다. 대출제한을 회피하려 제3자의 이름으로 한 소비대차계약이 허위표시라는 이유로 무효로 되는 경우, 금융기관은 그 제3자 또는 대출금의 수익자를 상대로 부당이득반환을 구할 수는 있을까? 만일 이것이 가능하다면, 대차계약이 무효라는 판결은 현실적으로는 별 쓸모가 없을 것이다. 가짜 거래를 내세워 법령이 정하는 제한을 우회적으로 회피하고, 정직한 타인을 거짓 거래로 속이고, 세금 기타 공과금을 면탈할 의도로 허위의 의사표시를 동원하는 행위가 한국의 '선량한 풍속'에 해당한다고 말할 자는 드물 것이다. 그러한 거래를 직접 한 자가 자신의 거래가 허위임을 스스로 주장하며, 그 거래에 기하여 건네진 물건의 반환을 구하는 경우, 법원이 그러한 청구를 허용하여야 하는지는 심각한 윤리적 딜레마를 제시한다. 그러나 매우 추상적인 수준의 성문법규정들에 의존할 수 있는 한국법원은 이러한 윤리적 문제를 쉽게 피해 나갈 수 있다고 생각하는 것 같다. 예를 들어, 강제집행을 면하기 위하여 자기 소유 재산을 제3자에게 거짓으로 양도하거나, 제3자 명의의 근저당권을 거짓으로 설정하는 행위에 대하여 법원은 이 문제를 윤리적으로 접근하지 아니하고, 오로지 제108조 제1항의 적용이 가능한지만을 판단하려 한다. 그렇게 함으로써 이 거래가 제108조 제1항에 의하여 무효이긴 하지만, 그 행위에 대한 윤리적 판단은 유보하는 것이 가능하다고 스스로를 설득하고 있다. 그렇게 자신을 설득한 법원은 그 거짓 거래가 언제나 선량한 풍속에 어긋나는 것은 아니고, 그렇게 거짓으로 건네진 재산이 불법한 급부는 아니라고 판단하는 데 필요한 논리적 공간을 확보하였다고 믿고 있다.[3] 민법 제108조에 못지않게 제103조(반사회질서의 법률행위)와 제746조(불법원인급여)도 매우 추상적인 표현을 사용한 규정들이다. 입법자가 의도적으로 남겨둔 공백인 셈이다. 관련 규정들의 윤리성을 끊임없이 탈색하고, 그 적용 여부를 '기술적', '과학적'으로 판단하는 법원의 판결이 누적될수록 입법자가 의도적으로 남겨둔 공백이 메워지기는커녕 자꾸 커지는 것 같이 느껴진다. 법관이 규범을 형성하고 보충하는 자로서의 임무를 방기하고, 추상적인 성문규정의 적용자에 불과하다는 입장을 취할 때 불가피하게 일어나는 결과이다.

법관이 규범을 보충, 형성하는 역할을 수행하려 하는지, 성문규정의 해석, 적용자로서의 기능만을 수행하고자 하는지에 따라, 사실관계를 다루는 양식에 차이가 생긴다. 규범을 보충, 형성하려는 자는 사실관계를 가능한 풍부하게 제시할 것이다. 성문의 규정으로부터는 해당 분쟁을 해결하는 데 필요한 규범이 도출될 수 없다고 보는 법관은 사실관계가 가지는 설득력으로부터 규범을 도출하려 할 것이기 때문이다. 다시 말하면, 자신의 결론의 정당성을 성문규정의 논리적, 수사적 외연에 의존하려 하기보다는 사실관계의 특수성으로부터 찾으려 하기 때문이다. 반면에 성문규정이 이미 문제해결에 필요한 규범을 제공하고 있다고 믿는 법관은 그 규정의 적용을 정당화하는 데 필요한 만큼의 사실만을 제시할 것이다. 어느 분쟁이든, 그 사실관계는 보고자가 원하는 만큼 간단하거나, 풍부할 수 있다. 성문규정이 이미 필요한 규범을 모두 제공하고 있다고 믿는 법관은 사실관계의 설득력에 기댈 필요가 없다. 그러나 해당 거래가 허위, 거짓인지를 판단하려는 법관은 그 같은 윤

3) 80다1, 90다18524, 93다61307, 2003다70041.

리적, 규범적 논의와 자신의 결론을 뒷받침하는 데 필요한 최대한 자세한 사실관계를 제시하려 할 것이다.

허위표시에 대한 영국법원의 논의 전개양식을 예로 들어 이 점을 설명한다. 한국법원은 법전의 규정('허위'…)에도 불구하고, 진의와 표시의 차이 여부를 심리과학적으로 따지는 데 집중하는 데 반하여, 영국 법원은 거짓, 사기, 속임수 정도의 뜻을 가지는 fraud라는 개념을 사용하여 이 문제를 접근한다. fraud는 원래 불법행위의 한 유형(tort of deceit)이기도 하지만, 계약법적 맥락에서 동원되는 fraud는 그 의미가 매우 넓고, 불분명할 뿐 아니라 짙은 윤리성을 가지고 사용되는 개념이다. 엄격한 법적 개념 정의에 익숙해 있는 한국 법률가가 보기에는 법적 개념이라기보다는 그저 일상용어에 가까운 느낌이 들 것이다. 영국의 법률가 쿠크(Sir Edward coke,1552-1634)는 "사정을 알지 못하는 남에게 해를 끼치려는 일체의 부정직한 거래(any dishonest dealing done so as to deprive unwary innocents of their rightful dues)"가 fraud라고 설명한 바 있다.[4] 이 설명은 지금까지도 별다른 수정 없이 통용되고 있다. 쿠크가 설명하는 fraud에서 드러나는 법의 윤리성은 로마 법률가들의 가르침에서도 찾아볼 수 있다. 울피아누스는 법이 (우리에게) 가르치는 바를 다음과 같이 요약한 바 있다: "정직하게 살라, 남을 해하지 말라, 각자에게 그 몫을 주라".[5] Fraud에 대한 쿠크의 언급은 울피아누스의 이 설명을 그대로 담고 있는 것이기도 하다. 한국의 법률가는 fraud를 사기로 이해하고 민법 제110조의 문제라고 기술적으로 분류해 버릴지 모르나, 영국 법률가에게 fraud는 그 적용영역이 명확히 구획되어 있는 개념이 아니라, 법의 윤리적 기초에 반하는 모든 경우에 적용될 수 있는 것이다. "Fraud는 모든 것을 뒤엎는다(fraud unravels everything)"는 다음 설명은 바로 이런 맥락에서 이해되어야 한다:

---

4) Twyne's Case(1601)3 Co.Rep. 80b.

5) Iuris praecepta sunt haec: honeste vivere, alterum non laedere, suum cuique tribuere. Dig.1.1.10.1

> 이 나라의 어떤 법원도 거짓된 수단으로 획득한 이익을 누리도록 허용하지는 아니한다. 법원의 판결이건 장관의 명령이건 거짓 수단으로 이를 획득하였다면 그 효력은 유지될 수 없다. 거짓은 모든 것을 뒤집어 엎는다.[6)]

이렇게 이해되는 fraud는 dolus malus와 큰 차이가 없다.[7)] 결국 fraud는 신의칙(bona fides)에 어긋나는 모든 것을 지칭하는 것이기도 하다. 이처럼 광범한 개념이 명확한 법규범을 제공할 수 없음은 당연하다. 판례법 국가의 명확한 법규범은 추상적 개념이나 규범적 진술에서 도출되는 것이 아니라 분쟁사실의 상세하고 미묘한 세부 정황으로부터 도출된다. Midland Bank v. Green 사건을 예로 들어 보겠다.

이 사건은 가족 간의 재산분배 문제를 둘러싼 분쟁에서 생겨난 것이다. Walter는 그 아들 Geoffrey에게 자신의 농장을 물려주고 싶었다. 그래서 父子는 시가의 약 절반 가격으로 매매예약을 체결하고, 그 예약완결권을 Geoffrey가 10년간 가지기로 하였다. 그러나 그 후 Walter는 심경의 변화를 일으켜 이 매매예약으로부터 벗어나기를 원하였다. Geoffrey의 매매예약이 등기되어 있지 아니하였음을 발견한 Walter의 변호사는 그 농장을 제3자에게 매도하면 매수인은 Geoffrey의 매매예약에 제약을 받지 아니하는 소유권을 취득하게 된다는 점을 설명하였다. Walter는 이 조언에 따라 시가 6만 파운드 가량의 이 사건 농장을 자신의 아내 Evelyne에게 500파운드를 받고 매도하였다. Evelyne이 관계법령이 말하는 "당해 물권의 유상매수인(a purchase of a legal estate for money or money's worth)"이라면[8)] Geoffrey의 매매예약은 소멸된 것으로 보아야 할 것이다.

제1심 법원은 Evelyne이 유상매수인이며, Geoffrey의 예약완결권은 소멸되었다고 판단하였으나, 항소법원의 데닝(Denning) 재판장은 견해를 달리하였

---

6) Lazarus Estates Ltd. v. Beasley [1956] 1 QB 702 at 712.

7) *In re Monolithic Building Co* [1915] 1 Ch 643.

8) Land Charges Act 1925, section 13 (2).

다. 그는 문제된 거래의 실질은 증여이며, 그 외양만 매매로 가장된 것(sham)이라는 항소인의 주장을 명시적으로 언급함이 없이 Walter와 Evelyne 간의 거래는 Geoffrey를 부당하게 해하는 부정직한 거래이며, 이러한 거짓된(fraudulent) 거래의 당사자가 그 거래로 인하여 이익을 볼 수는 없으므로 Geoffrey의 매매예약 완결권은 Evelyne에게도 유효하다는 결론을 내렸다. 이러한 결론이 어느 성문규정에 의존하여 제시되는 것이 아님은 물론이다. 이 사건 사리관계가 가지는 설득력에 의존하고자 하는 데닝 재판장은 이 집안 싸움을 찰스 디킨스의 소설 Bleak House에 나오는 Jarndyce v. Jarndyce 사건에 버금가는 것이라 소개하며, Walter와 Evelyne간의 거래가 얼마나 의심스러운 방법으로 이루어졌는지를 강조하고 있다.

그러나 최고재판소는 항소법원의 판결을 파기하고, 제1심의 결론을 지지하였다. 윌버포스 재판관은 Walter와 Evelyne의 거래를 fraud로 규정할 수 없다고 보았다. 왜냐하면 그들은 Geoffrey가 가졌던 예약완결권의 효력에 관한 제정법 규정을 합법적으로 자신들에게 이익되는 방향으로 이용, 원용하였을 뿐이고(it is not “fraud” to rely on legal rights conferred by Act of Parliament), Walter가 의도적으로 Geoffrey의 예약완결권을 침해한 것은 사실이지만, 그것은 결국 Walter의 채무불이행에 불과한 것이므로 강한 윤리적 비난을 가할 수 없다고 보았다. 최고재판소는 해당 제정법 규정이 ‘선의의 매수인’이라는 표현을 사용하지 않고 있는 마당에 법원이 그 거래의 이면을 탐구하여 대가의 적정성을 가늠할 수는 없고, 명목상의 대가가 오간 경우에도 법 규정이 말하는 ‘유상 매수인’이라는 요건은 충족된다고 해석하였다.

최고재판소의 이러한 견해가 성문법 규정의 기계적, 논리적 적용에 근거한 것은 결코 아니다. 윌버포스 재판관은 자신의 결론이 fraud를 저질러 이득할 가능성을 열어 줄 수도 있다는 점에 대하여 침묵하는 것이 아니라, 정면으로 이 문제를 검토한 다음, 결국 자신과 같이 해석하는 것이 바로 미등록 물권계약을 가급적 줄여나감으로써 궁극적으로는 물권계약이 대부분 등록되도록 하고자 하는 입법자의 입법의도에 부합하는 해석이라는 결론을 내린 것이다. 결국 이 판결은 입법의 공백(유상매수인과 선의매수인의 개념에 대한 불확실성)을 메우는 역할을 한 셈이다. 데닝 법원장의 판결 역시 그 나름대로 규범형성에 기여하였음은 물론이다. 그의 결론이 결국 지지되지 않았다 하더라도 Walter와 Evelyne간 거래의 거짓 여부에 대한 윤리적 평가를 정면으로, 자세히 시도하였기 때문에 앞으로 제기될 사건에서 가짜거래와 부동산 등기에 관한 성문법이 어떻게 조화되어야 하는지가 조금 더 명확하게 된 것이다.

가짜거래(sham)에 관한 영국법원의 논의 전개는 진의와 표시의 '다름'에 주목하는 것이 아니라, 달성하려는 의도의 반윤리성 또는 불법성에 주목하는 것이다. 진의와 거래가 다르다고 해서, 거래의 이면에 숨겨진 어떤 의도가 있다고 해서, 그 거래가 비난받아야 하는 것은 아니다.

> 거래는 어떤 특정한 다른 목적이나 의도가 있다는 이유만으로 가짜거래(sham)가 되는 것은 아니다. 거래가 진정으로 이루어졌다면, 다른 어떤 목적을 달성하기 위하여 그 거래를 하였다고 해서 그 거래가 이루어지지 않았다고 할 수는 없다.[9)]

의도가 반윤리적이지 않다면, A거래를 이용하여 B라는 목적을 달성하려는 당사자들의 창의성은 칭찬과 격려의 대상이 되어야지 비난과 제재의 대상이 되어서는 아니 될 것이다. 법 발전의 역사를 살펴보면, 주요한 법제도의 진전은 기존의 거래 형식을 독창적인 방법으로 전용, 유용하는 과정에서 이루어져 왔음을 알 수 있을 것이다. 특히 신탁법의 경우, 기존의 commom law가 허용하는 거래의 이면에 숨겨진 당사자의 의도를 존중하고 강행하는 데 법원(형평법원)이 조력하는 과정에서 성립되었음은 모두 아는 사실이다.

그러나 당사자의 의도가 반윤리적이라고 평가되는 경우라면 법원은 그 거래를 거짓거래(sham)로 파악할 것이고, 그러한 거래의 효력을 부인할 것이다.[10)] 그 근거는 사실관계가 가지는 설득력과 인간의 보편적 윤리감성에서

---

9) Miles v. Bull [1969] 1 QB 258 at 264 (per Megarry, J.)

찾는 것이지 어떤 성문규정에서 찾아지는 것이 아니다. 적용할 성문 규정이 없기 때문에 법관은 매 사건들의 사실관계에 대한 윤리적 평가를 판결문에서 공개적으로 수행하여 자신의 결론을 정당화하려 한다. 이 과정이 누적되면서 법관이 형성해가는 규범의 외연이 정교화되어 간다. 이는 결국 윤리적 판단을 외면화, 객관화하는 과정이다.

추상적 성문규정에 기댈 수 있는 한국법관의 경우, 윤리적 판단은 법관 개인의 내심(in foro interna)에서만 일어난다. 법관은 자신이 파악한 사실관계에 대한 윤리적 판단을 내심으로 하지만, 그 판단과정을 공개적으로 설명할 필요를 느끼지는 않는다. 윤리적 고민과 판단의 과정은 생략한 채, 추상적인 성문규정의 적용에 필요한 최소한의 사실관계만을 언급한 다음, 자신의 결론을 성문규정의 논리적, 수사적 위력에 의존하여 정당화하면 된다고 믿기 때문이다. 그러나 이러한 판결이 거듭될수록 성문법의 공백은 커져만 간다.

성문법전이 남기는 공백은 성문규정의 수사적, 논리적 가능성을 탐구하여 보충할 수는 없다. 사실관계를 탐구하고, 인간의 윤리적 감수성을 탐구하여 법관이 스스로 규범을 보충하고 형성할 수밖에 없다. 성문법 국가의 법관들은 좀더 솔직해질 필요가 있다. 법전의 권위에 복종하는 듯 짐짓 겸손을 가장하고, 추상적인 성문규정의 해석 적용이라는 차양막 뒤에 숨어서 자신의 개인적・윤리적 선호를 관철하려 해서는 안 될 것이다. 포르탈리스가 말한 것처럼, 법관은 충복의 정신으로 때로는 법전의 권위에 저항하여야 한다. 주인에게 저항하는 노예를 지켜보는 시선이 고울 수는 없을 것이다. 그러나 그 저항의 정당성을 공개적으로 설득하는 과정이 바로 진정한 법형성 과정이

---

10) 실제보다 적은 임대료를 표시한 계약서를 작성하여 임대인이 세금면탈을 시도한 Alexander v. Rayson 사건 참조. 금전대부계약의 실질을 가지는 거래를 할부매매계약의 형태로 체결함으로써 경제적 약자를 보호하기 위한 금전대부법 또는 소비자 금융법의 규정을 잠탈하려는 경우라면, 그 거래는 가짜거래로 평가받아 무효가 될 것이다. 이 경우 부당이득 반환도 허용되지 아니한다. Snell, Snoock.

아닐까? 성문규정의 그늘에서 벗어나기를 두려워하는 법률가는 언어의 예술과 마력에 사로잡혀 있는 자이다. 그러나 법은 언어의 기예가 아니다. 법은 善과 衡平의 기예이다(*ius est ars boni et aequi*).

아직도 우리는 법전 지상주의의 그늘에서 벗어나지 못한 것이 아닐까?

Le Code civil français et l'évolution des règles de la responsabilité civile

Dimitri Houtcieff
Professeur à l'Université d'Evry Val d'Essone

Mesdames, Messieurs, Chers collègues, je voudrais avant tout remercier le Professeur MYOUNG Soon-Koo de m'avoir convié parmi vous pour vous entretenir des évolutions de la responsabilité civile depuis la promulgation du Code civil de 1804. J'en suis particulièrement touché et honoré. J'ajoute que la perspective de visiter votre beau pays m'a tant séduit que j'en ai perdu de vue le fait que la tâche qui m'a été confiée est impossible! Décrire en détails jusqu'aux tréfonds de la responsabilité civile n'est pas plus aisé - si vous me permettez cette expression française - que de mettre Paris en bouteille.

Aussi, plutôt que de tenter une description statique et exhaustive des règles de la responsabilité civile, qui sont à la fois trop touffues et complexes pour être simplement présentées, je vous propose d'en présenter les grands mouvements, quitte à négliger quelques aspects que les spécialistes pourraient tenir pour essentiels. La perspective sera donc franco-française: un exposé de droit comparé serait probablement aussi long que le voyage de notre pays au votre….

Au commencement de la responsabilité civile était la faute. Telle était du moins la perspective originaire retenue par les codificateurs de 1804. La clef de voûte de l'édifice napoléonien était en effet l'article 1382 du Code civil suivant lequel «tout fait de l'homme qui cause à autrui un dommage oblige celui par la faute duquel il est arrivé à le réparer». Cette disposition définit la faute par une *clausula generalis*, une disposition générale et abstraite, sans référence à des comportements particuliers. Il revient ainsi aux juges du fond d'apprécier chaque comportement pour décider si celui-ci correspond, suivant la définition classique retenue par la doctrine civiliste, à «la violation d'une obligation préexistante». Ce comportement peut varier, et consister dans un acte de commission ou d'omission, dans la violation d'une prescription légale ou dans la violation d'un devoir général. Il résulte encore de ce texte que la faute doit avoir causé un dommage pour entraîner la responsabilité de l'agent. Cette observation débouche sur une double exigence: outre un préjudice réparable, il faut encore que l'existence d'un lien de causalité entre ce dernier et la faute soit caractérisée. On retrouve du reste cette même idée à l'article suivant 1383 - suivant lequel «chacun est responsable du dommage qu'il a causé, non seulement par son fait, mais encore par sa négligence». Ainsi, la responsabilité fut essentiellement conçue par les codificateurs comme une responsabilité pour faute, d'une part, et comme une responsabilité personnelle, d'autre part.

Ce double aspect «historique» de la responsabilité est aujourd'hui profondément bousculé par l'évolution contemporaine de la responsabilité. La faute n'est plus une condition de la responsabilité de l'agent, ceci notamment depuis que, le 13 février 1930, les chambres réunies de la Cour de cassation ont définitivement consacré et précisé l'existence d'une responsabilité sans faute du fait des choses que l'on a sous sa garde. L'évolution du machinisme, la multiplication des automobiles et donc des accidents de la circulation a contraint les juges à désigner des responsables non fautifs: il arrive en effet de plus en plus fréquemment qu'aucune faute ne soit à l'origine du dommage subi par la victime, laquelle mérite pourtant réparation. L'émergence d'une responsabilité sans faute a permis de concilier la nécessité d'une réparation du dommage subi par la victime et l'absence de faute du responsable.

Cette consécration a ébranlé jusqu'aux tréfonds traditionnels de la responsabilité civile: il fallait désormais lui assigner d'autres fondements que la seule faute. Aussi certains ont-ils vu dans la responsabilité sans faute la manifestation d'une responsabilité fondée sur le risque: le responsable répond, non seulement de sa faute, mais également des risques générés par l'activité dont il retire profit. Pour d'autres, la responsabilité tendrait purement et simplement à consacrer la garantie de la victime: au-delà de la désignation d'un responsable, l'essentiel consisterait dans la détermination d'un débiteur d'indemnisation solvable garantissant la victime de ses dommages. De fait, l'idée de la garantie transparaît à travers de nombreux instruments d'indemnisation des victimes: des mécanismes collectifs, fondés sur l'assurance, la sécurité sociale ou encore des fonds d'indemnisation relayent aujourd'hui largement le régime de droit commun de la responsabilité. Ce questionnement sur la métaphysique de la responsabilité conduit parfois à évoquer une véritable crise de la responsabilité civile: de fait son fondement moralisateur s'évince, son effet dissuasif s'étiole, la recherche du responsable fautif laisse la place à un garant «déresponsabilisé».

Le second aspect de la responsabilité que l'on a décrit, son caractère personnel, tend également à s'éroder. Originellement, la responsabilité était en quelque sorte doublement personnelle: la faute est un fait personnel, tout comme le préjudice dont la victime réclame réparation est personnel. Or voici qu'une responsabilité générale du fait d'autrui a été admise, que des responsabilités collectives sont reconnues, et que certains préjudices réparés se signalent par leur aspect collectif et l'absence de caractère personnel.

Ces phénomènes incontestables, qui s'expliquent chacun par la volonté d'une meilleure indemnisation des victimes, méritent d'être précisés dans leurs contours. En premier lieu, il n'est pas certain que la faute en recul sur le terrain du fait générateur ne ressurgisse sous d'autres formes, notamment au moment de la réparation du préjudice. En second lieu, la «dépersonnalisation» de la responsabilité, entendue ici comme regroupant l'émergence des responsabilités collectives ou du fait d'autrui ainsi que la réparation des préjudices de masse, conduit à une remise en cause des concepts traditionnels de la responsabilité. C'est pourquoi je voudrais vous entretenir aujourd'hui d'une part du recul et de la résurgence de la faute, d'autre part de la dépersonnalisation de la responsabilité.

I. Recul et résurgence de la faute

Avant d'aborder cette quasi-résurrection de la faute que l'on a parfois un peu vite enterrée (B), il convient de dire quelque mot de son recul qu'il paraît impossible de contester (A).

A. Le recul

Ce recul se manifeste par un double mouvement: d'une part la notion de faute a été altérée (1), mais son champ d'application s'est réduit (2).

1. Altération de la faute

La volonté d'indemnisation des victimes a lézardé nombre de

principes chenus de la responsabilité civile, ce que l'on ne pourra développer ici en raison du temps imparti: la nécessité d'un lien de causalité a par exemple été quelquefois assouplie, soit par le biais de l'appréciation judiciaire, soit par le biais de présomptions de causalité, soit même par le recours à d'autres notions plus favorables à la victime, telles que l'imputabilité en matière d'accident de la circulation. La notion de faute a également été altérée pour une raison identique: elle a été «démoralisée» par la jurisprudence.

La faute est aujourd'hui dépourvue de son élément moral. Traditionnellement, en effet, il était admis que la faute était composée de deux éléments: un élément matériel - le comportement illicite - et un élément moral - l'imputabilité - la conscience, en quelque sorte, d'avoir commis une faute. La jurisprudence admet depuis vingt ans que la faute puisse être commise sans que l'agent ait de faculté de discernement.[1] Ici encore, la volonté d'indemnisation des victimes apparaît nettement: cet élargissement de la notion de faute permet l'indemnisation de victimes d'agissements commis par des personnes que l'analyse classique aurait fait échapper à l'obligation de réparer. Les fondements traditionnels de la responsabilité, cependant, n'en sortent pas indemnes: la faute est devenue «une coquille vide» et participe de l'évanescence du caractère moralisateur de la responsabilité civile. L'éviction contemporaine de la faute par les règles de la responsabilité ne fait que renforcer ce phénomène.

2. Eviction de la faute

Une fois le principe d'une responsabilité sans faute admis par la

---

1) Cass. ass. plén. 9 mai 1984, (Derguini et Lemaire), D 1984, jurisp., p.525, concl. J. Chabanes, note F. Chabas et JCP G 1984, 11, 20256, note P. Jourdain - Pour un enfant auteur de dommage: Cass. *2e civ.* 12 déc. 1984, *Bull. civ.* 11, n° 193; RTD *civ.* 1986, obs. J. Huet, p.120.

jurisprudence, son domaine s'est constamment étendu, afin de favoriser la réparation des dommages subis par les victimes. Ainsi qu'il a été dit, en effet, s'il n'est pas toujours possible d'identifier un fautif, il demeure nécessaire d'indemniser les victimes. Le principe d'une responsabilité sans faute a débordé le domaine de la responsabilité du fait des choses pour fonder désormais le principe général de responsabilité du fait d'autrui. Le législateur a largement accompagné ce mouvement jurisprudentiel: de nombreuses dispositions modernes relatives à la responsabilité ne reposent pas sur la faute.

Cette logique favorable aux victimes a été poussée jusqu'à délier parfois l'indemnisation de la responsabilité. C'est ainsi qu'en matière d'accidents de la circulation, l'indemnisation de la victime piéton est indifférente à l'existence de la faute du conducteur: l'implication de son véhicule suffira à voir en lui un débiteur d'indemnisation. Le rôle croissant de l'assurance, et surtout la création de fonds d'indemnisation, ont conduit à un affadissement du rôle sanctionnateur de la responsabilité civile. Ces organismes ont en effet pour mission de prendre en charge les victimes d'actes accidentels ou intentionnels commis par des auteurs inconnus, insolvables ou non assurés ou encore de sinistres sériels comme la contamination par le VIH et l'amiante. Le responsable dans une certaine mesure, disparaît derrière le débiteur d'indemnisation.

Ces mouvements sont significatifs, au point que d'importants auteurs se sont prononcés pour un abandon de la notion de faute.[2] Au total, la faute parait donc déliquescente. Elle n'est cependant pas encore morte et parait parfois resurgir.

---

2) Calais-Auloy M.-T., La libération du droit de la responsabilité par l'abandon de la notion de faute, D. 1998, n°14, dernière actualité, p.1.

B. La résurgence

Si le rôle de la faute s'amenuise, celle-ci ne disparaît pas (1). De manière plus étonnante, la faute paraît également ressurgir sur le terrain du préjudice et de sa réparation (2).

1. Résistance

Il est excessif de plaider pour un abandon de la faute: si elle est en déclin, la faute doit conserver un rôle.[3] L'avant-projet de réforme du Code civil, qui a récemment été présenté,[4] le lui préserve: la faute y apparaît en tête des dispositions nouvelles qu'il s'agirait de consacrer en matière de responsabilité civile. Il est vrai que la faute bénéficie d'une consécration constitutionnelle. Le Conseil constitutionnel a en effet assuré une protection du droit à réparation des «victimes d'actes fautifs».[5] Il a ainsi affirmé que, «nul n'ayant le droit de nuire à autrui, en principe tout fait quelconque de l'homme qui cause à autrui un dommage, oblige celui par la faute duquel il est arrivé à le réparer». Cette affirmation a été reprise par une décision relativement récente du même Conseil constitutionnel, rendue le 9 novembre 1999.[6] L'évocation du recul de la faute ne doit donc pas

---

3) Le Tourneau Ph., La verdeur de la faute dans la responsabilité civile (ou de la relativité de son déclin), RTD *civ.* 1988, p.505; Radé Ch., L'impossible divorce de la faute et de la responsabilité civile, D. 1998, chr., p.301; l'évolution du droit de la responsabilité civile ne devrait d'ailleurs pas remettre en cause cette présence de la faute (en ce sens, voir Thibierge C., Libres propos sur l'évolution du droit de la responsabilité (Vers un élargissement de la fonction de la responsabilité civile)).

4) http://www.justice.gouv.fr/publicat/rapport/RAPPORTCATALASEPTEMBRE2005.pdf

5) Cons. const., 22 oct. 1982, n°82-144 DC, Rec. Cons. const. 1982, p.61, D. 1983, jur., p.189, note Luchaire F., *Gaz. Pal.* 1983, 1, jur., p.60, note Chabas F.; Voir Dion-Loye S., Les impératifs constitutionnels du droit de la responsabilité, *Petites affiches* 22 juill. 1992, n°91, p.11.

tromper: la responsabilité pour faute existe toujours, on la rencontre encore, elle fait même partie du bloc de constitutionnalité ou, pour adopter une terminologie plus civiliste, de l'ordre public.

Cette incompressibilité de la faute se retrouve sur le terrain des régimes spéciaux: si son rôle est minoré, la faute ne disparaît pas: la faute des conducteurs est prise en compte en cas d'accident de la circulation tout comme la faute inexcusable de la victime. La loi n°2002-303 du 4 mars 2002 relative aux droit des malades et à la qualité du système de santé, qui a créé un régime d'indemnisation fondé sur la solidarité nationale, réaffirme cependant le «principe d'une responsabilité individuelle fondée en principe sur la faute».[7] L'article L. 1142-1, I, alinéa 1er, du Code de la santé publique dispose que «les professionnels de santé (…), ainsi que tout établissement, service ou organisme dans lesquels sont réalisés des actes individuels de prévention, de diagnostic ou de soins ne sont responsables des conséquences dommageables d'actes de prévention, de diagnostic ou de soins qu'en cas de faute». La faute demeure, comme un noyau dur incompressible. Mieux, elle réapparaît où l'on ne l'attend pas: sur le terrain de la réparation.

---

6) Cons. const., 9 nov. 1999, n°99-419 *DC, JO* 16 nov. 1999, p.16962, *Petites affiches* 1er déc 1999, n°239, p.6, note Schoettl. J.-E.; Drago G., La Constitution «en réserves», Commentaire de la décision du Conseil constitutionnel du 9 novembre 1999 portant sur une loi relative au pacte civil de solidarité, Dr. famille déc. 1999, Hors-série, p.46; Molfessis N., Pacte civil de solidarité, La réécriture de la loi par le Conseil constitutionnel, *JCP éd. N* 2000, I, p.270; Viney G., L'article 1382 du Code civil traduit une exigence constitutionnelle, *JCP éd. G* 2000, I, n°280.

7) Radé C., La réforme de la responsabilité médicale après la loi du 4 mars 2002 relative aux droits des malades et à la qualité du système de santé, *Resp. civ. et assur.* 2002, chron. 5; Mistretta P., La loi n°2002-303 du 4 mars 2002 relative aux droits des malades et à la qualité du système de santé, Réflexions critiques sur un Droit en pleine mutation, *JCP éd. G* 2002, I, n°141; Mistretta P., La loi n°2002-1577 du 30 décembre 2002 relative à la responsabilité civile médicale, premiers correctifs de la loi n°2002-303 du 4 mars 2002, *JCP éd. G* 2003, n°57, actualités.

2. Réapparition

La faute ressurgit de manière détournée sur le terrain de la réparation du préjudice. L'attitude de la victime est en effet parfois prise en compte à travers l'exigence d'un préjudice réparable. Classiquement, tout préjudice n'appelle pas nécessairement réparation: le dommage consistant dans la perte de revenu dû à l'exercice loyal des règles de la concurrence ne conduit par exemple à aucune réparation. Seul peut être réparé le préjudice qui correspond à un intérêt légitime et juridiquement protégé. Or, les juges se sont parfois saisis de cette notion d'intérêt légitime et juridiquement protégé pour prendre en compte le comportement ou l'indignité éventuelle de la victime, ce qui est une manière de donner un rôle à la faute de ces dernières.

Il a ainsi souvent été admis que l'illicéité de la situation du demandeur constituait une fin de non-recevoir, obstacle absolu à toute indemnisation. Pareille solution a par exemple été adoptée un temps s'agissant du sort de la concubine adultère. La Chambre criminelle a soumis l'action de la concubine à l'absence de caractère délictueux du concubinage, par exemple, avant 1975, en raison d'un adultère. D'autres fins de non-recevoir ont été admise: ainsi se fondant sur l'existence d'un acte illicite ou d'un concert frauduleux, la Chambre criminelle a longtemps jugé que le porteur de mauvaise foi d'un chèque sans provision ne pouvait obtenir ni le remboursement du montant du chèque, ni des dommages-intérêts.[8] Ces solutions, dont certaines sont aujourd'hui abandonnées, manifestent une tendance: la prise en compte de la faute sur le terrain de la réparation. Un phénomène similaire s'observe en matière de dommages et intérêts

---

8) Cass. crim., 27 mars 1968, n°67-92.602, D. 1968, jur., p.523, note Vouin R; Voir les remarques de Le Tourneau Ph. et Cadiet L., *Droit de la responsabilité et des contrats*, Dalloz action, 3e éd., 2000, n°1397.

punitifs, qui atteste cette fois d'une prise en compte de la faute du responsable et non plus de la victime.

Si la responsabilité civile a un rôle essentiellement réparateur, elle n'est pas dépourvue d'un aspect sanctionnateur. Ce derniers inspirent parfois les juges, au point qu'il arrive qu'ils soient tentés d'apprécier les dommages-intérêts alloués à la victime au-delà du préjudice subi, ceci afin d'en punir l'auteur. Il en va par exemple ainsi dans le cas de préjudices résultant de catastrophes, où la pluralité de victimes semble inciter les juges à augmenter la réparation dans un but comminatoire. Cette pratique est certainement contraire aux canons de la responsabilité civile: en principe, la réparation ne peut excéder le préjudice. Encore faut-il observer que la surrévaluation des dommages n'apparaît pas nettement: elle est masquée par le principe de l'évaluation souveraine de la réparation par les juges du fond. Certains auteurs plaident néanmoins pour que les juges avancent à visage découvert et affirment expressément le caractère punitif de l'allocation d'une partie des dommages et intérêts.[9)]

Si le fondement fautif de la responsabilité est certainement en recul, la faute ne disparaît donc pas: plus encore, elle réinvestit ce domaine par d'autres biais tels que la réparation du dommage. A cet égard, la dépersonnalisation de la responsabilité paraît appeler des bouleversements bien plus profonds.

II. Dépersonnalisation de la responsabilité

La «dépersonnalisation» de la responsabilité, si l'on veut bien me

---

9) S. Carval, *La responsabilité civile dans sa fonction de peine privée*, préf. G. Viney LGDJ 1997.

pardonner cette expression un peu générale, désignera dans cet exposé l'affadissement du caractère personnel de la responsabilité. La volonté d'une indemnisation plus efficace des victimes a en effet conduit d'une part à l'admission d'une responsabilité générale du fait d'autrui ou de responsabilité collective (A) et d'autre part à l'indemnisation de préjudice de masse et non plus seulement personnel (B).

A. Responsabilité du fait d'autrui et responsabilité collective

Le principe d'une responsabilité du fait d'autrui a été posé depuis une dizaine d'années: j'en dirai quelques mots (1) avant d'évoquer rapidement l'hypothèse de la responsabilité collective (2).

1. Responsabilité du fait d'autrui

Le principe d'une responsabilité personnelle ayant été posé par le Code civil, l'admission du principe de responsabilité du fait d'autrui ne s'est pas faite sans heurt. Comme s'agissant de la responsabilité du fait des choses, elle s'est faite par le biais de l'article 1384 alinéa 1er. Cet article dispose que l'«on est responsable non seulement du dommage que l'on cause par son propre fait, mais encore de celui qui est causé par le fait des personnes dont on doit répondre, ou des choses que l'on a sous sa garde». Dans l'esprit des codificateurs, cette phrase était dépourvue de toute portée normative: elle n'avait d'autre finalité que d'assurer la transition entre, d'une part, la responsabilité du fait personnel, évoquée dans les articles 1382 et 1383 et, d'autre part, les cas de responsabilité du fait d'autrui particuliers envisagés dans la suite de l'article 1384 et les cas de responsabilité du fait des choses traités par les articles 1385 et 1386.

Comme je l'ai dit, dès les années trente, les Chambres réunies de la Cour de cassation ont admis qu'une responsabilité du fait des choses se déduisait de ce texte. Pourtant, l'existence symétrique d'un principe général du fait d'autrui fondé sur l'autre partie du même alinéa n'a pas été admise, quoique l'idée en ait été très tôt évoqué e.[10] Cette réticence avait plusieurs raisons: en premier lieu, les responsabilités du fait d'autrui particulières prévues par le Code civil reposaient sur des fondements difficiles à saisir, tout en s'articulant à un principe clair: celui de la responsabilité pour faute personnelle. Les nécessités sociales qui avaient été à la base de l'extension de la responsabilité du fait des choses ne paraissaient en outre pas aussi criantes sur le terrain de la responsabilité du fait d'autrui.

La jurisprudence administrative a, pour la première fois, renversé ce dernier argument. Un arrêt du Conseil d'Etat dit «Thouzellier», rendu le 3 février 1956, a admis que des méthodes libérales de traitement des délinquants créent un risque social qui justifie l'application d'un régime spécifique de responsabilité objective ou de plein droit de la puissance publique en cas de dommages causés par le délinquant. Il fallut cependant attendre trente ans pour que ce principe soit consacré par la jurisprudence judiciaire, sur le fondement de l'article 1384 alinéa 1er.[11] Ce n'est que par une décision rendue en Assemblée plénière le 29 mars 1991 que la Cour de cassation a admis le principe de la responsabilité du fait d'autrui.[12] Elle en a peu à peu précisé les contours, consacrant finalement un nouveau cas de

10) Demogue, R. *Traité des obligations en général*, t. V, Librairie Arthur Rousseau, 1925, n°819 bis; Matter, concl. sous Cass. ch. réunies, 13 févr. 1930, Jand'heur, D. 1930, jur., p.57; Savatier R., La responsabilité générale du fait des choses que l'on a sous sa garde a-t-elle pour pendant une responsabilité générale du fait des personnes dont on doit répondre?, *DH* 1933, chr., p.81; puis plus récemment, Legeais R., Un article à surprises ou le nouvel essai de généraliser la responsabilité civile du fait d'autrui, D. 1965, chr., p.131.

11) Cass. 2e civ., 24 nov. 1976, n°74-15.217.

12) Ass. Plén. 29 mars 1991, D. 1991.324.

responsabilité de plein droit, c'est-à-dire sans faute:[13] Cet élargissement n'a pas manqué de retentir sur les cas particuliers de responsabilité du fait d'autrui: la responsabilité des parents du fait de leur enfant a ainsi pris la physionomie d'une responsabilité objective.

Une fois encore, la volonté d'indemnisation des victimes a conduit, à travers cette dépersonnalisation de la responsabilité, à une modification profonde des fondements de la responsabilité civile. Un phénomène similaire peut être relevé dans le cadre du développement des responsabilités collectives.

2. Responsabilité collective

La Cour de cassation admet qu'une «pluralité de causes, à supposer qu'elle soit démontrée, n'est pas de nature à faire obstacle à l'indemnisation de l'entier dommage par l'auteur initial par application du principe de l'équivalence des causes dans la production d'un même dommage en matière de responsabilité délictuelle».[14] Cette solution repose sur un assouplissement de l'appréciation du lien de causalité, fondée sur l'idée dite de l'équivalence des conditions. Face à une pluralité d'auteurs potentiels, les magistrats ont, après quelques hésitations, admis que « les auteurs sont, chacun, responsables de la réparation intégrale du dommage causé ».

Cette jurisprudence s'est développée dans de nombreux domaines où une action collective est à l'origine du dommage subi par la victime, dont les accidents de chasse, les jeux collectifs d'enfants, la criminalité en bande, les activités sportives en général. Elle repose sur

---

13) «des personnes, tenues de répondre du fait d'autrui au sens (de l'article 1384, alinéa 1er, du Code civil), ne peuvent s'exonérer de la responsabilité de plein droit qui en résulte en démontrant qu'elles n'ont commis aucune faute» (Cass. crim., 26 mars 1997, Bull. crim., n°124).

14) Cass. civ. 2e, 27 mars 2003, *Bull. civ.* II, n°76, *JCP éd. G* 2004, I, p.15, obs. G. Viney.

une obligation *in solidum* créée de toutes pièces par la jurisprudence avant d'avoir été consacrée bien plus tard, dans certains domaines, par le législateur. Cette responsabilité collective peut aujourd'hui être mise en œuvre quel que soit le fondement de la responsabilité (faute collective, garde en commun, etc.). Elle permet à la victime d'obtenir la condamnation *in solidum* de l'ensemble des membres de la collectivité, sans tenir compte du partage éventuel des responsabilités.

Une fois de plus, la volonté de protéger la victime du risque de l'indéterminabilité du responsable a conduit à une modification de la physionomie de la responsabilité. Toutefois, la dépersonnalisation de la responsabilité n'affecte pas seulement le fait générateur: de manière récente et plus spectaculaire encore, elle semble atteindre le préjudice réparé.

B. L'émergence de préjudices collectifs

La prise en compte de préjudice collectif conduit à de profond bouleversement des règles classiques de la responsabilité (1). Elle pourrait entraîner d'autres changements de nature processuel, tels par exemple que l'admission en droit français des actions de groupe ou class actions.

1. Bouleversement des principes de la responsabilité

L'évolution des techniques et de l'industrie ont conduit à l'émergence de préjudices d'une gravité exceptionnelle qui affectent un grand nombre d'individus: les «préjudices de masse».[15] Il s'agit «des

---

15) Le Professeur F. McGovern offre une définition des *«mass torts»: «les préjudices de masse se caractérisent en général par un grand nombre d'actions en dommages et intérêts portées devant un nombre concentréde juridictions par des individus qui ont subi des préjudices similaires causés par un*

atteintes portées en grand nombre aux personnes, aux biens, ou au milieu naturel, à l'occasion d'un fait dommageable unique, ce dernier pouvant consister en un ensemble de faits dommageables ayant une origine commune».[16] Ces préjudices sont «nés d'un même fait et concernant des victimes connues ou indéterminées, mais déterminables».[17]

Ces préjudices se manifestent dans les domaines les plus divers:[18] investissements boursiers frauduleux affectant des centaines de victimes, ou encore vente à de multiples exemplaires d'un produit défectueux.[19] De même, le dommage collectif renvoie des situations comme la pollution chimique d'un cours d'eau, la pollution nucléaire d'une région, le crash d'un avion ou encore l'effondrement d'une tribune de spectateurs. Les catastrophes naturelles causent elles aussi un dommage collectif. Enfin, il faut rapprocher de ces situations les dommages sériel, tel que le préjudice de contamination des victimes du VIH.

Ces préjudices de masse remettent parfois en cause la condition tenant au caractère personnel du préjudice. Classiquement, il est en principe nécessaire que la victime se prévale d'un dommage personnel

---

mécanisme commun et qui sont représentés par un nombre limité d'avocats». «L'évaluation des préjudices de masse (mass torts)», in Séminaire «Cultures judiciaires comparées», cycle 2003-2004: «Risques, assurance, responsabilité», le 29 janvier 2004.

16) A. Guegan-Lecuyer, *Dommages de masse et responsabilité civile*, thèse sous la dir. de P. Jourdain, Paris I, 2004, p.106.

17) S. Guinchard, «Une *class action* à la française», D. 2005, 2180.

18) Sur l'ensemble de cette question, V. C. Lacroix, *La réparation des dommages en cas catastrophes*, th. Univ. Haute-Alsace 2005.

19) L'affaire du talc Morhange est à cet égard particulièrement évocatrice d'une catastrophe occasionnée par des produits défectueux: au cours de l'année 1972, le talc de Morhange, produit d'hygiène corporelle composé pour de jeunes enfants a causé la mort de 36 nourrissons et provoqué 167 intoxications d'ordre cutané et nerveux. Le drame trouve son origine dans une erreur de fabrication.

pour en obtenir réparation. Certains préjudices de masse apparaissent pourtant collectifs par nature et dépourvus de caractère personnel. Il en va ainsi notamment du préjudice écologique, entendu comme celui qui est causé par l'Homme à son environnement.[20)]

Le préjudice écologique porte atteinte à un élément naturel et par ricochet, aux droits des individus.[21)] L'environnement est un ensemble dont les éléments sont inappropriables (eau, air, diversité biologique …)[22)23)] C'est dire que le dommage écologique est dépourvu de caractère personnel, condition traditionnelle de la réparation: aussi y a-t-on vu un obstacle à la réparation.[24)] Des remèdes ont dû être trouvés: la loi dite «Barnier» du 2 février 1995 offre la possibilité d'une action en représentation conjointe.[25)] Au vrai, le problème donne aujourd'hui lieu en France à une réflexion plus générale, qui dépasse le cadre du préjudice écologique pour englober l'ensemble de la question de la réparation des préjudices collectifs: l'opportunité de

---

20) F. Caballero, *Essai sur la notion juridique de nuisance*, préf. J. Rivero, thèse, LGDJ, 1981, p.293.

21) G. Martin, «Réflexions sur la définition du dommage à l'environnement, Le dommage écologique», *in Droit et environnement*, PUAM, 1995.

22) J. Bigot, «L'indemnisation des dommages nés de la pollution et l'assurance», *in Indemnisation des dommages dus à la pollution*, OCDE, 1981, p.139.

23) Par exemple: article 1er de la loi du 3 janvier 1992 sur l'eau, l'article 200-1 du Code rural, modifié par la loi du 2 février 1995, relative au renforcement de la protection de l'environnement..

24) J. Huet soulignait que «de caractère profondément individualiste du droit civil (…) fait qu'un dommage ne donne lieu à réparation qu'à la condition d'affecter personnellement (…) celui qui s'en plaint. Partant, l'une des principales causes d'inadaptation du droit de la responsabilité résulte de ce qu'on ne peut pas demander, sur ce fondement, la réparation d'un préjudice écologique stricto sensu», in «Le développement de la responsabilité civile en droit de l'environnement en France», *Journées de la société de législation comparée*, 1993, p.221.

25) Sur cette notion: V. L. Boré, «L'action en représentation conjointeclass action française ou action mort-née?», *D.* 1995 chron., p.267.

l'introduction d'une «class action».

2. Bouleversement de mécanismes processuelsvers une class action?

L'adoption éventuelle des class actions en droit français, afin de permettre à l'ensemble des victimes d'un dommage d'en obtenir plus aisément réparation, suscite à l'heure actuelle un important débat. Elles excitent certains phanstames: quelques voix éminentes y voit un «dommage collatéral» du dévoiement des règes de la responsabilité civile. La class action passe en outre pour un signe d'un phénomène décrié, celui d'une américanisation du droit. Elle symbolise aux yeux de certains une dérive à l'américaine se manifestant notamment par une explosion du contentieux … ainsi que des honoraires des avocats.

Cette méfiance est en réalité un brin irrationnelle. Certes, l'admission de la class action ne pourrait sans doute pas se borner à une réforme processuelle et rejaillirait certainement sur le fond du droit. Il paraîtrait ainsi nécessaire d'admettre l'idée d'un «préjudice diffus», qui devrait conduire à repenser le principe de la réparation intégrale du dommage, même s'il a sa part de fiction, comme je l'ai dit. La class action suscite cependant également des réactions favorables. L'exemple québécois montre que les craintes ne doivent pas paralyser. Il demeure raisonnable de penser, avec Monsieur le Professeur Caballero, que des milliers, voire des millions de parties devant le juge en une seule instancesont une «impressionnante conquête juridique!».[26] La consécration de cette class action s'inscrirait du reste dans le mouvement de la responsabilité civile, en manifestant le souci d'une protection accrue des victimes et d'un désencombrement des prétoires.

---

26) F. Caballero, art. préc., p.248.

Conclusion

Somme toute, la responsabilité est bien «en crise». Elle stigmatisait autrefois des coupables, elle désigne aujourd'hui souvent de simples débiteurs solvables d'indemnisation. Lorsqu'il s'agit de réparer les dommages subis par les victimes, les règles de la responsabilité sont souvent relayées par d'autres mécanismes, tels que l'assurance voire la solidarité nationale. Cette crise ne doit cependant pas inquiéter. Toute crise est en effet par définition temporaire: elle ne constitue qu'un moment dans une évolutionet peut en ce sens être considérée comme le stigmate d'une reconstruction des règles de la responsabilité civile.

Il faut dès lors souhaiter que cette évolution s'oriente vers davantage de clarté et d'intelligibilité: à cet égard, l'avant-projet de loi laisse augurer positivement de l'avenir. Des efforts d'organisation de la matière ont été tentés, notamment par la volonté, non seulement de réactualiser les dispositions du Code civil, mais de redonner une certaine cohérence à l'ensemble de ses dispositions. Des règles générales, des principes identifiés, des partis pris fermes seront peut-être bientôt adoptés. Reste à savoir si le législateur français aura la volonté de se saisir de cet avant-projet pour refonder les règles de la responsabilité et plus généralement du droit des obligations. Si tel est le cas, souhaitons à ces règles la même longévité que celles qu'a léguées le Code civil de 1804: rendez-vous, donc, dans 200 ans!

프랑스민법전과 민사책임법의 변천
-불법행위책임을 중심으로-

Dimitri Houtcieff (Evry Val d'Essonne 대학교 교수)
번역: 박 수 곤 (경희대학교 법과대학 교수)

I. 들어가며

친애하는 동료교수 여러분! 우선, 1804년에 이루어진 프랑스민법전의 제정 이후의 민사책임법리의 전개과정에 대하여 여러분들과 함께 이야기할 수 있는 기회가 허락된 것에 대하여 진심으로 영예롭게 생각하며, 저를 이러한 자리에 초대해 주신 명순구 교수님께 사의를 표하는 바입니다. 덧붙여, 한국이라는 아름다운 나라를 방문할 수 있다는 기쁨이 앞선 나머지 제가 맡은 역할이 거의 불가능한 임무라는 사실조차도 망각하였음을 시인하고 싶습니다. 왜냐하면, 민사책임제도를 상세히 묘사한다는 것은, 프랑스식 표현에 따를 경우, 서울을 호리병에 담는 것보다 더 어려운 일일 것이기 때문입니다. 따라서 오늘 발표에서는 민사책임제도를 난해하게 무미건조하고 망라적으로 묘사하기보다는, 전문가라면 핵심을 알 수 있는 측면들은 생략하고, 민사책임제도의 큰 흐름에 대하여만 개관하고자 합니다. 아울러, 한국으로의 여정만큼이나 장구할 비교법적 고찰보다는 프랑스법에 대한 설명을 중심으로 이하에서의 논의를 전개하고자 합니다.

민사책임의 성립은 기본적으로 '과책(la faute)'에 근거하고 있으며, 프랑스 민법전의 제정자들 또한 이러한 관점에 입각하여 민법전을 제정하였다고 할 수 있다. 즉, "과책에 의한 행위로 인하여 타인에게 손해를 발생시킨 자는 그 손해를 배상하여야 할 의무가 있다"고 규정하고 있는 프랑스민법 제1382조[1])에서는 이러한 민사책임(불법행위책임)에 있어서의 일반원칙을 잘 표현하고 있다고 할 수 있을 것이다. 그러나 사실, 동조에서는 인간의 개별적이고 특정한 행위에 대한 언급 없이 추상적인 일반규정(*clausula generalis*)에 의하여 과책(la faute)을 규정하고 있을 뿐이므로, 전통적인 학리상의 개념정의에 비추어 볼 때, 인간의 개별적 행위가 '선험적 의무위반(la violation d'une obligation préexistante)'에 해당하는지에 대한 판단은 법원, 특히 사실심판사의 몫으로 넘겨져 있다고 할 수 있다. 여하튼, 이러한 과책 있는 행위는 그 양태가 다양하여, 작위 또는 부작위로 구성될 수도 있으며, 법규위반 또는 일반적 의무위반으로도 구성될 수 있다. 아울러, 상기 본조의 규정에 의하면 과책으로 인하여 손해가 발생하여야만 가해자의 책임을 물을 수 있는 것으로 되어 있다. 이러한 설명을 바탕으로 할 경우, 민사책임의 성립에는 두 가지 요건이 요구됨을 알 수 있다. 즉, 배상되어야 할 손해의 발생 이외에도 이러한 손해와 과책 사이에 인과관계가 존재하여야 한다는 것이다. 그리고 이상과 같은 구상은 "누구나 자신의 (적극적) 행위뿐만 아니라 부주의(또는 태만)에 의하여 발생한 손해에 대하여도 책임을 져야 한다"고 규정하고 있는 프랑스민법 제1383조의 규정에서도 찾을 수 있을 것이다. 즉, 프랑스민법전 편찬자들은 민

1) 역자 주: 프랑스민법 제1382조를 직역하면, "타인에게 손해를 발생시킨 인간의 모든 행위는 과책으로 인하여 그러한 손해를 발생시킨 자로 하여금 이를 배상하도록 의무를 지운다"로 번역하는 것이 타당하다. 그러나 본고에서는 우리 법에서의 표현과 이해를 고려하여, 동조에 대하여서뿐만 아니라 이하에서의 번역에 있어서도 가능한 한 의역을 하고자 한다.

사책임을 과책에 대한 책임이자 '본인의 행위에 대한 개인적 책임(responsabilité personnelle)'으로 구상하였던 것이다.

한편, 책임의 성립과 관련한 이러한 역사적인 두 측면은 현대 민사책임제도의 변천으로 인하여 그 위상이 상당히 흔들리게 되었다. 즉, 오늘날에 이르러 과책은 더 이상 책임성립의 요건이 아닐 수도 있으며, 이는 특히 자신의 관리(garde)하에 있는 물건으로 인하여 타인에게 손해를 발생시킨 경우와 관련하여, 무과실책임의 존재를 종국적으로 인정한 1930년 2월 13일의 파기원(대법원) 합의체 판결 이후부터도 그러하다고 할 수 있을 것이다. 그러나 이와 관련하여서는, 기계화의 발달, 자동차의 증가 및 그로 인한 교통사고의 증대 등의 사정들이 법원으로 하여금 과책 없는(즉, 과책이 입증되지도 않은) 책임귀속자를 지정하여야 하는 상황을 초래하였다고도 할 수 있다. 즉, 피해자가 손해배상을 받아야 할 당위성은 인정되나 그러한 손해의 원인에 대하여는 누구의 과책도 연관지을 수 없는 경우들이 점증하고 있음도 사실이다. 요컨대, 무과실책임제도의 출현은 가해자의 과책이 특정되지 않았음에도 불구하고 피해자가 입은 손해에 대하여는 배상의 필요성이 있는 경우에 있어서의 (즉, 피해자보호를 위한) 일종의 타협점의 발견이라고 할 수 있을 것이다.

그러나 이러한 경향은 민사책임제도의 전통적인 근간을 뒤흔들고 있다고 할 수 있다. 즉, 민사책임의 성립과 관련하여 과책만이 아닌 또 다른 근거의 부여가 필요하였으며, 이로 인하여 학설상 일부 견해는 무과실책임을 위험책임으로 이론구성하기도 하였다. 이에 따르면, 민사책임의 주체는 자신의 과책에 대하여서뿐만 아니라, 자신이 이익을 취하는 활동으로부터의 위험에 대하여도 책임을 져야 한다고 한다. 또 다른 견해에 의하면, 민사책임제도는 순전히 피해자에 대한 손해배상을 담보하는 기능을 담당한다고 한다. 즉, 이 견해에 따르면, 민사책임제도의 핵심은 단순히 책임의 주체를 확정함에 그치지 않고, 피해자를 위하여 변제자력 있는 배상의무자를 확정하고 손해에 대한 배상을 담보하는 것이라고 한다. 그리고 이러한 담보이론은, 오늘날에 이르러 광범위하게 일반민사책임제도를 대체하고 있는 보험제도・사회보장제도 또는 기금 등에 근거한 사회공동체적 안전장치와 같은, 피해자를 위한 다양한 손해배상수단들을 통하여 실제로 구체화되고 있다고 할 수 있다. 한편, 책임론에 대한 이상과 같은 문제인식은 진정한 의미에서의 민사책임제도의 위기를 상기시키기도 하는데, 구체적으로는 민사책임제도의 교훈적 기능이 약화되고 위법한 행위에 대한 억제효과가 저하되며, 과책 있는 책임의 주체를 찾기보다는 '책임과 무관한(déresponsabilisé)' 배상의무자의 수색과 같은 현상 등이 초래되고 있음을 들 수 있을 것이다.

다른 한편, 위에서 이미 언급한 민사책임의 두 번째 측면인 본인의 행위에 대한 개인적 책임부담의 성격 또한 오늘날에 이르러서는 그 빛이 변색되어 가고 있다. 본래, 민사책임은 일면 이중적으로 개인적 특성을 지니고 있다고 할 수 있을 것인데, 이는 과책이 본인의 행위에 기인한 개인적인 것일 뿐만 아니라 배상을 요구하는 피해자의 손해 또한 개인적인 것이라는 점에서 그러하다고 할 것이다. 그런데 오늘날에 이르러서는 타인의 행위에 기인한 손해에 대하여도 일반적인 불법행위책임이 인정되고 있을 뿐만 아니라 집단책임 내지 공동책임도 인정되고 있으며 또한 배상되어야 할 일정한 손해도 집단적인 면모를 가지고 있을 뿐만 아니라 개인적 성격이 결여된 경우들이 있는 것이 사실이다.

물론 이러한 현상들은 그 각각이 피해자보호를 보다 철저히 하겠다는 구상의 반영으로 설명될 수도 있을 것이나, 그 한계에 대한 구체적 고찰의 필요는 있을 것이다. 우선 '귀책사유(fait générateur)'의 영역에서 이미 그 가치가 퇴조된 과책개념이 또 다른 영역, 특히 손해의 회복 내지 배상과정에서 다시 그 의미를 갖게 된 것이 아닌지에 대한 의문이 제기될 수 있다. 다음으로, 집단책임 또는 타인의 행위에 대한 책임의 출현 그리고 대규모피해의 배상 등의 경우에서 발견될 수 있는 책임의 '비개인화현상(dépersonnalisation)'이 민사책임제도의 전통적 개념들에 대한 재검토의 필요성을 제고하고 있다고 할 수 있을 것이다. 이에 오늘의 발표에서는 한편으로는 과책의 가치퇴조와 부활, 다른 한편으로는 민사책임제도의 비개인화현상에 대하여 살펴보고자 한다.

II. 과책의 가치퇴조와 부활

이하에서는 과책의 가치퇴조에 대하여 간략히 살핀 후(A), 때때로 쉽게 망각되고 있는 과책의 '가치부활(quasi-résurrection)'에 대하여 고찰하기로 한다(B).

A. 과책의 가치퇴조

민사책임의 성립과 관련한 과책의 퇴조현상은 두 가지의 흐름으로 나타나는데, 그 하나는 과책의 개념이 변질되고 있다는 것이고(1), 다른 하나는 그 적용범위가 감축되었다는 점이다(2).

1. 과책개념의 변질

피해자에 대한 배상의 보장이라는 취지의 구상은, 허여된 시간상의 제약으로 인하여 이를 구체화기는 어려우나, 민사책임법상의 많은 기본원칙들에 대한 파격을 초래하였다. 그러한 예로는, 인과관계의 입증부담이 법원의 판단과정에서 감경되기도 하였으며, 인과관계의 추정 또는 교통사고분야에서 도입된 유책성이론과 같은 피해자에게 유리한 또 다른 개념정의의 원용에 의하여 완화되기도 하였다는 것을 들 수 있을 것이다. 과책의 개념 또한 마찬가지의 이유로 상당부분 변질되었는데, 이르자면 판례에 의할 경우 과책이 '비도덕화되었다(démoralisée)'고 할 수 있을 것이다.[2)]

---

2) 역자 주: 이는 무과실책임영역의 확대 등으로 인하여 도덕적 비난가능성이 과책의 인정

즉, 오늘날에 이르러 과책의 성립에는 정신적 요소가 배제된다. 그러나 전통적인 설명에 따를 경우, 과책은 실체적인 요소로서 위법한 행위의 존재와 정신적 요소로서 어떻게 보면 과책을 범한다고 하는 인식, 즉 '유책성(l'imputabilité)'이라는 두 가지 요소로써 구성되는 것으로 이해되어 왔음이 사실이다. 그러나 판례는 20여 년 전부터 과책의 성립에 대한 판단에 있어서 가해자의 '사리분별능력(faculté de discernement)'을 고려하지 않을 수 있음을 인정하고 있다.[3] 즉, 여기서도 다시 한 번 더 피해자보호라는 이념이 명백하게 드러난다고 할 수 있는데, 이는 과책개념의 이와 같은 확대로 인하여, 일반적인 분석에 따를 경우, 배상의무가 없는 자(책임무능력자)의 행위로 인한 피해자의 손해에 대하여도 배상이 가능하게 되기 때문이다. 그러나 그렇다고 하여 전통적인 민사책임의 근거가 포기된 것은 아니다. 즉, 이러한 현상은 단지 과책이 '텅빈 껍질(une coquille vide)'과 같이 핵심을 상실하였으며, 민사책임제도의 교화적 기능이 무색해지고 있음을 의미하는 것이다. 그리고 민사책임법리에 있어서 오늘날과 같은 과책개념의 의미배제는 이러한 경향을 더욱 강고히 할 뿐이라는 것이다.

2. 과책의 배제

판례에 의하여 무과실책임의 법리가 승인된 이후로는, 피해자가 입은 손해의 배상 내지 회복을 유리하게 하고자, 그 적용범위가 지속적으로 확대되었다. 그리하여 유책한 가해자를 확정하는 것이 항상 가능한 것만은 아니지

에 영향을 주지 못하며, 아울러 책임보험 등에 의한 손해담보수단들이 증가됨에 따라 관련 업계의 풍속이 저하되는 상황 등도 함축적으로 표현하고자 한 것으로 보인다.

3) Cass. ass. plén., 9 mai 1984, (Derguini et Lemaire), *D.* 1984, jur., p.525, concl. J. Chabanes, note F. Chabas et *JCP G.* 1984, 11, 20256, note P. Jourdain—유아가 손해를 발생시킨 사례와 관련: Cass. civ. 2e, 12 déc. 1984, *Bull. civ. II*, n° 193; *RTD civ.* 1986, obs. J. Huet, p.120.

만, 피해자의 손해는 배상할 필요가 있다고까지 이야기되기도 하였다. 따라서 무과실책임의 원칙은 이제 물건에 대한 책임의 영역을 넘어 타인의 행위에 대한 책임영역에서도 일반적 법리로 자리를 잡게 되었다. 아울러 입법자들도 이러한 판례의 조류에 편승하게 되었고, 그 결과 책임법과 관련한 많은 현대적 입법이 과책주의에 기초하지 않게 되었다.

한편, 피해자에게 유리한 이와 같은 논리구성은 때로는 책임과 배상의 문제를 절연시키기도 하였다. 즉, 교통사고의 영역에서는 피해자에 대한 배상의 문제가 더 이상 운전자의 과책의 존재와는 무관하게 되었으며, 운전자는 자신의 자동차가 연루되었다는 사실만으로도 배상의무자가 되기에 충분한 요건을 갖추었다는 설명도 가능하게 된 것이다. 그리고 보험제도의 역할증대와 배상기금제도의 확충으로 인하여 민사책임제도의 제재적 기능은 더더욱 약화되게 되었다. 그리고 이러한 장치들이 불확정의 가해자 또는 변제자력이 없거나 보험에 가입하지 않은 가해자의 우연적 또는 고의적 행위로 인한 피해자의 보호 또는 에이즈 바이러스에의 감염이나 석면중독과 같은 일련의 사고로 인한 피해자의 보호를 목적으로 하는 것도 사실이다. 따라서 어떤 면에서는 책임의 주체인 가해자가 배상의무자의 배후에 잠적하게 되는 현상이 초래되었다고 할 수도 있을 것이다. 여하튼, 이와 같은 중대한 변화들에 직면하여 많은 학자들은 과책개념의 포기를 주장하기도 한다.[4] 결국, 과책이 민사책임체계 내에서 갖는 의미는 쇠퇴하였다고 할 수 있을 것이다. 그럼에도 불구하고, 과책이 갖는 의미가 완전히 상실된 것은 아니며, 때로는 새로이 그 의미가 부활되는 것으로 판단되는 경우들도 있다고 할 것이다.

---

4) Calais-Auloy M.-T., "La libération du droit de la responsabilité par l'abandon de la notion de faute," *D.* 1998, n° 14, dernière actualité, p.1.

B. 과책의 가치부활

비록 과책의 역할이 쇠퇴하기는 하였으나, 그 개념이 완전히 사라진 것은 아니라고 할 것이다(1). 놀라운 사실은, 과책이 손해와 그 배상의 영역에서 다시 그 가치를 찾아가는 것으로 보이기도 한다는 것이다(2).

1. 과책개념의 저항력

과책개념의 포기를 주장하는 것은 다소 과장된 면이 없는 것은 아니다. 즉, 과책개념이 쇠퇴일로에 있다고는 하나, 여전히 일정한 역할을 수행하고 있음에는 틀림이 없다.[5] 그리하여 최근에 제출된 개정민법 가안[6]에서도 민사책임분야에서 새로이 도입된 규정들의 서두에서 과책을 규정함으로써 과책개념을 그대로 유지하고 있다. 아울러, 과책개념은 헌법상 승인된 개념이라고 할 수 있다. 그리하여 '헌법위원회(Le Conseil constitutionnel)'에서도, "누구도 타인에게 손해를 가하여서는 안 되며, 과책으로 타인에게 손해를 가한 자는 그 손해를 배상할 의무가 있다"고 확인함으로써, 과책 있는 행위로 인한 피해자의 배상청구권을 보장하였던 것이다.[7] 그리고 이러한 판단은 상대적으로

---

5) Le Tourneau Ph., "La verdeur de la faute dans la responsabilité civile (ou de la relativité de son déclin)," *RTD civ.* 1988, p.505; Radé Ch., "L'impossible divorce de la faute et de la responsabilité civile," *D.* 1998, chr., p.301); 민사책임제도가 발전된다고 하여 과책개념을 문제시하여서는 안 된다는 견해에 대하여는, Thibierge C., "Libres propos sur l'évolution du droit de la responsabilité" (Vers un élargissement de la fonction de la responsabilité civile)도 참조.

6) http://www.justice.gouv.fr/publicat/rapport/RAPPORTCATALASEPTEMBRE2005.pdf

7) Cons. const., 22 oct. 1982, n° 82-144 *DC*, Rec. Cons. const. 1982, p.61, *D.* 1983, jur., p.189, note Luchaire F., *Gaz. Pal.* 1983, 1, jur., p.60, note Chabas F.; Voir Dion-Loye S., "Les impératifs constitutionnels du droit de la responsabilité," *Petites affiches* 22 juill.

최근 판결이라고 할 수 있는 1999년 11월 9일의 헌법위원회 결정[8)]을 통하여 재차 확인되기도 하였다. 따라서 과책개념의 쇠퇴가 가지는 의미를 곡해하여서는 안 될 것이다. 즉, 과실책임은 여전히 존재하고 있으며, 그것도 합헌적 영역의 구성부분으로서 또는 민사적 용례에 따를 경우 공공질서의 일부분을 형성하고 있다고도 할 수 있을 것이다.

한편, 과책의 이러한 최소한의 가치는 특별법분야에서도 발견된다. 즉, 과책의 역할이 축소되기는 하였으나 완전히 사라진 것은 아니며, 따라서 교통사고의 경우에 있어서도 운전자의 과책은 피해자의 '태만적 과실 또는 중과실(la faute inexcusable)'과 마찬가지로 참작의 대상이 된다는 것이다. 그리고 국민연금적 성격의 기금제도를 창설하게 된 「환자의 권리와 보건제도의 질에 관한 법」(2002년 3월 4일의 법 제2002-303호)에서도 과책주의에 입각한 私的責任의 원칙(principe d'une responsabilité individuelle)을 재확인하고 있다.[9)] 아울러, 공중보건법 제L.1142-1조 제1항에서도, 보건전문가 및 처방, 진단, 치료의 개별적 행위가 이루어지는 관련기관은 그 업무수행상의 과실로 인하여 초래

1992, n° 91, p.11.

8) Cons. const., 9 nov. 1999, n° 99-419 *DC, JO* 16 nov. 1999, p.16962, *Petites affiches* 1er déc. 1999, n° 239, p.6, note Schoettl. J.-E.; Drago G., La Constitution «en réserves», Commentaire de la décision du Conseil constitutionnel du 9 novembre 1999 portant sur une loi relative au pacte civil de solidarité, Dr. famille déc. 1999, Hors-série, p.46; Molfessis N., "Pacte civil de solidarité, La réécriture de la loi par le Conseil constitutionnel," *JCP éd. N* 2000, I, p.270; Viney G., "L'article 1382 du Code civil traduit une exigence constitutionnelle," *JCP éd. G* 2000, I, n° 280.

9) Radé C., "La réforme de la responsabilité médicale après la loi du 4 mars 2002 relative aux droits des malades et à la qualité du système de santé," *Resp. civ. et assur.* 2002, chron. 5; Mistretta P., "La loi n°2002-303 du 4 mars 2002 relative aux droits des malades et à la qualité du système de santé, Réflexions critiques sur un Droit en pleine mutation," *JCP éd. G* 2002, I, n° 141; Mistretta P., "La loi n° 2002-1577 du 30 décembre 2002 relative à la responsabilité civile médicale, premiers correctifs de la loi n° 2002-303 du 4 mars 2002," *JCP éd. G* 2003, n° 57, actualités.

된 손해에 대하여만 책임을 진다고 규정하고 있다. 요컨대, 과책은 민사책임 체계 내에서 더 이상의 압축이 불가능한 핵심체로서의 의미를 간직하고 있는 것이다. 더 나아가, 과책개념은 기대치도 않았던 손해배상의 영역에서 그 면모를 과시하기도 한다.

2. 과책의 재등장

결론적으로 말하면, 과책의 개념은 오늘날 우회적으로 손해배상 내지 손해의 회복 영역에서 부활하기도 한다. 즉, 손해배상의 요건과 관련하여 피해자의 태도나 행위도 결과적으로 고려의 대상이 되기도 한다는 것이다. 사실, 손해가 발생하였다고 하여 반드시 배상이 인정되는 것은 아니다. 예컨대, 부정경쟁방지법의 성실한 준수로 인하여 수익의 감소가 있었다고 하더라도 이는 배상되어야 할 손해는 아닌 것이다. 결국, 보호가치 있는 법익에 대한 침해만이 배상의 대상이 된다고 할 수 있을 것이다. 그러나 때때로 법원은 적법한 이익 또는 법적으로 보호되는 이익이라는 개념을 통하여 피해자의 가상적 행위나 부정직함을 고려의 대상으로 삼기도 하는데, 이는 피해자의 이러한 태도에서 과책의 의미를 부여하기 위함이라고 할 것이다.

따라서 청구권자의 상황의 부적법성은 모든 유형의 배상에 있어서 절대적 장애사유가 되는 '소권부존재(une fin de non-recevoir)' 사유를 구성한다고 판단되기도 하였다. 그리고 이와 마찬가지의 해결책이 부정한 동거관계에 있는 자에 대하여 한동안 적용되기도 하였다. 즉, 파기원의 형사부에서는 1975년 이전까지, 내연관계에 있는 자의 부정행위와 관련한 사안에 있어서 위법성을 인정하지 않았다. 아울러, 형사부에서는 악의의 부도수표 소지인에 대하여는, 부적법한 행위 내지 사취행위의 개입을 이유로 하여, 일체의 손해배상 청구권을 인정할 수 없다는 입장을 오랫동안 견지함으로써, 이러한 경우도 소권부존재의 사안에 해당한다고 보았던 것이다.[10] 물론 이러한 해결책 중에서 몇몇은 오늘날에 와서는 더 이상 받아들여지고 있지는 않으나, 이러한 해결책들로부터 손해배상의 영역에서 과책이 고려의 대상이 되고 있는 경향을 파악할 수는 있을 것이다. 아울러, 유사한 상황이 징벌적인 성격의 손해배상에 있어서도 발견된다고 할 것인데, 이 경우에는 피해자의 과책이 아니라 가해자인 책임의 주체의 과책이 고려의 대상이 되고 있다고 할 것이다.

한편, 비록 민사책임제도의 기능 중에서 손해배상의 기능이 핵심적인 것이라고는 하나, 그 제재적 기능 또한 경시할 수는 없을 것이다. 따라서 법원이 때로는 이러한 민사책임제도의 제재적 기능에 입각하여 피해자가 입은 손해 이상으로 피해자에 대한 손해배상을 인정하는 경우도 있는데, 이는 순전히 가해자에게 징벌적인 제재를 가하기 위함이라고 할 것이다. 또 다른 예로는, 전재시변과 같은 자연재해로 인한 손해발생의 경우에 있어서도 마찬가지의 결론이 도출되기도 하는데, 이러한 경우들에 있어서는 피해자가 다수라는 점이 (재해발생에 대한) '제재적 목적(dans un but comminatoire)'과 함께 법원으로 하여금 손해배상(액)의 증액을 유도하기도 한다. 그러나 실무상의 이와 같은 현상은 분명 손해배상(액)이 발생한 손해를 초과할 수 없다는 민사책임제도의 기본적 법리에는 배치되는 결과라고 하지 않을 수 없다. 그럼에도 불구하고, 법원의 손해에 대한 과대평가사실이 반드시 분명하지만은 않다는 점 또한 이를 지적하지 않을 수 없다. 즉, 손해에 대한 과대평가사실이, 손해배상(액)의 산정은 사실심법원의 전권사항이라는 원칙으로 인하여 전면에 드러나지 않는다는 점이다. 그러나 학설상으로는 법원의 이러한 선진적인 태도를 옹호하면서, 손해배상의 일정부분은 징벌적 성격이 있음을 주장하는 견해도 있다.[11)]

요약하건대, 비록 민사책임의 성립과 관련하여 과책주의가 일정부분 쇠

---

10) Cass. crim., 27 mars 1968, n° 67-92. 602, *D.* 1968, jur., p.523, note Vouin R.; Le Tourneau Ph. et Cadiet L., *Droit de la responsabilité et des contrats*, Dalloz action, 3e éd., 2000, n° 1397도 참조.

11) S. Carval, *La responsabilité civile dans sa fonction de peine privée*, préf. G. Viney LGDJ 1997.

퇴하였음은 사실이나, 이러한 과책의 가치가 손해배상이라고 하는 또 다른 영역에서 그 의미를 찾아가고 있음도 사실이다. 이러한 관점에서 본다면, 이하에서 연이어 살피게 될 민사책임제도의 비개인화현상은 보다 더 중대한 법리상의 변천을 초래할 것으로 보인다.

III. 민사책임제도의 비개인화현상

비록 학술적으로 공인된 표현은 아니나, 여기서 말하는 민사책임제도의 '비개인화(dépersonnalisation)'라는 표현은 자기책임 또는 본인책임의 원칙의 쇠퇴현상을 지칭한다. 실제로 보다 효율적인 피해자보호를 위하여 한편으로는 타인의 행위에 대한 일반적 책임 또는 공동책임이 승인되기에 이르렀으며(A), 다른 한편으로는 더 이상 개인적인 성격을 지니지 않는 대규모손해의 발생과 그에 대한 배상이 인정되게 되었는데(B), 이하에서는 이에 대하여 각각 살피기로 한다.

A. 타인의 행위에 대한 책임과 공동책임

프랑스에서의 타인의 행위에 대한 무과실의 일반적 책임의 원칙은 불과 십수 년 전에 확립되었다고 할 수 있는데, 이에 대하여 간략히 고찰한 후(1), 공동책임에 대하여 살피기로 한다(2).

1. 타인의 행위에 대한 책임

프랑스 민법상으로는 자신의 행위에 대한 책임, 즉 본인책임주의가 원칙이므로 타인의 행위에 대한 책임법리가 저항을 받지 않은 것은 아니다. 그리고 이러한 타인의 행위에 대한 책임의 근거로는 물건에 대한 책임의 경우와 마찬가지로 민법 제1384조 제1항의 규정을 들 수 있는데, 동조에서는 "누구나 자기 자신의 행위로 인하여 발생한 손해에 대하여서뿐만 아니라 자신의 관리하에 있는 물건이나 자신이 책임을 져야 할 자의 행위로 인하여 발생한 손해에 대하여도 책임을 진다"고 규정하고 있다. 그러나 동 규정의 입법과 관련, 민법전 편찬자들이 어떠한 명목상의 규범적 중요성을 염두에 두었던 것은 아니었다고 할 수 있다. 이는, 동조의 규정이, 한편으로는 민법 제1382조와 제1383조에서 예정하는 자신의 행위에 대한 책임법리와, 다른 한편으로는 동법 제1384조에서 규정하는 다른 특정인의 행위로 인한 책임의 경우 및 동법 제1385조와 제1386조에서 다루고 있는 물건으로 인한 책임의 경우들에 있어서의 법리들 간의 매개점을 이루는 데 그 규정취지가 있는 것이 아니라는 것이다.

한편, 전술한 바와 같이 파기원 합의부는 1930년대부터 동조에 근거하여 물건에 대한 책임을 인정하여 왔다. 그러나 타인의 행위에 대한 책임의 인정과 관련, 학설상으로는 동조에 근거할 수 없다는 주장이 제기되기도 하였으나,[12] 판례상으로는 이미 동조에 근거한 일반적 책임의 원칙은 인정될 수 없다는 입장이 견지되었었다. 그리고 판례가 이와 같이 소극적인 태도를 취한

12) Demogue, R. *Traité des obligations en général*, t. V, Librairie Arthur Rousseau, 1925, n° 819 bis; Matter, concl. sous Cass. ch. réunies, 13 févr. 1930, Jand'heur, D. 1930, jur., p.57; Savatier R., "La responsabilité générale du fait des choses que l'on a sous sa garde a-t-elle pour pendant une responsabilité générale du fait des personnes dont on doit répondre?," *DH* 1933, chr., p.81; puis plus récemment, Legeais R., "Un article àsurprises ou le nouvel essai de généraliser la responsabilité civile du fait d'autrui," *D.* 1965, chr., p.131.

데에는 몇 가지 이유가 있다고 할 것인데, 우선 자신의 과책에 의한 자기책임의 원칙이라는 확고한 법리로 인하여, 민법상 규정된 특정 타인의 행위에 대한 책임을 인정함에 있어서 그 근거부여가 쉽지 않았다는 것이며, 더 나아가 물건으로 인한 책임의 확대를 근거지은 사회적 필요성과 비교하여, 타인의 행위로 인한 책임영역의 확대에 대한 사회적 요구는 그다지 절박하지 않았다는 점을 들 수 있다.

그러나 이와 같은 논거는 행정법원에 의하여 비로소 극복되게 되는데, 1956년 2월 3일의 국사원판결인 일명, 'Thouzellier' 판결이 그것이다. 동 판결에서는, 불법행위자들에 대한 관대한 처분은 사회적 위험을 초래시키게 마련이며 이러한 사회적 위험은 불법행위자가 발생시킨 손해에 대하여 공권력에 의한 객관책임 내지 책임추정이라는 특수법리의 적용을 정당화시킨다고 하였다. 그러나 동 판결이 있은 이후 30여년이 지나서야 사법법원에서도 민법 제1384조 제1항에 근거하여 동일한 맥락의 원칙이 인정되게 된다.[13] 그리고 1991년 3월 29일의 전원합의체 판결에 의하여, 비로소 파기원은 타인의 행위에 대한 일반적인 책임의 법리를 인정하기에 이르게 된다.[14] 이후 파기원은 점차로 동 법리를 구체화해 나갔으며, 종국적으로는 동 영역에서의 책임추정이라는 새로운 법리, 즉 무과실책임의 법리를 확립하게 되었다.[15] 즉, 무과실책임영역의 이와 같은 확대 움직임이 타인의 행위에 대한 책임의 개별적 영역에도 영향을 미치게 되는데, 이로 인하여 미성년 자녀의 행위에 대한 부모의 책임도 객관책임의 외연을 갖게 된 것이다. 그리고 피해자를 보다 충실하게 보호하고자 하는 구상은, 책임의 비개인화현상을 통하여, 민사책임

---

13) Cass. civ. 2e, 24 nov. 1976, n° 74-75. 217.

14) Cass. ass. plén., 29 mars 1991, *D.* 1991. 324.

15) "민법 제1384조 제1항에서 예정하고 있는 타인의 행위에 대한 책임은 무과실의 당연책임(la responsabilité de plein droit)으로서 동조에 근거하여 책임을 져야 할 자들은 자신들에게 과책이 없다는 것을 이유로 하여 면책될 수 없다"(Cass. crim., 26 mars 1997, Bull. crim., n° 124).

제도의 근간에 대한 중대한 변경을 초래하기에 이른다. 아울러, 유사한 현상이 공동책임의 전개과정에서도 발견된다.

2. 공동책임

파기원은 "불법행위책임 영역에서 초래된 하나의 손해에 대한 그 발생원인이 다수라는 사실이 최초의 가해자로 하여금 (인과관계와 관련) 원인의 상당성 원칙에 근거하여 발생한 손해전체에 대한 배상의무를 지우는 데 장애가 되지 않는다"[16]고 하고 있다. 이러한 파기원의 태도는 인과관계의 존부에 대한 판단에 있어서 그 엄격성을 완화한 것으로 평가될 수 있으며, 특히 조건설(l'équivalence des conditions)에 입각하고 있다고 할 수 있다. 즉, 잠재적 가해자가 다수인 경우, 법원은 비록 몇몇 사례에서 소극적인 태도를 보이기도 하였으나, "가해자들은 그 각각이 발생한 손해의 전부에 대하여 책임을 져야 한다"는 법리를 인정하게 된 것이다.

그리고 이러한 판례의 태도는 사냥, 어린 아이들의 집단적 놀이, 조직적 범죄, 그리고 일반적인 스포츠활동 등에서 피해자가 공동소송을 제기하는 경우들에 있어서도 그대로 채택되기에 이르고 있다. 특히, 이러한 사례들에 있어서 판례는 가해자들의 연대책임(부진정연대채무 또는 전부급부의무)을 인정하였으며, 후일 몇몇 분야에서는 이러한 연대책임이 입법화되기도 하였다. 아울러, 이러한 공동책임은 오늘날에 이르러서는 그 책임의 근거를 불문하고 인정되고 있다. 여하튼, 공동책임은 피해자로 하여금 공동의 가해자 상호간의 책임분담비율을 고려함이 없이 가해자 전체에 대한 연대책임의 추궁을 가능하게 한다. 여기서도 다시 한 번 책임의 주체의 불확정으로 인한 위험으로부터 피해자를 보호하고자 하는 구상이 민사책임법리의 변경을 유도하고 있다고 할 것이다. 그러나 이러한 책임의 비개인화현상(즉, 자기책임의 원칙의 변천)

16) Cass. civ. 2e, 27 mars 2003, *Bull. civ. II*, n°76, *JCP éd. G* 2004, I, p.15, obs. G. Viney.

은 귀책사유의 영역에서만 영향을 미치는 것이 아니라, 최근에는 배상되어야 할 손해의 영역에까지 그 영향을 미치는 것으로 보인다.

B. 집단적 손해의 출현

집단적 손해에 대한 고려는 전통적인 민사책임법리의 근본적 변경을 초래하고 있다고 할 수 있으며, 아울러 프랑스법에서의 단체소송의 도입과 같은 절차법상의 변혁도 초래할 수 있는 것으로 보인다.

1. 민사책임법리의 변경

기술과 산업의 발달은 다수의 피해자를 발생시키는 중대한 손해들, 즉 '대규모 손해(préjudices de masse)'[17]의 발생을 초래하게 되었다. 이러한 대규모의 손해는 "하나의 손해발생의 요인으로 인하여 다수인의 신체, 재산 또는 자연환경에 대한 침해가 유발되는 경우로서, 이러한 손해발생의 요인(가해행위)은 그 원인이 공통된 손해유발요인들의 총체로써 구성될 수도 있는 것으로" 이해된다.[18] 그리고 이러한 손해들은 동일한 원인에 의하여 초래되며, 피해자 또한 특정한 범주의 자들로서 그 존재는 인식되나 구체적인 범위가 아직 확정되지 않고 있다는 점에서 특수성이 인정된다.[19]

---

17) F. McGovern 교수는 '대규모 불법행위(mass torts)'와 관련, 다음과 같이 설명한다. 즉, 대규모 손해는 일반적으로 다수의 피해자에 의하여 집중된 관할법원에 다수의 손해배상소송이 제기된다는 점에 특징이 있으며, 이들 다수의 피해자들은 공통된 메커니즘에 의하여 유사한 손해를 입었으며 제한된 특정의 다수변호사에 의하여 대표된다고 한다, in Séminaire "Cultures judiciaires comparées," cycle 2003-2004: "Risques, assurance, responsabilité," le 29 janvier 2004.

18) A. Guegan-Lecuyer, *Dommages de masse et responsabilité civile*, thèse sous la dir. de P. Jourdain, Paris I, 2004, p.106.

한편, 이러한 손해들은 그 발생영역이 다양한데,[20] 구체적으로는 사기적인 주식투자나 결함 있는 다량의 제조물[21]의 판매로 인하여 일정한 범주의 다수의 피해자가 발생하는 경우를 예로 들 수 있다. 또한 집단적인 손해는 수질의 오염이나 특정지역에서의 핵오염, 비행기의 추락, 또는 관중석의 붕괴 등과 같은 상황에서도 발생하게 되며, 자연재해 또한 집단적 손해를 발생시키게 된다. 아울러, 에이즈 바이러스에의 감염과 같은 연쇄적 손해발생의 경우도 이상에서 언급한 상황과 유사하게 다룰 수 있다고 할 것이다.

다른 한편, 이러한 집단적인 손해발생의 현상은 배상책임의 전제조건으로서 손해가 자신의 것이어야 한다는 요건에 대한 재검토의 필요성을 제기하기도 한다. 즉, 전통적인 설명에 의할 경우, 피해자는 발생한 '손해가 자신의 것(dommage personnel)'이라는 점을 입증하여야만 손해배상을 받을 수 있음이 원칙인 것으로 이해되어 왔다. 그러나 일정한 유형의 집단적 손해 내지 대규모손해는 그 성질상 집단성 또는 대규모성이 인정되나 私的인 성격이 인정되지 않는 것도 있다. 이러한 경우로는 특히 인간이 자신의 환경에 대하여 발생한 손해로 이해되는 생태(학)적 손해(préjudice écologique)가 그러하다고 할 수 있을 것이다.[22] 사실 생태적 손해는 자연환경에 대한 침해로서 간접적으로 개인의 권리에 대한 침해를 초래한다고 할 수 있다.[23] 그러나 환경이라

---

19) S. Guinchard, "Une *class action* à la française," *D.* 2005, 2180.

20) 이와 관련하여서는, C. Lacroix, *La réparation des dommages en cas catastrophes*, th. Univ. Haute-Alsace, 2005 참조.

21) 제조물책임과 관련하여서는 특히 'le talc Morhange' 사건이 결함 있는 제조물로 인한 대형참사의 대표적인 예시라고 할 수 있는데, 동 사안에서는 유아용 위생용구의 제조상의 결함으로 인하여 1972년에 동 제품사용자 중 36명이 사망하고 167명이 신경계통의 이상을 호소하였다.

22) F. Caballero, *Essai sur la notion juridique de nuisance*, préf. J. Rivero, thèse, LGDJ, 1981, p.293.

23) G. Martin, "Réflexions sur la définition du dommage à l'environnement, Le dommage écologique," *in Droit et environnement*, PUAM, 1995.

는 것은 총체적인 것으로서 그 구성부분이 사적인 소유의 대상이 될 수는 없다고 할 것이다.[24)25)] 따라서 생태적 손해는 전통적인 관점에서 볼 때, 손해배상의 전제조건인 사적인 성격이 충족되지 않는다고 할 수 있으며, 따라서 그에 대한 손해배상을 인정함에 있어서 장애요인이 존재한다고 할 수도 있을 것이다.[26)] 그럼에도 불구하고 그러한 손해에 대한 치유방안의 모색이 필요하였으며, 이에 1995년 2월 2일의 소위 「Barnier법」의 제정으로 인하여 '대표소송(action en représentation conjointe)'[27)]이 가능하게 되었다. 그러나 사실 이 문제는, 현재 프랑스 내에서, 생태적 손해의 영역을 넘어 집단적 손해의 배상과 관련한 문제를 총체적으로 포섭할 수 있는 보다 근본적인 해결방안에 대한 논의를 야기하고 있는데, 그것이 바로 이하에서 살필 단체소송(class action)의 도입여부에 대한 논의이다.

2. 단체소송의 도입필요성과 절차법상의 변혁

다수의 피해자 전체에 대한 손해배상을 용이하게 하기 위하여 단체소송을 도입할 것인가의 문제는 현재 프랑스 내에서 수많은 논쟁을 유발하고 있다. 우선, 단체소송의 도입취지가 일정부분 곡해되고 있는 것도 사실이다. 즉,

---

24) J. Bigot, "L'indemnisation des dommages nés de la pollution et l'assurance," *in Indemnisation des dommages dus à la pollution*, OCDE, 1981, p.139.

25) 예컨대, 물에 대한 1992년 1월 3일 법 제1조, 환경보호의 강화에 관한 1995년 2월 2일 법에 의하여 개정된 전원법(Code rural) 제200-1조 참조.

26) J. Huet교수는 "민법의 개인주의적 특성으로 인하여 자신이 입은 손해에 대하여만 배상이 가능하며, 따라서 엄격한 의미에서의 생태적 손해에 대한 배상과 관련하여서는 이를 주장할 수 있는 방도가 없으므로 민사책임법리와 상치되는 면이 있다"고 한다, in "Le développement de la responsabilité civile en droit de l'environnement en France," *Journées de la société de législation comparée*, 1993, p.221.

27) 이 개념에 대하여는, L. Boré, "L'action en représentation conjointe: *class action* française ou action mort-née?" *D.* 1995 chron., p.267 참조.

일부에서는 단체소송을 도입함으로써 민사책임법리가 쇠퇴일로를 걷게 되는 위기를 맞을 수도 있다고 지적한다. 다른 한편, 단체소송은 더 나아가 프랑스법이 미국법을 추종하게 되는 바람직하지 못한 현상의 전조라고 이해하는 견해도 있으며, 일부에서는 소송의 폭주와 엄청난 변호사비용으로 특징지어지는 미국적 상황의 산물이 바로 단체소송이라고 평가하는 견해도 있다.

한편, 단체소송에 대한 이러한 경계심은 실제로 지엽적인 사실에 대한 비합리적인 인식에 근거한 면도 있다고 할 것이다. 분명, 단체소송도입의 효과가 절차적인 변혁의 초래에만 그치지 않고, 법질서에서의 본질적인 면이라고 할 수 있는 권리의 내용에도 그 영향을 미칠 것이라는 것은 확실하다. 따라서 이럴 경우, 비록 의제적인 면이 없는 것은 아니나, 손해의 완전배상이라는 원칙에 대한 재고를 이끌게 될 '확산된 손해(préjudice diffus)'의 개념을 인정할 필요성이 있는 것으로 보일 수도 있다. 그러나 그렇다고 하여 단체소송에 대하여 긍정적인 반응이 없는 것은 아니다. 그리고 퀘벡의 사례는 구더기 무서워서 장을 담지 못하는 우를 범해서는 안 된다는 사실을 여실히 보여주고 있다. 따라서 Caballero교수가 지적하는 바와 같이 보다 합리적으로 현실을 판단할 필요가 있을 것이며, 이는 수백 아니 수천의 당사자가 하나의 소송절차에 참가하였을 경우의 상황을 상정한다면 더욱 그러하다고 할 것이다.[28] 결국, 단체소송의 도입은, 증폭되는 피해자보호에의 요구와 법정에서의 과잉혼잡의 해소에 대한 우려가 표명됨에 따라, 민사책임제도의 변천사에서 기록될 만한 일로 남을 것이다.

28) F. Caballero, 전게논문, p.248.

IV. 결 론

요컨대, 오늘날의 민사책임제도는 일정한 위기상황에 직면해 있다고 할 수 있을 것이다. 이는, 이전에는 가해자에 대한 제재라는 중요한 기능을 담당하였던 민사책임제도가, 오늘날에 와서는 변제자력 있는 배상의무자의 확정에 머무는 경우가 빈번히 발생한다는 점에서 그러하다고 할 수 있다. 즉, 손해배상과 관련하여 민사책임법리가 보험이나 사회부조적 장치와 같은 또 다른 메커니즘과 결부되기가 일쑤라는 것이다. 그러나 이러한 상황을 너무 심각하게 받아들이는 것도 문제가 있다고 할 것이다. 모든 위기는 일시적이기 마련이며, 발전과정에서의 한 순간을 구성할 뿐이고, 따라서 이러한 의미에서 볼 때, 그러한 위기가 민사책임법리의 재구성과정에서의 자취로 평가될 수도 있을 것이다.

그러므로 이제는 이러한 발전과정이 보다 명료하고 알기 쉬운 방향으로 흘러가기를 기원하는 것이 더 바람직하다고 할 것이다. 이와 관련, 민법개정안의 제출은 프랑스민법의 장래에 대한 긍정적인 관측을 가능하게 한다. 이는 법안의 준비과정에서, 그 방향설정과 관련하여, 민법규정들의 현실화와 전체규정 상호간의 논리적합성을 고려한 노력들이 경주되었다고 평가할 수 있기 때문이다. 따라서 일반원칙이나 공인된 법리들은 곧 채택될 것으로 보인다. 단지, 입법자들이 민사책임법리, 그리고 더 광범위하게는 채권법상의 법리를 재구성하기 위하여 준비된 민법개정안을 승인할 것인지에 대하여는 관찰의 여지가 있다.

만약, 입법부에서 위 법안을 승인한다면, 개정민법에서의 법리들 또한 1804년의 나폴레옹 민법전에서의 법리들이 그러하였던 것처럼 오랫동안 그 면모를 유지할 수 있기를 바라며, 여러분들과 200년 후에도 다시 만날 수 있기를 바랍니다.

韓國에서의 不法行爲法의 展開
-그 傾向과 可能性-

양 창 수 (서울대학교 법과대학 교수)

I. 서 론

불법행위법에 의하여 처리되어야 할 사실관계가 극히 다양함은 물론이다. 이에 비하여 이를 규율하는 법규정은 민법 제750조 이하의 몇 조 등 그리 많지 않다. 그러므로 불법행위법과 관련한 문제가 해석론, 입법론을 막론하고 거의 조감할 수 없을 정도로 많고 복잡한 것도 당연한 일이라고 할 수 있다. 이들 문제 전체를 몇 개의 '원천'으로 환원하고 그 각각에 대하여 해결방향을 제시할 수 있다고 하면, 우선 사고의 경제 한 가지 측면만 보더라도 매우 바람직한 작업이라고 하겠다. 그러나 이는 요원한 장래의 일이고, 또한 아마도 불가능한 일일지도 모른다.

여기서는 다른 심중한 문제들, 가령 과실책임주의의 완화, 법경제학의 불법행위법에 대한 기여의 가능성과 한계, 그리고 불법행위법과 보험 등 다른 손해전보제도와의 관계라는 문제들을 음미하는 데 있어서 그 배경적인 지식으로서 조금이라도 보탬이 되지 않을까 하는 관점에서 다음의 두 가지 점을 주로 거론하여 보고자 한다. 우선 하나는 불법행위제도의 중추를 이루고 있는 민법 제750조가 근래 문제된 일련의 불법행위를 원인으로 하는 손해배상소송에서 구체적으로 적용됨에 있어서 드러내 보이고 있는 종전과는 다른 양상 또는 다른 양상이라고 생각되는 것을 지적하고(아래 II), 이러한 '특이한' 양상이 전개되는 이유라고 생각되는 불법행위법을 둘러싼 제반 환경의 변화를 밝히는 것이다(아래 III). 그리고 다른 하나는, 그러한 변화된 환경 속에서 불법행위의 법제도가 가질 수 있다고 여겨지는 새로운 가능성을 모색하여 보는 것이다(아래 IV).

이와 같이 보다 구체적인 문제를 음미하기 위한 '배경적인 지식'으로서는 보다 단순화된, 어떻게 보면 도식적이라고도 할 수 있는 서술방식이 오히려 유용하지 않을까 여겨지기도 한다. 그래서 이하에서는 사태의 구체적인 세부는 捨象하고 기본적인 경향이라고 생각되는 몇 가지 점을 단순화하여 추출하고 이에 초점을 맞추어서 생각하여 보기로 한다. 그러므로 관점에 따라서는 견강부회라는 비난을 살지도 모르겠다. 그리고 문헌의 인용도 필요한 최소한에 그치기로 하였다.

II. 불법행위법의 현상

A. 불법행위소송의 현황

법원의 사건 관련 통계를 보면, 불법행위를 원인으로 하여 손해배상을 청구하는 사건들은 민사본안사건 중에서 별로 현저한 지위를 차지하지 못하고 있다는 인상을 받는다. 가령 2004년에 법원에 접수된 제1심 민사본안사건은 그 총수가 255,758건인데, 그 중에서 손해배상사건은 23,778건으로 그 9.3%에 불과하다.[1] 그리고 2000년부터 2004년까지 5년 간의 통계를 보아도, 손해배상사건의 민사본안사건 전체에 대한 비율은 많은 해가 11.2%(2000년)으로 그 후로 계속 줄어들고 있다.[2] 여기서 말하는 '손해배상사건'에는 채무불이행을 원인으로 하는 것도 포함되어 있는 것이므로, 불법행위를 원인으로 하는 것만으로는 그 비율이 더욱 적어질 것이다.[3] 물론 불법행위를 원인으로 하는 손해배상청구는 가령 원고가 부동산의 인도를 청구하면서 그에 부가하여 그 인도시까지의 불법점유를 이유로 하여 임료 상당액의 손해배상을 구하는 것과 같이 그것이 통계에 반영이 되는지 의심스러운 형태로 행하여지는 경우도 많을 것으로 추측된다. 그러나 그 점을 고려에 넣는다고 하여도 역시 법원이 처리하는 민사본안사건 중에서 불법행위를 원인으로 하는 손해배상사건이 차지하는 비중은 그리 크지 않다고 해야 할 것이다.

그러나 이와 같이 불법행위가 소송사건으로 되는 경우가 많지 않다고 하여서, 불법행위법이 우리 사회에서 별다른 기능을 수행하지 못하고 있다고 속단하여서는 안 된다. 이 점은 현재 번창하고 있는 보험업계를 보더라도 명백하다. 이 분야에 대하여는 그 깊은 내용을 잘 알 수 없으나, 책임보험이 그 상당한 부분을 차지하고 있음에는 의문의 여지가 없다. 그런데 주지하는 대로 책임보험이란 피보험자가 제3자에 대하여 배상책임을 지는 경우에 이를 보상하여 주는 것을 내용으로 한다(상법 제719조). 이 경우 피보험자가 제3자에 대하여 부담하는 '배상책임'이란 대체로 불법행위를 원인으로 하는 손해배

1) 법원행정처, 司法年鑑 2005년, 710면.

2) 前註의 사법연감 2005, 601면 참조.

3) 註 1의 문헌에 의하면, 2004년의 손해배상사건 23,778건 중 자동차사고로 인한 것이 6,483건, 산업재해로 인한 것이 1,326건, 의료사고로 인한 것이 802건, 공해를 원인으로 하는 것이 20건, 지적 소유권 침해를 이유로 하는 것이 134건이라고 한다(그 외의 '기타'가 15,013건이다). 적어도 이들 합계 8,765건(물론 이에 한정된다는 말은 아니다)은 불법행위를 원인으로 하는 것으로 볼 수 있다고 생각된다. 이들의 제1심 민사본안사건 총수에 대한 비율은 약 3.4%가 된다.

상책임으로 귀착된다고 할 수 있다. 그러므로 책임보험은 결국 불법행위법을 바탕에 두고 전개되는 보험체계인 것이다. 그런데 가령 자동차사고로 인한 손해전보의 문제가 책임보험의 일종인 자동차보험에 의하여 소송에까지 이르지 아니하고 처리되는 경우가 얼마나 많은가 하는 점은 우리가 일상의 경험을 통하여 알고 있는 바이다. 그리고 여기서 중요한 점은 그러한 보험에 의한 처리가 사고로 인한 책임의 소재나 그 책임의 액수 등에 대하여 당사자들 사이에서 다툼의 여지가 있는 경우에 대하여도 행하여지고 있다는 것이다. 바꾸어 말하면 보험은 불법행위를 둘러싼 분쟁을 상당 부분 흡수하여 그것이 법원에까지 가지 아니하도록 하는 측면이 있으며, 오히려 소송에까지 갈 필요 없이 불법행위로 인한 분쟁을 처리할 수 있다는 바로 그 점이 관계자들을 보험으로 유인하는 요인의 하나가 되고 있다고 할 수 있다.

물론 책임보험이 일단 불법행위법을 전제로 하고 있다고 하더라도, 뒤에서 보는 대로 실제로는 책임보험의 존재가 불법행위책임의 성립 여부나 그 내용에 영향을 미치는 측면도 없지 않다. 그러나 적어도 논리구조로서는 불법행위법은 이 분야에서 여전히 그 골간을 이루고 있다고 할 수 있다.

B. 불법행위소송의 새로운 양상

(1) 한국에서 불법행위에 관한 기본적인 법규정은 민법 제750조 내지 제766조이다. 그 맨 앞의 제750조는 "고의 또는 과실로 인한 위법행위로 타인에게 손해를 가한 자는 그 손해를 배상할 책임이 있다"고 규정한다. 이 규정은 한국 불법행위법의 기초로서, 프랑스민법에서 제1381조와 제1382조를 합한 것과 같은 의미를 가진다. 그리고 학설은 이론의 여지 없이 이로부터 4개의 요건을 추출한다. 즉 (i) 고의 또는 과실로 인한 가해행위, (ii) 가해행위의 위법성, (iii) 손해, 그리고 (iv) 가해행위와 손해와의 인과관계가 그것이다.

위의 제750조는 손해배상청구권자가 배상을 구하는 그 손해가 상대방의

'고의 또는 과실로 인한 위법행위'로 인하여 야기되었을 것만을 요구하며, 그 행위가 직접적으로 생명·신체나 소유권과 같은 구체적 법익을 침해할 것을 요구하지 않는다는 점은 주의를 기울일 만하다. 이 점은 무엇보다도 다음과 같은 귀결을 낳는다.

첫째, 주지하는 바와 같이 과실행위로 발생한 '순수재산손해(pure economic loss)'가 배상되어야 하는가, 또는 어떠한 경우에 그것이 배상되어야 하는가 하는 어려운 문제는 한국에서는 적어도 정면에서는 제기되지 않는다. 한국에서는 '재산적 손해'는 이른바 차액설적으로, 즉 가해행위가 있기 전의 총체재산의 상태와 그 후의 그 상태를 비교하여 정하여지는 것으로 이해되고 있으므로, 과실로 인한 '순수재산손해'도 불법행위책임의 다른 발생요건을 갖추는 한 배상되어야 한다는 것에는 의문의 여지가 없다.

둘째, 위법행위의 직접 상대방 아닌 제3자가 입은 손해라고 당연히 그 손해의 배상이 배제되는 일은 없다. 이른바 간접손해(damage par ricochet)도 그것이 '고의 또는 과실로 인한 위법행위'와의 사이에 인과관계가 인정되는 한에서는 배상되지 아니할 이유가 없다.

다른 한편 이상으로부터 한국의 불법행위법에서는 '인과관계'의 요건이 막중한 임무를 가지게 된다는 것을 쉽사리 예측할 수 있을 것이다.

그러나 이러한 요건들은 구체적인 사건들을 처리하는 국면에 있어서는 실제로 '요건'으로서의 실질을 갖추지 못하거나, 변질된 내용으로 적용되고 있다.

(2) 제조물책임에 관한 드문 판례 중의 하나인 대법원 1977년 1월 25일 판결 77다1092 사건(集 25-1, 21)을 보자.

이 사건에서 원고는 자신이 키우는 닭들이 피고로부터 사들인 사료를 먹은 다음에 갑자기 산란율의 급격한 저하를 보이자 이들을 폐사시키고 그 손해의 배상을 청구하였다. 원고와 피고와의 사이에는 매매계약관계가 존재함은 물론인데, 그럼에도 불구하고 원고는 이 사건에서 불법행위책임을 물었던 것이다.[4)] 결국 피고의 책임은 긍정되었다. 그 과정에서 대법원(또는 그에 의하여 수긍된 원심판결)은, (i) 피고의 과실 및 (iv) 인과관계의 두 가지 점에 관하여 전통적으로 요건사실을 인정하여 오던 방식과는 다른 방식의 추론을 행하고 있다. 우선 전자에 대하여는, "적어도 그 사료에 어떤 불순물이 함유된 것이 틀림없어 제조과정에 과실이 있다"고 한다. 이 판단을 주사기바늘사건에 대한 대법원 1979년 12월 26일 판결 79다1772 사건(판례월보 199, 17)과 합하여 보면, 판례는 손해를 일으킨 제조물에 '결함'이 있으면 그 제조자에게 '과실'을 인정할 수 있다는 취지라고 이해할 수 있다.

물론 이러한 실무의 태도는 단지 과실의 소송상 입증에 관한 것이라고 밀어버릴 수도 있겠다. 그러나 실체법의 입장에서도, 이 판결에서 과연 민법 제750조가 내거는 법률요건들이 법률효과(손해배상책임)의 발생 여부를 실질적으로 통제하고 있는가, 만일 하고 있다면 어느 범위에서 하고 있는가 하는 점에서 문제를 제기할 수 있다고 생각된다. 사태를 솔직하게 파악하면, 위의 판결들은 '결함'의 인정만으로 피고의 책임을 긍정하고 있는 것이며, 여기서 '과실' 운운하는 것은 그 판단이 법규정, 즉 민법 제750조에 기하여 이루어졌음을 보이기 위한 하나의 가장이유에 불과하다고까지 말할 수 있을 것이다. 과실요건의 판단기준이 비록 객관화되었다고 하더라도, 과실은 전통적으로 어디까지나 행위자의 유책성, 즉 개별적인 비난가능성을 핵심적인 개념요소로 하는 것이라고 한다면(책임능력에 관한 민법 제753조, 제754조를 상기하라), 위와 같이 단순히 객관적인 결함의 존재만으로 과실책임을 긍정하는 것은 적어도 전통적인 설명방식과는 조화되기 어려운 점을 안고 있다고 하겠다.[5)]

4) 이는 아마도 우리 학설이 매도인이 부담하는 하자담보책임의 한 내용으로서의 손해배상책임에 관하여 대체로 그 책임내용을 신뢰이익에 한정된다는 입장을 취하는 것과 관련되는지도 모른다.

5) 또한 위의 1977년 판결에서 주목되는 것은 그 판결이유에서는 과실 판단의 전제가 되어야 할 피고의 '행위'가 구체적으로 어떠한 것인지 전혀 제시되지 않고 있다는 점이다. 위 판결은 '제조과정에' 과실이 있다고 설시하는데, 그것을 가지고 피고의 과실행위가 구체적으로 지적되었다고는 할 수 없을 것이다. 나아가 여기서 논의하고자 하는 것이 피고

(3) 위법성의 문제도 결코 그렇게 간단하지 않다.

가령 소유권과 아울러 가장 중요한 법익으로 인정되고 있는 인격권에 관하여서 대법원 1988년 10월 11일 판결 85다카29 사건(集 36-3, 1)은 '법익의 충돌'을 운위하고 있다. 즉 한편으로 헌법 제17조에 의하여 보장되고 있는 '사생활의 비밀과 자유' 기타의 인격적 법익과 다른 한편으로 헌법 제21조에 의하여 보장되고 있는 언론·출판 등 표현의 자유가 서로 충돌할 때 "그 조정을 어떻게 할 것인지는 구체적인 경우에 사회적인 여러 가지 이익을 비교하여 표현의 자유로 얻어지는 이익, 가치와 인격권의 보호에 의하여 달성되는 가치를 형량하여 그 규제의 폭과 방법을 정하여야 할 것"이라고 전제한 다음, "타인의 명예를 훼손하는 행위를 한 경우에도 그것이 공공의 이해에 관한 사항으로서 그 목적이 오로지 공공의 이익을 위한 것일 때에는 진실한 사실이라는 증명이 있으면 위 행위에 위법성이 없으며 또한 그 증명이 없더라도 행위자가 그것을 진실이라고 믿을 상당한 이유가 있는 경우에는 위법성이 없다고 보아야 할 것"이라고 결론짓는다.

여기서 흥미를 끄는 것은 소유권 기타의 절대권이 침해된 경우에 대하여 종래 인정되어 왔던 위법성의 '추정', 즉 가해자가 위법성조각사유를 주장하고 입증하지 않는 한 위법성은 당연히 인정된다는 논리는 여기서는 이미 자취를 감추고, 충돌되는 다른 법익과의 형량을 거쳐서만 비로소 위법 여부가 결정된다는 점이다[이에 대하여는 뒤의 Ⅲ.1.(1)도 참조하라]. 그러므로 위법성판단은 보다 착종된 추론과정을 거쳐야만 행하여지게 된다. 따라서 종래 절대권의 침해의 경우에 피해자로서는 —손해요건을 제외한 '행위'요건과 관련하여서는— 가해자의 고의 또는 과실만을 입증함으로써 적어도 '일단은' 할 바를 다한 셈이 되던 것과는 다르게 되었다.

그리고 이와 같이 단순한 위법성의 추정이 포기되는 경우는 오히려 점

의 책임을 긍정한 그 결론이 타당한가의 여부나 위와 같은 판례의 태도가 제조물책임의 규율에 대한 다른 나라에서의 발전경향(가령 유럽 각국에서의 새로운 제조물책임법의 내용 등)과 적어도 결론에 있어서 일치한다는 사실과는 무관함은 물론이다.

점 늘어나리라고 생각된다. 가령 대기업이 현재 일정한 사업을 실제로 영위하고 있는 중소기업을 경쟁상대로 하여 그 사업영역에 뛰어들어서 당해 중소기업을 도산시킨 경우를 생각하여 보자. 그러한 경쟁행위는 중소기업주에 대하여 불법행위가 되는가, 또는 어떠한 요건 아래서 불법행위가 되는가. 당해 대기업에게 과실, 나아가서는 고의까지도 인정하는 데는 별다른 문제가 없을 것이다. 그러므로 불법행위의 성립여부는 주로 그 경쟁행위가 위법한가를 판단하는 차원에서 행하여질 것이다. 그리고 그 판단에 있어서 위법성의 추정이 인정된다고는 누구도 말하지 않으리라. 오히려 '타인의 경영상 이익'에 대한 침해에 대하여 부정경쟁방지법에서 정하는 바(동법 제5조 참조) 이외에도 일반적인 불법행위규정에 의한 구제를 이론상 또는 특히 실제상 인정할 수 있을 것인가가 논의되어야 할 것이다.

이와 같이 하여 위법성요건에는 점점 더 많은 負荷가 걸리게 된다. 그리고 불법행위를 이유로 하는 구제수단이 비단 손해배상에 그치지 아니하고 더욱 다양화되어서, 가령 과거의 또는 현재의 불법행위를 이유로 하여 또는 단지 장래의 불법행위의 위험성을 이유로 하여 장래의 침해를 금지하는 청구가 인정되게 되면[6] 실제적으로도 이러한 위법성요건은 결국 사람들이 사회생활을 하는 데 있어서 할 수 있는 것(허용되는 것)이 무엇인가 하는 자유의 범위를 확정한다는 의미에서 결정적인 중요성을 가지게 될 것이다.

(4) 한편 대법원 1989년 6월 27일 판결 88다카9524 사건(集 37-2, 157)은 더욱 '체계파괴적'이다. 이 판결은 새로운 —외국에서는 이미 주목되고 있는— 불법행위영역으로서의 '정보제공책임'이 문제되는 사안에[7] 대한 것이라는

---

6) 실무상으로는 실체적인 피보전권리가 무엇이냐를 엄격하게 따지지 아니하고, 이러한 가처분이 빈번하게 행하여지는 것으로 추측되나 단정할 수는 없다. 한편 절대권이라고는 생각되지 않는 '영업상 이익'의 침해 또는 침해우려에 기하여 부정경쟁행위의 금지 또는 예방청구권을 인정하고 있는 부정경쟁방지법 제4조도 참조하라.

7) 참고로 이는 다음과 같은 사안에 대한 것이다. 전자제품대리점을 경영하는 A는 피고(한

점에도 홍미롭다. 이 사건에서는 은행 지점의 직원들이 그 지점에 당좌 예금 계좌를 개설한 고객(실제로는 무자력상태에 있다)이 발행한 당좌수표를 취득하려

국상업은행)의 중량교지점과 당좌거래를 하고 있었다. A는 1981년 8월 22일부터 그 당좌 예금구좌에 결제자금이 없게 되는 '실질적인 부도 상태'에 빠졌다. 그런데 위 은행지점의 차장 B나 당좌 담당 대리 C는 그 전에 A로부터 당좌결제자금이 부족하더라도 부도처리 하지 말고 은행의 자금으로 결제하여 달라는 부탁을 받고 있었으므로, 이에 따라 위 날짜부터 1982년 10월 29일까지 34회에 결쳐 액면 합계 금 3억 6천만원 이상의 지급제시된 당좌수표를 결제하여 주었다. 원고는 A로부터 그가 발행한 위 은행지점을 지급장소로 하는 당좌수표를 그때 그때 담보를 받고 A에게 금전을 대여하는 금전거래를 하여 왔다. 원고는 A가 실질적인 부도상태에 빠진 후인 1982년 9월 25일경 A로부터 금전대여를 부탁받자 스스로 B에게 전화를 걸어 또 자신의 친구들을 위 은행지점으로 보내어 C 등에게 A의 신용상태에 대하여 문의하였는데, 그 때마다 "A의 신용도가 좋다"는 취지의 말을 들었다. 그런데도 위 은행 지점이 1982년 10월 30일부터는 A 발행의 당좌수표를 지급하지 아니함으로써 원고가 A에 대한 대여금의 담보로 소지하고 있던 액면 합계 8천3백만원 이상의 당좌수표 18매도 그 후 부도처리되었고, 결국 원고는 A로부터 대여금을 반환받지 못하였다. 그러자 원고는 불법행위를 이유로 위 당좌수표 액면금에 상당하는 손해의 배상을 구하여 이 사건 소송을 제기하였는데, 그 주장은 다음과 같다. 위 은행지점의 차장이나 당좌 담당 대리는 위와 같이 A가 실질적인 부도상태에 이르렀음에도 어음교환소로부터 거래정지처분을 받게 하고 A와의 당좌거래를 해지하여 미사용수표 등을 회수하는 등의 조치를 취하지 아니하였을 뿐만 아니라, A의 신용도를 묻는 원고나 그의 使者에게 이를 정확하게 알려주지 아니한 사무집행상의 과실이 있으므로, 피고은행은 사용자로서 손해배상책임이 있다는 것이다. 원심법원은 원고의 청구를 모두 기각하였다. 그 이유는, 우선 부도된 당좌수표 18매 중 15매에 관하여 그것들이 A가 실질적인 부도상태에 빠진 이후에 원고에게 발행·교부되었다는 증거가 없으므로, 위 은행 지점의 직원들에게 불법행위가 있다고 하더라도 그것과 이들 수표와는 무관하다는 것이다. 나아가 나머지 수표 3매 중 2매에 대하여는, 그것들이 1982년 8월 22일 이후에 A에게 교부된 당좌수표용지를 사용하여 발행된 것이기는 하나 "A가 어음교환소로부터 거래정지처분을 받지 아니한 상태에서 B 등이 수표용지를 계속 공급한 것을 가리켜 어음교환소규약을 위배한 것이라고 할 수 없으며, B 등이 時在金으로 부정결제하여 준 행위와 A가 발행한 담보수표의 수취인인 원고가 위 담보수표를 담보로 변제능력 없는 A에게 동액 상당의 금원을 대여함으로써 입은 손해와 사이에 상당인과관계가 있다고 볼 수도 없다"는 것이다. 여기서 특히 홍미를 끄는 것은 마지막 1매의 당좌수표(액면 8백만원)에 대한 법원의 판단이다.

고 하는 사람의 문의에 대하여 "신용도가 좋다"는 허위의 대답을 한 경우에 그 직원들의 불법행위를 인정하여 은행에게 사용자로서의 책임을 인정할 것인가가 문제되었다. 원심판결은 그 책임을 부정하면서, 그 이유로 "은행원이 고객의 신용도에 관한 문의에 대하여 자세한 거래내역을 밝힐 의무까지 있다고는 할 수 없으므로 A가 아직 부도처분을 받지 아니한 것을 가리켜 신용도가 좋다는 표현을 하였다고 하여 그것이 B 등의 사무집행상의 고의, 과실이라고는 할 수 없다"고 판단하였다.[8] 원고의 상고를 받은 대법원은 결국 이를 기각하였는데, 특히 신용조회와 관련하여서는 다음과 같이 판단하여 피고 은행의 책임을 부정하였다.

> "은행은 법률(현행법은 「금융실명거래에 관한 법률」. 이 사건 당시에는 「예금 · 적금 등의 비밀보장에 관한 법률」)에 의해서도 그렇거니와 은행업의 본질에 터잡아서도 은행거래에 의하여 알게 된 거래선에 관한 예금의 비밀은 물론, 거래선에 관한 내정관계, 인물, 신용상태 등에 관한 은행 자신의 가치판단까지도 비밀로 하는 것이 일반적인 관례라는 것은 현저한 사실이므로, 은행이 자기의 거래선에 대하여 제3자로부터 직접 신용조사를 받고 은행비밀에 속하는 사항에 관하여 은행종사자가 '신용이 있다'든지 '튼튼하다'든지 '염려 없다'는 등의 대답을 한 경우에도, 거래선의 일방적인 이익을 도모하기 위하여 고의로 거짓정보를 제공하는 등의 특별한 사정이 없는 한, 그것은 단지 조회에 대한 응답에 불과한 것이라고 볼 것이어서, 그것을 어떻게 받아들이냐의 판단은 조회자의 책임사항인 것이지 은행이 당해 응답에 대하여 바로 어떤 책임이 있다거나 그 신용을 보증한 것이라고 볼 수는 없는 것이다."

이 판결은 법원이 불법행위사건을 판단함에 있어서 과실, 위법성 등의 요건에 의하지 아니하고, 총체적인 타당성판단 내지 일종의 정책판단에 의존

---

8) 그리고 나아가 실질적인 당좌거래부도일에 A에게 부도처분하였으면 원고가 그 부도처분 후에 그 대여금을 환수할 수 있었으리라는 특별한 사정에 관하여 아무런 입증도 없다고 하였다.

하고 있음을 보여준다. 위의 대법원판결에서는, 원심판결과는 달리, 과실이니 위법성이니 하는 요건은 단지 가장이유로서조차도 보이지 않는다. 다만 법원이 피고의 책임이 부인되어야 하는 여러 가지 고려요소들을 나열하여 보여줄 뿐이다. 말하자면 사실로부터 법률효과가 바로 도출되거나 또는 도출되지 않거나 하고, 그 법률효과의 인정여부를 제어하는 중간장치로서의 법률요건은 별로 기능하지 못하고 있는 것이다.

(5) 한편 인과관계의 인정에 있어서 종전에 쓰여져 오던 '절대적 제약의 관계(conditio sine qua non)', 즉 '이것이 없었다면 저것도 없었을 것인지'의 검증은 상당 부분 형해화되고 있다. 이러한 형해화는 다양한 형태로 나타난다.

우선 공해사건[그리고 위의 (2)에서 본 닭사료사건을 필두로 하는 제소물 책임사건에서도 이와 유사하다]에서는 피고의 유해물질 배출과 원고의 손해 간의 인과관계를 인정하는 데 그 논리에 일정한 내용변화가 인정되고 있다. 이 점에 관한 획기적인 예는 대법원 1984년 6월 12일 판결 81다558 사건(集 32-3, 53)이다. 이 판결은 원고가 피고의 비료공장에서 배출된 폐수 안에 포함되어 있는 유해물질로 말미암아 원고가 그 부근에서 운영하던 김양식사업이 결국 포기되지 않을 수 없었음을 주장하여 그로 인한 손해의 배상을 구한 사건에 대한 것이다. 원심법원은 피고가 배출한 폐수 안에 유해물질이 포함되고 그 폐수가 피고의 김양식장에 도달하기는 하였으나 그 유해물질의 양이 김을 폐사시키기에 족한 것인지에 대한 증거가 없다고 하여 원고의 청구를 기각하였다. 그러나 대법원은 다음과 같이 판시하여 원심판결을 파기하였다. "공해로 인한 손해배상을 청구하는 소송에 있어서는 … 인과관계를 구성하는 하나하나의 고리를 자연과학적으로 증명한다는 것은 극히 곤란하거나 불가능한 경우가 대부분이므로 … 가해기업이 어떠한 유해한 원인물질을 배출하고 그것이 피해물건에 도달하여 손해가 발생하였다면 가해자측에서 그것이 무해하다는 것을 입증하지 못하는 한 책임을 면할 수 없다고 보는 것이 사회형평의 관념에 적합하다." 이것은 직접적으로는 공해로 인한 손해배상에 있어서는 적어도 인과관계의 인정에 있어서 입증의 정도 내지 필요와 관련하여 다른 유형의 손해배상사건과는 달리 취급하겠음을 정면으로 시인하는 것이다(이러한 결론은 개연성이론, '일응의 추정'의 이론, 간접반증의 이론 등 여러 가지 보다 일반화된 이론에 의하여 설명되고 있다). 그리고 이는 결과적으로 보면 다름 아닌 공해사건의 피해자에게 보다 용이한 구제를 인정하는 데 귀착된다.[9)]

법원실무는 앞서 본 공해소송 외에도 일정한 사안유형에서 이러한 입증책임을 일정한 한도에서 완화하는 태도를 취하고 있다. 예를 들면 의료과오소송에서 원고가 입증할 것이 요구되는 의료상의 과실과 손해결과와의 인과관계의 증명에 대하여, 대법원 1995년 2월 10일 판결 93다52402 사건(集 43-1, 51)은, "환자가 치료 도중에 사망한 경우에 있어서는 피해자측에서 일련의 의료행위과정에 있어서 저질러진 일반인의 상식에 바탕을 둔 의료상의 과실 있는 행위를 입증하고 그 결과와의 사이에 일련의 의료행위 외에 다른 원인이 개재될 수 없다는 점, 이를테면 환자에게 의료행위 이전에 그러한 결과의 원인이 될 만한 건강상의 결함이 없었다는 사정을 증명한 경우에 있어서는, 의료행위를 한 측이 그 결과가 의료상의 과실로 말미암은 것이 아니라 전혀 다른 원인으로 말미암은 것이라는 입증을 하지 아니하는 이상, 의료상 과실과 결과 사이의 인과관계를 추정하여 손해배상책임을 지울 수 있도록 입증책임을 완화"하여야 한다고 판시하였고, 이러한 태도는 그 후 환자가 사망하지 아니하였지만 중대한 후유증이 있는 경우에도 이어지고 있다. 그리고 제조물책임소송에 관한 대법원 2000년 2월 25일 판결 98다15934 사건(공보 상, 785)도 텔레비전을 구입 · 사용한 지 6년 이상 경과한 상태에서 시청 중 그것이 폭발한 사안에 대하여 유사한 내용으로 제품의 '결함'에 대한 입증책임을 완화하였다. 이는 한국에서 2002년 7월 1일부터 시행되고 있는 제조물책임법이 입증의 완화에 관하여 명문의 규정을 두고 있지 아니한 만큼, 오늘

9) 이 판결에 대하여도 여기서 문제삼는 것이 그 결론이 부당한지 여부가 아님을 다시 한 번 밝혀 둔다.

날도 여전히 유의미할 것이다.

그런데 이와 관련하여서는, 가령 갑이 자기 소유의 토지를 굴착하는 공사를 행하였는데 그 이웃에 있는 을 소유의 건물이 붕괴하였다는 경우를 생각하여 보자. 을이 건물붕괴가 갑의 공사로 생긴 진동으로 말미암아 발생하였음을 주장하여 그 손해의 배상을 청구하였다. 이 경우 을이 그 건물이 붕괴한 원인이 굴착공사로 인한 진동에 있음을 입증하는 데 있어서, 을은 굴착공사로 진동이 발생하고 그 진동이 자기 소유의 건물에 도달하였음을 증명하는 것으로 족하고 그러면 갑이 나서서 그 건물붕괴가 그 진동으로 인한 것이 아님을, 즉 그 이외의 원인에 기인한 것임을 입증하여야(그것이 본증이든 반증이든 간에) 할 것인가, 만일 그렇지 않다면(아마도 그렇지 않다는 데는 대부분 동의할 것이다) 공해사건의 경우와 이 건축공사사건의 경우와는 어디가 어떻게 다른 것인가. 위 판결은 공해사건에 있어서는 인과관계의 고리를 하나하나 '자연과학적으로' 입증하는 것은 극히 곤란하거나 불가능한 경우가 대부분이라는 사정을 특히 이 별도취급의 이유로 들고 있다. 그러나 이러한 사정은 굴착공사에서 생기는 진동으로 인한 건물 붕괴의 경우에도 마찬가지라고 할 것이고, 나아가서는 그 이외에도 엄밀히 따져 보면 인과관계의 고리를 하나하나 '자연과학적으로' 증명할 수 없는 경우는 적지 않을 것이다.[10)]

이상과 같이 인과관계의 관점에서 흥미있는 판결들은 모두 피해자에게 유리한 방향으로 결론을 내리고 있다. 바꾸어 말하면 위의 판결들이 피해자측이 하여야 할 인과관계의 입증을 완화하는 것은 종래의 불법행위법의 구조에 기본적인 변경을 가하지 않으면서도 가해자측(즉 피고)의 손해배상책임을 긍정하여 피해자의 구조를 도모하기 위하여서라고도 말할 수 있다. 이와 같이 보면 이들 판결에 있어서 피고가 기업(특히 대기업)이나 의사 등과 같이

---

10) 가령 갑이 던진 돌에 맞아서 을이 사망하였다고 하는 경우에도, 엄밀하게 따질 때 그 원인 결과의 관계를 '자연과학적으로' 증명하는 것이 과연 가능할까. 심지어 양자역학의 공인 이후에는 인과관계를 자연과학적으로 증명하는 것은 이미 불가능하게 되었다고 하는 견해조차 있다.

재력 있는 당사자(이른바 deep pocket)라는 사실도 우연은 아닌 것이다.[11]

III. 불법행위법의 환경변화

이와 같이 불법행위법의 중추를 이루는 민법 제750조가 정하는 법률요건들이 실제로는 구체적인 사건의 해결에서 별로 법률효과의 발생여부를 통제하는 '요건'으로서의 기능을 수행하지 못하는 원인은 어디에 있을까. 이는 아마도 원래 불법행위의 성립을 긍정하기 위한 요건들이 수행하도록 예정되어 있던 기능들이 그 후 불법행위법을 둘러싼 환경의 변화로 말미암아 이제 더 이상 새로운 시대의 필요에 대응할 수 없는 측면이 발생하였기 때문이 아닐까. 그리하여 법의 적용을 통하여 '정의'를 실현하고자 하는 법관들이 불법행위의 요건들을 이러한 새로운 필요에 맞추어 운용하는 과정에서 위와 같은 변질을 의식적 또는 무의식적으로 감행하게 된 것이 아닐까. 만일 그렇다면 이는 동시에 불법행위법의 목적 또는 그 법제도의 목적에 관하여 일정한 관점의 변화가 일어났음을 의미하는 것이기도 하다.

A. '고전적' 불법행위

근대의 민법전은 예외 없이 불법행위법의 원칙으로서 과실책임주의를 채택하고 있다. 물론 각 나라마다 그 나라에 고유한 학설사적 배경으로 인하여

11) John Fleming, *The America Tort Process* (1988), p.12 et passim에 의하면, 여전히 과실책임(negligence)을 근간으로 하고 있는 미국의 불법행위소송에 있어서도 재력 있는 당사자에게 불리한 결론이 내려지는 명백한 경향이 있다고 한다.

여기서 말하는 '과실'의 내용이 무엇인가에 대하여는 이를 일률적으로 말할 수는 없을 것이다. 가령 프랑스민법전(제1382조)이 불법행위의 한 요건으로 요구하고 있는 faute는 독일민법전(제823조 제1항 등)이 정하고 있는 위법성과 책임(고의 또는 과실은 그 책임형식이다)의 요건을 모두 합한 것이라고 통상 설명되고 있다. 그것은 어떻든 간에 이와 같이 과실책임주의를 "불법행위책임의 공리"로[12] 채택한 이유는 다음과 같은 데 있었다고 일치하여 지적되고 있다.

우선 불법행위법의 기본적인 출발점은, 이 세상에서 살아가는 자는 자신에게 발생한 불이익을 스스로 감수하여야 하며 이것을 다른 사람에게 전가하여 그로부터 그 불이익의 전보를 받기 위하여는 그러한 전가를 정당화하는 특별한 이유, 즉 이른바 귀책근거가 있어야 한다는 것이다.[13] '과실' 또는 과책은 적어도 애초에는 유일한 또는 원칙적인 귀책근거로서, 이와 같이 자신에게 발생한 손해를 제3자에게 전가하여 그로부터 손해의 배상을 받기 위하여 특별히 요구되는 요건이다. 그것은 어쨌거나 사회적으로 용납되지 않는 자신의 '잘못된 행동(wrong doing)'으로 타인에게 손해를 가하였다면 그 타인의 손해를 배상하도록 하여야 하며, 또한 손해의 부담이라는 제

---

12) Motive Ⅱ, S. 28 = Mugdan II, S.15: "불법행위능력이 없는 자는 법적 의미의 어떠한 행위에 의하여서 채권적인 의무도 위반할 수가 없다. 이 원칙은 비록 그것이 보다 고차의 법적 공리(ein höheres juristisches Axiom)이기는 하나 … 역시 초안에서 명시적으로 규정되어야 한다."

13) O. W. Holmes, *The Common Law* (1883), p.50: "손해는, 그에 개입할 특별한 이유가 발견되지 않는 한, 그것을 입은 사람이 부담하도록 두는 것이 정당한 정책이다." 뒤의 註 18도 참조. 한편 오늘날도 독일의 불법행위법 교과서의 초입에서 다음과 같은 언명을 발견할 수 있음은 흥미로운 일이다. E. Deutch, *Unerlaubte Handlungen und Schadensersatz* (1987), S.1: "법익을 보유하는 사람은 그에 발생한 손해를 스스로 부담하여야 한다는 원칙으로부터 출발하여야 한다." 물론 양자 사이에 가로놓인 100년 사이에 불법행위법의 기초에 엄청난 변화가 일어났고, 따라서 후자가 '오늘날의' 독일불법행위법을 개관함에 있어서, '원칙'으로서의 과실책임과 아울러 그에 대한 '보충'으로서의 위험책임 등과 같은 별도의 손해배상책임의 '근거'를 인정하는 것(S.3ff.)은 당연한 일이라고 하겠다.

재에 의하여서 그러한 잘못된 행동은 억제되어야 한다는 생각에 의하여 뒷받침되었다. 다시 말하면 '과실'은, 그 적극적인 기능의 관점에서 보면, 일차적으로 사회적으로 바람직하지 않은 손해를 종국적으로 누구에게 부담시킬 것인가를 결정하는 요건으로서 요구되었으며, 그 배후에는 잘못된 행동에 대하여 제재를 가하고 이를 통하여 그러한 일탈행동을 억제한다는 목적을 추구하는 것이었다. 그러한 한도에서 과실책임주의는 단순한 법적인 책임원리일 뿐 아니라 일정한 범위에서는 명백하게 도덕적 함의를 가지고 있었다고 할 수 있다.

나아가 과실책임주의는 소극적으로는 '과실'이 없는 한에서는 자신의 행위가 다른 사람에게 불이익한 결과를 초래하더라도 그 행위에 대하여 어떠한 법적인 책임도 지지 않음을 의미한다. 그러므로 다른 사람과 공동체를 이루고 살아가는 사람은 '과실'이 없도록 행동하는 한은, 적어도 사법적으로는, 모든 행동을 자유롭게, 다시 말하면 그에 대한 제재를 두려워함이 없이 행할 수 있도록 보장된다. 이러한 행동자유의 보장이라는 측면은 가령 독일민법전의 제정과정에서 강조되었다. 다음의 언명을 들어보자.

> "[과실책임주의는] 보다 고도한 문명발달의 성과이다. 그것은 개개인이 그의 개성을 전개할 수 있는 각자의 권리영역을 획정하는 데 있어 결정적인 의미가 있는 것이다. 사람은 그의 행위와 부작위에 있어서 타인의 법적으로 보호되는 이익을, 그 행위에 의하여 그것이 위태롭게 될 수 있음을 정상적인 주의(ordnungsgemässe Sorgfalt)를 하면 인식할 수 있는 한도에서만 존중함으로써 족하다. 주의를 기울여 조사하더라도 타인에 대한 위험성을 인식할 수 없는 행위는 자유롭게 할 수 있어야 한다. 그럼에도 불구하고 그것이 타인의 권리범위에 해로운 영향을 미쳤다면 그 피해자는 그러한 효과를 우연사(Zufall)와 마찬가지로 감수하여야 한다."[14]

그리하여 책임형식으로서의 과실(Fahrlässigkeit)은 주지하는 대로 "거래상

14) *Protokolle* Ⅱ, S.568f. = Mugdan Ⅱ, S.1074.

요구되는 주의(die im Verkehr erforderliche Sorgfalt)의 해태"로 정의되었고(동법 제276조 제1항 제2문), 여기서 '거래상' 요구되는 주의라고 함은 사람이 할 수 있는 최선의 주의가 아니라[15] 가해자가 속하는 거래권에서 통상 행하여지는 주의라는 의미로 이해되었는데, 입법자들은 만일 그 이상으로 무거운 책임을 지운다면 "행동자유는 제한될 것"이고, 자신의 고유한 이익의 추구가 제한될 것이라고 논하였다. 나아가 "결과책임주의는 예측불가능한 책임에 의하여 개인의 자유에 부담을 줄 것이고 그 자유가 억눌림 없이 스스로를 펴나갈 수 있는 여지를 남기지 않게 될 것이다."[16] 이러한 자유의 보장이 경제적으로 보면 특히 자유주의적인 경제원리와 연관되어 있음은 의문의 여지가 없다.

한편 가령 독일민법전의 제정과정에서도 이미 무과실책임을 도입하여야 할 것이 아닌가 하는 점이 논의되었다. 그 결과, 극히 단편적인 경우(동물보유자의 책임. 독일민법 제833조 제1문 참조)를 제외하고서는, 이를 인정하지 않기로 결정되었다. 그 과정에서는 다음과 같은 점이 강조되었다. 그러한 책임의 도입은 제품의 가격을 상승시킬 수밖에 없고 그렇게 되면 외국의 상품들과의 경쟁에서 뒤지게 되어, 국내 그리고 국외에서 판매가 부진하게 된다. 그러면 기업은 도산하거나 대량해고를 하지 않을 수 없다는 것이다. 이러한 고려는 비단 대기업의 이익을 보호하고자 행하여지는 것이 아니다. 무과실책임의 부과에 의하여 중산층 또는 중소기업에 대하여 부담을 가중하는 것은 더욱 피하여야 할 것으로 생각되었다. 가령 사용자책임을 무과실책임으로 인정하는 것은, "보호를 필요로 하는 많은 산업분야," 특히 "소농"이나 "소기업, 수공업, 소규모의 운송업 등"의 보호를 위하여 거부되었다. "대체적으로 보면

---

15) 이미 오스트리아민법전에 대한 주석에서 그 기초자인 폰 짜일러는 "자신의 주의를 여러 방면에 또 광범위하게, 따라서 결과적으로 분산적으로 행하여야 하는 거래생활을 하는 사람이 어느 경우에나 최상의 주의(seine höchste Aufmerksamkeit)를 하여야 한다면 그러한 거래생활을 행할 수 있을 것인가?"라고 말하였다. F. v. Zeiller, *Commentar über das allgemeine bürgerliche Gesetzbuch III 2* (1812), §1295 Anm.5(S.707).

16) 이상 *Protokolle* II, S.569, 585 = Mugdan II, S.1074, 1084.

위험책임의 진출을 민법의 입법과정에서 저지한 결정적인 논거는 이러한 재정적인 이유에 기한 것이었다."[17]

이렇게 보면 우리는 '고전적' 불법행위법은 피해자에게 그 손해를 전보하여 주기보다는 적어도 고의가 없는 가해자에게 함부로 책임이 부과하지 않도록 하는 데 더욱더 큰 비중을 두고 있지 않은가 하는 느낌을 버릴 수 없다. 영미법에 관하여는 다음과 같은 진술이 행하여지고 있는데,[18] 이는 아마도 대륙법의 경우에도 마찬가지가 아니었나 하는 것이다.

> "19세기 말까지는 불법행위법(the law of torts)은 자선의 경우를 제외하고는 외부의 재원으로부터 얻어지는 유일한 손해전보의 방법이었다. 그리고 불법행위법의 경우에도 그것이 제공하는 구제는 미미한 것이었다. … 공중의 안전을 도모할 주의의무는 엄격한 제한 아래서만 인정되거나(예를 들면, 점유자의 책임, occupiers' liability) 아니면 아예 부인되었다(제조자의 책임, manufacturers' liability). 自意에 기한 위험인수(assumption of risk)나 기여과실이라는 대항사유는 과실이 입증된 경우에도 그 피해자에게 구제가 거부되도록 하였고 이들 사유는 노동재해에 대한 불법행위청구를 실제로는 전면적으로 인정되지 않게 하였다. 거기에 부과하여 각종의 장애, 즉 사회적인, 정보면에서의 그리고 경제적인 장애들이 대부분의 사람들에게 '司法救濟에의 접근'을 막았다."[19]

17) 이상에 대하여는 우선 H-P. Benöhr, Die Entscheidung des BGB für das Verschuldensprinizip, in: Tijdschrift *vor Rechtsgeschiedenis* 46(1978), S.1ff., 특히 S.10ff., S.21 참조.

18) 한편 영미법상의 불법행위책임의 원칙적인 형태인 negligence책임에 대하여는, 홈즈가 한 다음과 같은 유명한 언명을 들어 두는 데 그치기로 한다. "어떠한 사람이 반드시 이 행위를 하거나 저 행위를 하여야 할 필요가 없다는 것은 사실이다. 행위(act)라는 말 자체가 어떠한 선택가능성을 암시하고 있다. 그러나 그는 어떻든 간에 행위하지 않으면 안된다. 그리고 공중은 일반적으로 개인의 활동에 의하여 이익을 얻는다. 행위를 하는 것을 어차피 피할 수 없고 또 그것이 공공선(the pubilc good)에 기여하는 것인 이상, 이와 같이 행위 당시 바람직하고 불가피한 것이 발생시키는 불이익을 나중에 행위자에게 부담시키는 것은 명백히 옳지 못하다." Holmes(註 13), p.95.

그리고 여기서 주목되는 것은 이러한 제재(또는 억제)와 자유보장이라는 고전적 불법행위법의 두 가지 기본정책은 어디까지나 가해자 개인과 피해자 개인 사이의 손해전보라는 메커니즘을 통하여 추구된다는 사실이다. 가령 제재나 억제라는 것만 하더라도 그러한 목적은 가해자가 피해자의 손해를 자신의 재산으로 전보해 주어야 함으로써만 달성될 수 있는 것이다. 따라서 이러한 법제도는 어디까지나 피해자에게 행하여진 부정의를 가해자 개인으로부터 보상받는다는 '교정적 정의'의 차원에서 행하여지는 것이다.

B. 환경의 변화

(1) 우선 지적할 수 있는 것은, 19세기 후반 이래 사고의 발생이 급격하게 증가하였다는 사실이다. 그것은 다양한 기계 등 설비(대부분 그것은 종래에 없던 새로운 '위험'을 동반한다)의 사용이 보편적으로 되었다는 현상, 그리고 도시화가 진행되면서 사람들 사이의 간격이 좁아졌다는 현상과 밀접한 관련이 있다. 물론 이미 19세기 말부터 일정한 설비의 사용과 관련되어 특별한 책임법률이 제정되지 않은 것은 아니었다. 특히 자동차나 기차 등 교통수단의 이용에 수반한 사고와 다른 한편 노동재해에 대하여 그러하였다. 이러한 제한적으로 구획된 특수한 유형의 사고에 대하여는 과실책임의 완화, 잠정적인 가해자(위험원 창출자)의 의무적인 책임보험가입 등의 특수한 손해전보장치가 법정되었다.

그러나 그러한 법률의 적용이 없는 영역, 그러므로 원칙적인 과실책임주의가 적용되는 영역에 대하여도, 그러한 특별입법의 기준을 이루는 생각은 영향을 미치지 않을 수 없었다. 만일 자동차에 치인 사람이 사고 당시 그 자

---

19) John G. Fleming, Is There a Future for Tort?, in: *The Australian Law Journal* 58(1984), p.131.

동차를 운전하지 아니한 자동차보유자로부터 그 자신의 과실, 특히 사용자로서의 피용자에 대한 선임·감독상의 과실 유무를 묻지 않고 그 손해를 배상받을 수 있다고 한다면, 도로공사중인 길을 가다가 파놓은 웅덩이에 빠져 다친 사람이 공사의 주체로부터 그의 공사 인부에 대한 선임·감독상의 유무를 묻지 않고 그 손해를 배상받지 못한다고 할 이유는 무엇이겠는가?

극히 중요한 사실은, 이와 같이 사고가 '보편화'되면서 피해자의 사고손해가 —어떠한 방식으로든— 전보되어야 하지, 이를 피해자의 부담으로 놓아두어서는 안 된다는 사회적인 공감대가 점차 형성되었다는 점이다. 어느 사회에서 사고가 아주 드물게밖에 일어나지 않고 따라서 그로 인한 피해자가 극소수에 불과한 경우에는 사고가 그 피해자 개인에 대한 운명의 장난 또는 '우연사'로 돌려져 참을 수 있을지 모르나, 사고가 증가하고 피해자가 여기저기 생겼는데도 그 피해가 전보되지 않은 채로 있게 되면 이는 이미 피해자 개인의 운명이 문제가 아니라 그 사회체제의 정당성 여부가 문제된다. 헤겔식 표현을 빌리자면, 여기서 양의 문제가 질의 문제로 비약하는 것이다. 물론 이러한 전환에는 19세기 후반 이래 꾸준히 증가하여 온 사회주의의 압력도 무시할 수 없을 것이다.

이제는 '기업의 보호'를 위하여, 즉 그에게 비용의 부담을 가중시키지 않기 위하여 그로 하여금 불법행위책임을 부담시키려면 엄격한 내용의 과실이 증명되어야 한다고 요구하는 것은 시대착오적인 것으로 여겨졌다. 그것은 이른바 사회국가의 이념에 반하는 것이다. 그것은 손해전보범위의 확대를 요구하며, 이러한 지향은 불법행위법에도 영향을 미치지 않을 수 없는 것이다.

다른 한편, 사고로부터 발생하는 사회적 비용을 그 가해자와 피해자 개인 사이의 문제로 다루는 것이 반드시 합리적인 손해전보체계인가 하는 점에서 반성이 일어났다.[20] 과실책임주의의 범위 내에서 한정하여 보더라도 사고로 인한 피해가 가해자에 의하여 제대로 전보되지 않는 이유는 대체로, 첫

20) 이는 위에서 말한 사고손해전보에 관한 사고의 전환과도 관련되는 측면이 없지 않다.

째, 그 가해자에게 책임이 있음이 확정된다고 하더라도 그에게 그 배상능력이 부족하기 때문이든가, 둘째, 피해자가 가해자에 대하여 법적인 권리실현절차를 추구하여 갈 능력이 부족하기 때문이든가에 집약될 수 있을 것이다. 우선 첫째의 이유에 대하여 보면, 이는 피해자가 그 피해를 전보받지 못하여 경우에 따라서는 심각한 사회부조의 필요를 일으키거나(가령 사고의 후유증으로 신체가 불구된 경우) 아니면 가해자가 그 손해배상으로 말미암아 전적인 무자력상태에 빠지든가 둘 중의 하나를 의미한다. 이는 어느 경우나 적어도 복지국가적인 관점에서 보면 바람직하지 않다. 둘째의 이유에 대하여는, 사고로 인하여 발생한 사회적 비용의 부담문제를 다름 아닌 불법행위의 '소송', 즉 피해자 개인의 가해자 개인에 대한 불법행위청구권의 존부와 그 내용, 특히 과실의 유무와 구체적인 손해액을 사실의 확정과 법률의 적용이라는 번잡한 절차를 거쳐야 하는, 그리고 상소가 허용되므로 시간과 노력을 더욱 요구하는 소송에 의하여 처리하는 것이 과연 합목적적인가 하는 문제를 제기한다. 이러한 절차비용에다가 궁극적으로 가해자가 배상할 것을 재판에 의하여 명받는 액수를 합친 것이, 경우에 따라서는 그러한 절차를 생략하여 과실의 유무를 불문하고 일정한 제한된 액의 손해를 피해자에게 전보하도록 하는 것보다 잠재적 가해자에게 더 많은 지출을 요구한다고 한다면, 전자의 손해전보체계를 굳이 유지할 이유가 없지 않는가 하는 것이다.[21)]

(2) 위와 같은 사고의 보편화는 나아가 자신의 사회활동이 뜻하지 않게 손해배상책임의 부담을 야기할 가능성이 높아짐을 의미한다. 만일 그러한 책임의 내용이 자신의 앞으로의 경제적, 사회적 활동을 위태롭게 할 수 있음이 예상된다면, 개인은 이러한 위험을 어떠한 방법으로 회피할 수 있을 것인가. 여기서부터 보험의 보편화현상이 일어난다. 말하자면 보험에 의하여 잠재적

---

21) 이에 대한 고전적인 입론은 André Tunc, Traffic Accident Compensation: Law and Proposals, in: *Int. Enc. Comp. Law*, XI: Torts(1971), ch. 14이다.

가해자들은 자신의 위험을 분산하고 나아가 일정한 보험료의 납입이라는 부담만을 짊어지면 족한 것이다.

보험의 보편화는 부득이하게 불법행위법에도 영향을 미친다.[22] 우선 하나의 미시적인 그러나 현저한 예를 들면, 가령 호의동승자에 대하여는 자동차보유자의 책임이 완화되어야 하지 않는가 하는 문제에 있어서는 자동차보유자가 보험, 그것도 책임의 전부를 부보하는 보험에 가입되었는지 여부가 큰 영향을 미친다고 이해되고 있다. 가령 프랑스의 판례가 호의동승자에 대하여는 자동차보유자의 이른바 보관자책임의 적용을 부인하던 종래의 태도를 변경한 것은 프랑스에서 전액의무보험제도가 도입된 것과 밀접한 관련이 있음이 지적되고 있다.[23] 이는 특히 책임보험과 관련하여 지적될 수 있는 바이다.

(3) 이러한 불법행위법의 말하자면 주변환경의 변화와 아울러 불법행위법 내부에서도 일정한 좌표의 변화가 간취될 수 있다. 그것은 이른바 정책형 소송의 증가 또는 정책의론의 증가라는 이름으로 요약될 수 있다.[24]

종전의 불법행위법은 개인의 '잘못된 행동'을 제재하고 억제하는 것에 지향되어 있었다. 가령 건물의 신축공사장에서 일하는 사람이 지나가는 사람이 있는지를 제대로 살펴보지 아니하고 쓰다 남은 목재를 창밖으로 내던지는 행위는 명백히 '부주의한' 행위라고 비난할 수 있었다. 그러나 가령 기업이

---

22) 이에 대하여는 많은 문헌이 있으나, 우선 J. Fleming Jr. & J. Thornton, The Impact of Insurance on the Law of Torts, in: *Law and Contemporary Problems* 15(1950), p.431ff. 참조.

23) 이에 대하여는 우선 梁彰洙, "好意同乘者에 대한 自動車保有者의 賠償責任," 同, 民法研究, 제2권(1991), 489면 이하 참조.

24) 이에 대한 손쉬운 문헌으로서는 우선 平井宜雄, 現代不法行爲理論の一展望(1980) 참조. 또한 영미의 불법행위판례에 있어서의 '정책적 요소'를 종합적으로 분석한 것으로서 우선 B. S. Markesinis, Policy Factors and Law of Tort, in: *The Cambridge Lectures* 1979, pp.199-227 참조.

일정한 새로운 제품을 설계함에 있어서 그 제품의 위험성을 제거 또는 저하시키기 위하여 어느 만큼의 고려를 행하여야 하는가 하는 문제는 그렇게 간단하게 처리될 수 있는 성질의 것이 아니다. 예를 들면 자동차에 충격방지용 공기주머니(에어백)를 장치하지 않는 것은 자동차제조자로서의 '주의의무'를 다하지 않은 것이 아닐까. 분명 자동차충돌사고에 있어서 그 설비의 유효성이 인정되고 있음에도 그것을 장비하지 않은 것을 쉽사리 '과실'이 있다고 단정하지 못하는 것은 그 장비로 인한 제조비용의 증가, 나아가 자동차판매가격의 상승으로 말미암아 일어날 제조자의 시장경쟁상의 고려를 어느 만큼은 존중하여야 하지 않겠는가 하는 생각이 깔려 있기 때문일 것이다. 또 가령 공해물질을 배출하는 공장의 운영주는 정화장비의 설치로 말미암아 —그것을 위한 직접적인 지출 때문에 또는 그로 인한 생산비의 증가 때문에— 도산할 수밖에 없다고 하더라도 그 정화장치를 설치하지 않은 데 대하여 '과실'이 인정되어야 할 것인가. 이런 종류의 문제는 일일이 열거할 수 없을 만큼 흔히 제기된다. 이러한 문제들이 바로 경제학에서 흔히 논의되고 있는 비용/효과분석과 연관됨은 물론이다.

이러한 문제는 단순히 '주의(prudence; Sorgfalt)', 즉 정신의 신장의 정도를 측정함으로써 해결될 성질의 것이 아니다. 이는 오히려 법원이 사회에서 발생하는 각종의 위험을 분배하고 줄여 나가는 데 있어서 그 관계당사자들의 행동을 어느 편으로 향도할 것인가 하는 정책적 판단에 달려 있다고 보아야 할 것이다.

C. 손해전보제도로서의 불법행위법

이러한 배경 아래서 보면 불법행위법은 사회생활을 영위하는 과정에서 부득이하게 발생하는 사고로 인한 사회적 비용을 누가 어떻게 부담할 것인가 하는 문제를 처리하는 장치로서는 그 기능이 현저히 떨어지지 않을 수 없게 된다. 특히 과실의 유무를 판단하고 피해자에게 발생한 손해의 액수를 정확하게 산정하는 작업의 어려움은 당사자들로 하여금 많은 경우에 불법행위소송을 회피하게 만들었다.

그리고 한편으로 우연한 사고의 발생이 거의 필연적이라고까지 말할 수 있게 되고, 다른 한편 그로 인한 손해는 가해자가 무슨 '잘못된 행동'을 한 것이 아니라도 전보되어야 한다는 요청이 커지고 이 요청에 부응하기 위하여 '과실'의 요건이 언필칭 객관적인 기준에 의하여 보다 엄격하게 판단되기에 이르면, 이제 불법행위법은 인간행태의 '과오'에 대한 제재라는 측면이 후퇴하게 되는 것은 물론이고 나아가 인간이 자유롭게 활동할 수 있는 영역을 확보한다는 종래의 목적에도 부응할 수 없게 된다. 또한 오히려 일정한 활동에는 그에 따르는 필연적인 비용으로서 손해배상책임이 부착되는 것이므로 사전에 이에 대비하여 그 비용을 자신의 활동에 대하여 지급될 반대급부 속에 포함시키는 것이 현명한 방책이 된다. 가령 물건을 생산하는 사람은 그가 현재 가용한 기술이나 설비를 다하였더라도 또는 그 자신으로서는 그렇게 생각할 수밖에 없었던 경우에도, 그 생산물이 사람에게 미치는 부작용으로 말미암아 손해배상책임을 질 수 있다. 그러므로 그로서는 그 예상되는 책임의 내용과 정도를 고려하여 이를 미리 그 물건의 판매가격에 반영하여 두는 것이 현명한 방책이 된다. 그로서는 만일 그 손해배상책임의 위험을 분산할 수 있는 보험이 시장에 존재한다면 그 보험에 가입하고 그 보험료에 상당하는 비용을 가격에 산입하는 것이 합리적인 사회행태라고 하지 않을 수 없을 것이다. 그리고 그 경우에는 결국 그러한 배상책임으로 인한 비용은 결국 소비자의 부담으로 돌아가게 된다. 이와 같이 하여 불법행위법이 가지는 도덕적 함의는 후퇴하고 그것은 차가운 경제적 '계산'의 문제로 환원되는 것이다.

이러한 행태가 보편화되면, 이제 손해의 전보는 가해자 개인과 피해자 개인 사이에서 가해자가 피해자의 손해를 전부 떠안느냐 아니면 전혀 떠안지 않고 피해자가 혼자서 이를 감수하여야 하는 미시적 차원에서가 아니라, 사회 전체에서 일어나는 사고비용을 어떻게 분배하느냐 하는 거시적인 제도

설계의 문제로 논의하는 것이 보다 더 사태에 적합한 파악방식이 될 수 있다. 다시 말하면 그것은 불법행위법이 노리던 '교정적 정의'의 문제가 아니라 '배분적 정의'의 문제가 되는 것이다. 그리고 최근에 빈번히 논의되고 있는 법경제학은 분명 이러한 관점과 연결되어 있다고 생각되며, 그렇다면 오히려 불법행위법의 개별적인 해석론에서보다는 이러한 제도설계의 차원에서(또는 그에 한정하여) 그 유용성을 발휘할 수 있을지도 모른다.

IV. 불법행위법제도의 새로운 국면

A. 불법행위법의 새로운 영역

(1) 그러나 불법행위법은 일방적으로 후퇴만을 해온 것이 아니다. 전통적인 불법행위법은 그 동안 별로 주목받지 못하였던 새로운 기능영역을 획득하기에 이르렀다.

우선 하나의 예를 들자면 근래에 인격적 이익에 대한 침해를 호소하는 경우가 현격하게 증가하였다. 이러한 경우에 대하여도 불법행위법이 그 당부를 결정하게 된다. 종래에는 인격적 법익이라도 주로 생명이나 신체, 건강과 같은 유형적인 법익의 침해가 문제되었다. 그러나 근래에는 상대적으로 명예, 프라이버시, 초상 등과 같은 정신적인 법익의 보호가 문제되는 경우가 현격하게 증가한 것이다. 이에는 두 가지 이유가 있다고 할 수 있다.

하나는 삶 또는 그의 가치에 대한 사람들의 의식에 변화가 왔다는 점이다. 종래에는 생존의 물질적인 기초를 획득하고 유지하는 것이 많은 사람들의 주요한 관심사이었던 데 반하여, 이른바 고도자본주의 아래서는 그러한 문제는 그 해결의 안정된 기반을 획득하였다고 보고 오히려 그 삶의 질을 문제삼게 되었다. 거기서는 각자의 개성을 다양하게 전개하는 데에 사람들의 관심이 집중된다. 그러한 개성의 왕국(다원화사회!)에서는 개성의 기초로서의 개인의 인격에 대한 강한 보호가 당연히 요청된다.

다른 하나는, 타인에 대한 정보가 그 자체 하나의 이익이 되었고 이와 아울러 타인에 대한 정보를 획득하고 보관하고 전파하는 데 쓰이는 각종의 장치가 비약적인 발달을 하였다는 점이다. 이러한 현상을 표어적으로 드러내 주는 것은 근래 특히 우리의 귀에 많이 들리는 '정보화사회'라는 말이다. 이러한 현상이 보편화됨과 발을 맞추어서 타인에 대한 정보를 수집하고 이용하는 과정에서 타인의 명예나 프라이버시를 침해할 가능성이 많아지게 되었다. 대중들에게 흥미거리를 제공하는 것으로 영업실적을 올리는 대중매체들은(쉬운 예로 우리나라에서 어떠한 류의 여성잡지들을 상기하여 보라) 타인의 일중에서 흥미거리가 될 만한 것을 수단방법을 가리지 않고 수집하고, 경우에 따라서는 대중들의 흥미를 끌고 높이기 위하여 고의적으로 사태를 과장하거나 왜곡하거나 감정을 흥분시키는 표현을 쓴다.

이러한 사태들로 말미암아 인격적 법익 또는 인격권은 원래 그러한 것으로 예정된 것은 아니었으나, 특히 제2차 세계대전 후에 학설과 판례에 의하여 불법행위법의 보호를 받는 법익으로서 확고한 지위를 차지하게 되었다. 아마도 이는 불법행위법의 전개에 있어서 —엄격책임의 확장과 더불어— 가장 중요한 국면의 하나일 것이다.

그런데 이러한 '정신적 인격'은 사람의 감정세계와 맥을 닿고 있는 측면이 있고 사람마다 그 주장내용이 다를 수 있는 것이어서, 법적으로 보호받을 구체적인 내용을 정하기가 매우 어렵다. 이는 뒤집어 말하면 원고가 주장하는 '인격'의 침해를 인정하여 그 가해자에게 손해배상책임(대개는 위자료가 될 것이다)을 부과하는 데 그만큼 미묘하고 어려운 문제가 제기된다는 것이다. 그러므로 통상 여기서는, 예를 들면 소유권에 대한 침해의 경우와는 달리 인격권의 객관적 침해 자체만으로 그 침해행위의 위법성이 추단되지는 않으며, 개별적인 사안유형에서 인간의 사적 영역에의 침입이 있더라도 이것이 인용되어야 하는 것인가 아니면 그것이 법에 의하여 저지되어야 할 것인가(즉, 위법한 것인가)를 판단하여 보아야 한다고 일반적으로 인정되고 있다.

이러한 위법성판단이 어려운 예를 하나 들어 보자. 정신적인 인격적 법익이 특히 언론에 의하여 침해된 경우에 있어서는 많은 경우에 다음과 같은 문제가 제기된다. 즉 타인에 대한 정보를 수집하고 전파하고 나아가 타인의 사상이나 행동, 나아가서는 인격 자체에 대하여 평가를 내리는 것은 민주사회의 운영에 필수적인 의사형성의 자유를 실현하는 데 있어서 불가결의 기초가 된다. 이러한 측면의 중요성을 표어적으로 잘 드러내 주는 것이 '알 권리'라는 말이다. 그렇다면 가령 언론이 어느 공직자의 사생활을 들추어 비난을 가하는 것은 과연 위법한가. 여기서 그 공직자의 인격권이 침해되었음에는 의문의 여지가 없다. 그러나 미국의 판례 등의 영향을 받아, 이른바 공적 인물(public figures)의 프라이버시는 통상의 사인과는 달리 오로지 원칙적으로 보호되지 않는다는 주장이 오히려 강력하며, 나아가서는 언론의 자유를 보호하기 위하여 —만일 이러한 경우 쉽사리 손해배상책임을 부과하면 언론이 자기검열을 가하게 되고, 따라서 그 자유가 간접적으로 위축된다는 것이다— 그 보도내용이 허위임을 알면서 또는 중대한 과실로 알지 못한 경우에만 명예훼손이 성립한다는 입론도 존재하는 것이다.[25] 이렇게 보면, 여기서 불법행위법은 위법성판단의 이름 아래 실제로는 헌법적인 문제를 판단하고 있는 것이라고 할 수 있다.

(2) 나아가 이른바 전문가책임의 분야도 불법행위법의 새로운 영역으로 들 수 있을 것이다. 의사나 변호사의 예로부터 쉽사리 알 수 있는 대로 그동안 분업화의 진행으로 수많은 종류의 전문가집단이 생겨났다. 그 중에서도 장기간의 교육과 경험을 통하여서만 획득되는 전문가로서의 직업(그것은 많은

25) 이것이 유명한 New York Times Co. v. Sullivan, 376 U.S. 254(1964); Cutis Publishing Co. v. Butts, 388 U.S. 130(1967); Time Inc. v. Hill, 385 U.S. 374(1967) 등에서 천명된 미국연방대법원의 입장이다.

경우에 일정한 시험이나 수련과정을 거쳐야만 그 일에 계속적으로 종사할 수 있는 자격이 주어지고, 그 이외의 사람은 그 일을 직업으로 하는 것이 법적으로 허용되지 않는다는 형태로 나타난다)을 가지는 사람에 대하여는 다른 사람들이 특히 그 지식과 기술을 믿고 자신의 일의 처리를 맡기는 것이 대부분이다. 그러한 전문가가 그 일의 처리를 사회에서 요구되는 수준에 떨어지게 행하여서 그 결과 손해가 발생한 것인지 여부가 다투어지는 경우를 생각하여 보자.[26] 이러한 경우에는 다른 불법행위소송에서는 보이지 않던 특색이 바로 눈에 띈다.

그것은 전문가의 '과실'이 확인되어 피고의 패소가 확정된다면 많은 경우에 그 사실은 그의 장래의 업무수행에 중대한 결과를 초래할 수 있다는 점이다. 대부분 이러한 전문가의 활동은 고객의 신용에 바탕을 두고 있는데, 그가 그러한 '과실'을 범하였다는 것이 밝혀지게 되면, 그러한 신뢰는 이제 더 이상 존속하기 어렵게 되기 때문이다. 또 다른 관점에서 보면 그가 '과실'을 범하였는가 하는 문제는 피고가 된 전문가 자신에게도 자신의 업무수행에 대한 염결성(integrity) 내지 자긍심에 대한 도전이기도 하다.[27] 그러므로 전문가책임을 묻는 불법행위소송은 가령 교통사고로 인한 신체상해를 이유로 그 손해배상을 구하는 소송(이 경우에는 통상 상대적으로는 배상을 명받는 금액에 더욱 많은 관심이 갈 것이다)과는 당사자들에게 다른 의미를 가지게 되고, 그에 따라 특이한 뉘앙스를 보이게 된다.

---

26) 물론 이러한 소송은 많은 경우에 계약위반(많은 경우에 위임계약의 불완전이행)의 문제로서 계약법의 차원에서도 다루어질 수 있을 것이다. 그러나 당사자 사이에 계약관계가 존재하지 않는 경우도 드물지 않다. 앞의 Ⅱ.2.(4)에서 본 1989년 6월 27일의 대법원판결에서도 보는 것처럼, 많은 경우에 전문가는 자신과의 사이에 계약관계가 존재하지 않는 경우에도 타인을 위하여 일정한 조언이나 충고 기타 자신의 전문적인 지식이나 경험에 입각한 '급부'를 제공한다. 이 경우에도 부적절한 '급부'로 말미암아 발생하는 손해의 배상문제가 제기될 수 있고 이는 불법행위법에 의하여 다루어진다고 말할 수 있다.

27) John Fleming(註 11), p.134는 일정한 피고들에게는 "불법행위책임의 위협적 효과(admonitry effect)"가 매우 커서, 그들은 금전적 부담보다 패소한 사실 자체에 더욱 민감하다고 지적하면서, 그 대표적인 예로 의사를 들고 있다.

이러한 전문가의 책임을 묻는 과정에서는 그의 과실 유무를 판단함에 있어서, 특히 나날이 진보되어 가고 있는 새로운 기술이나 지식에 대하여 법이 어떠한 태도를 취할 것인가가 문제되는 경우가 많을 것이다. 이는 의료과실의 경우를 생각하여 보면 쉽게 알 수 있다. 한편으로 새로운 기술은 아직 후유증 등 그 위험성이 충분히 검증되지 않은 경우가 많으므로 이를 적용하지 않았다고 해서 곧바로 법적인 비난을 가할 수는 없을 수도 있다. 다른 한편으로 어떠한 전문가에게 지나치게 엄격한 수준의 지식이나 기술을 발휘할 것을 요구하게 되면, 대부분의 전문가에 있어서 그 능력발휘의 전제조건이 되는 자발성을 위축시키게 될 수 있고, 나아가 시술 자체의 거부와 같이 오히려 사회적으로 바람직하지 못한 결과를 자아낼 우려도 있다.

그렇게 보면 전문책임의 영역에서도 불법행위법은 피해자의 손해를 가해자로부터 배상받아야 할 것인가 하는 문제와 아울러 전문기술 등의 사회적, 역사적 의미에 대한 성찰 또는 평가를 행하여야만 하는 것이다.

(3) 또한 불법행위법은 영업활동의 자유에 한계를 긋는다는 새로운 임무를 떠맡게 되었다. 어느 나라가 시장경제, 즉 자유경쟁을 원리로 하는 체제를 기본적인 경제제도로 채택한 경우에라도 경제의 주체인 전업은 단지 시장법칙의 지배만을 받고 그 이외에는 어떠한 제약도 받지 않는 것은 아니다. 비교적 오래 전부터 발달하기 시작한 공정거래법이나 부정경쟁방지법 등 이른바 경제법의 영역은 바로 이러한 제약을 그 핵심적인 규율대상으로 하고 있다. 그러나 그러한 법에 의하여 금지된 행위가 행하여진 경우에는 그로 인하여 피해를 입은 당사자에게 손해배상청구권이 주어지는 것이 통상인데(우선 독점규제 및 공정거래에 관한 법률 제56조 이하, 부정경쟁방지법 제11조만을 들어 두기로 한다), 이 권리가 불법행위법적인 성질을 가지는 것에는 의문이 없을 것이다. 또한 위와 같은 특별법은 영업활동의 구석구석을 모두 그 규제범위 안에 두는 것은 아니다. 오히려 상당히 넓은 영역이 그러한 특별법률에 의하여 다루어지지 않은 채로 남아 있으며, 그 영역은 여전히 민법 제750조

에 의하여 규율될 수밖에 없다.

B. 불법행위법의 새로운 임무

(1) 불법행위법의 새로운 진출은 우선 다음과 같은 사정과 연관이 있다. 사회에서 무게를 가지는 가치들이 점차로 다양하게 될수록, 다시 말하면 다원적인 사회가 될수록, 그 가치 사이의 충돌도 빈번하게 일어난다. 물론 종전부터 거의 의문의 여지없이 존중되어 왔고 현재도 존중받고 있는 또 존중되어야 하는 가치들이 없는 것은 아니다. 가령 생명이나 신체, 그리고 소유권 등을 그 예로 들 수 있을 것이다. 그러나 확실히 현재에는 사회에서 인정되는 가치의 계서가 전보다는 명확하지 않은 것으로 생각된다. 그러한 상황에서 자신의 가치 또는 이익이 타인의 행태에 의하여 침해되었다고 주장하는 사람이 그 타인을 상대로 하여 그 침해로 인한 결과의 제거, 그리고 경우에 따라서는 더욱 중요한 관심사항인 장차의 재침해의 방지를 법적으로 청구하여 온 경우에, 상대방은 자신의 행태가 역시 이 사회에서 존중되는 또는 존중되어야 할 가치를 추구하는 활동의 일환으로 행하여진 것임을 주장하고 따라서 그로 인한 '피해'가 설령 있다고 하더라도 그에 대하여 손해배상책임을 진다는 것은 적어도 간접적으로는 결국 자신의 활동에 대한 제한이 되는 것이므로 타당하지 않다는 주장을 하는 데 주저하지 않을 것이다.

불법행위법은 이러한 '가치의 충돌'을 법적으로 처리하는 장치의 중요한, 아마도 가장 중요한 부분을 차지한다. 불법행위법은 이러한 문제를 처리하는 데 적합한 법기술로서 '과실' 또는 특히 '위법성'이라는 범주를 내장하고 있다. 그리고 법적 효과의 차원에서도, 아직 우리나라에서는 별로 논의되지 않고 있으나, 이른바 예방적 부작위청구가 허용된다고 하면, 위와 같은 문제의 처리에 있어서 새로운 국면이 전개될 것이다. 또한 불법행위법은 정책상 판단이 개재된 분야에서 그 진면목을 발휘하게 될 것이다.

불법행위법의 '후퇴'는 단지 법적용의 방식에 대한 전통적인 보수적인 관념을 전제로 할 때에만 운위할 수 있는 것이며, 법적용을 보다 창조적이고 적극적인 과정으로 이해하는 한에서는 그와 같은 '후퇴'는 오히려 전진의 교두보가 될 것으로 생각된다. 이제 법관은 더 이상 단순히 확정적으로 주어진 법률요건에 사실을 대입함으로써 법률효과를 산출해 내는 자동기계일 수는 없다. 법관은 오히려 바람직한 사회상에 대한 일정한 관념을 가지고 그것을 뒷받침하는 가치 또는 가치들을 실현하기 위하여 필요한 합리적인 수단들을 선택하여 나가는 社會工學者의 역할을 떠맡지 않을 수 없다.

(2) 또한 사고손해 전보의 종합체계가 설정된다고 하더라도 그 안에서 불법행위법적인 관점은 여전히 중요한 역할을 할 것이다. 왜냐하면 사고보상을 위한 재원을 마련함에 있어서는 아무래도 사고의 발생에 대한 귀책을 따져서 그 부담을 정하는 것이 바람직하고(계속적·습관적으로 사고를 일으키는 사람과 단순히 피해를 당하는 사람과의 사이에 그 부담이 동일하다는 것은 정의에 맞지 않는다), 그렇다면 역시 누구에게 과책이 있는가를 따짐에 있어서는 불법행위법적인 범주를 사용하지 않을 수 없을 것이기 때문이다. 실제로 사고보상의 종합체계를 주장하는 입장에서도 그 재원으로서의 보험료의 부과 등에 있어서 이러한 관점을 채택하는 경우가 많다. 또한 불법행위법적 책임의 유무는 일단 피해를 보상한 사람이 그 사고의 원인을 제공한 사람에 대하여 구상을 하는 단계에서도 당연히 문제될 것이다.

한편 사고보상의 종합체계가 수립된다고 하더라도, 피해자가 사고 전보다 보상을 받은 후에 그 재산상태가 더욱 양호하게 되는 일이 있어서는 안 될 것이다. 사고의 발생이 이익취득의 계기가 되어서는 안 되기 때문이다. 이러한 손해전보로 인한 부당이득이 허용되어서는 안 된다는 요구는 가령 친지들로부터의 부조금, 피해자가 수령한 각종의 보험급여, 사내공제금 등의 '부차적 이익'을 어느 범위에서 손해배상액의 산정에서 고려할 것인가, 각종의 사회보장급여와 손해배상책임과의 관계는 어떻게 설정할 것인가 등의 문제가 제기된다. 말하자면 불법행위법은 비단 성립요건의 측면에서뿐만 아니라 그 법률효과의 측면에서도 여전히 사고보상체계 전체의 출발점 내지 기초를 이룬다고 할 수 있다.

V. 결 론

이렇게 보면 불법행위법의 위기는 확정된 사실관계를 이미 주어진 법률요건에 대입하는 것(법적 삼단논법)을 이상으로 하는 전통적인 법사고의 위기를 말하는 것일 뿐, 불법행위법 자체의 위기는 아니다. 불법행위의 성립요건인 '과실'과 '위법성', 그리고 그 법률효과인 '손해배상책임' 등은 미리부터 확정된 내용을 가지지 않으며, 미리 확정할 수 있는 것이 있다고 하더라도 그것은 단순한 하나의 윤곽에 불과하여 결국 구체적인 적용에 있어서는 극히 다양한 각종의 사정요소들을 고려하여 '결단'하지 않으면 안 된다. 그리고 이것은 비단 불법행위법에 한정되는 것은 아니고, 오늘날의 법이 일반적으로 가지는 특징의 하나로서의 '불확정성'의 발현이라고 할 것이다. 그리고 오히려 다양한 불법행위사례의 등장은 불법행위법의 기능을 재평가하고 그 가능성과 한계를 더욱 명료하게 하는 면이 있다.

불법행위법은 여전히 그 유용성과 기능을 유지할 수 있고 또 유지하고 있다고 생각된다. 이는 설사 불법행위법을 전제로 하는 책임보험제도가 사고보험제도에 의하여 대체된다고 하더라도, 또한 불법행위법에 의한 사고손해전보의 구조가 결국 사고보상의 종합체계에 해소된다고 하더라도 마찬가지이다. 왜냐하면 위에서 본 대로 불법행위법은 단지 사고, 즉 우연한 접촉으로 인한 피해발생의 경우만을 규율대상으로 하는 것이 아니기 때문이다. 오히려 불법행위법은 '가치의 대립'이 문제되는 경우에는 '과실'과 '위법성'이라는 범주에 의하여 그 가치의 타당범위를 그때 그때의 사안에 맞추어 확정할 중대한 임무를 가지게 된다. 이는 특히 '신들의 투쟁'의 시대인 오늘날에 있어서는[28] 사회 전체의 입장에서도 극히 중요한 임무인 것이다.

---

28) M. Weber, Wissenschaft als Beruf, in: *Gesammelte Aufsatze zur Wissenschaftslehre*, 5. Aufl.(1982), S.608: "삶은, 그것이 스스로에 근거하고 또 스스로에 비추어서만 이해되는 한, 저 신들의 영원한 투쟁일 뿐이다. 즉 삶에 대한 종국적이고 또한 가능한 여러 관점들의 화해불가능성 및 해결불가능성, 그리하여 그러한 관점 중의 하나를 필연적으로 선택하여야 하는 것 …."

La transformation des sanctions de l'inexécution du contrat : perspectives à partir et au-delà du Code civil

Yves-Marie Serinet
Professeur à l'Université de Cergy-Pontoise

Introduction - La transformation des sanctions de l'inexécution du contrat: perspectives à partir et au-delà du Code civil -

Dans l'ordre des dispositions hautement prestigieuses du Code civil, l'article 1134 demeure sans nul doute la plus symbolique. Elle est d'ailleurs inscrite au frontispice d'un chapitre réservé à «l'effet des obligations». En disposant que «des conventions légalement formées tiennent lieu de loi à ceux qui les ont faites» puis qu'«elles doivent être exécutées de bonne foi», le texte exprime la très grande importance que ses rédacteurs ont attachée à l'exécution des engagements contractés.

Tout manquement à la convention, qu'il provienne soit d'une inexécution totale ou partielle, soit d'une exécution défectueuse ou tardive[1] porte atteinte à la force obligatoire du contrat[2] et affecte les

1) M. Faure-Abbad, *Le fait générateur de la responsabilité contractuelle. Contribution à une théorie de l'inexécution contractuelle*, th. Poitiers, 2002; F. Rouvière, *Le contenu du contrat. Essai sur la notion d'inexécution*, th. Aix-Marseille III, 2005.

intérêts particuliers du créancier de l'obligation méconnue comme ceux plus généraux du commerce juridique.[3]

L'inexécution étant un fait contraire au droit,[4] la réaction de l'ordre juridique en requiert la sanction, dans l'acception la plus générale du terme. Suivant un sens plus précis du mot,[5] elle ouvre à celui qui subit les conséquences de la contravention au contrat, toute une gamme de sanctions entendues comme des moyens techniques de remédier à la défaillance contractuelle.

Sous ce rapport, la grande variété et le haut degré de perfectionnement des moyens techniques offerts au créancier insatisfai t[6] tranchent avec le caractère monolithique de la nullité, suite naturelle de la malformation du contrat.[7] Tant il est vrai qu'il s'agit de fournir une réponse appropriée à la diversité des contrats, des contractants et des formes de l'inexécution. Sans qu'il y ait eu transformation radicale, mais par une évolution progressive et lourde, la rénovation des sanctions de l'inexécution contractuelle a procédé d'un mouvement déjà ancien d'élargissement et de raffinement dans l'éventail des procédés disponibles.

Arrivé à un haut degré de maturité, le droit français n'en est pas

---

2) P. Ancel, Force obligatoire et contenu obligationnel du contrat, *Rev. trim. dr. civ.* 1999, p.722 et s.; A.-S. Dupré-Dallemagne, *La force contraignante du rapport d'obligation* (*recherche sur la notion d'obligation*), th. Paris I, P.U.A.M., 2004.

3) J. Deprez, Les sanctions qui s'attachent à l'inexécution des obligations contractuelles en droit civil et commercial français, rapport in *Les sanctions attachées à l'inexécution des obligations (Journées d'Istambul), Travaux de l'Association H. Capitant*, t. XVII, 1964, Paris, Dalloz, 1968, p.28 et s., spéc., p.29.

4) J. Carbonnier, *Droit civil, Les obligations*, t. 4, 22e éd., 2000, §153, p.291.

5) G. Cornu (sous la dir.), *Vocabulaire juridique*. Association Henri Capitant, Quadrige, P.U.F., 2000, V° Sanction, p.792-793.

6) J. Deprez, Les sanctions qui s'attachent à l'inexécution des obligations contractuelles en droit civil et commercial français, rapp. préc., p.29 à 31.

7) Y.-M. Serinet, Le juge et l'illicéité du contrat, in *Le renouveau des sanctions contractuelles*, Colloque Rennes 30 septembre 2005, à paraître, Economica, 2006.

moins animé aujourd'hui de forces contradictoires. A certains égards, en effet, il se montre plus perméable que naguère aux influences extérieures. Mais par ailleurs, il manifeste encore une fidélité renouvelée à certains de ses principes fondamentaux. Ces hésitations expliquent en grande part les remous qui ont animés récemment la matière des sanctions de l'inexécution du contrat.

On s'en apercevra aisément en envisageant tour à tour les mutations qui ont affectent la classification des sanctions, d'une part (I), puis celles qui ont trait à leur maîtrise, d'autre part.

I. La classification des sanctions

Sur un plan théorique, la matière a récemment été dominée par deux débats qui se recoupent. Le premier, sans doute assez formel, a trait à la présentation des différents moyens ouverts en cas d'inexécution (A). Le second concerne de façon plus substantielle les grandes distinctions entre remèdes (B).

A. Le changement de présentation

La présentation originelle des sanctions de l'inexécution, celle de 1804, est désormais jugée dépassée (1). On lui préfère aujourd'hui une présentation globale et unitaire (2).

1. La présentation éclatée des sanctions dans le Code civil

Ayant posé le principe de la force obligatoire des conventions, il eût semblé naturel que les codificateurs de 1804 emboîtent immédiatement le pas afin de décrire, ensuite, les différents remèdes dont dispose la partie qui a souffert d'une défaillance contractuelle. On sait pourtant qu'il n'en fut rien.

Il n'existe pas, en premier lieu, d'architecture cohérente des sanctions de l'inexécution au sein du Code civil.[8] Tout au contraire, la présentation des différents moyens d'action du créancier qui n'a pas reçu la prestation promise s'y trouve «éclatée»[9] en plusieurs passages dispersés à l'intérieur du Titre III du Livre III du Code civil qui traite, d'une manière dont on a toujours contesté la rationalité, «des différentes manières dont on acquiert la propriété». On trouve d'abord, dans une section III du Chapitre III, le régime particulier des obligations de faire ou de ne pas faire, qu'il s'agisse de leur inexécution (article 1142), de la destruction de ce qui a été fait par contravention à l'engagement (article 1143) ou de l'exécution aux dépens du débiteur (article 1144). Vient ensuite une section IV plus générale du même Chapitre III qui traite «des dommages et intérêts résultant de l'inexécution de l'obligation» (articles 1146 à 1155). Plus loin, enfin, l'article 1184 du Code civil inséré dans un Chapitre IV, Section I, traitant des obligations conditionnelles, aborde la résolution. Elle n'y est prévue que pour les seuls contrats synallagmatiques et revêtue d'un caractère judiciaire. Par ailleurs un choix fondamental y est offert à la partie envers laquelle l'engagement n'a point été exécuté entre «forcer l'autre à l'exécution de la convention lorsqu'elle est possible, ou en demander la résolution avec dommages et intérêts». La vue ne serait d'ailleurs pas complète si l'on n'y ajoutait les dispositions éparpillées propres à chaque type de contrat spécial

8) D. Tallon, L'inexécution du contrat: pour une autre présentation, *Rev. trim. dr. civ.* 1994, p.223 et s.; Pourquoi parler de faute contractuelle?, in *Droit civil, procédure, linguistique juridique*. Ecrits en hommage à G. Cornu, Paris, P.U.F., 1994, p.429 et s.

9) D. Tallon, L'inexécution du contrat: pour une autre présentation, art. préc., n°6 et s.

comme celles sur la vente (articles 1610 et s., articles 1629 et s., articles 1644 et s.), au bail (articles 1721 et s.), à l'entreprise (articles 1788 et s.), au prêt à usage (articles 1880 et s.), au dépôt (articles 1927 et s.) ou au mandat (articles 1991 et s.)…

En second lieu, il n'est même pas sûr que, dans sa rédaction originelle, le Code civil ait développé une conception unitaire de la sanction. Car si, à bien des égards, les dispositions qu'il lui consacre sont celles d'un droit évolué où l'idée de coercition sur la personne est reléguée afin de protéger au mieux l'individu, il n'en subsiste pas moins, çà et là, des traces d'archaïsme dont témoignent certains mécanismes plus brutaux orientés vers la répression. L'esprit du Code n'est donc pas homogène.

Ainsi, à côté d'un article 1142 très libéral qui paraît interdire de contraindre dans sa personne le contractant à faire ou ne pas faire quelque chose et prévoit que l'inexécution de ce type d'obligations se résout seulement en dommages et intérêts, il admet que les contrats puissent stipuler une clause pénale (article 1226) et organise la contrainte par corps pour donner force aux obligations à l'égard de certains débiteurs, fermiers ou commerçants, jugés indignes de protection (articles 2059 à 2070).[10)]

2. La classification globale des sanctions à la fin du XXe siècle

Les insuffisances et les inconvénients du traitement réservé par les codificateurs aux sanctions de l'inexécution du contrat ont été largement, quoique récemment, dénoncés.

La présentation est d'abord lacunaire puisqu'elle ne permet pas de faire état des créations de la jurisprudence, de la pratique ainsi que des textes internationaux. Or, les juridictions ont non seulement été conduites à imaginer de nouvelles formes de remèdes, purement

---

10) J.-L. Halpérin, *Le Code civil*, Connaissance du droit, Dalloz, 1996, p.64.

prétoriennes, mais encore à aménager les types de sanctions initialement prévues par le Code civil. Traditionnellement, aussi, les besoins du commerce ont nécessité l'adaptation de l'appareil sanctionnateur afin de lui donner plus de rapidité et d'efficacité, donc une plus grande adéquation aux finalités poursuivies spécialement dans le domaine de la vente commerciale. Plus récemment, des instruments issus du droit international matériel unifié (Convention de Vienne sur la vente internationale de marchandises du 11 avril 1980, en vigueur en France depuis 1988) ou du droit communautaire (Directive du 25 mai 1999 sur certains aspects de la vente et des garanties des biens de consommation transposée par une récente ordonnance du 17 février 2005) ont contribué à revivifier le traitement des sanctions de l'inexécution du contrat. Sans parler des différents projets de codification savante (Principes relatifs aux contrats du commerce international, dits principes Unidroit; Principes du droit européen du contrat de la Commission Lando;[11]) projet de Code civil européen de la commission von Bar;[12]) avant-projet de Code européen des contrats du groupe de Pavie; projet de réforme du Code civil français présenté par Pierre Catala au Garde des Sceaux le 22 septembre 2005), le plus souvent européens, qui pourraient, *de lege ferenda*, fournir un éclairage intéressant en vue d'une future recomposition de la matière.

La présentation est ensuite faussée, ce qu'une comparaison avec la modélisation globale de la Common Law permet de comprendre.[13])

---

11) I. de Lamberterie et G. Rouhette, *Les principes du droit européen des contrats.* L'exécution, l'inexécution et ses suites. Commission pour le droit européen des contrats, La documentation française, 1999; Chr. Jamin et D. Mazeaud (sous la dir.), *L'harmonisation du droit des contrats en Europe*, Economica, 2004; P. Rémy-Corlay et D. Fenouillet (sous la dir.), *Les concepts contractuels français à l'heure des principes du droit européen des contrats*, Dalloz, 2003; C. Priéto (sous la dir.), *Regards croisés sur les principes du droit européen des contrats*, P.U.A.M., 2003.

12) Von Bar, From principles to codification: prospect for european private law, *Les annonces de la Seine*, 3 juin 2002, n°33, p.1.

En traitant des sanctions de l'inexécution de manière éparpillée, on masquerait les rapports entre chacune d'elles, qu'il s'agisse des choix à effectuer entre les principaux remèdes ou de leur possible combinaison, et l'on aurait favorisé un «envahissement abusif» des concepts de la responsabilité délictuelle dans l'ordre contractuel au risque de faire perdre à ce dernier sa spécificité.[14)]

Seule une nouvelle classification ordonnancée[15)] permettrait, dès lors, de rappeler que l'inexécution du contrat s'ordonne autour de trois sanctions fondamentales:[16)] l'exécution directe en nature, lorsqu'elle est possible, la liquidation du contrat lorsque celui-ci ne répond plus aux fins pour lesquelles il a été passé et l'octroi de dommages-intérêts au créancier qui constitue la «responsabilité contractuelle» si, du moins, on en admet le concept. Deux d'entre elles tendent, objectivement, à régler le sort du contrat en tant qu'organisme.[17)] Elles conduisent à décider alternativement de sa vie ou de sa mort. La troisième, subjective, règle le sort du débiteur fautif. Elle lui fait supporter, personnellement, la charge de la réparation du préjudice causé au créancier en raison de sa défaillance dans l'exécution.[18)]

---

13) V. spécialement, D. Tallon, L'inexécution du contrat: pour une autre présentation, art. préc., p.233 et s.; L. Reiss, *Le juge et le préjudice. Etude comparée des droits français et anglais*, th. Paris I, 2002; Y.-M. Laithier, *Etude comparative des sanctions de l'inexécution du contrat*, th. Paris I, 2004; R. Rolland, Responsabilité contractuelle ou responsabilité à dommages contractuels, *R.R.J.* 2004-4, p.2199 et s.

V. pour une comparaison entre pays de Code civil, G. Viney et M. Fontaine (sous la dir.), *Les sanctions de l'inexécution des obligations contractuelles.* Etudes de droit comparé, L.G.D.J.-Bruylant, 2001.

14) D. Tallon, L'inexécution du contrat: pour une autre présentation, art. préc., n°13 et s.

15) P. Grosser, *Les remèdes à l'inexécution du contrat: essai de classification*, th. Paris I, dir. J. Ghestin, 2000.

16) V. Ph. Malaurie, L. Aynès et Ph. Stoffel-Munck, Droit civil. Les obligations, Defrénois, 2e éd., 2005, n°933.

17) J. Carbonnier, *Droit civil, Les obligations*, *op.cit.*, §153, p.291.

A cet égard, les différents projets d'unification du droit européen des contrats, en particulier les Principes du droit européen du contra t[19] appréhendent à la manière de la Common Law les différentes sanctions ouvertes en cas de méconnaissance du contrat.[20]

Surtout, des textes d'origine internationale ou européenne imposent cette manière de présenter les choses, quoique de façon plus ou moins convaincante. Tel est le cas de la Convention de Vienne sur la vente internationale de marchandises qui envisage la panoplie des sanctions de l'inexécution offerte à chacune des parties,[21] sans que la construction d'ensemble y paraisse toutefois parfaitement ordonnée.[22] De même, la directive du 25 mai 1999 sur la garantie de conformité dans la vente de biens de consommation ouvrait quatre solutions possibles en cas de défaut de conformité en articulant réparation, remplacement, réduction du prix et résolution du contrat.[23] L'ordonnance du 17 février 2005, qui transpose dans l'ordre interne le texte communautaire,[24] reprend cette présentation globale en se prononçant même sur une autre forme de réparation de

---

18) J. Deprez, Les sanctions qui s'attachent à l'inexécution des obligations contractuelles en droit civil et commercial français, rapp. préc., p.32 et s.

19) Art. 8.101, P.D.E.C.

20) Ph. Malinvaud, *Droit des obligations*, 9e éd., Litec, 2005, n°475.

21) Après certaines dispositions générales relatives à la distinction des contraventions essentielles et non essentielles (art. 25) et concernant la mise en œuvre de la résolution du contrat (art. 26 et 28), le texte expose successivement les moyens dont dispose l'acheteur en cas de contravention au contrat par le vendeur (art. 45 à 52) puis les moyens réciproques du vendeur en cas de contravention par l'acheteur (art. 61 à 65) avant d'exposer les dipositions relatives aux contraventions anticipées et à celles qui interviennent dans les contrats à exécution successive (art. 71 à 73), aux dommages-intérêts (art. 74 à 77) ou encore aux effets de la résolution (art. 81 à 84)….

22) V. Heuzé, *Traité des contrats. La vente internationale de marchandises*, L.G.D.J., 2000, spéc. n°370 et s.

23) Art. 3, §2, Directive 25 mai 1999.

24) Art. L. 211-9 et L. 211-10, C. consom (O. n°2005-136, 17 février 2005).

la non-conformité à propos de laquelle la directive était restée muette: les dommages et intérêts.[25)]

B. Le brouillage des distinctions

Il concerne deux grands clivages: celui qui sépare le maintien de la dissolution du contrat et celui qui conduit à distinguer exécution et réparation.

1. Les rapports entre le maintien et la dissolution du contrat

Affectant le sort du contrat dans des sens contraires, l'exécution et la résolution constituent en principe des sanctions aussi incompatibles[26)] que radicales. Entre le maintien du contrat et son éventuelle liquidation, la jurisprudence, mais aussi parfois la loi, ont développé les sanctions intermédiaires afin qu'à la variété des troubles causés puisse correspondre une diversité de moyens adaptés aux intérêts en cause.[27)] De telles mesures sont particulièrement utiles lorsque l'inexécution n'est que partielle d'un point de vue temporel, quantitatif ou qualitatif.

C'est ainsi que, dans les contrats à exécution successive, la jurisprudence limite la destruction rétroactive du contrat en décidant que la résolution opère alors à la manière d'une résiliation. Une rétroactivité complète n'est pas en effet nécessaire puisque l'exécution

---

25) Art. L. 211-11, alinéa 2, C. consom.

26) Cass. civ. 1re, 5 juillet 2005, D. 2005, p.2176, qui estime que le juge ne peut se prévaloir des dispositions tendant à l'exécution de la convention dont il prononce la résolution.

27) J. Deprez, "Les sanctions qui s'attachent à l'inexécution des obligations contractuelles en droit civil et commercial français," rapp. préc., p.30 et p.50 et s.

a, pendant un certain temps, été correcte. Un arrêt récent de la Cour de cassation a d'ailleurs précisé à quel moment cette résiliation produit effet. La troisième Chambre civile a jugé que «si, dans un contrat synallagmatique à exécution successive, la résiliation judiciaire n'opère pas pour le temps où le contrat a été régulièrement exécuté, la résolution judiciaire pour absence d'exécution ou exécution imparfaite dès l'origine entraîne l'anéantissement rétroactifdu contrat».[28] En principe, bien que tous les arrêts ne soient pas clairs à cet égard, la résiliation remonte donc à la date du manquement qu'elle sanctionne, à moins qu'elle ait existé *ab initio* ou que, dans les contrats à exécution échelonnée, les parties aient entendu faire une convention indivisible.[29]

Des critères assez proches, mais plus complexes, sont retenus par la Convention de Vienne en matière de vente internationale.[30] Celle-ci invite à distinguer les effets de l'inexécution sur la partie du contrat relative à la livraison manquée et sur le contrat dans son entier. Quant aux projets d'harmonisation du droit des contrats ils adoptent, pour les uns, une résolution des contrats à exécution successive limitée à l'avenir,[31] pour les autres, une résolution totalement dépourvue d'effet rétroactif.[32]

---

28) Cass. civ. 3e, 30 avril 2003, *Bull. civ.*, III, n°87; J.C.P. 2004, II, 10031, note Chr. Jamin; *J.C.P.* 2003, I, 170, n°15, obs. A. Constantin; *Rev. trim. dr. civ.* 2003, p.501, obs. J.Mestre et B. Fages.

29) Cass. civ. 1re, 3 novembre 1983, *Bull. civ.*, I, n°252; p.227; *Defrénois* 1984, art. 33368, p.1014, obs. J.-L. Aubert; *Rev. trim. dr. civ.* 1985, p.166, obs. J. Mestre; Cass. civ. 1re, 13 janvier 1987, *Bull. civ.*, I, n°11, p.8; *J.C.P.* 1987, II, 20860, note G. Goubeaux; Cass. com., 4 novembre 1986, *Rev. trim. dr. civ.* 1987, p.541, obs. J. Mestre; Paris, 24 janvier 1991, *Contrats conc., consom.* 1991, n°77, note L. Leveneur; *Rev. trim. dr. civ.* 1991, p.527, obs. J. Mestre; Cass. civ. 3e, 20 novembre 1991, *Bull. civ.*, III, n°285, p.168.

30) Art. 73, C.V.I.M.; V. Heuzé, *Traité des contrats. La vente internationale de marchandises*, *op.cit.*, n°434 et s.

31) Art. 114, alinéa 5, Pavie.

Par ailleurs, lorsque l'inexécution consiste dans la livraison d'une prestation incomplète ou défectueuse, le juge peut se contenter de prononcer une résolution partielle du contrat, la convention étant maintenue dans sa part qui a procuré au créancier une certaine satisfaction mais modifiée pour le reste afin de tenir compte du préjudice que ce dernier a subi, lequel sera compensé par une réduction corrélative du prix ou l'allocation de dommages et intérêts compensatoires.[33)]

On objecte à ce procédé qu'il permet au juge de refaire le contrat, ce qui serait contraire aux principes constants du droit français.[34)] La loi en admet pourtant la technique en diverses dispositions, qu'il s'agisse du défaut de contenance,[35)] de l'éviction partielle,[36)] de la garantie des vices cachés,[37)] de la perte partielle de la chose louée,[38)] ou de l'inexactitude des mentions obligatoires dans la vente d'un fonds de commerce… Surtout, le droit commercial de la vente a consacré le mécanisme sous le nom de réfaction du contrat, en cas d'inexécution partielle, par le vendeur, de son obligation de délivrance. La Convention de Vienne intègre d'ailleurs ces remèdes à l'arsenal des sanctions qu'elle édicte puisqu'elle reconnaît d'un côté la résolution de la partie du contrat relative aux marchandises manquantes ou non conformes[39)] et, de l'autre, la

32) Art. 9.305 et 9.306, P.D.E.C.; Art. 7.3.5. et 7.3.6., Unidroit.

33) Fr. Terré, Ph. Simler et Y. Lequette, *Droit civil, Les obligations*, 9e éd., Précis Dalloz, 2005, n°652; Y.-M. Serinet, *Les régimes comparés des sanctions de l'erreur, du vice caché et de l'obligation de délivrance dans la vente*, th. Paris I, 1996, n°362.

34) D. Mazeaud, "La révision du contrat," rapp. Assoc. H. Capitant, *Petites affiches*, 30 juin 2005, n°129, p.4 et s., spéc., n°13 et s..

35) Art. 1617 et s., C. civ.; Art. 46, L. 10 juillet 1965 (issu de la L. 18 décembre 1996 dite *Carrez*).

36) Art. 1637, C. civ.

37) Art. 1644, C. civ.

38) Art. 1722, C. civ.

réfaction par réduction de prix résultant d'un défaut de conformité, serait-il de faible importance.[40] La réfaction est encore consacrée par l'Ordonnance du 17 février 2005 sur la garantie de conformité des biens de consommation.[41] Enfin, les principes européens du droit des contrats reconnaissent en substance que le créancier qui accepte une offre d'exécution non conforme au contrat est en droit de réduire le prix.[42]

Si les auteurs se montrent en général favorables à ce mécanisme qui leur paraît dynamiser le rôle du juge,[43] la Cour de cassation a pour sa part fermement condamné toute tentative d'extension de la révision judiciaire du prix en matière de vente civile, hors les cas expressément prévus par le Code lui-même.[44] C'est dire que la jurisprudence française campe sur ses positions anciennes et désormais isolées.[45]

2. Les rapports entre l'exécution et la réparation

Une analyse doctrinale récente conteste que l'on puisse vraiment parler de responsabilité contractuelle. Il s'agirait d'un faux concept.[46] Bien qu'il puisse paraître assez académique, ce débat a suscité de vives discussions.

---

39) Art. 49, C.V.I.M.; V. Heuzé, *Traité des contrats. La vente internationale de marchandises*, *op.cit.*, n°438 et s.

40) Art. 50, C.V.I.M.; V. Heuzé, *Traité des contrats. La vente internationale de marchandises*, *op.cit.*, n°438 et s.

41) Art. L. 211-10, C. consom (O. n°2005-136, 17 février 2005).

42) Art. 9.401, P.D.E.C.

43) Fr. Terré, Ph. Simler et Y. Lequette, *Droit civil, Les obligations*, *op.cit.*, n°652.

44) Cass. civ. 3e, 29 janvier 2003, *Defrénois* 2003, p.844, obs. E. Savaux.

45) D. Mazeaud, "La révision du contrat," rapp. préc., n°13 et s.

46) Ph. Rémy, "La «responsabilité contractuelle», histoire d'un faux concept," *Rev. trim. dr. civ.* 1997, p.323 et s.

Dans une présentation classique, pourtant, il était devenu habituel de considérer qu'au sein de la responsabilité civile, il existerait une variété de responsabilité s'appliquant lorsque le dommage a été causé à l'un des contractants par l'inexécution ou la mauvaise exécution de la convention. Tout en admettant que cette forme de responsabilité se distinguerait, par son origine et par certains traits saillants de son régime, de la responsabilité délictuelle provenant de la violation d'un devoir général de ne pas nuire à autrui, on reconnaissait la parenté des deux types de réparation au point d'évoquer, régulièrement, leur possible fusion. Des textes d'inspiration nouvelle, réglementant les accidents de la circulation[47] ou la responsabilité du fait des produits défectueux,[48] semblaient au demeurant s'inscrire dans cette veine unificatrice.

A cela il a été objecté que la prétendue responsabilité contractuelle ne serait qu'une expression commode pour désigner l'exécution forcée de l'obligation méconnue sous forme d'un équivalent.[49] S'en suivraient de multiples conséquences pratiques.[50] Etant destinée à assurer une fonction de paiement en fournissant au créancier la valeur de la prestation promise, l'obligation aux dommages et intérêts ne serait que le prolongement de l'obligation originairement stipulée. Par ailleurs, elle ne nécessiterait pas de démontrer, au-delà de l'inexécution, une quelconque faute ou le moindre dommage. Enfin, elle ne permettrait de réclamer que la perte éprouvée et le gain manqué dans le seul registre patrimonial.

---

47) L. 5 juillet 1985, dite loi Badinter.

48) Art. 1386-1 et s. C. civ., L. 19 mai 1998.

49) Ph. Rémy, "La «responsabilité contractuelle», histoire d'un faux concept," *Rev. trim. dr. civ.* 1997, p.323 et s.; M. Faure-Abbad, *Le fait générateur de la responsabilité contractuelle. Contribution à une théorie de l'inexécution contractuelle*, th. Poitiers, 2002; P. Rémy-Corlay, "Exécution et réparation: deux concepts?" R.D.C. 2005, p.13 et s.

50) V. pour un exposé très clair des conséquences de chaque analyse, Ph. Malaurie, L. Aynès et Ph. Stoffel-Munck, *Droit civil. Les obligations*, *op.cit.*, n°933.

La jurisprudence, après avoir paru un temps déstabilisée dans l'utilisation habituelle qu'elle faisait jusqu'alors de la notion de responsabilité contractuelle, semble aujourd'hui s'être fait une religion. Elle est revenue à l'analyse majoritaire.[51)]

D'abord, l'obtention des dommages et intérêts demeure subordonnée à un manquement, une défaillance contractuelle si l'on préfère ne point parler de faute contractuelle[52)] pour bien traduire que celle-ci s'apprécie par référence au contrat et non pas comme dans l'ordre délictuel.[53)] En cas de force majeure, le créancier ne saurait donc y prétendre.[54)]

Surtout, l'inexécution de l'obligation contractuelle n'implique pas, en elle-même, le préjudice. Il faudra au créancier démontrer l'existence de celui-ci s'il entend obtenir une réparation. Alors que la première Chambre civile a, semble-t-il, toujours imposé cette condition,[55)] la

---

51) P. Jourdain, "Réflexions sur la notion de responsabilité contractuelle," in *Les métamorphoses de la responsabilité*, P.U.F., 1998, p.65 et s.; E. Savaux, La fin de la responsabilité contractuelle?, *Rev. trim. dr. civ.* 1999, p.1 et s.; Ch. Larroumet, "Pour la responsabilité contractuelle," in *Le droit privé à la fin du XXe siècle*, Etudes offertes à P. Catala, Litec, 2001, p.543 et s.; G. Viney, "La responsabilité contractuelle en question," in *Le contrat au début du XXIe siècle*, Etudes offertes à Jacques Ghestin, L.G.D.J., 2001, p.921 et s.; P. Ancel, "La responsabilité contractuelle," in *Les concepts contractuels français à l'heure des principes du droit européen des contrats*, Dalloz, 2003, p.243 et s.; E. Savaux et R.-N. Schütz, "Exécution par équivalent, responsabilité et droits subjectifs. Réflexions à partir du contrat de bail," in *Propos sur les obligations et quelques autres thèmes fondamentaux du droit*, Mélanges offerts à Jean-Luc Aubert, Dalloz, 2005, p.271 et s.

52) D. Tallon, "Pourquoi parler de faute contractuelle?" art. préc., p.429 et s.

53) A. Bénabent, *Droit civil, Les obligations*, 9e éd., Domat-Montchrestien, Paris, 2003, n°405.

54) *Contra*, cependant, un arrêt très isolé: Cass. com., 30 juin 1992, *D.* 1994, p.454, note A. Bénabent.

55) Cass. civ. 1re, 18 novembre 1997, *Bull. civ.*, I, n°317; Cass. civ. 1re, 26 février 2002, *Bull. civ.*, I, n°68, Defrénois 2002, p.758, note E. Savaux; *Rev. trim. dr. civ.* 2002, p.809, obs. J. Mestre et B. Fages; Cass. civ. 1re, 9 juillet 2003, *J.C.P.* 2003, I, 163, n° 4, obs. G. Viney; *Rev. trim. dr. civ.* 2003, p.709, obs. J. Mestre et B. Fages.

troisième fut un temps séduite par la thèse qui la tient au contraire pour indifférente,[56)] avant de revenir plus récemment et de façon claire à une analyse classique.[57)] Ainsi a-t-elle jugé à la fin de l'année 2003 que «des dommages-intérêts ne peuvent être alloués que si le juge, au moment où il statue, constate qu'il est résulté un préjudice de la faute contractuelle». Quant à la nature du préjudice réparé, il est reconnu qu'il peut aussi bien correspondre à une atteinte matérielle, corporelle ou même morale.[58)]

C'est dire, qu'au-delà de la très discutable fonction de paiement de la responsabilité contractuelle, laquelle s'absorbe en réalité le plus souvent dans le mécanisme des restitutions,[59)] les dommages et intérêts remplissent bien une fonction de réparation tendant à indemniser les dommages nés de la méconnaissance du contrat.[60)]

Et, pour la Chambre sociale: Cass. soc., 4 décembre 2002, *Bull. civ.*, V, n°368 *R.D.C.* 2003, p.54, obs. Ph. Stoffel-Munck; *Rev. trim. dr. civ.* 2003, p.711, obs. P. Jourdain.

56) Cass. civ. 3e, 13 novembre 1997, *Bull. civ.*, III, n°202; *Rev. trim. dr. civ.* 1998, p.124, obs. P. Jourdain; *Rev. trim. dr. civ.* 1998, p.696, obs. P.-Y. Gautier; Cass. civ. 3e, 30 janvier 2002, *Bull. civ.*, III, n°17; D. 2002, p.2288, note J.-L. Elhoueiss; *Rev. trim. dr. civ.* 2002, p.321, obs. P.-Y. Gautier; *Rev. trim. dr. civ.* 2002, p.816, obs. P. Jourdain; *J.C.P.* 2002, I, 186, n° 7, obs. G. Viney; Cass. civ. 3e, 22 octobre 2002, *Rev. dr. imm.* 2003, p.95, obs. Ph. Malinvaud.

57) Cass. civ. 3e, 3 décembre 2003, *Bull. civ.*, III, n°221; *J.C.P.* 2003, I, 163, n°2, obs. G. Viney; *R.D.C.* 2004, p.280, obs. Ph. Stoffel-Munck; *Rev. trim. dr. civ.* 2004, p.295, obs. P. Jourdain; *Contrats, conc., consom.*, 2004, n°38, obs. L. Leveneur.

58) Fr. Terré, Ph. Simler et Y. Lequette, Droit civil, Les obligations, *op.cit.*, n°562.

59) E. Savaux et R.-N. Schütz, "Exécution par équivalent, responsabilité et droits subjectifs. Réflexions à partir du contrat de bail," art. préc., n°17, pour qui il s'agit de «compenser la perte de l'avantage attendu du contrat (ou de rendre ce que le créancier a payé en vain pour l'avoir)

60) Pour cette distinction, J. Huet, *Responsabilité contractuelle et responsabilité délictuelle. Essai d'une délimitation entre les deux ordres de responsabilité*, thèse Paris II, dactylographiée, 1978; Adde, Ph. Malinvaud, *Droit des obligations*, *op.cit.*, n°517.

L'adaptation des sanctions de l'inexécution aux nécessités d'un droit plus moderne ne saurait cependant se résumer à une simple taxinomie.

Au-delà des difficultés de classification et de conceptualisation, se posent des problèmes de pouvoir dans la mise en œuvre des sanctions. On entre alors dans des considérations beaucoup plus pragmatiques quoique non dépourvues d'enjeux théoriques.

II. Les transformations affectant la maîtrise des sanctions

Qui, du créancier ou du juge, dispose en dernier recours du choix de la sanction adéquate 62?[61] La question de la maîtrise des sanctions de l'inexécution croise aujourd'hui en France un débat plus vaste qui a trait à l'interventionnisme judiciaire croissant dans le contrat.[62] Or, il est habituel de considérer la plupart des sanctions contractuelles comme simultanément judiciaires et facultatives.[63]

Si le juge *lato sensu*, ce qui inclut l'arbitre, paraît être le pourvoyeur naturel de la sanction des manquements à la loi des parties, il s'avère, en réalité, ne pas en être le seul. Très fréquemment, le déclenchement de la sanction se passe de son concours,

---

61) V. pour une analyse très complète cette question, P. Grosser, *Les remèdes à l'inexécution du contrat*···, th. préc., spéc. n°468 et s.; D. Tallon, "L'inexécution du contrat: pour une autre présentation," art. préc., n°37 et s.

62) D. Mazeaud, "La révision du contrat," rapp. Assoc. H. Capitant, Petites affiches, 30 juin 2005, n°129, p.4 et s.; "Le juge et le contrat." Variations optimistes sur un couple «illégitime», in *Propos sur les obligations et quelques autres thèmes fondamentaux du droit*, Mélanges offerts à Jean-Luc Aubert, Dalloz, 2005, p.235 et s.

63) J. Deprez, art. préc., p.50.

prospérant à l'initiative du seul contractant victime. Par ailleurs, lorsqu'il incombe effectivement au juge d'intervenir pour prononcer la sanction, il n'exerce pas toujours son office librement.

Il faut revenir, successivement, sur ces deux considérations et les transformations qu'elles impliquent dans le droit français contemporain de l'inexécution du contrat.

A. Le développement des sanctions extrajudiciaires

Il arrivera le plus souvent que les parties aient anticipé l'éventuelle défaillance contractuelle en aménageant, par avance et à leur guise, des modalités d'une sanction qui les dispense de recourir au juge (1). De telles clauses sont entourées de suspicion. Toutefois, parce qu'elles reposent sur la force obligatoire des conventions, elles dérangent certainement moins que les sanctions qui jouent d'autorité, sur la seule initiative du créancier qui se prétend victime (2).

Pour autant, les deux situations ont ceci de commun[64] qu'elles expriment la promotion de sanctions extrajudiciaires marquées par «d'unilatéralisme»,[65] puisqu'elles sont déclenchées à l'initiative du créancieret provoquent un affaiblissement corrélatif du rôle du juge.[66]

1. Les clauses autorisant à sanctionner unilatéralement l'inexécution

Les principes de l'autonomie de la volonté et de la liberté

64) J. Deprez, art. préc., spéc., p.53.

65) Chr. Jamin, "Les sanctions unilatérales de l'inexécution du contrat: trois idéologies en concurrence," in *L'unilatéralisme et le droit des obligations*, Economica, 1999, p.71 et s.

66) V. très fortement en ce sens, P. Ancel, "Le juge et l'inexécution du contrat," in *Le renouveau des sanctions contractuelles*, Colloque Rennes 30 septembre 2005, à paraître, Economica, 2006.

contractuelle postulent la validité de stipulations[67] par lesquelles «en quelque sorte, le contrat délègue à la partie victime de l'inexécution le droit de se faire justice elle-même».[68] Selon les cas, il s'agira de convenir du sort du lien contractuel par le jeu d'une clause résolutoire expresse ou de fixer le sort de la partie défaillante par la voie d'une clause pénale. A chaque fois, l'évitement du juge décharge de l'action et épargne les aléas d'une appréciation ou d'un ajournement judiciaire de la sanction.

La justification de la force obligatoire vacille néanmoins si l'on tient compte de ce que ces clauses sont le plus souvent insérées dans des contrats non négociés conclus entre des contractants inégaux. Derrière l'efficacité pointe la dangerosité de ces clauses qui n'offrent pas les garanties habituelles d'une sanction judiciaire.[69] En réaction, le législateur et le juge les traitent avec méfiance quoiqu'à des degrés divers selon que l'aménagement conventionnel concerne le sort de la convention ou la sanction du débiteur.

Dans le cas de la clause résolutoire,[70] l'originalité du procédé provient de l'extinction du contrat de plein droit sans l'habituelle mesure de la gravité de l'inexécution. Par diverses voies, les textes en ont parfois interdit le principe,[71] limité le domaine à certaines cause s,[72] différé l'efficacité dans le temps,[73] notamment par le possible

---

67) Cass. civ., 2 juillet 1860, *D.P.* 1860, I, 284.

68) L. Cadiet, "Clauses relatives aux litiges," *J.-Cl. Contrats-distribution*, Fasc. 190, 1998, spéc., n°23 et s.

69) J. Deprez, art. préc., p.54.

70) V. Chr. Paulin, *La clause résolutoire*, th. Toulouse, préf. J. Devèze, Bibl. dr. priv. t. 258, L.G.D.J., 1996.

71) En matière de bail rural: art. L. 411-31 C. rur.

72) En matière de bail d'habitation: art. 4g et 24 L. 6 juillet 1989.

73) En matière de bail commercial: art. L. 145-41 C. com.; dans les contrats de vente d'immeuble à construire: art. L. 261-13 C. constr. hab.; dans le contrat de promotion immobilière: art. L. 222-4 C. constr. hab.; comp. dans le contrat d'assurances: art. L.

octroi de délais de grâce,[74] et même paralysé l'effet lors des procédures collectives.[75] Surtout, la jurisprudence pèse sur la clause résolutoire en usant des ressources d'une interprétation très étroite tant en ce qui concerne ses cas d'ouverture que sa procédure.[76] Par ailleurs, les juges se sont reconnu le droit d'en paralyser la mise en œuvre lorsqu'elle leur semble de mauvaise foi.[77] Au grand regret de certains,[78] ils ne disposent toutefois pas d'un véritable pouvoir modérateur.

Quant à la clause pénale,[79] son caractère comminatoire tend à contraindre le débiteur à l'exécution par la menace de payer une — généralement lourde — peine pour le cas où il contreviendrait à son engagement.[80] Mais en fixant par avance un forfait conventionnel de

---

113-3 C. assur.

A chaque fois, la clause ne produit effet qu'un moins après une mise en demure restée sans effet.

74) En matière de bail commercial: art. L. 145-41 C. com.; en matière de bail d'habitation: art. 19 L. 6 juillet 1989.

75) Pour qu'il en soit autrement, il faut que le jeu de la clause résolutoire ait été acquis avant l'ouverture de la procédure collective, ce qui suppose qu'elle ait été invoquée avant cette date (art. L.621-40 C. com.).

76) V. très significatif, Cass. civ. 1re, 3 février 2004, *Bull. civ., I, n°27, L.P.A.*, 14 octobre 2005, p.9, obs. D.-R. Martin, qui juge que «l'assignation en justice ne pallie aucunement l'absence de la sommation ainsi requise de celui qui, entendant se prévaloir d'une clause de résiliation, doit préciser au débiteur ses manquements et le délai dont il dispose pour les conjurer».

77) Cass. civ. 1re, 31 janvier 1995, *Bull. civ.*, I, n°57 D. 1995, p.389, note Chr. Jamin; *Rev. trim. dr. civ.* 1995, p.623, obs. J. Mestre; Cass. civ. 1re, 16 février 1999, *Bull. civ.*, I, n°52; *D.* 2000, somm., p.360, obs. D. Mazeaud; Cass. civ. 3e, 4 novembre 2003, *Gaz. Pal.*, 20-21 février 2004, p.30, note J.-D. Barbier.

78) F. Osman, "Le pouvoir modérateur du juge dans la mise en œuvre de la clause résolutoire de plein droit," *Defrénois*, 1993, art. 35433, p.65.

79) V. D. Mazeaud, *La notion de clause pénale*, th. Paris, préf. Fr. Chabas, Bibl. dr. priv. t. 223, L.G.D.J., 1992.

80) Cass. com., 29 janvier 1991, *Bull. civ., IV*, n°43.

dommages-intérêts,[81] la clause dispense aussi de l'évaluation judiciaire du préjudice subi. En raison de ce caractère répressif marqué, la stipulation a été la source d'abus. C'est ce qui explique qu'en certains domaines le législateur ait jugé opportun de la prohiber.[82] Surtout, il a octroyé au juge un pouvoir modérateur qu'il est désormais libre d'exercer d'office[83] afin de modérer les indemnités manifestement excessives ou augmenter celles manifestement dérisoires. Décrié lors de son instauration, ce droit d'ingérence s'exerce aujourd'hui avec mesure sous le contrôle strict de la Cour de cassation.[84]

2. La sanction de l'inexécution unilatéralement décidée sans recours au juge

Si le principe de droit français demeure celui d'une sanction judiciaire du sort du contrat, ce principe connaît traditionnellement de nombreuses exceptions. Certes, l'admission d'une sanction unilatérale et extrajudiciaire paraît être un moyen de justice privée porteur de graves dangers. On observe cependant que l'interdiction de se faire justice à soi-même n'a pas une valeur absolue, le principe visant surtout à éviter l'emploi des violences et voies de fait.[85]

C'est ainsi, que, dans les contrats synallagmatiques où les deux obligations doivent être exécutées simultanément, trait pour trait, il est admis que la partie à qui on demande d'exécuter sa prestation puisse

---

81) Art. 1152 et 1226 C. civ.

82) En droit du travail, à l'encontre du salarié: art. L. 122-42 C. trav.; dans le bail d'habitation: art. 4i L. 6 juillet 1989.

83) Art. 1152 C. civ. réd. L. 9 juillet 1975, mod. L. 11 octobre 1985.

84) D. Mazeaud, "Le juge et le contrat." Variations optimistes sur un couple «illégitime», art. préc., n°9 et s.

85) M. Planiol et G. Ripert, *Traité pratique de droit civil français*, t. VI, Les obligations, 2e éd. par P. Esmein, L.G.D.J., 1952, n°428; J. Carbonnier, *Droit civil, Les obligations*, t. 4, *op.cit.*, §190, p.346.

opposer l'exception d'inexécution sans autorisation, ce qui correspond à une sorte de «légitime défense contractuelle».[86] Purement défensive, la sanction présente les avantages de la rapidité et de l'efficacité mais doit être invoquée de bonne foi. De manière tout aussi classique, il est admis que, dans les ventes commerciales portant sur des choses de genre, l'appareil sanctionnateur soit adapté pour permettre au créancier de se dispenser du recours au juge. Les pratiques du remplacement[87] et du laissé pour compte,[88] applicables en cas de manquement à la délivrance, expriment cette idée et l'on a même admis la possibilité d'une réfaction extrajudiciaire.[89] Enfin, dans certains domaines, la résolution unilatérale du contrat a expressément été autorisée par le législateur et peut ainsi être décidée sans intervention préalable du juge: ainsi, dans le vente de denrées et d'effets mobiliers, au bénéfice du vendeur en cas de manquement à l'obligation de retirement,[90] dans le contrat d'assurance, au profit de l'assureur en cas de non-paiement des primes,[91] ou en droit de la consommation, lorsque le professionnel n'a pas respecté le délai d'exécution du contrat.[92]

Bien au delà de ces tempéraments traditionnels, c'est aujourd'hui le principe même du caractère judiciaire de la résolution qui se trouve battu en brèche.[93] Certes, une jurisprudence clairsemée admettait déjà qu'un contractant puisse, marginalement, se considérer d'autorité

---

86) A. Bénabent, *Droit civil, Les obligations*, *op.cit.*, n°387.

87) D. Plantamp, "le particularisme du remplacement dans la vente commerciale," *D.* 2000, chron., p.243 et s.

88) Art. 64, C.V.I.M.

89) Paris, 17 mars 1987, D. 1988, p.219, note J.-R. Mirbeau-Gauvin; *Rev. trim. dr. civ.* 1988, p.535, obs. J. Mestre.

90) Art. 1657 C. civ.

91) Art. L. 113-3 C. assur.

92) Art. L. 114-1 C. consom.

93) P. Grosser, Les remèdes à l'inexécution du contrat…, th. préc., spéc. n°214 et s.

comme délié du contrat quand il se heurtait au refus délibéré du débiteur ou en cas d'urgence.

Mais par une salve d'arrêts récents, la Cour de cassation reconnaît aujourd'hui à l'une des parties le pouvoir de rompre unilatéralement le contrat à durée déterminée,[94] sans en référer préalablement au juge, en cas de «comportement grave» de son cocontractant,[95] et ce nonobstant l'existence voire la mise en œuvre d'une clause résolutoire.[96] D'un contrôle a priori, le juge passe à un contrôle a posteriori qui peut toutefois, lorsqu'il intervient en référé, paralyser la rupture dont l'illégitimité serait soupçonnée.[97] S'il est acquis que cette rupture se fait aux risques et périls de son auteur, les avis divergent quant à l'interprétation de son critère, notamment, sur la distinction du comportement grave et de l'inexécution proprement dite.[98] En tout

---

94) E. Bazin, "La résolution unilatérale du contrat," *R.R.J.* 2000, p.1381; B. Le Bars, "La résiliation unilatérale du contrat pour cause d'intérêt légitime," *D.* 2002, chron., p.381; S. Amrani-Mekki, "La résiliation unilatérale des contrats à durée déterminée," *Defrénois* 2003, art. 37688, p.369; Ph. Delebecque, L. Aynès et Ph. Stoffel-Munck, "Rupture unilatérale du contrat: vers un nouveau pouvoir," *Dr. et patrim.*, 2004, n°126, p.55 et s.; Fr. Eudier, "Modèles et antimodèles dans le rôle du juge en matière contractuelle," in *Code civil et modèles. Des modèles du Code au Code comme modèle*, Bibl. Institut Tunc, t. 6, L.G.D.J., 2005, p.225 et s., spéc., n°19 et s.

95) Cass. civ. 1re, 13 octobre 1998, *Bull. civ.*, I, n°300 D. 1999, p.197, note Chr. Jamin; Cass. com., 20 février 2001, *Bull. civ.*, I, n°40, D. 2001, p.1568, note Chr. Jamin; *Rev. trim. dr. civ.* 2001, p.363, obs. J. Mestre et B. Fages; Cass. civ. 1re, 28 octobre 2003, *Bull. civ., I,* n°211, *J.C.P.* 2004, II, 10108, note C. Lachieze; *Defrénois*, art. 37894, n°24, obs. R. Libchaber; *R.D.C.*, 2004, p.273, obs. L. Aynès et *R.D.C.* 2004, p.277, obs. D. Mazeaud.

96) Cass. com., 4 février 2004, *J.C.P.* 2004, I, 149, obs. J. Rochfeld; *Rev. trim. dr. civ.* 2004, p.731, obs. J. Mestre et B. Fages.

97) Cass. civ. 1re, 29 mai 2001, *Rev. trim. dr. civ.* 2001, p.590, obs. J. Mestre et B. Fages; *Adde,* B. Melin-Soucramanien, *Le juge des référés et le contrat*, th. Aix-Marseille III, préf. J. Mestre, P.U.A.M., 2000; A. Marais, "Le maintien forcé du contrat par le juge," *L.P.A.*, 2 octobre 2002, p.7 et s.

98) V. Ph. Malaurie, L. Aynès et Ph. Stoffel-Munck, *Droit civil. Les obligations*, *op.cit.*, n°891.

état de cause, on se demande très sérieusement s'il ne conviendrait pas d'admettre, *de lege ferenda*, une option plus libre entre la résolution judiciaire et une résolution unilatérale par notification.[99] Dans l'hypothèse où un tel parti serait retenu, faudrait-il en limiter le domaine aux seules inexécutions essentielles? L'assortir d'une obligation de motivation,[100] le subordonner à une concertation préalable ou exiger le respect d'un préavis, d'une mise en demeure ou d'une notification préalable?

Avec beaucoup de retard sur ses voisins, en particulier allemand, le droit français s'apprête ainsi à faire sa mue et renoncer au sacro-saint principe du prononcé judiciaire de l'inexécution.

Là encore, la convergence est patente avec les textes ou projets internationaux. Positivement, on sait en effet que la Convention de Vienne a opté pour la résolution du contrat par déclaration unilatérale en cas de contravention essentielle au contrat prérogative qui s'exerce par la voie de notification sous une forme quelconque.[101] Quant aux principes du droit européen des contrats de la commission Lando et aux principes Unidroit, ils permettent également au créancier de résoudre le contrat par simple notification dans un délai raisonnable en cas d'inexécution essentielle.[102] Quant à l'avant-projet de Code européen des contrats de Pavie, il pose en condition une inexécution d'importance notable et la sommation du débiteur de s'exécuter dans un délai raisonnable.[103] Le projet Catala de réforme du Code civil

---

99) D. Tallon, "L'article 1184 du Code civil, un texte à rénover?," in *Clés pour le siècle*, Etudes Université Panthéon-Assas, Dalloz, 2000, p.253 et s.

100) M. Fabre-Magnan, "L'obligation de motivation en droit des contrats," in *Le contrat au début du XXIe siècle*, Etudes offertes à Jacques Ghestin, L.G.D.J., 2001, p.301 et s.; Th. Revet, "L'obligation de motiver une décision contractuelle unilatérale, instrument de vérification de la prise en compte de l'intérêt de l'autre partie," *R.D.C.* 2004, p.579.

101) Art. 49 et 26, C.V.I.M.; V. Heuzé, *Traité des contrats. La vente internationale de marchandises*, *op.cit.*, n°426 et s.

102) Art. 9.301, 9.302 et 9.303, P.D.E.C.; Art. 7.3.1., 7.3.2., Unidroit.

français admet la possibilité d'une résolution unilatérale par notification motivée après mise en demeure du débiteur de satisfaire à son engagement.[104]

Si la multiplication et l'importance prise par les sanctions extrajudiciaires automatiques semblent postuler un déclin de l'office du juge, en est-il de même dans les situations où il lui incombe de prononcer a priori la sanction de la défaillance contractuelle?

B. existence de sanctions obligatoires

Le pouvoir d'appréciation du juge dans le prononcé des sanctions judiciaires s'exerce en réalité sur deux plans. Il vérifie d'abord les conditions de la sanction réclamée, domaine dans lequel sa marge de manœuvre s'avère plus ou moins réduite. Il contrôle ensuite l'opportunité de la mesure, ce qui l'autorise à refuser l'octroi de la sanction sollicitée voire à lui substituer le remède qui lui semble le plus adéquat en considération des intérêts en présence et de l'attitude respective des parties.[105] Un lien est le plus souvent établi, d'ailleurs, entre le pouvoir dont il jouit à cet égard et celui qu'il détient du premier chef. En témoignent les prérogatives étendues dont il bénéficie en matière de résolution judiciaire puisque, appelé à contrôler la gravité de l'inexécution, il peut d'une part exercer un pouvoir modérateur en imposant un délai pour exécuter selon l'article 1244-1 ou l'article 1184 du Code civil, et d'autre part substituer à la résolution réclamée l'allocation de simples dommages et intérêts.[106]

---

103) Art. 114, Pavie.

104) Art. 1158, Projet Catala.

105) P. Grosser, *Les remèdes à l'inexécution du contrat*, th. préc., n°527 et s.

106) D. Tallon, "L'inexécution du contrat: pour une autre présentation," art. préc., n°33 et 40 et s.; A. Bénabent, *Droit civil, Les obligations*, *op.cit.*, n°395 et 401.

S'agissant toutefois de l'autre branche de l'option ouverte par l'article 1184, alinéa 2, du Code civil, on s'interroge sur la possibilité pour le créancier d'obtenir, lorsqu'il le souhaite, la prestation promise au contrat, en sollicitant du juge qu'il impose l'exécution forcée en nature de l'obligation inexécutée. Est en cause, l'idée d'une hiérarchie entre les différents remèdes ouverts par la défaillance contractuelle et le principe selon lequel existerait une primauté de l'exécution en nature, un droit à une telle exécution[107)] supprimant tout pouvoir d'appréciation du juge quant à la légitimité de la sanction.[108)]

Traditionnellement, le droit français admet que, lorsqu'il en est requis, le juge doit contraindre directement à l'exécution en nature de la prestation c'est-à-dire d'obtenir la condamnation *ad ipsam rem.* Si l'on en doutait encore, l'article 1er de la loi du 9 juillet 1991 portant réforme des procédures civiles d'exécution renforcerait encore la portée de ce droit à l'exécution lorsqu'il dispose que «tout créancier peut, dans les conditions prévues par la loi, contraindre son débiteur défaillant à exécuter ses obligations à son égard».

---

107) M-E. Roujou de Boubée, *Essai sur la notion de réparation*, th. Paris, préf. P. Hébraud, Bibl. dr. priv. t. 135, L.G.D.J., 1974; P. Wéry, *L'exécution forcée en nature des obligations contractuelles non pécuniaires (essai). Une relecture des articles 1142 à 1144 du Code civil*, th. Liège, préf. I. Moreau-Margrève, Kluwer, 1993; G. Viney, "Exécution de l'obligation, faculté de remplacement et réparation en nature en droit français," in *Les sanctions de l'inexécution des obligations contractuelles.* Etudes de droit comparé, L.G.D.J.-Bruylant, 2001; Fl. Bellivier et R. Sefton-Green, "Force obligatoire et exécution en nature du contrat en droit français et en droit anglais: bonnes et mauvaises surprises du comparatisme," in *Le contrat au début du XXIe siècle*, Etudes offertes à Jacques Ghestin, L.G.D.J., 2001, p.91 et s.; I. Cornesse, "L'exécution forcée en nature des obligations contractuelles," *R.R.J.* 2003-4, p.2433 et s.; N. Molfessis, "Force obligatoire et exécution: un droit à l'exécution en nature?" *R.D.C.* 2005, p.37 et s.; P. Puig, "Les techniques de préservation de l'exécution en nature," *R.D.C.* 2005, p.85; Y.-M. Laithier, "La prétendue primauté de l'exécution en nature," *R.D.C.* 2005, p.161 et s.; V. Lonis-Apokourastos, *La primauté contemporaine du droit à l'exécution en nature*, P.U.A.M., 2005.

108) P. Grosser, *Les remèdes à l'inexécution du contrat*…, th. préc., n°559.

A l'épreuve, il apparaît néanmoins que la mise en œuvre du principe soulève des difficultés inégales selon que se trouve en présence d'obligations de donner[109] ou d'obligations de faire ou de ne pas faire. Les premières, spécialement lorsqu'elles concernent une somme d'argent, se prêtent facilement à l'exécution forcée. Pour les secondes, en revanche, il semble plus difficile de l'admettre, l'article 1142 du Code civil paraissant même interdire cette voie lorsqu'il énonce que «toute obligation de faire ou de ne pas faire se résout en dommages-intérêts en cas d'inexécution de la part du débiteur». Censée garantir la liberté individuelle contre une coercition excessive, la traduction du vieil adage *Nemo potest praecise cogi ad factum* n'a cependant pas en droit positif la portée que sa lettre laisse attendre. Outre les tempéraments et comportements qui résultent des articles 1143 et 1144 du Code civil,[110] il est admis, sous réserve d'une relecture éclairante du texte de l'article 1142,[111] que le droit de faire condamner le débiteur a exécuter la prestation promise ne pourrait se heurter qu'à une impossibilité morale (l'atteinte portée à une liberté essentielle du débiteur), matérielle (le corps certain a été détruit) ou juridique, voire se trouver bornée par la théorie de l'abus de droit. Ainsi, dans le conflit textuel des articles 1184, alinéa 2, et 1142 du Code civil, les juges auraient clairement accordé la préférence au premier[112] et progressivement mis le second entre parenthèses.

Le principe de l'exécution s'impose donc, la contravention au contrat aurait-elle fait souffrir un préjudice minime au créancier[113] et

---

109) J. Deprez, "Les sanctions qui s'attachent à l'inexécution des obligations contractuelles en droit civil et commercial français," rapp. préc., 38 et s.

110) A. Bénabent, *Droit civil, Les obligations*, *op.cit.*, n°864-865.

111) P. Wéry, *L'exécution forcée en nature des obligations contractuelles non pécuniaires (essai). Une relecture des articles 1142 à 1144 du Code civil*, th. préc., n°71 et s.

112) W. Jeandidier, L'exécution forcée des obligations contractuelles de faire, *Rev. trim. dr. civ.* 1976, p.700 et s. P. Grosser, *Les remèdes à l'inexécution du contrat*···, th. préc., n°544 et s. et les auteurs cités.

la condamnation serait-elle financièrement ou socialement désastreuse pour le débiteur.[114)]

On observe cependant que la Cour de cassation y apporte une exception flagrante lorsqu'il s'agit de faire exécuter en nature un avant contrat (promesse unilatérale, pacte de préférence).[115)] Elle se retranche alors derrière la lecture littérale de l'article 1142 du Code civil, en dépit des critiques très vives que lui adresse la doctrine. C'est déjà dire que le caractère obligatoire de l'exécution a une intensité variable.

Surtout, l'influence de la Common Law se montre ici pressante, sur les esprits et dans l'environnement du Code civil. On sait que le droit anglais n'admet l'exécution forcée en nature (specific performance) que de manière exceptionnelle et considère qu'une violation du contrat sera suffisamment compensée par des dommages et intérêts.[116)] L'efficacité économique de la sanction justifierait la primauté

---

113) V. par exemple, Cass. civ. 3e, 11 mai 2005, *J.C.P.* 2005, II, 10152, note S. Bernheim-Desvaux., pour une construction présentant une insuffisance de niveau de 0,33 m par rapports aux stipulations du contrat. L'arrêt d'appel avait retenu que la non-conformité ne rendait pas l'immeuble impropre à sa destination et à son usage et ne portait pas sur des éléments essentiels et déterminants du contrats. Elle est censurée au visa de l'article 1184. Il y a avait lieu de condamner à démolition puis reconstruction.

114) P. Grosser, *Les remèdes à l'inexécution du contrat*…, th. préc., n°557 et s.; Y.-M. Serinet, *Les régimes comparés des sanctions de l'erreur, du vice caché et de l'obligation de délivrance dans la vente*, th. préc., n°335 et s.

115) Cass. civ. 3e, 15 décembre 1993, *D.* 1994, p.507, note Fr. Bénac-Schmidt; *D.* 1994, somm., p.230, obs. O. Tournafond; *D.* 1995, somm., p.88, obs. L. Aynès; *J.C.P.* 1995, éd. N., p.31, note D. Mazeaud; *Defrénois* 1994, art. 35845, note Ph. Delebecque; *Rev. trim. dr. civ.* 1994, p.588, note J. Mestre; Cass. civ. 3e, 30 avril 1997, *Bull. civ., III*, n°96; *D.* 1997, p.475, note D. Mazead; *Rev. trim. dr. civ.* 1997, p.685, obs. P.-Y. Gautier; *Rev. trim. dr. civ.* 1998, p.98, obs. J. Mestre; *Defrénois* 1997, p.1007, obs. Ph. Delebecque.

116) Y.-M. Laithier, *Etude comparative des sanctions de l'inexécution du contrat*, th. Paris I, 2004; "La prétendue primauté de l'exécution en nature," *R.D.C.* 2005, p.161 et s.

d'une liquidation monétaire de l'inexécution, y compris à l'égard des avant-contrats.[117)]

Enfin, si les textes internationaux mettent en avant les procédés de satisfaction en nature (exécution du contrat, voire réparation en nature), ils n'en font pas un droit inconditionnel. Ainsi, dans la Convention de Vienne, le remplacement des marchandises suppose que l'inexécution constitue une contravention essentielle[118)] et la réparation du défaut de conformité est possible à moins que cela ne soit déraisonnable compte tenu des circonstances.[119)] De même, dans la directive du 25 mai 1999 transposée dans l'ordre interne, l'acheteur à la choix de demander la réparation du bien non conforme ou son remplacement, mais des conditions sont posées: il faut que cela ne soit pas impossible ou disproportionné. Des conditions encadrent ce choix. La solution, que ce soit la réparation ou le remplacement, sera considérée comme disproportionnée si elle met à la charge du professionnel un coût déraisonnable, compte tenu de la valeur du bien.[120)]

De lege ferenda, la question de la primauté de l'exécution en nature est assurément de grande importance. Faut-il aller au-delà des limites actuelles de l'article 1142 du Code civil en prévoyant, comme le font les principes du droit européen des contrats, que si l'exécution forcée est un droit pour le créancier, elle ne peut être obtenue dans le cas où elle comporterait, pour le débiteur condamné, des efforts ou dépenses déraisonnables?[121)] Ou bien doit-on s'en tenir, comme le

---

117) Fl. Bellivier et R. Sefton-Green, "Force obligatoire et exécution en nature du contrat en droit français et en droit anglais bonnes et mauvaises surprises du comparatisme," *op.cit.*, p.91 et s.

118) Art. 46-2, C.V.I.M.; V. Heuzé, *Traité des contrats. La vente internationale de marchandises*, *op.cit.*, n°416 et s.

119) Art. 46-3, C.V.I.M.; V. Heuzé, *Traité des contrats. La vente internationale de marchandises*, *op.cit.*, n°419.

120) Art. L. 211-9, C. consom (O. n°2005-136, 17 février 2005).

projet de rénovation du Code civil, à l'état réel du droit positif en disposant que l'obligation de faire s'exécute, si possible, en nature, mais qu'en aucun cas elle ne peut être obtenue par une coercition attentatoire à la liberté ou à la dignité du débiteur?[122)]

Conclusion

Les questions abordées n'épuisent pas, à l'évidence, les multiples difficultés que soulèvent les sanctions de l'inexécution du contrat dans le droit français contemporain.

Sans doute aurait-il encore fallu faire état, pour être complet, du refus au moins provisoire de la jurisprudence d'admettre l'obligation de minimiser le dommage,[123)] approfondir la distinction de l'exécution et de la réparation en nature, réfléchir au moyens préventifs d'intimidation qui permettent d'éviter la contravention au contrat….

A partir des points débattus, une tendance se dessine néanmoins. Celle d'un droit à la recherche d'un équilibre acceptable entre les exigences d'une adaptation à la globalisation et la fidélité à ses principes séculaires.

---

121) Art. 9.102, P.D.E.C.

122) Art. 1154, Projet Catala.

123) Cass. civ. 2e, 19 juin 2003 (2 arrêts), *Bull. civ., II*, n°171; *D.* 2003, p.2326, note J.-P. Chazal; *J.C.P.* 2003, II, 10170, note C. Castets-Renard; *L.P.A.*, 17 octobre 2003, p.16, note S. Reifegerste; *J.C.P.* 2004, I, 101, n°9, obs. G. Viney; D. 2004, somm., p.1346, obs. D. Mazeaud; *Defrénois* 2003, art. 37845, n°121, obs. J.-L. Aubert.

채무불이행에 대한 제재의 변화
-프랑스민법의 현황과 전망-

Yves-Marie Serinet (Cergy-Pontoise 대학교 교수)
번역 : 박 수 곤 (경희대학교 법과대학 교수)

I. 들어가며

프랑스민법상의 일반규정들 중에서도 제1134조는 어떻게 보면 가장 상징적인 의미를 가지는 규정이라고 할 수 있는데, 이는 동조가 '채권의 효력'(l'effet des obligations)에 대하여 규정하고 있는 章의 서두에 규정되어 있다는 점에서도 그러하다고 할 수 있을 것이다. 동조에서는 "적법하게 성립된 약정은 당사자 사이에서는 법을 대신하며, (신의에 좇아) 성실히 이행되어야 한다"고 규정되어 있는데, 이와 같은 규정내용으로부터 추론컨대, 약정된 바에 따른 계약의 이행을 입법자들이 얼마나 중시하였는가를 짐작할 수 있을 것이다. 즉, 모든 약정(또는 계약)에 대한 위반은, 비록 그것이 전부나 일부의 불이행이건, 불완전이행 또는 이행지체이건 간에,[1] 계약의 구속력에 대한 침

1) M. Faure-Abbad, *Le fait générateur de la responsabilité contractuelle. Contribution à une théorie*

해를 초래하며,[2] 거래계에서의 가장 일반적인 이익인 채권자의 특정한 이익에 대하여도 영향을 미친다.[3]

한편, 채무불이행은 법에 반하는 사실이므로,[4] 가장 일반적인 개념정의에 따를 경우, 사법질서의 반응은 그에 대한 일정한 제재를 요구하게 된다. 보다 엄밀하게 말하자면,[5] 계약위반의 결과로 인하여 불이익을 입은 자에게는 계약위반을 치유하기 위한 기술적 수단들로 이해될 수 있는 모든 유형의 제재수단이 허용되는 것이다. 이러한 관점에서 본다면, 계약으로부터 만족을 얻지 못한 채권자에게 허용된 기술적 수단들의 다양성이나 고도의 완전성은[6] 계약의 성립상의 하자로 인한 결과인 무효제도의 단일적 성격과는 대비되는 면이 있다고 할 것이다.[7] 그리고 이는 계약의 유형과 당사자 및 불이행의 유형의 다양성에 비추어 그 각각에 부합하는 해결책이 모색되어야 한다는 점에서도 특히 그러하다고 할 것이다. 다른 한편, 채무불이행으로 인한 제재수단의 변혁과 관련하여, 비록 본질적인 개혁은 아니나 점진적이면서도 의미 있는 변혁들이 이미 기존의 틀 속에서도 가능한 제재수단의 범주 내에

---

de l'inexécution contractuelle, th. Poitiers, 2002 ; F. Rouvière, *Le contenu du contrat. Essai sur la notion d'inexécution*, th. Aix-Marseille III, 2005.

2) P. Ancel, "Force obligatoire et contenu obligationnel du contrat," *Rev. trim. dr. civ.* 1999, p.772 et s. ; A.-S. Dupré Dallemagne, *La force contraignante du rapport d'obligation (recherche sur la notion d'obligation)*, th. Paris I, P.U.A.M., 2004.

3) J. Deprez, "Les sanctions qui s'attachent à l'inexécution des obligations contractuelles en droit civil et commercial français," rapport in *Les sanctions attachées à l'inexécution des obligations (Journées d'Istambul), Travaux de l'Association H. Capitant*, t. XVII, 1964, Paris, Dalloz, 1968, p. 28 et s., spéc., p.29.

4) J. Carbonnier, *Droit civil, Les obligations*, t.4, 22e éd., 2000, §153, p.291.

5) G. Cornu (sous la dir.), *Vocabulaire juridique*. Association Henri Capitant, Quadrige, P.U.F., 2000, V° Sanction, pp.792-793.

6) J. Deprez, "Les sanctions qui s'attachent à l'inexécution des obligations contractuelles en droit civil et commercial français," rapp. préc., p. 29 à 31.

7) Y.-M. Serinet, "Le juge et l'illicéité du contrat," in *Le renouveau des sanctions contractuelles*, Colloque Rennes 30 septembre 2005, à paraître, Economica, 2006.

서 그 의미의 확대나 기교적 해석을 통하여 이루어져 왔다.

이미 어느 정도의 수준에 달한 것으로 평가되는 프랑스법에서도 이 분야에 대한 논의는 현재에도 여전히 계속되고 있으며, 어떤 면에서는, 그 어느 때보다도 더 외부적 영향력이 크게 작용할 수 있는 것으로 보인다. 그러나 다른 한편으로는 여전히 몇몇 기본원칙들에 대한 신뢰가 새삼 강조되고 있는 것도 사실이다. 즉, 이러한 답보상태는 계약불이행시의 제재와 관련한 최근의 변혁 움직임들을 투영하고 있다고 할 수 있을 것이다. 그리고 이러한 변혁 움직임에 대하여는, 한편으로는 채무불이행으로 인한 제재유형의 분류와 관련한 변화와(II), 다른 한편으로는 다양한 제재유형에 대한 선택권의 귀속과 관련한 변화에(III) 대하여 차례로 살펴봄으로써 이를 쉽게 확인할 수 있을 것이다.

II. 채무불이행에 대한 제재유형의 분류

이론적인 면에서 볼 때, 최근 들어 동 분야에서는 두 가지 유형의 논쟁이 주를 이루고 있다. 그 중 하나는, 형식적인 측면에서, 채무불이행시의 다양한 구제수단의 전개방법에 대한 것이며(A), 또 다른 하나는 보다 본질적인 것으로서 구제수단 상호간의 구별과 관련한 것이다(B).

A. 전개방법의 변화

채무불이행시의 제재와 관련한 1804년 민법제정 당시의 전개방법은 이제는 더 이상 현실적이지 못한 것으로 인식되고 있으며(1), 따라서 오늘날에는 개괄적이고 통일적인 전개방법이 선호되고 있다(2).

1. 프랑스민법상의 제재수단의 전개

계약의 구속력을 원칙으로 상정하였던 민법전 제정자들이 계약위반으로 인하여 피해를 입은 당사자에게 허용되는 다양한 구제책들에 대하여 연이어 규정하였던 것은 지극히 자연스러운 전개방법인 것으로 보였으나, 실은 그러하지가 못하였다.

우선, 프랑스민법에서는 채무불이행으로 인한 제재수단들 상호간의 체계적인 일관성이 결여되어 있다는 점을 지적할 수 있다.[8] 즉, 약정된 급부를 수령하지 못한 채권자에게 허용되는 다양한 구제수단들에 대한 설명들이 분열되어 있으며,[9] 보다 구체적으로는 그 방식의 합리성이 의문시되기도 하는 '소유권의 다양한 취득방법'(des différentes manières dont on acquiert la propriété)에 대하여 다루고 있는 프랑스민법 제3편 제3장에서의 몇몇 규정들 속에 분산되어 있다는 것이다. 먼저, 제3절 제3관에서는 작위 또는 부작위채무에 대하여 규정하고 있는데, 특히 제1142조에서는 이러한 작위나 부작위채무 불이행시의 제재에 대하여 규정하고 있으며, 제1143조에서는 약정에 위반하여 이루어진 것의 파훼를, 그리고 제1144조에서는 대체집행에 대하여 규정하고 있다. 다음으로 제3절 제4관의 규정들은 보다 일반적인 규정들로서 제1146조 내지 제1155조에 걸쳐 '채무불이행으로 인한 손해배상(금)'에 대하여 다루고 있다. 마지막으로, 프랑스민법 제1184조(제3편 제3장 제4절 제1관)에서는 조건부채무에 대하여 다루면서, (계약위반에 대한 제재로서) 계약해제에 대하여도 규정하고 있다. 그러나 동조에서의 계약해제는 쌍무계약만을 그 대상

---

8) D. Tallon, "L'inexécution du contrat : pour une autre présentation," *Rev. trim. dr. civ.* 1994, p.223 et s. ; "Pourquoi parler de faute contractuelle ?," in *Droit civil, procédure, linguistique juridique.* Ecrits en hommage à G. Cornu, Paris, P.U.F., 1994, p.429 et s.

9) D. Tallon, "L'inexécution du contrat : pour une autre présentation," art. préc., n°6 et s.

으로 예정하고 있으며, 그 행사와 관련하여서도 사법절차에 의하여야 하는 것으로 되어 있다. 반면, 채무불이행에 직면한 채권자에게는 기본적으로 선택권이 주어지는데, 그 하나는 강제이행이며 (물론, 그러한 강제이행이 가능하다는 전제하에서) 또 다른 하나는 손해배상과 함께 계약해제를 청구할 수 있다는 것이다. 그러나 비록 매매(제1610조 이하, 제1629조 이하, 제1644조 이하), 임대차(제1721조 이하), 도급(제1788조 이하), 사용대차(제1880조 이하), 임치(제1927조 이하) 또는 위임(제1991조 이하) 등과 같은 민법상의 전형계약들에 특유한 규정들을 위에서 언급한 일반적인 제재수단에 덧붙인다고 하더라도 그 외연이 완전한 것으로 평가될 수는 없을 것이다.

다음으로, 프랑스민법 제정 당시에 입법자들이 과연 일관된 논거로써 채무불이행에 대한 제재수단들을 구상하였는지가 의문시된다. 왜냐하면, 비록 프랑스민법상의 관련규정들이 어떤 면에서는 개인의 자유를 보다 더 옹호할 목적으로 인격에 대한 강제를 배척하는 규정들을 두고 있으나, 몇몇 규정들을 통하여서는 수단의 억압성이 발견되기도 하므로 고대의 자취가 여전히 남아 있다고 할 수 있을 것이다. 따라서 프랑스민법상 관련규정들에서의 이념이 공통적이지는 않다고 할 것이다. 즉, 한편으로는 제1142조에서 계약당사자의 인격에 반하여 작위 또는 부작위를 강제할 수 없으며, 이러한 유형의 급부는 그 불이행시에도 손해배상금의 지급으로 이행의무를 면하는 것으로 규정하면서도, 다른 한편으로는 '위약금 약정(clause pénale)'이 유효하다거나(제1226조), 보호가치가 없는 것으로 판단되는 채무자, 소작농 또는 상인에 대하여는 계약에 구속되도록 신체적 강제가 허용되는 경우도 있다는 것이다(제2059조 내지 제2070조).[10)]

10) J.-L. Halpérin, *Le Code civil*, Connaissance du droit, Dalloz, 1996, p.64.

2. 제재수단에 대한 20세기 후반의 총괄적 분류

프랑스민법전 편찬자들이 예정한 채무불이행의 제재수단이 그 내용과 형식면에서 불충분하고 불합리한 면이 있다는 점에 대하여는 특히 최근 들어 널리 지적되고 있는 바이다.

우선, 그 분류에서의 흠결이 지적되기도 하는데, 이는 판례나 관습 그리고 국제법규의 출현이 고려되지 않았기 때문이라고 할 것이다. 그럼에도 불구하고, 법원에서는 순수한 판례이론에 의하여 새로운 유형의 구제수단들을 강구하기도 하였을 뿐만 아니라, 제정 당시의 민법전에서 예정하고 있었던 여러 유형의 제재수단들을 해석을 통하여 정비하기도 하였다. 즉, 전통적으로는, 거래계의 요구에 의하여 신속하고 효율적인 배상을 향한 제재수단의 적응이 필요하였었고, 이러한 적응의 방향과 관련하여서는 특히 상거래 영역에서 요구되는 방향이 크게 반영되었다. 그리고 보다 최근에는 통일된 구체적 국제규범(1988년 이후로 프랑스에서도 시행되게 된 국제동산매매에 관한 1980년 4월 11일의 비엔나 협약: CISG)이나 유럽법(2005년 2월 17일의 오르드낭스에 의하여 시행되게 된, 소비재의 매매와 담보에 관한 1999년 5월 25일의 지침)에서 예정하는 수단들이 계약위반으로 인한 제재문제를 처리함에 있어서 활력을 불어넣고 있다. 아울러, 그 외의 다른 입법안(Unidroit 국제상사계약법원칙, Lando 위원회의 유럽계약법원칙,[11] von Bar 위원회의 유럽민법안,[12] Pavie 그룹의 유럽계약

---

11) I. de Lamberterie et G. Rouhette, *Les principes du droit européen des contrats*. L'exécution, l'inexécution et ses suites. Commission pour le droit européen des contrats, La documentation française, 1999 ; Chr. Jamin et D. Mazeaud (sous la dir.), *L'harmonisation du droit des contrats en Europe*, Economica, 2004 ; P. Rémy Corlay et D. Fenouillet (sous la dir.), *Les concepts contractuels français à l'heure des principes du droit européen des contrats*, Dalloz, 2003 ; C. Priéto (sous la dir.), *Regards croisés sur les principes du droit européen des contrats*, P.U.A.M., 2003.

12) Von Bar, "From principles to codification : prospect for european private law," *Les annonces de la Seine*, 3 juin 2002, n° 33, p.1.

법 가안, 2005년 9월 22일에 법무부장관에게 제출된 프랑스민법 개정안)들의 영향에 대하여는 부연의 필요도 없겠으나, 특히 이러한 법안들은, 입법론적으로는(*de lege ferenda*), 장래 채무불이행법이 어떻게 재구성될 것인가에 대한 흥미로운 관점을 제시하고 있다고 할 것이다.

다음으로, 제재수단들의 분류에 일정한 왜곡이 있다고 할 것인데, 이러한 사실은 보통법(*Common Law*)과의 비교를 통하더라도 쉽게 이해할 수 있는 내용이라고 할 것이다.[13] 즉, 채무불이행에 대한 제재수단들에 대하여 산만하게 분산적으로 규정함으로써, 그들 상호간의 관계가 불분명해지고 따라서 주된 구제수단의 선택이나 그들 상호간의 결합을 선택함에 있어서 어려움이 발생하게 되며, 더 나아가 불법행위책임이라는 개념이 계약질서에 침범하게 하는 것을 허용함으로써 계약법질서의 독자성 내지 특성을 상실케 할 위험을 유발하였다고 할 수 있다.[14]

따라서 새로운 분류에 의할 경우에만[15], 세 가지의 기본적 제재유형을 중심으로 계약불이행을 처리할 수 있을 것이다[16]. 구체적으로는 이행이 가능한 경우를 전제로 한 직접적 이행강제, 계약목적을 달성할 수 없는 경우에 인정될 수 있는 계약의 청산, 그리고 계약책임(단, 이 개념을 인정한다는 것을

---

13) 특히, D. Tallon, "L'inexécution du contrat : pour une autre présentation," art. préc., p.223 et s. ; L. Reiss, *Le juge et le préjudice. Etude comparée des droits français et anglais*, th. Paris I, 2002 ; Y.-M. Laithier, *Etude comparative des sanctions de l'inexécution du contrat*, th. Paris I, 2004 ; R. Rolland, "Responsabilité contractuelle ou responsabilité à dommages contractuels," *R.R.J.* 2004-4, p. 2199 et s. 참조. 여러 나라들 간의 민법규정에 대한 비교에 대하여는, G. Viney et M. Fontaine (sous la dir.), *Les sanctions de l'inexécution des obligations contractuelles*. Etudes de droit comparé, L.G.D.J.-Bruylant, 2001 참조.

14) D. Tallon, "L'inexécution du contrat : pour une autre présentation," art. préc., n°13 et s.

15) P. Grosser, *Les remèdes à l'inexécution du contrat : essai de classification*, th. Paris I, dir. J. Ghestin, 2000.

16) Ph. Malaurie, L. Aynès et Ph. Stoffel-Munck, Droit civil. Les obligations, Defrénois, 2e éd., 2005, n° 933 참조.

전제로 함)으로 인한 손해배상이 그것이다. 이들 중 앞의 두 수단은 유기체로서의 계약의 운명을 객관적으로 해결하고자 하는 것으로서,[17] 계약의 존속과 소멸을 선택할 수 있게 한다. 반면, 세 번째의 구제수단은, 주관적으로, 과책 있는 채무자의 운명에 대하여 다루는데, 채무자는 계약위반으로 인하여 채권자가 입은 손해에 대하여 스스로 책임을 져야 한다.[18]

이와 관련, 다양한 유럽계약법 통일안들, 특히 유럽계약법원칙[19]에서는 계약불이행에 대한 다양한 제재수단을 보통법(*Common Law*)에서와 같이 파악하고 있다.[20] 확실히 관련 유럽입법이나 국제법규들에서는 이와 같이 채무불이행에 대한 제재수단들을 분류하고 있다는 점에서 보다 설득력이 있다고 할 것이다. 특히, 국제동산매매법(CISG)은 계약위반으로 인한 일련의 제재조치[21]들을 상정함으로써 이러한 입법태도를 취한 대표적인 사례에 해당하며, 그 체계적인 면에서도 완벽하게 정돈된 것으로 평가될 수 있다.[22] 마찬가지로 소비재의 매매에 있어서의 담보책임에 관한 1999년 5월 25일의 지침에서는 '적합성의 결핍'(défaut de conformité)의 경우에 대한 구제수단으로서 하자보수, 완전물급부, 대금감액, 계약해제의 네 가지를 들고 있다.[23] 그리고 이러한 유럽공동체지침의 국내적용을 위한 2005년 2월 17일의 오르도낭스에서

17) J. Carbonnier, *Droit civil, Les obligations*, *op.cit.*, §153, p.291.

18) J. Deprez, "Les sanctions qui s'attachent à l'inexécution des obligations contractuelles en droit civil et commercial français," rapp. préc., p.32 et s.

19) Art. 8.101, P.D.E.C.(유럽계약법원칙, 이하에서는 생략)

20) Ph. Malinvaud, *Droit des obligations*, 9e éd., Litec, 2005, n°475.

21) 동법에서는 본질적 계약위반과 비본질적 계약위반의 구별(제25조) 및 해제권행사(제26조 내지 제28조)에 관한 일반규정에 대하여 규정한 뒤, 매도인의 계약위반시의 매수인의 구제수단(제45조 내지 제52조), 매수인의 계약위반시의 매도인의 구제수단(제61조 내지 제65조), 이행기 전의 계약위반(제71조 내지 제73조), 손해배상(제74조 내지 제77조) 및 계약해제의 효과(제81조 내지 제84조)에 대하여 순차적으로 규정하고 있다.

22) Heuzé, *Traité des contrats. La vente internationale de marchandises*, L.G.D.J., 2000, 특히, n°370 et s. 참조.

23) Art. 3, §2, Directive 25 mai 1999.

도[24] 지침에서 언급하지 않은 계약불부합사유에 대한 치유책인 손해배상[25]에 대하여도 아울러 규정하면서 이러한 총괄적 분류방법을 그대로 따르고 있다.

B. 제재수단 상호간의 구별상의 어려움

이러한 구별상의 어려움은 특히, 두 가지 측면에서 나타난다고 할 것인데, 그 하나는 계약의 유지와 해소를 구별하는 것이고, 다른 하나는 계약의 이행과 회복의 구별이라고 할 것이다.

1. 계약의 유지와 해소

그 개념상 정반대의 방향으로 계약의 운명에 영향을 주는 계약의 이행과 해제는 계약불이행에 대한 가장 본질적이면서도 상호 양립할 수 없는[26] 원칙적 제재수단이라고 할 것이다. 한편, 판례상 또는 법상으로는 계약의 해제와 존속을 두고, 문제된 침해법익에 대응하는 다양한 제재수단이 다양한 유형의 피해에 부합되게 하기 위하여, 중간적인 제재수단을 발전시키기도 하였다.[27] 그리고 이와 같은 조치는 시간적, 양적, 질적인 관점에서 볼 때 계약불이행이 부분적일 경우에 특히 유용하다고 할 것이다.

즉, 계속적 급부제공의 계약관계에 있어서 해제는 해지라고 함으로써, 법원은 계약의 소급적 해소를 제한하고 있다. 사실 이러한 경우에는 계약해소

---

24) Art. L. 211-9 et L. 211-10, C. consom (O. n°2005-136, 17 février 2005).

25) Art. L. 211-11, alinéa 2, C. consom.

26) Cass. civ. 1re, 5 juillet 2005, *D.* 2005, p.2176, 동 판결에서는 계약해제를 선고하면서, 계약의 이행에 관한 규정에 근거할 수 없다고 하고 있다.

27) J. Deprez, "Les sanctions qui s'attachent à l'inexécution des obligations contractuelles en droit civil et commercial français," rapp. préc., p.30, et p.50 et s.

의 완전한 소급효가 인정될 필요성이 없다고 할 것인데, 이는 그간의 이행된 부분은 적어도 계약에 부합한 내용이기 때문이라고 할 것이다. 다른 한편, 이러한 계약해지의 효력발생시기와 관련하여 파기원 민사3부에서는 최근 "계속적 급부의 이행을 목적으로 하는 쌍무계약에서는 해지의 효력이 계약이 적법하게 행하여진 기간에 대하여는 미치지 않으나, 계약의 불이행 또는 불완전이행을 이유로 한 해제는 계약체결시로 소급하여 계약의 해소를 초래한다"[28]고 판단하고 있다. 비록 모든 판결이 해제, 해지의 효력발생시기와 관련하여 명확한 태도를 견지하고 있는 것은 아니나, 원칙적으로 계약의 해지는 계약불부합의 사유가 존재하는 시기를 기준으로 그 효력을 발생한다고 할 것이다. 단, 계약의 이행기부터 해지사유가 존재하였거나 회귀적 급부를 목적으로 하는 계약에 있어서도 당사자가 약정내용의 불분할을 의도하였다고 볼 수 있는 사정이 있는 경우에는 그러하지 아니하다고 할 것이다.[29]

한편, 이와 유사하면서도 보다 복잡한 기준이 국제동산매매법(CISG)에서도 채택되어 있다고 할 것이다.[30] 즉, 동법에서는 계약불이행의 효과를 인도되지 않은 부분에 대한 것과 계약전체에 대한 것으로 나누고 있다. 다른 한편, 계약법의 통일법안들에서도 어떤 것은 계속적 계약의 해제가 장래에 향하여만 효력이 있는 것으로 한 것이 있는가 하면,[31] 또 다른 것은 해제의 소

---

28) Cass. civ. 3e, 30 avril 2003, *Bull. civ., III*, n° 87 ; *J.C.P.* 2004, II, 10031, note Chr. Jamin ; *J.C.P.* 2003, I, 170, n° 15, obs. A. Constantin ; *Rev. trim. dr. civ.* 2003, p.501, obs. J. Mestre et B. Fages.

29) Cass. civ. 1re, 3 novembre 1983, *Bull. civ., I*, n° 252, p. 227 ; *Defrénois* 1984, art. 33368, p. 1014, obs. J.-L. Aubert ; *Rev. trim. dr. civ.* 1985, p.166, obs. J. Mestre ; Cass. civ. 1re, 13 janvier 1987, *Bull. civ.*, I, n° 11, p.8 ; *J.C.P.* 1987, II, 20860, note G. Goubeaux ; Cass. com., 4 novembre 1986, *Rev. trim. dr. civ.* 1987, p.541, obs. J. Mestre ; Paris, 24 janvier 1991, *Contrats, conc., consom.* 1991, n° 77, note L. Leveneur ; *Rev. trim. dr. civ.* 1991, p.527, obs. J. Mestre ; Cass. civ. 3e, 20 novembre 1991, *Bull. civ.*, III, n° 285, p.168.

30) Art. 73, C.V.I.M.(국제동산매매법, 이하 생략) ; Heuzé, *Traité des contrats. La vente internationale de marchandises*, *op.cit.*, n° 434 et s. 참조.

31) Art. 114, alinéa 5, Pavie(파비아 그룹법안, 이하 생략).

급효를 완전히 배제하는 것도 있다.[32]

또 다른 한편, 계약불이행이 불완전급부 또는 하자 있는 급부의 이행으로 인한 경우, 법원은 계약의 부분적 해제를 선고할 수도 있으며, 이 경우 계약은 채권자에게 만족을 준 부분에 대하여는 그대로 존속하나 나머지 부분에 대하여는 채권자가 입은 손해를 고려하기 위한 관계로 변경되며, 이 경우 채권자는 대금감액이나 손해배상금에 의하여 피해에 대한 배상을 받게 될 것이다.[33]

그러나 이러한 해결방안은 법원으로 하여금 계약을 재구성하게 한다는 점에서 프랑스법의 기본원칙에 반하는 결과를 초래하게 되므로 반대의 입장을 피력하는 견해도 있다.[34] 그러나 민법상으로는 이러한 기법이, 다양한 규정들을 통하여 인정되기도 하는데, 그 구체적인 예로는 약정한 내용의 부족시의 의무,[35] 일부 추탈담보,[36] 하자담보,[37] 임대목적물의 일부멸실[38] 또는 상업용지의 매매에 있어서의 의무고지 사항의 부정확 등의 경우들을 들 수 있다. 그리고 상사거래법에서는 인도의무의 부분적 불이행시 계약의 감가(réfaction du contrat)라는 명칭으로 마찬가지의 메커니즘이 인정되고 있다. 국제동산매매법에서도 이와 같은 구제방법을 계약불이행에 대한 제재수단의 범주에 포함시키고 있는데, 이는 동법에서 한편으로는 부족한 물품에 대응하는

---

32) Art. 9.305 et 9.306, P.D.E.C. ; Art. 7.3.5. et 7.3.6., Unidroit.

33) Fr. Terré, Ph. Simler et Y. Lequette, *Droit civil, Les obligations*, 9e éd., Précis Dalloz, 2005, n° 652 ; Y.-M. Serinet, *Les régimes comparés des sanctions de l'erreur, du vice caché et de l'obligation de délivrance dans la vente*, th. Paris I, 1996, n° 362.

34) D. Mazeaud, "La révision du contrat," rapp. Assoc. H. Capitant, *Petites affiches*, 30 juin 2005, n° 129, p.4 et s., spéc., n° 13 et s.

35) Art. 1617 et s., C. civ. ; Art. 46, L. 10 juillet 1965 (issu de la L. 18 décembre 1996 dite *Carrez*).

36) Art. 1637, C. civ.

37) Art. 1644, C. civ.

38) Art. 1722, C. civ.

계약부분의 해제를 인정하면서도,[39] 다른 한편으로는 비록 그 내용이 경미한 것이라 하더라도 계약불부합에 대한 대금감액을 인정하고 있다는 점에서 그러하다고 할 것이다.[40] 아울러, 이와 같은 대금감액의 방법은 소비재의 부합성담보에 대한 2005년 2월 17일의 오르도낭스에서도 인정하고 있는 제재수단이다.[41] 끝으로, 유럽계약법원칙에서도 계약내용에 부합하지 않는 이행의 제공을 수령한 채권자에게 대금감액을 청구할 수 있는 권리가 있음을 인정하고 있다.[42]

비록 학설상으로는 이러한 메커니즘이 법원의 기능에 활력을 준다는 점에서 이를 긍정하는 입장이 일반적이기는 하나,[43] 파기원은 민법에서 명시적으로 규정한 경우를 제외하고는, 민법상 매매에 있어서의 대금조정과 관련한 모든 시도들에 대하여 부정적인 입장을 취하고 있다.[44] 즉, 프랑스법원은 종전의 태도를 고수함으로써 이제는 오히려 고립적 입장에 놓이게 되었다고 평가될 수 있다.[45]

2. 계약의 이행과 회복의 관계

최근의 학설상의 분석 중에는 계약책임이라는 개념이 진정으로 존재하는지에 대한 의문을 제기하는 견해도 있다. 즉, 이러한 계약책임이라는 개념은 그 근거가 없는 허위의 개념이라고 할 수 있다는 것이다.[46] 비록 이러한 분

---

39) Art. 49, C.V.I.M. ; Heuzé, *Traité des contrats. La vente internationale de marchandises, op.cit.*, n° 438 et s. 참조.

40) Art. 50, C.V.I.M. ; Heuzé, *Traité des contrats. La vente internationale de marchandises, op.cit.*, n° 438 et s. 참조.

41) Art. L. 211-10, C. consom (O. n° 2005-136, 17 février 2005).

42) Art. 9.401, P.D.E.C.

43) Fr. Terré, Ph. Simler et Y. Lequette, *Droit civil, Les obligations*, *op.cit.*, n° 652.

44) Cass. civ. 3e, 29 janvier 2003, *Defrénois* 2003, p.844, obs. E. Savaux.

45) D. Mazeaud, "La révision du contrat," rapp. préc., n° 13 et s.

석이 일면 허구적인 면도 있으나, 상당히 활발한 논쟁을 불러일으킨 것도 사실이다.

그러나 전통적인 견해에 의할 경우, 계약당사자의 일방이 계약의 불이행 또는 불완전이행으로 인하여 손해를 입은 경우, 다양한 민사책임의 유형이 적용될 수 있는 것으로 고려되어 왔다. 즉, 계약책임이라는 책임의 유형이 타인에게 손해를 입히지 않아야 할 일반적 의무위반에 근거하는 불법행위책임과 비교하여 그 기원이나 법리상의 몇몇 특징들로 인하여 구별될 수 있다고 하면서도, 이 두 손해배상제도의 유사성을 인정하면서 이들 상호간의 융합도 가능하다는 주장이 제기되기도 하였던 것이다. 그리고 교통사고[47]나 제조물책임[48]을 규율하는 새로운 입법들도 결국은 이러한 양 책임의 통합기류를 반영한 것으로 인식되기도 하였다.

그러나 이러한 기존의 인식체계에 반대하여, 계약책임이라고 하는 가공의 책임유형은 계약위반의 경우에 이를 상당한 형태를 통하여 강제 이행케 하는 경우들에 대한 편의상의 표현에 불과하다는 반론이 제기되었다.[49] 그리고 이러한 견해에 찬동하는 견해들도 점차 증폭될 것으로 보인다.[50] 사실, 계약관계로 인한 손해배상의무라고 하는 것은 채권자에게 약정된 급부의 가치를 제공함으로써 계약의 이행기능을 담보함을 목적으로 하므로, 이는 최초에 약정된 채무의 연장에 불과하다고 할 수 있는 것이다. 더욱이, 손해배상

---

46) Ph. Rémy, "La «responsabilité contractuelle», histoire d'un faux concept," *Rev. trim. dr. civ.* 1997, p.323 et s.

47) L. 5 juillet 1985, dite loi Badinter.

48) Art. 1386 - 1 et s. C. civ., L. 19 mai 1998.

49) Ph. Rémy, "La «responsabilité contractuelle», histoire d'un faux concept," *Rev. trim. dr. civ.* 1997, p.323 et s. ; M. Faure Abbad, *Le fait générateur de la responsabilité contractuelle. Contribution à une théorie de l'inexécution contractuelle*, th. Poitiers, 2002 ; P. Rémy-Corlay, "Exécution et réparation : deux concepts ?," *R.D.C.* 2005, p.13 et s.

50) 이러한 여러 견해들에 대한 명쾌한 분석과 관련하여서는, Ph. Malaurie, L. Aynès et Ph. Stoffel Munck, *Droit civil. Les obligations*, *op.cit.*, n° 933 참조.

의무의 인정에 있어서 채무불이행을 넘어 그 어떠한 과책이나 손해를 입증할 필요도 없는 것이다. 아울러, 손해배상의무를 진다고 하더라도 그 범위와 관련하여 채권자가 '이미 입은 손실'(la perte éprouvée)과 '얻을 수 있었던 상실된 이익'(le gain manqué)을 한도로 하기 때문이다.

한편, 판례상으로는 계약책임이라는 표현을 사용함에 있어서 한동안 불규칙적인 태도를 보이기도 하였으나, 오늘날에는 그 입장을 정리하여 이하에서 살피는 다수의 분석[51]에 따르고 있다.

우선, 손해배상(금)의 인정은 어떤 계약위반사실에 구속되는 것이며, 이는 계약상 과책이 불법행위법에서의 평가와는 달리 계약을 근거로 평가된다는 것[52]을 보다 더 잘 설명하기 위하여 계약상의 과책이라는 개념을 인정하지 않는다[53] 하더라도 마찬가지라고 한다. 따라서 불가항력이 작용한 경우, 채권자는 손해배상을 청구할 수 없게 되는 것이다.[54]

다른 한편, 계약상의 의무불이행이 반드시 그 자체로서 손해를 구성하는 것은 아니다. 즉, 채권자는 손해를 입증하여야만 그에 대한 배상을 취할 수

---

51) P. Jourdain, "Réflexions sur la notion de responsabilité contractuelle," in *Les métamorphoses de la responsabilité*, P.U.F., 1998, p. 65 et s. ; E. Savaux, "La fin de la responsabilité contractuelle ?," *Rev. trim. dr. civ.* 1999, p.1 et s. ; Ch. Larroumet, "Pour la responsabilité contractuelle," in *Le droit privé à la fin du XXe siècle*, Etudes offertes à P. Catala, Litec, 2001, p.543 et s. ; G. Viney, "La responsabilité contractuelle en question," in *Le contrat au début du XXIe siècle*, Etudes offertes à Jacques Ghestin, L.G.D.J., 2001, p.921 et s. ; P. Ancel, "La responsabilité contractuelle," in *Les concepts contractuels français à l'heure des principes du droit européen des contrats*, Dalloz, 2003, p.243 et s. ; E. Savaux et R. N. Schütz, "Exécution par équivalent, responsabilité et droits subjectifs. Réflexions à partir du contrat de bail," in *Propos sur les obligations et quelques autres thèmes fondamentaux du droit*, Mélanges offerts à Jean Luc Aubert, Dalloz, 2005, p.271 et s.

52) A. Bénabent, *Droit civil, Les obligations*, 9e éd., Domat-Montchrestien, Paris, 2003, n° 405.

53) D. Tallon, "Pourquoi parler de faute contractuelle ?," art. préc., p.429 et s.

54) *Contra*, 그러나 이와는 태도가 상당히 다른 판결로는, Cass. com., 30 juin 1992, *D.* 1994, p.454, note A. Bénabent 참조.

있다. 이와 관련, 파기원 민사 제1부에서는 이러한 손해배상의 요건을 항상 요구한 것으로 보이며,55) 민사 제3부에서는 한동안 이러한 요건을 요구하지 않는 주장을 받아들인 것도 있으나,56) 최근에는 전통적인 분석을 따르고 있다.57) 즉, 2003년 말에 들어 파기원 민사 제3부에서는 "손해배상은 법원이 판결의 선고시를 기준으로 하여 계약상의 과책으로 인하여 손해가 발생하였다는 것을 확인한 경우에만 인정될 수 있다"고 하였다. 그리고 배상되어야 할 손해의 유형과 관련하여서도, 물질적인 침해뿐만 아니라 신체적 또는 정신적 침해에 대한 손해도 배상될 수 있음이 인정되고 있다.58)

즉, 이상과 같은 논지는, 현실적으로는 주로 원상회복이라는 메커니즘에 의하여 포섭될 수 있는 계약책임제도의 이행기능을 넘어,59) 손해배상은 계약내용의 경시60)로 인하여 발생한 손해에 대한 배상기능도 담당한다는 것을

---

55) Cass. civ. 1re, 18 novembre 1997, *Bull. civ., I*, n°317 ; Cass. civ. 1re, 26 février 2002, *Bull. civ., I*, n° 68, Defrénois 2002, p.758, note E. Savaux; *Rev. trim. dr. civ.* 2002, p.809, obs. J. Mestre et B. Fages ; Cass. civ. 1re, 9 juillet 2003, *J.C.P.* 2003, I, 163, n° 4, obs. G. Viney; *Rev. trim. dr. civ.* 2003, p.709, obs. J. Mestre et B. Fages. 그리고 파기원 사회부(노동법원)의 태도에 대하여는, Cass. soc., 4 décembre 2002, *Bull. civ.*, n° 368 참조; *R.D.C.* 2003, p.54, obs. Ph. Stoffel Munck ; *Rev. trim. dr. civ.* 2003, p.711, obs. P. Jourdain.

56) Cass. civ. 3e, 13 novembre 1997, *Bull. civ., III*, n°202 ; *Rev. trim. dr. civ.* 1998, p.124, obs. P. Jourdain; *Rev. trim. dr. civ.* 1998, p. 696, obs. P.-Y. Gautier; Cass. civ. 3e, 30 janvier 2002, *Bull. civ.*, III, n°17 ; *D.* 2002, p. 2288, note J.-L. Elhoueiss ; *Rev. trim. dr. civ.* 2002, p.321, obs. P.-Y. Gautier ; *Rev. trim. dr. civ.* 2002, p.816, obs. P. Jourdain ; *J.C.P.* 2002, I, 186, n°7, obs. G. Viney ; Cass. civ. 3e, 22 octobre 2002, *Rev. dr. imm.* 2003, p.95, obs. Ph. Malinvaud.

57) Cass. civ. 3e, 3 décembre 2003, *Bull. civ., III*, n° 221 ; *J.C.P.* 2003, I, 163, n°2, obs. G. Viney ; *R.D.C.* 2004, p.280, obs. Ph. Stoffel-Munck ; *Rev. trim. dr. civ.* 2004, p.295, obs. P. Jourdain ; *Contrats, conc., consom.*, 2004, n°38, obs. L. Leveneur.

58) Fr. Terré, Ph. Simler et Y. Lequette, Droit civil, Les obligations, op.cit., n°562.

59) E. Savaux et R.-N. Schütz, "Exécution par équivalent, responsabilité et droits subjectifs. Réflexions à partir du contrat de bail," art. préc., n°17에서 저자는, "계약으로부터 기대된 것의 상실 또는 채권자가 무용하게 지급한 것의 반환을 위하여"라고 표현하고 있다.

고려한 것이라고 할 것이다.

여하튼, 채무불이행으로 인한 제재수단을 보다 현대적인 입법의 필요에 적응시키는 것은 단순한 분류학을 통하여 요약할 수 있는 일은 아닐 것이다. 그리고 이러한 제재수단의 분류과정 및 개념정의 과정에서 발견되는 어려움 이외에도, 제재수단의 구체적 적용과 관련한 권한의 문제도 난제로 제기된다. 따라서 이하에서는 이론적인 면을 도외시하지 않으면서, 보다 실질적인 면에 대하여 고찰하기로 한다.

III. 제재수단의 선택권의 귀속과 관련한 변화

채무불이행으로 인한 제재수단의 선택과 관련하여, 채권자와 법원 중에서 누가 선택권을 행사할 수 있는지가 문제로 될 수 있다.[61] 즉, 채무불이행으로 인한 제재수단에 대한 선택권의 귀속문제는 계약영역에의 사법질서의 개입이라는 의문과 함께 프랑스 내에서 오늘날 커다란 논쟁의 대상이 되고 있다.[62] 그러나 대부분의 계약상의 제재수단은 사법적이기도 하지만 동시에

---

60) 이러한 구별에 대하여는, J. Huet, *Responsabilité contractuelle et responsabilité délictuelle. Essai d'une délimitation entre les deux ordres de responsabilité*, thèse Paris II, dactylographiée, 1978 ; Adde, Ph. Malinvaud, *Droit des obligations*, *op.cit.*, n° 517 등 참조.

61) 이 문제와 관련하여 보다 더 완전한 분석으로는, P. Grosser, *Les remèdes à l'inexécution du contrat*…, th. préc., spéc. n° 468 et s. ; D. Tallon, "L'inexécution du contrat : pour une autre présentation," art. préc., n° 37 et s. 등 참조.

62) D. Mazeaud, "La révision du contrat," rapp. Assoc. H. Capitant, Petites affiches, 30 juin 2005, n° 129, p.4 et s. ; "Le juge et le contrat". Variations optimistes sur un couple « illégitime », in *Propos sur les obligations et quelques autres thèmes fondamentaux du droit*, Mélanges offerts à Jean-Luc Aubert, Dalloz, 2005, p.235 et s.

임의적이기도 한 것으로 이해됨이 일반적이다.[63]

비록 광의(*lato sensu*)의 법원은 중재자도 포함하므로 당사자 간에는 법으로서의 의미가 있는 계약의 위반에 대한 제재수단의 선택에 있어서 당연히 법원이 선택권을 가지는 것으로 보일 수도 있으나, 실제로는 법원만이 유일한 선택권자는 아니라고 할 수 있다. 즉, 제재절차의 개시가 계약당사자인 피해자의 주도하에 이루어지는 경우도 빈번하다는 것이다(A). 다른 한편, 법원이 제재수단을 결정하여야 하는 경우에 있어서도 자신의 직권을 자유로이 행사하는 것은 아니라는 것이다(B). 따라서 이하에서는 이러한 두 관점에 대한 고려와 이러한 관점들이 계약불이행과 관련한 현대 프랑스법에 미친 영향에 대하여 살피기로 한다.

A. 사법절차에 의하지 않은 제재수단의 발전

계약당사자가 계약위반을 예견하여 그에 대한 제재수단을 미리 자신들의 기호에 맞게 예정하여 두는 일도 종종 있으며, 이 경우에는 법원의 개입을 배제하는 경우도 있다(1). 그리고 그러한 약정에는 공정성이 의문시되는 내용도 포함되기 마련이다. 그럼에도 불구하고 그러한 약정들도 계약의 구속력에 근거하고 있으므로, 피해자라고 주장하는 채권자의 일방적인 주도에 의한 제재보다는 정당성이 더 인정될 수 있다고 할 것이다(2).

그러나 이러한 두 상황은 일정한 공통점이 발견되는데,[64] 이는 사법절차에 의하지 않으면서도 일방적인[65] 경향이 현저한 제재의 증폭을 초래할 수 있으며, 아울러 채권자의 주도로 그 절차가 개시되고 상대적으로 법원의 역

---

63) J. Deprez, art. préc., p.50.

64) J. Deprez, art. préc., spéc., p.53.

65) Chr. Jamin, "Les sanctions unilatérales de l'inexécution du contrat : trois idéologies en concurrence," in *L'unilatéralisme et le droit des obligations*, Economica, 1999, p.71 et s.

할을 약화시키는 상황을 초래하기 때문이다.[66]

1. 채무불이행에 대한 일방적 제재약관

사적 자치와 계약자유의 원칙은 "계약으로써 피해당사자로 하여금 스스로 권리보호수단을 행사할 수 있도록 하는" 약정의 유효성[67]을 인정하게 한다.[68] 이와 관련, 경우에 따라서는, 당사자들이 해제조건을 통하여 계약관계의 운명을 약정하여 두는 경우도 있고, 또는 위약벌을 약정함으로써 계약위반자의 운명을 결정하여 두기도 한다. 이럴 경우, 법원을 배제함으로써 소송부담을 줄일 수 있고, 또한 사법절차에서 주장된 제재수단이 기각될 위험도 감소하게 된다.

그러나 이러한 약정들은 대개 불평등한 계약당사자 사이에서 협상 없이 이루어진 계약의 내용으로 되는 경우가 일반적이라는 점을 고려할 때, 계약의 구속력과 연계한 정당성이 의문스러운 것도 사실이다. 그리고 이러한 약정이 효율적인 면이 있기는 하나, 사법절차에 의한 제재를 담보하지 못하는 위험성도 존재한다.[69] 따라서 이러한 약정에 대한 반응으로서, 입법자와 법원은, 당사자 간의 약정이 계약의 운명에 관한 것인지 또는 채무자의 제재에 관한 것인지에 따라 그 강도에 있어서 차이를 두기는 하나, 보편적으로는 불신을 갖고 이러한 약정들을 처리한다.

해제조건과 관련,[70] 동 제도의 특징은 불이행의 심각성에 따른 어떠한

---

66) 같은 취지로는, P. Ancel, "Le juge et l'inexécution du contrat," in *Le renouveau des sanctions contractuelles*, Colloque Rennes 30 septembre 2005, à paraître, Economica, 2006.

67) Cass. civ., 2 juillet 1860, *D.P.* 1860, I, 284.

68) L. Cadiet, "Clauses relatives aux litiges," *J.-Cl. Contrats-distribution*, Fasc. 190, 1998, spéc., n° 23 et s.

69) J. Deprez, art. préc., p.54.

70) Chr. Paulin, *La clause résolutoire*, th. Toulouse, préf. J. Devèze, Bibl. dr. priv. t. 258, L.G.D.J., 1996 참조.

일반적 조치에 대한 고려 없이 당연히 계약이 소멸된다는 점에 있다. 그러나 법상으로는 다양한 경로를 통하여 때로는 이와 같은 법리의 적용을 금지하거나,[71] 그 적용범위를 제한하기도 하며,[72] 특히 유예기간의 인정[73]을 통하여 그 효력발생시기를 지연시키거나,[74] 공동소송절차가 개시된 경우에는 그 효력을 부인하기도 한다.[75] 분명, 판례상으로는 해제조건의 성취뿐만 아니라 그 절차와 관련하여서도 해석을 아주 엄격히 함으로써 해제조건의 적용을 어렵게 하고 있다고 평가할 수 있을 것이다.[76] 다른 한편, 법원은 악의자에 대하여는 해제조건의 적용을 거부할 권한이 있는 것으로 판단하고 있다.[77] 그러나 일각에서는 법원이 진정한 의미에서의 조정자로서의 권한을 상실하였다고 평가하기도 한다.[78]

---

71) 농지임대차와 관련하여, art. L. 411 31 C. rur.(전원법).

72) 주거임대차와 관련하여, art. 4g et 24 L. 6 juillet 1989.

73) 상사임대차와 관련하여, art. L. 145-41 C. com. ; 건축예정건물의 매매와 관련하여서는, art. L. 261-13 C. constr. hab.(건축법전) ; 개발건축계약과 관련하여서는, art. L. 222-4 C. constr. hab. ; 보험계약과 비교하여서는, art. L. 113-3 C. assur. 등 참조. 이 모든 경우들에 있어서, 약관의 효력은 최고 후 지체시에 비로소 효력을 발생한다.

74) 상사임대차와 관련하여, art. L. 145-41 C. com. ; 주거임대차와 관련하여, art. 19 L. 6 juillet 1989.

75) 그러나 공동소송절차가 개시되기 전에 해제조건이 성취되고 그에 대한 주장이 있는 경우에는 그러하지 아니하다(art. L. 621-40 C. com.).

76) 매우 의미 있는 판결로서, Cass. civ. 1re, 3 février 2004, *Bull. civ., I, n° 27, L.P.A.*, 14 octobre 2005, p.9, obs. D.-R. Martin 참조. 동 판결에서는 "계약을 해지하고자 하는 자는 채무자에게 위반사유를 적시하고 상당한 기간을 정하여 이행의 최고를 하였어야 하는데, 소송을 제기하였다고 하여 이러한 최고의 부존재가 치유되는 것은 아니다"라고 판시하고 있다.

77) Cass. civ. 1re, 31 janvier 1995, *Bull. civ., I*, n° 57 ; *D.* 1995, p. 389, note Chr. Jamin ; *Rev. trim. dr. civ.* 1995, p.623, obs. J. Mestre ; Cass. civ. 1re, 16 février 1999, *Bull. civ., I*, n° 52 ; *D.* 2000, somm., p.360, obs. D. Mazeaud ; Cass. civ. 3e, 4 novembre 2003, *Gaz. Pal.*, 20-21 février 2004, p.30, note J.-D. Barbier.

78) F. Osman, "Le pouvoir modérateur du juge dans la mise en œuvre de la clause résolutoire de plein droit," *Defrénois*, 1993, art. 35433, p.65.

다음으로, 위약금의 약정과 관련,[79] 이는 약정을 위반한 경우에 있어서의 제재로서 일반적으로는 과중한 손해배상액의 예정을 통하여 채무자를 압박함으로써 채무자의 이행을 강요하게 된다.[80] 그리고 사전에 일정액의 손해배상금을 약정해 둠으로써[81] 사법절차에 의한 손해의 산정과정을 회피할 수 있게 한다. 그러나 이러한 약정은 그 억압적 성격으로 인하여 때로는 남용되기도 하였다. 따라서 입법자들은 일정한 영역에서는 위약금의 약정을 금지하기도 하였으며,[82] 아울러, 법원으로 하여금 직권으로 조정자적 권한을 행사할 수 있도록 하여,[83] 명백히 과도하거나 과소한 위약금의 약정에 대하여는 이를 적당히 증감할 수 있도록 하였다. 그리고 도입 당시부터 비판의 대상이 되었던 이러한 법원의 개입권의 행사와 관련하여, 오늘날에는 파기원의 엄격한 사후감독 및 통제가 뒤따른다.[84]

2. 채무불이행에 대한 일방적 제재

프랑스법에서의 기본원칙은 여전히 사법절차에 의한 국가구제가 원칙이나, 이 원칙에 대하여는 전통적으로 여러 유형의 예외가 인정되어 왔다. 물론, 사법절차에 의하지 않는 당사자의 일방적 제재는 중대한 위험요소를 내포하고 있는 사적 구제수단으로 보일 수 있는 것도 사실이다. 그러나 자력구제의 금지가 반드시 절대적인 가치를 갖는 원칙은 아니라고 할 것인데, 이는

79) D. Mazeaud, *La notion de clause pénale*, th. Paris, préf. Fr. Chabas, Bibl. dr. priv. t. 223, L.G.D.J., 1992 참조.

80) Cass. com., 29 janvier 1991, *Bull. civ., IV*, n° 43.

81) Art. 1152 et 1226 C. civ.

82) 노동법상의 근로자와 관련하여서는, art. L. 122-42 C. trav. ; 주거임대차에 있어서는, d'habitation : art. 4i L. 6 juillet 1989.

83) Art. 1152 C. civ. réd. L. 9 juillet 1975, mod. L. 11 octobre 1985.

84) D. Mazeaud, "Le juge et le contrat". Variations optimistes sur un couple 'illégitime', art. préc., n° 9 et s.

이러한 원칙의 취지가 강폭적 또는 불법적 수단이 동원되는 것을 회피하고자 한 것이기 때문이다.[85]

따라서 당사자의 급부가 동시에 성실히 이행되어야 하는 쌍무계약에서는 급부의 이행청구를 받은 당사자 일방이 법원의 허가 없이도 동시이행의 항변권(l'exception d'inexécution)을 행사할 수 있는데, 이는 어떤 의미에서는 일종의 '계약상의 정당방위(légitime défense contractuelle)'에 해당한다고도 할 수 있을 것이다.[86] 순수하게 방어적인 제재수단인 동시이행의 항변권은 신속성이나 효율성의 면에서 이점이 있으나 그 행사상의 면에 있어서 성실히 행사되어야 한다는 제약은 있다. 또한 전통적으로, 종류물매매의 영역에서는 채권자에게 법원에의 제소 없이 제재수단을 행사하는 것이 허용되어 왔다. 즉, 실거래세에서 인도의무의 불이행과 관련하여 행해지는 완선물급부청구나[87] 반품(laissé pour compte)[88]과 같은 현상은 이러한 사고체계에 근거한 것이라고 할 수 있을 것이며, 사법절차에 의하지 않은 대금감액의 청구도 또한 인정되어 왔다.[89] 끝으로, 일정한 분야에서는 계약의 일방적 해제가 입법에 의하여 명시적으로 인정되기도 하며, 따라서 이러한 경우에는 법원의 사전개입 없이 계약이 해소되게 된다. 즉, 식료품 등의 매매에 있어서(dans le vente de denrées et d'effets mobiliers) 매수인이 목적물을 인수하지 않는 경우에 인정되는 매도인을 위한 계약의 당연해제,[90] 보험계약에서 보험료의 지급이 없는

85) M. Planiol et G. Ripert, *Traité pratique de droit civil français*, t. VI, Les obligations, 2e éd. par P. Esmein, L.G.D.J., 1952, n° 428; J. Carbonnier, *Droit civil, Les obligations*, t. 4, *op.cit.*, §190, p.346.

86) A. Bénabent, *Droit civil, Les obligations*, *op.cit.*, n° 387.

87) D. Plantamp, "le particularisme du remplacement dans la vente commerciale," *D.* 2000, chron., p.243 et s.

88) Art. 64, C.V.I.M.

89) Paris, 17 mars 1987, *D.* 1988, p. 219, note J.-R. Mirbeau-Gauvin ; *Rev. trim. dr. civ.* 1988, p.535, obs. J. Mestre.

90) Art. 1657 C. civ.

경우 보험자에게 인정되는 계약해제권,[91] 또는 소비자보호법의 영역에서 전문직업인들이 계약의 이행기를 준수하지 않는 경우에 인정되는 계약해제권[92] 등이 이러한 사례에 해당된다.

한편, 이상에서 살핀 바와 같은 이러한 전통적인 완화조치들에 대한 비판을 넘어, 오늘날에는 계약해제가 재판상 행사되어야 한다는 원칙 자체에 대한 비판이 맹렬히 제기되고 있다.[93] 물론, 일부 판례는 드물게도 계약당사자가 채무자의 고의적 이행거절이나 급박한 사유가 있는 경우에는 독단적으로 판단하여 계약으로부터 해방될 수 있음을 인정한 것도 있다.

그러나 파기원은 최근 들어 일련의 판결을 통하여 확정기한부 계약에 있어서는[94] 상대방의 '심각한 태도(comportement grave)'를 이유로 당사자 일방이 재판상 절차를 거치지 않고 일방적으로 계약을 해소할 수 있음을 인정[95]하고 있으며, 이는 해제조건의 존재나 적용이 있는 경우에도 마찬가지라고 한다.[96] 요컨대, 계약해제의 적법성을 사전에 심사하던 법원이 이러한 경우들

---

91) Art. L. 113-3 C. assur.

92) Art. L. 114-1 C. consom.

93) P. Grosser, *Les remèdes à l'inexécution du contrat*…, th. préc., spéc. n° 214 et s.

94) E. Bazin, "La résolution unilatérale du contrat," *R.R.J.* 2000, p.1381 ; B. Le Bars, "La résiliation unilatérale du contrat pour cause d'intérêt légitime," *D.* 2002, chron., p.381 ; S. Amrani-Mekki, "La résiliation unilatérale des contrats à durée déterminée," *Defrénois* 2003, art. 37688, p.369 ; Ph. Delebecque, L. Aynès et Ph. Stoffel-Munck, "Rupture unilatérale du contrat : vers un nouveau pouvoir," *Dr. et patrim.*, 2004, n° 126, p. 55 et s. ; Fr. Eudier, "Modèles et antimodèles dans le rôle du juge en matière contractuelle," in *Code civil et modèles. Des modèles du Code au Code comme modèle*, Bibl. Institut Tunc, t. 6, L.G.D.J., 2005, p.225 et s., spéc., n° 19 et s.

95) Cass. civ. 1re, 13 octobre 1998, *Bull. civ., I*, n° 300 ; *D.* 1999, p.197, note Chr. Jamin ; Cass. com., 20 février 2001, *Bull. civ., I*, n° 40; *D.* 2001, p.1568, note Chr. Jamin ; *Rev. trim. dr. civ.* 2001, p.363, obs. J. Mestre et B. Fages ; Cass. civ. 1re, 28 octobre 2003, *Bull. civ., I*, n° 211; *J.C.P.* 2004, II, 10108, note C. Lachieze ; *Defrénois*, art. 37894, n° 24, obs. R. Libchaber; *R.D.C.*, 2004, p.273, obs. L. Aynès et *R.D.C.* 2004, p.277, obs. D. Mazeaud.

96) Cass. com., 4 février 2004, *J.C.P.* 2004, I, 149, obs. J. Rochfeld ; *Rev. trim. dr. civ.* 2004,

에 있어서는 그 적법성을 사후에 심사하게 된 것이며, 급속심리절차를 통하여 법원이 개입하는 경우에도 계약해제의 적법성이 의심스러운 경우에는 그러한 해제의 효력을 부인할 수 있다.97) 그리고 비록 이러한 경우들에 있어서의 계약해제는 권리자가 모든 책임을 지면서 행해지게 되나, 그 기준에 대한 해석과 관련하여, 특히 심각한 태도와 채무불이행의 개념구별과 관련하여서는 견해의 대립이 있다.98) 여하튼, 입법론적으로는(*de lege ferenda*) 사법절차에 의한 해제와 일방적 통지에 의한 해제를 자유로이 선택할 수 있게 하는 것이 과연 타당한지에 대하여는 의문의 여지가 있다고 할 것이다.99) 그러나 이러한 해결책이 인정될 수 있다고 하더라도 그 적용범위와 관련하여서는 이를 본질적 계약위반(inexécutions essentielles)이 있는 경우만으로 제한할 필요도 있을 것이다. 아울러, 해제권행사의 정당한 근거를 제시하게 한다거나,100) 당사자 상호간의 사전협의를 거치게 한다거나, 또는 최고 내지 사전의 고지와 같은 사전통지의무를 부과함이 바람직할 것이다.

즉, 이웃국가 특히 독일과 비교하여 관련분야에서의 진화가 상당히 느린 것으로 평가될 수 있는 프랑스법이 이제는 그 태도를 바꾸어 사법절차에 의하여서만 계약불이행을 선고할 수 있다는 원칙에서 벗어날 준비는 갖추었다고 할 수 있을 것이다. 그러한 점에서 또 한 번, 관련 국제법규와의 조화를

---

p.731, obs. J. Mestre et B. Fages.

97) Cass. civ. 1re, 29 mai 2001, *Rev. trim. dr. civ.* 2001, p.590, obs. J. Mestre et B. Fages ; *Adde*, B. Melin-Soucramanien, *Le juge des référés et le contrat*, th. Aix-Marseille III, préf. J. Mestre, P.U.A.M., 2000 ; A. Marais, "Le maintien forcé du contrat par le juge," *L.P.A.*, 2 octobre 2002, p.7 et s.

98) Ph. Malaurie, L. Aynès et Ph. Stoffel-Munck, *Droit civil. Les obligations*, *op.cit.*, n° 891 참조.

99) D. Tallon, "L'article 1184 du Code civil, un texte à rénover ?" in *Clés pour le siècle*, Etudes Université Panthéon-Assas, Dalloz, 2000, p.253 et s.

100) M. Fabre-Magnan, "L'obligation de motivation en droit des contrats," in *Le contrat au début du XXIe siècle*, Etudes offertes à Jacques Ghestin, L.G.D.J., 2001, p.301 et s. ; Th. Revet, "L'obligation de motiver une décision contractuelle unilatérale, instrument de vérification de la prise en compte de l'intérêt de l'autre partie," *R.D.C.* 2004, p.579.

위한 노력을 경주하여야 함도 명백하다. 참고로, 국제동산매매법(CISG)에서는 '본질적 계약위반(contravention essentielle au contrat)'이 있는 경우 일방적 선언에 의한 계약의 해제를 인정하고 있으며, 상대방에의 통지로서 족하고 구체적인 해제권의 행사방법에는 제한이 없다.[101] 유럽계약법원칙과 국제상사계약법원칙에서도 본질적 계약위반이 있는 경우에는 상당한 기간 내의(dans un délai raisonnable) 채무자에 대한 단순한 고지만으로 계약을 해제할 수 있음을 인정하고 있다.[102] 또한 Pavie 그룹의 유럽계약법 초안에서는 현저하고 중대한 불이행을 조건으로 하며 채무자에 대한 상당한 기간 내의 최고도 요구하고 있다.[103] 아울러 프랑스민법 개정안에서도 채무자에 대한 이행의 최고가 있은 후에는 일방적 고지에 의한 계약해제의 가능성을 인정하고 있다.[104]

비록 사법절차에 의하지 않는 자동적 제재수단의 증폭과 그 중요성으로 인하여 법원의 역할이 감퇴하는 것으로 보일 수도 있으나, 이는 계약위반에 대한 제재를 법원이 선험적으로 판단하여야 하는 상황에 있어서도 마찬가지라고 할 것이다.

B. 필연적(의무적) 제재수단의 존재

채무불이행에 대한 사법적 제재의 선고과정에서의 법원의 재량권은 현실적으로 두 단계에 걸쳐 행사된다. 우선, 법원은 당사자가 주장한 제재수단의 요건을 심사하게 되는데, 이 영역에서의 법원의 재량권행사의 여지는 다소 감축된다고 할 것이다. 다음으로, 법원은 당사자가 주장한 조치의 타당성을 심사하게 되는데, 이 과정에서 법원은 문제된 법익과 당사자의 태도를 감안

---

101) Art. 49 et 26, C.V.I.M. ; Heuzé, *Traité des contrats. La vente internationale de marchandises, op.cit.*, n° 426 et s. 참조.

102) Art. 9.301, 9.302 et 9.303, P.D.E.C. ; Art. 7.3.1., 7.3.2., Unidroit.

103) Art. 114, Pavie.

104) Art. 1158, Projet Catala(까딸라 법안, 즉 프랑스민법 개정안).

하여 가장 적합한 것으로 판단되는 구제수단으로써 당사자가 주장한 제재수단을 대체할 수 있다.[105] 그리고 이러한 일단계에서의 법원의 권한과 그 다음단계에서의 법원의 권한 사이에는 일정한 연관이 있음이 일반적이다. 이러한 사실은 계약해제의 영역에서 법원이 행사할 수 있는 특권들로부터도 추론될 수 있는데, 즉 법원은 채무불이행의 심각성의 정도에 따라 한편으로는 당사자 간의 이해관계의 조정자로서 민법 제1244-1조나 제1184조에 근거하여 이행을 위한 유예기간을 허여할 수도 있고, 다른 한편으로는 계약해제가 아닌 손해배상을 명할 수도 있다는 점에서 그러하다고 할 것이다.[106]

한편, 민법 제1184조 제2항에서 예정하고 있는 또 다른 구제수단과 관련하여, 채권자가 법원에 이행강제를 청구함으로써 계약에서 약정하였으나 이행되지 않은 급부의 이행을 실현할 수 있는지에 대하여 의문이 제기되기도 한다. 여기서 문제가 되는 것은 계약위반에 대한 구제수단으로서 법상 예정하고 있는 다양한 치유책들과 본래 급부에 대한 권리 사이의 우열의 문제라고 할 것인데, 바꾸어 말하면, 손해의 회복과 관련한 원상회복의 방법으로서 이러한 본래 급부에 대한 이행강제가 우선시되는 것이 원칙이라고 할 경우[107] 제재수단의 적법성과 관련한 법원의 평가는 완전히 배제되어야 할 것

---

105) P. Grosser, *Les remèdes à l'inexécution du contrat*, th. préc., n° 527 et s.

106) D. Tallon, "L'inexécution du contrat : pour une autre présentation," art. préc., n° 33 et 40 et s. ; A. Bénabent, *Droit civil, Les obligations*, *op.cit.*, n° 395 et 401.

107) M.-E. Roujou de Boubée, *Essai sur la notion de réparation*, th. Paris, préf. P. Hébraud, Bibl. dr. priv. t. 135, L.G.D.J., 1974 ; P. Wéry, *L'exécution forcée en nature des obligations contractuelles non pécuniaires (essai). Une relecture des articles 1142 à 1144 du Code civil*, th. Liège, préf. I. Moreau Margrève, Kluwer, 1993 ; G. Viney, "Exécution de l'obligation, faculté de remplacement et réparation en nature en droit français," in *Les sanctions de l'inexécution des obligations contractuelles*. Etudes de droit comparé, L.G.D.J.-Bruylant, 2001 ; Fl. Bellivier et R. Sefton-Green, "Force obligatoire et exécution en nature du contrat en droit français et en droit anglais : bonnes et mauvaises surprises du comparatisme," in *Le contrat au début du XXIe siècle*, Etudes offertes à Jacques Ghestin, L.G.D.J., 2001, p. 91 et s. ; I. Cornesse, "L'exécution forcée en nature des obligations contractuelles,"

이기 때문이다.[108)]

이와 관련, 프랑스법에서는 전통적으로 당사자의 주장이 있는 경우 법원은 약정된 급부의 이행, 즉 물건 자체의 이행(*ad ipsam rem*)인 원상회복을 강제하여야 하는 것으로 이해되어 왔다. 비록 의문의 여지가 전혀 없는 것은 아니나, 민사집행절차의 개정과 관련한 1991년 7월 9일 법 제1조에서는 "채권자는 의무를 이행하지 않는 채무자에게, 법에서 정한 요건에 따라, 그 이행을 강제시킬 수 있다"고 규정함으로써 이와 같은 강제이행청구권의 적용범위를 확대시켰다고 할 수 있을 것이다.

그러나 이러한 원칙을 적용함에 있어서는 당사자가 약정한 급부가 주는 채무인지 아니면 작위 또는 부작위채무인지에 따라 그 정도가 일정하지만은 않은 어려움들이 발생한다고 할 것이다.[109)] 우선, 주는 채무, 특히 일정한 금전의 급부를 목적으로 하는 채무에 있어서는 이행강제가 그다지 어렵지 않다고 할 것이다. 그러나 작위 또는 부작위채무와 관련하여서는 이행강제라는 구제수단을 받아들이기가 반드시 용이한 것만은 아니라고 할 것인데, 이는 민법 제1142조에서도 "모든 작위 또는 부작위채무는 채무자의 채무불이행의 경우에도 손해배상금의 지급으로 해소된다"고 규정함으로써 이행강제 자체를 금지하고 있는 것으로 평가될 수 있기 때문이다. 즉, 지나친 강제권의 행사를 방지함으로써 개인의 자유를 담보하기 위한 규정으로 간주되는 동조의 규정은 "누구도 (자신의 인격에 반하여) 무엇을 하거나 하지 않을 것을 강제당하지 않는다"(*Nemo potest praecise cogi ad factum*)는 법언을 반영한 규정이라고

R.R.J. 2003-4, p.2433 et s. ; N. Molfessis, "Force obligatoire et exécution : un droit à l'exécution en nature ?," *R.D.C.* 2005, p.37 et s. ; P. Puig, "Les techniques de préservation de l'exécution en nature," *R.D.C.* 2005, p.85 ; Y.-M. Laithier, "La prétendue primauté de l'exécution en nature," *R.D.C.* 2005, p.161 et s. ; Lonis Apokourastos, *La primauté contemporaine du droit à l'exécution en nature*, P.U.A.M., 2005 참조.

108) P. Grosser, *Les remèdes à l'inexécution du contrat*…, th. préc., n° 559.

109) J. Deprez, "Les sanctions qui s'attachent à l'inexécution des obligations contractuelles en droit civil et commercial français," rapp. préc., 38 et s.

할 수 있으나, 그럼에도 불구하고 그 문언에서 의미하는 바와 마찬가지의 실체법상의 효력은 갖지 못하고 있다. 따라서 굳이 민법 제1143조 및 제1144조의 규정태도와 그러한 규정과의 상관관계를 고려하지 않더라도,[110] 민법 제1142조의 규정의미를 재고할 경우,[111] 채무자에게 약정된 급부의 이행을 강제하는 것은 그것이 윤리적으로나(예컨대, 채무자의 기본적인 자유침해) 물리적으로(예컨대, 특정물의 멸실) 또는 법적으로 불가능한 경우 및 더 나아가 권리남용의 금지 법리에 의한 제한이 가해지는 경우를 제외하고는 언제나 용인될 수 있다고 할 것이다. 그러므로 민법 제1184조 제2항과 동법 제1142조가 충돌하는 경우를 상정할 수는 있을 것이나, 그러한 경우라 하더라도 법원은 전자를 우선적으로 적용할 것이며,[112] 후자는 그러한 범위 내에서는 점진적으로 그 의미를 상실하게 될 것이다.

결국, 채권자가 입은 손해가 아무리 경미하다 하더라도 이행강제의 원칙이 적용되게 되며,[113] 이럴 경우 그와 같은 제재는 채무자에게 있어 사회, 경제적으로 과도한 의무부담이 아닐 수 없을 것이다.[114]

---

110) A. Bénabent, *Droit civil, Les obligations*, *op.cit.*, n° 864-865.

111) P. Wéry, *L'exécution forcée en nature des obligations contractuelles non pécuniaires (essai). Une relecture des articles 1142 à 1144 du Code civil*, th. préc., n° 71 et s.

112) W. Jeandidier, "L'exécution forcée des obligations contractuelles de faire," *Rev. trim. dr. civ.* 1976, p.700 et s. ; P. Grosser, *Les remèdes à l'inexécution du contrat*…, th. préc., n° 544 et s. et les auteurs cités.

113) 예컨대, 설계도와 비교할 때, 높이가 0.33m 낮게 건축된 경우에 대한 것으로서, Cass. civ. 3e, 11 mai 2005, *J.C.P.* 2005, II, 10152, note S. Bernheim-Desvaux.. 사안과 관련하여, 항소심에서는 이와 같은 계약불부합사유가 건물의 용도부합성을 해치지 않을 뿐만 아니라 계약의 본질적이고 결정적인 내용에 대한 침해를 초래한 것이 아니라고 하였다. 그러나 상고심에서는 동 항소심판결을 민법 제1184조에 근거하여 파기하고, 건물의 철거 및 재건축의 필요가 있는 것으로 판단하였다.

114) P. Grosser, *Les remèdes à l'inexécution du contrat*…, th. préc., n° 557 et s. ; Y.-M. Serinet, *Les régimes comparés des sanctions de l'erreur, du vice caché et de l'obligation de délivrance dans la vente*, th. préc., n° 335 et s.

반면, 파기원은 이러한 원상회복 내지 이행강제의 원칙을 적용함에 있어서도 분명한 예외를 인정하기도 하는데, 구체적으로는 일방예약과 같은 사전계약(un avant contrat)의 이행이 문제되는 경우에 특히 그러하다.[115] 즉, 파기원은 이러한 경우들에 있어서는 민법 제1142조의 문언적 의미를 그 근거로 삼고 있는데, 이러한 파기원의 태도에 대하여는 학설상 맹렬한 비판이 제기되고 있다. 요컨대, 채무불이행에 대한 제재수단으로서의 계약이행의 강제정도가 사안에 따라 그 억양을 달리한다고 할 수 있을 것이다.

따라서 이러한 면에 있어서는 프랑스민법에 대한 보통법의 영향력이 오늘날에 이르러 더욱 요청된다고 할 수 있다. 즉, 주지하는 바와 같이, 영국법에서는 이행강제(*specific performance*)가 예외적인 경우에만 인정되며, 계약위반도 손해배상(금)에 의하여 충분히 보정될 수 있는 것으로 이해되고 있다.[116] 그리고 제재수단의 경제적 효용성이라는 면에 있어서도 전계약의 경우를 포함한 계약불이행의 경우에 있어서 금전배상에 의한 청산이 우선됨이 보다 타당한 결과를 도출할 수 있다고 할 것이다.[117]

마지막으로, 비록 관련 국제법규들도 자연적인 치유방법(계약의 이행 또는 원상회복)들을 우선시한다고는 하나, 무조건적으로 그러한 권리를 인정하는 것은 아니다. 즉, 국제동산매매법에서도, 물품의 교체는 본질적 계약위반을

---

115) Cass. civ. 3e, 15 décembre 1993, *D.* 1994, p.507, note Fr. Bénac-Schmidt ; *D.* 1994, somm., p.230, obs. O. Tournafond ; *D.* 1995, somm., p.88, obs. L. Aynès ; *J.C.P.* 1995, éd. N., p.31, note D. Mazeaud ; *Defrénois* 1994, art. 35845, note Ph. Delebecque ; *Rev. trim. dr. civ.* 1994, p.588, note J. Mestre ; Cass. civ. 3e, 30 avril 1997, *Bull. civ., III*, n° 96 ; *D.* 1997, p.475, note D. Mazeaud ; *Rev. trim. dr. civ.* 1997, p.685, obs. P.-Y. Gautier ; *Rev. trim. dr. civ.* 1998, p.98, obs. J. Mestre ; *Defrénois* 1997, p.1007, obs. Ph. Delebecque.

116) Y.-M. Laithier, *Etude comparative des sanctions de l'inexécution du contrat*, th. Paris I, 2004 ; "La prétendue primauté de l'exécution en nature," *R.D.C.* 2005, p.161 et s.

117) Fl. Bellivier et R. Sefton Green, "Force obligatoire et exécution en nature du contrat en droit français et en droit anglais : bonnes et mauvaises surprises du comparatisme," *op.cit.*, p.91 et s.

전제로 인정되는 것이며,[118] 계약불부합(사유)에 대한 치유 내지 보수도 여러 상황을 고려하여 그것이 비합리적이지 않은 경우에 한하여 인정될 수 있다.[119] 또한 프랑스의 국내법질서로 편입된 1999년 5월 25일의 지침에서도, 매수인은 약정내용에 부합하지 않는 재산의 보수와 교체에 대한 권리를 선택적으로 행사할 수는 있으나, 그러한 선택권의 행사와 관련 몇 가지의 요건이 제시되고 있다. 즉, 이러한 선택권의 행사대상이 실현 불가능한 것이거나 그러한 선택권의 행사가 불균형을 초래하여서는 안 된다는 것이다. 한 마디로, 이러한 선택권의 행사를 위해서는 여러 조건이 충족되어야 한다는 것이다. 따라서 이러한 선택권의 행사로 인한 해결책이 하자보수이건 다른 물품으로의 대체이건 간에, 그것이 목적 재산의 가치를 고려할 때, 전문직업인에게 지나치게 과도한 비용을 부담하게 하는 경우에는 균형을 상실한 것으로 고려될 것이다.[120]

입법론적으로 볼 때(*de lege ferenda*), 자연적 이행 또는 원상회복의 우선여부가 중요성을 가지는 문제임에는 틀림이 없다. 그러나 유럽계약법원칙에서와 마찬가지로,[121] 비록 이행강제가 채권자를 위한 권리이기는 하나 이와 같은 제재수단이 채무자에게 과도한 노력과 비용을 요구하게 하는 경우에는 인정될 수 없는 것으로 함으로써, 민법 제1142조의 현실적 한계를 극복함이 바람직하지 않을까 생각된다. 만약 이러한 해결방안이 어렵다면, 민법개정안에서 예정하는 바와 마찬가지로, 현행의 실정법 규정을 그대로 유지하면서, 하는 채무에 있어서는 그 이행강제가 가능한 경우에 한하여 자연적 방법으로 이행되어야 하는 것으로 하되, 그 어떤 경우에도 채무자의 자유나 존엄성

118) Art. 46-2, C.V.I.M. ; V. Heuzé, *Traité des contrats. La vente internationale de marchandises*, *op.cit.*, n° 416 et s.

119) Art. 46-3, C.V.I.M. ; V. Heuzé, *Traité des contrats. La vente internationale de marchandises*, *op.cit.*, n° 419.

120) Art. L. 211-9, C. consom (O. n° 2005-136, 17 février 2005).

121) Art. 9.102, P.D.E.C.

이 침해될 수 있는 정도의 강제권은 인정되지 않는 것으로 규정함이 타당할 것이다.[122)]

IV. 결 론

이상에서 살핀 현행 프랑스법에서의 채무불이행으로 인한 제재수단과 관련한 문제는 분명 많은 어려운 논쟁의 대상을 유발하고 있다.

어쩌면 동 분야의 완성을 위해서는 판례가 (피해자에 의한) 손해의 최소화의무를 인정하지 않는 사정을 보다 더 적극적으로 감안하고,[123)] 계약의 이행과 원상회복의 구별문제를 보다 심화하며, 계약위반을 회피하게 하는 위협적 예방수단을 더 철저히 강구할 필요가 있을 것이다.

그러나 이상에서 살핀 논점들로부터 일정한 경향이 포착된다고 할 수 있다. 이는, 세계화에의 적응요구와 수 세기에 걸쳐 인정된 고유법리에 대한 신뢰 사이에서 용납될 수 있는 균형을 모색하고자 하는 경향이 바로 그것이라고 할 것이다.

---

122) Art. 1154, Projet Catala(까딸라 법안, 즉 프랑스민법 개정안).

123) Cass. civ. 2e, 19 juin 2003 (2 arrêts), *Bull. civ., II*, n°171 ; *D.* 2003, p.2326, note J. P. Chazal ; *J.C.P.* 2003, II, 10170, note C. Castets-Renard ; *L.P.A.*, 17 octobre 2003, p.16, note S. Reifegerste ; *J.C.P.* 2004, I, 101, n°9, obs. G. Viney ; *D.* 2004, somm., p.1346, obs. D. Mazeaud ; *Defrénois* 2003, art. 37845, n°121, obs. J.-L. Aubert.

債務不履行規範의 一元化를 위한 基礎*

-歷史의 桎梏을 넘어 私法의 世界化 경향과 조화할 것을 제안하며-

명 순 구 (고려대학교 법과대학 교수)

序 論: 논의의 한정

債務不履行規範[1]은 私法의 중심에 위치한다. 그 중대성에 걸맞게 채무불이행규범은 각국의 법제에서 일찍이 안정적 체계를 갖추고 운용되어 왔다. 우리 민법에 규정된 주요 채무불이행규범은 다음과 같다: ① 강제이행(제389조);[2] ② 손해배상(제390조~제399조); ③ 해제 · 해지(제543조~제553조); ④ 담보책임(제570조~584조).[3]

채무불이행규범의 근본적인 規範目的에는 큰 차이가 없겠지만 규범의 구

* 이 논문은 『比較私法』 제13권 제4호 (한국비교사법학회, 2006)에 게재된 것임.

1) 債務不履行에 관한 法規範을 총칭하여 '債務不履行規範'으로 부르기로 한다.

2) 법률의 이름을 적시하지 않고 조문번호만을 쓴 것은 한국민법전을 의미한다.

3) 대륙법계 민법의 전통에 따라 韓國民法도 담보책임과 채무불이행 일반규범을 따로 규정하고 있다. 이 글에서는 논의의 편의를 위하여 ①②③을 포괄하는 개념으로 '債務不履行一般規範'이라는 용어를 사용하여 '擔保責任'과 구별하기로 한다. 결국 '債務不履行規範'은 '債務不履行一般規範'과 '擔保責任'을 포함하는 의미로 사용할 것이다.

체적인 모습은 법제에 따라 상당한 편차를 가지고 발전해 왔다. 그런데 債務不履行規範의 법제에 따른 개별적 특성은 경제환경(예: 국제거래의 증가)과 정치환경(예: EU의 성립) 등의 변화에 따라 빠른 속도로 완화되고 있는데, 그 기본적인 방향은 '私法의 統一'(unification du droit privé)이라고 할 수 있다. 이와 관련하여 특기할 만한 결과물은 다음과 같다: ① UNCITRAL[4]의 CISG[5](1980년); ② UNIDROIT[6]의 PICC[7][8](1994년); ③ CECL[9]에서 세 차례에 걸쳐 공포한 PECL[10](제1부 1995년, 제2부 1998년, 제3부 2002년). 이와 같은 기초 위에서 유럽에서는 이미 수 년 전부터 유럽 統一民法典에 관한 논의가 활발하다.[11]

외부세계에서는 債務不履行規範이 변화를 거듭하는 동안에도 한국민법전(1960년 1월 1일 시행)은 시행 당시의 모습을 최근까지 계속 유지하다가, 현재 민법개정안이 국회에 제출되어 있다. 그러나 민법개정안 중 債務不履行規範에 관한 사항은 종래 해석론상 논란이 심했던 부분을 정리하는 정도에 그칠 뿐 구조적인 변화는 없다. 그렇다면 현재 한국의 債務不履行規範은 秀越性을

---

4) 'The United Nations Commission on International Trade Law'의 약칭임.

5) 'The United Nations Convention on Contracts for the International Sale of Goods'의 약칭임.

6) 'International Institute for the Unification of Private Law'의 약칭임.

7) 'The UNIDROIT Principles of International Commercial Contracts'의 약칭임.

8) PICC는 국제협약도 아니고 사법의 통일을 겨냥한 것도 아니다. 즉 PICC는 당사자간의 합의를 전제로 적용되는 규범으로 대체로 仲裁法廷에서 적용될 것을 예상하여 만들어진 것으로서, CISG라든가 PECL과는 성격을 달리한다. 그러나 그 실제적인 내용에 있어서는 '私法의 統一' 경향과 궤를 같이한다(PICC는 CISG를 기초로 하고 있으며, PECL과 PICC의 규정은 그 상당부분이 일치한다; PECL과 PICC 작업의 구성원도 대부분 중복된다).

9) 'The Commission on European Contract Law'의 약칭임.

10) 'The Principles of European Contract Law'의 약칭임.

11) 이에 관한 문제상황과 여러 입장에 대해서는 R. Cabrillac, L'avenir du Code civil, JCP 2004, G, 547 이하; Helmut Koziol 저/신유철 역, 『유럽손해배상법』, 法文社, 2005, 12-13면 등 참조.

보유하고 있는가? 이에 관한 논의는 매우 넓고 복잡하게 전개될 수밖에 없다. 그러나 이 글에서는 “債務不履行一般規範과 擔保責任의 二元體系를 계속 유지하는 것이 타당한가?”라는 문제를 중심으로 논의하고자 한다. 양자간의 상호관계의 재정립은 債務不履行規範을 현대화하고 재정비하기 위한 선결과제에 해당하기 때문이다. 이 문제를 정리하지 않고는 債務不履行規範의 바람직한 발전을 기대할 수 없다. 결론부터 말한다면, 대외무역의존도가 높은 경제구조를 가진 한국으로서는 세계적 경향에 맞추어 채무불이행규범을 一元化하는 것이 장기적인 안목에서 유리한 선택이다.

이 글은 채무불이행규범의 일원화를 위한 작업 중에서 그 기초를 다지는 것을 목적으로 한다. 이 과정에서 우리는 다음과 같은 사실을 발견하게 될 것이다: “한국의 민법학이 얼마나 歷史的 母法(특히 독일법학을 수용하여 형성된 일본법)에 대한 盲目性으로 가득한가?” 종래 우리가 넘지 못할 학문적 신념으로 간직해온 것들 중에는 ‘역사의 桎梏’에 불과한 것도 있다. ‘債務不履行規範의 一元化’를 방해하는 요인 중에도 그러한 것들이 많다. 이 글은 그 장애요소들을 지적함과 동시에 그것을 극복하기 위한 노력의 하나이다.

위와 같은 문제인식을 토대로 이하에서는 다음과 같은 두 분야를 중심으로 논의하고자 한다: 채무불이행으로 인한 손해배상(I); 하자담보책임(II).

I. 債務不履行으로 인한 損害賠償의 분야

채무불이행에 대한 제재로서의 손해배상은 모든 법제에서 일반적으로 인정되는 제도이다. 그러나 그 규범형식 내지 운영방법은 법제에 따라 차이가 있다. 다음에서는 이 문제에 관한 한국 민법학에서의 쟁점사항을 기초문제(A)와 개별적인 문제(B)로 구분하여 살펴보기로 한다.

A. 기초문제: 제390조의 규범기능

채무불이행으로 인한 손해배상에 관한 원칙규정으로 제390조는 다음과 같이 규정하고 있다: "채무자가 채무의 내용에 좇은 이행을 하지 아니한 때에는 채권자는 손해배상을 청구할 수 있다. 그러나 채무자의 고의나 과실 없이 이행할 수 없게 된 때에는 그러하지 아니하다." 민법 시행 이후로 지금까지 이 조문의 문언에는 아무런 변화가 없었음에도 불구하고 그에 대한 해석론은 상당한 폭으로 변모하였다. 그 원인은 무엇일까? 그리고 해석론의 변화 방향은 타당하다고 할 수 있는가? 이 문제는 중요하기는 하나 진부한 논점이다. 그러므로 이 글의 논의를 전개하기 위한 전제로서 역사적 시각[12]에서 비교적 간단히 다루기로 한다.

1. 1970년대 이전의 상황

이 시기는 우리 민법전 제390조의 비교법적 또는 계통적 특징에 대한 인식이 거의 없던 시대로 평가할 수 있다. 제390조에 대한 민법학자들의 인식은 거의 동일하였는데, 그 내용을 요약하면 다음과 같다[13]: ① 제390조는 일본민법전 제415조[14]와 동일한 취지이다; ② 채무불이행에는 이행불능, 이행지체 및 적극적 채권침해(또는 불완전이행)의 세 가지 유형이 있다; ③ 제390조 본문의 '채무의 내용에 좇은 이행을 하지 아니한 때'에는 이행불능, 이

12) 현행 민법전의 시행일 이후(1960년 1월 1일 이후)로 한정하여 살펴보기로 한다.

13) 특히 金曾漢 · 安二濬 편, 『新債權總論』, 博英社, 1968, 97면; 玄勝鍾, 『債權總論』, 日新社, 1975, 106면; 郭潤直, 『債權總論』, 厚巖社, 1976, 111면 등 참조.

14) 일본민법전 제415조는 다음과 같이 규정한다: "채무자가 채무의 本旨에 좇은 이행을 하지 아니한 때에는 채권자는 그 손해의 배상을 청구할 수 있다. 채무자의 책임 있는 사유로 인하여 이행할 수 없게 된 때에도 또한 같다."

행지체 및 적극적 채권침해(또는 불완전이행)가 포함된다.

이 시기의 학설은 일본민법학의 절대적인 영향 아래에 있었다. 그리고 채무불이행책임에 관한 당시의 일본민법학은 소위 '學說繼受' 현상으로 인하여 독일민법학의 절대적 영향 아래 있었다. 독일에서는 손해배상의 발생원인으로 이행불능(제280조)과 이행지체(제286조)만을 규정하고 있었던 독일구민법전[15]의 흠결을 보충하기 위하여 학설과 판례가 적극적 채권침해(또는 불완전이행)라는 제3의 유형을 고안하여 운용하였다(소위 '한정적 3유형론'). 이러한 독일민법학의 이론이 별다른 학문적 성찰도 거치지 않은 채 일본을 통하여 우리나라에 그대로 유입된 것이다. 맹목적 학설계수의 대표적인 예라고 할 수 있다. 요컨대, 1960년내 및 1970년대 한국의 민법학은 독일민법학의 역사적 유산을 승계한 일본민법학의 그늘에 머물러 있었다.

2. 1980년대 이후의 상황

1980년대에 들어 한국의 일부 학자들은 제390조 어느 곳에서도 독일구민법전과 같은 모습을 발견할 수 없다는 인식을 하게 된다. 이에 따라 비교법적 시각 또는 역사적 시각을 바탕으로 제390조에 관하여 새로운 이론체계를 정립하려는 시도가 등장하였고,[16] 이러한 경향은 시간이 경과함에 따라 많은 학자들의 지지를 얻었다.[17] 이는 근대 한국민법이 성립할 시점부터 태

---

15) '채권법의 현대화를 위한 법률'(Gesetz zur Modernisierung des Schuldrechts)로 확정되어 2001년 11월 29일 공포되고 2002년 1월 1일부터 시행되고 있는 현행 독일민법전의 前身을 말한다. 앞으로 '독일구민법전'은 그것을 지칭하는 것이다.

16) 특히 金亨培, "우리 民法의 債務不履行體系," 『民法學研究』, 博英社, 1986, 114면 이하; 曺圭昌, "民法 제390조와 積極的 契約侵害," 『民法學論叢(郭潤直博士華甲紀念論文集)』, 博英社, 1985, 344면 이하 참조.

17) 郭潤直 편/梁彰洙 집필, 『民法注解[IX]』, 博英社, 1995, 211면; MYOUNG Soon-Koo, *La rupture du contrat pour inexécution fautive en droit coréen et français*, Paris, L.G.D.J., 1996, p.90 이하 참조.

생적으로 존재했던 역사의 그늘을 벗어나 적정한 해석론을 모색하여야 한다는 인식의 표현으로 볼 수 있다.

제390조는 包括的 一般主義의 형식을 취하고 있는데, 이러한 규정형식은 프랑스민법전(제1147조), 이탈리아민법전(제1218조), 스위스채무법(제97조)과 일치하며, 한정적 열거주의를 취하고 있던 독일구민법전과는 분명하게 구별된다. 이와 같은 사정에도 불구하고 오랜 기간 동안 제390조는 '독일식'으로 운용되어 왔던 것이다. 이러한 현상을 가리켜 한 학자는 다음과 같이 표현하고 있다: "이는 곧 Pothier나 Portalis가 한국에서 Windscheid나 Planck로 변신했음을 의미한다."[18] 제390조를 '독일식'으로 운용하지 않는다는 것은, 특히 독일의 적극적 채권침해(positive Vertragsverletzungen)의 이론을 수용할 필요가 없음을 의미하는 것이다. 독일의 적극적 채권침해론은 給付義務(Leistungspflicht), 附隨的 注意義務(Nebenpflicht), 保護義務(Schutzpflicht)와 같은 개념으로 집약되는 독일민법학 특유의 복잡한 債權構造論에 기초한 것이다. 독일법학 특유의 분석적 사고에 기초한 적극적 채권침해론은 포괄적 사고에 익숙한 한국인에게는 매우 낯선 이론일 수밖에 없다. 게다가 적극적 채권침해론에 대한 독일민법학의 태도를 자세히 들여다보면 이 이론은 완결된 것이 아니라 늘 형성되고 있던 이론이다.[19] 그러다 보니 국내에 소개된 적극적 채권침해론은 일정한 목표를 가지고 독일의 학문적 결과를 비판·분석하여 수용된 것이 아니라, 거대한 논의 중 극히 단편적인 부분을 논자의 관점에 따라 선정하여 소개한 것에 불과하다.[20]

3. 결 어

1980년대 이후의 인식변화에도 불구하고 제390조를 해석함에 있어서 아

18) 曺圭昌, "民法 제390조와 積極的 契約侵害,"『論理와 直觀』, 法文社, 1998, 259면.

19) 曺圭昌, 앞의 글 "民法 제390조와 積極的 契約侵害," 267면 참조.

20) 曺圭昌, 앞의 글 "民法 제390조와 積極的 契約侵害," 266면 참조.

직도 적극적 채권침해론(또는 불완전이행론)을 언급하는 학자가 있다.[21] 그런데 이들이 이해하고 있는 '적극적 채권침해'의 개념과 독일민법학의 그것 사이에는 차이가 있다고 본다. 한국의 학자들에게 '적극적 채권침해(또는 불완전이행)'라는 개념은 "이행기에 채무의 이행에 해당하는 행위가 있기는 했으나 그것이 불완전하다"라는 점에 핵심이 있는 것이지, 독일에서와 같이 복잡한 채권구조론과 연계된 필연적 결과물로서의 '적극적 채권침해'의 개념은 아니라고 본다. 만약 이러한 평가가 정당하다면 이제는 '적극적 채권침해론'은 역사전시관에 안치되는 것이 옳다. 우리는 '적극적 채권침해'라는 개념이 없이도 법률문제를 해결할 수 있는 충분한 장치(즉 제390조)를 가지고 있다. 독일에서 법률흠결을 보충하기 위하여 형성한 적극적 채권침해이론을 수입하면서 그 법적 근거로 제390조를 드는 것은 일종의 난센스이다.

이와 관련하여 가장 결정적인 사실은 독일민법전의 개정이다(2002년 1월 1일 시행). 개정된 독일민법전은 종래의 한정적 열거주의를 폐기하고 채무불이행으로 인한 손해배상의 발생원인을 '의무위반'(Pflichtsverletzung)이라는 총체적 개념으로 대체하였다(제280조). 이는 CISG의 '계약위반'(breach of contract: Art. 25), PICC와 PECL의 '불이행'[non-performance: PICC Art. 7.1.1./PECL Art. 1:301 (4)]과 같은 관념을 수용한 결과이다. 독일에서조차 이미 폐기된 이론을 한국민법학이 고수하여야 할 이유는 없다.

B. 개별문제

위에서 제390조에 대한 인식전환의 경향과 그 정당성을 논증하였다. 이와 같은 시각에 따라 다음에서는 제390조와 관련된 몇 가지의 개별적인 문제를 해석론 또는 입법론의 차원에서 검토해 보기로 한다.

---

21) 金亨培, 『債權總論』, 博英社, 1998, 221면; 金相容, 『債權總論』, 法文社, 2004, 132면 이하 참조.

1. 채무불이행의 유형화 필요성

제390조를 원래의 규범목적에 따라 包括的 一般主義의 시각으로 해석한다고 하여 채무불이행의 유형화 작업이 가지는 유용성을 부정할 것은 아니다. 손해배상의 분류에 있어서 '본래의 급부에 대신하는 손해배상'(塡補賠償)과 '본래의 급부와 아울러서 하는 손해배상'(遲延賠償)의 분류는 이론과 실무의 양면에서 유용할 뿐만 아니라 한국민법전의 여러 규정도 이 분류를 기초로 하고 있다(특히 제387조, 제395조 등). 이는 이행불능과 이행지체의 유형화가 여전히 유용함을 의미하는 것이다.

중요한 것은 유형화를 하는 이유가 무엇인가 하는 것이다. 즉 독일구민법식으로 '한정적 3유형론'의 일환으로 이행불능과 이행지체를 배치시키는 것이 아니라, 이들 두 가지를 거래계에서 다양하게 나타나는 채무불이행의 주요유형으로 보는 입장이라면 이를 제390조의 원래의 규범목적에 어긋나는 것으로 볼 이유가 없다.

2. 제390조의 규범기능에 대한 정확한 인식

제390조는 채무불이행으로 인한 손해배상청구권의 근거를 제공하는 규정이다. 채무자가 채무를 이행하지 않은 경우에 대한 제재방법은 매우 다양한데(예: 해제, 강제이행, 담보책임 등), 제390조는 채권자에게 손해배상청구권도 있음을 선언하고 있는 것이다. 이것이 제390조의 규범기능이며 그것만으로도 제390조는 충분한 존재이유를 가지는 것이다. 만약 제390조가 없다면 채무불이행의 피해자인 채권자는 계약해제권 또는 대금감액권 정도로 만족하여야 할 것이기 때문이다.

그러므로 제390조에 그 규범기능을 초과하는 의미를 부여하는 것[22]은

---

22) 제390조를 손해배상청구권의 근거규정임과 동시에 손해배상의 범위에 관한 규정으로 이

바람직하지 않으며, 그러한 태도는 때에 따라서는 채무불이행책임체계에 혼란을 초래할 수도 있다.

3. 채무불이행의 개념과 손해배상청구권의 성립요건의 구별

종래 우리나라의 거의 모든 학설은 이행불능, 이행지체 등과 같은 채무불이행의 존재요건으로 귀책사유와 위법성을 배치시키고 있다.[23] 다음과 같은 설명이 그 예이다: "履行遲滯라 함은, 債務가 履行期에 있고, 또한 그 履行이 可能함에도 불구하고, 債務者가 그에게 責任있는 事由(有責事由)로 違法하게 債務의 內容에 좇은 履行을 하지 않는 것이다."[24]

이러한 태도는 단순한 법률사실로서의 채무불이행의 개념과 그 채무불이행에 대한 여러 제재 중의 하나인 손해배상청구권의 요건(즉 책임요건)을 혼동한 것이다. 채무불이행 사실이 존재하고 그에 부가하여 손해배상책임의 일반요건(손해, 인과관계, 귀책사유, 위법성)이 충족되면 손해배상청구권이 성립한다는 사실에 유의하여야 한다. 만약 귀책사유와 위법성을 채무불이행의 존재요건으로 배치하게 되면 强制履行(제389조)도 귀책사유를 요건으로 하는 제도로 되는 것이 논리적이다. 왜냐하면 강제이행은 이행지체에 대한 전형적 제재수단이기 때문이다.

4. 제390조의 法文에 대한 사고의 전환

제390조는 本文과 但書의 구조로 되어 있다. 종래의 통설은 단서의 '이행할 수 없게 된 때'를 이행불능의 경우로, 본문의 '이행을 하지 아니한 때'

해하는 태도(金亨培, 앞의 책『債權總論』, 258-259면 참조)와 같은 것이 그 예이다.

23) 金亨培, 앞의 책『債權總論』, 152면, 173-174면; 金相容, 앞의 책『債權總論』, 100면 이하.

24) 郭潤直,『債權總論』, 博英社, 1994, 135면.

를 그 밖의 경우(예: 이행지체)로 이해하면서 제390조는 이행불능에 대해서만 귀책사유를 요구하는 형식으로 규정되었다고 이해한다. 물론 종래 통설은 이행불능으로 인한 손해배상의 경우에만 귀책사유를 요구할 특별한 이유가 없다는 사실을 들어 그 밖의 사유로 인한 손해배상의 경우에도 귀책사유가 요구된다고 해석하고 있기는 하다.[25] 그러나 제390조의 문언에 그 정도까지 민감할 필요는 없다고 생각한다.

그 이유는 다음과 같다: 제390조의 母法에 해당하는 일본민법전 제415조[26]의 입법과정을 보면 '이행을 하지 아니한 때'(제1문)와 '이행할 수 없게 된 때'(제2문)의 표현에 유의하였는데, 제2문의 '이행할 수 없게 된 때'는 이행불능의 경우를 가리키는 것이었다[27]; 일본민법전 제415조도 法文上으로는 이행불능에 대해서만 귀책사유를 요구하는 형식으로 되어 있다; 그러나 일본의 학설과 판례는 입법형식에도 불구하고 제1문의 경우에 있어서도 귀책사유를 요구하는 것으로 해석하였는데 그와 같은 경향은 만주민법전 제377조[28]에 그대로 반영되었다[29]; 한국민법전의 입법관련 자료 어디에도 제390조에 대한 입법자의사는 나타나 있지 않으며, 다만 제390조가 일본민법전 제415조와 만주민법전 제377조와 같은 취지라는 정도의 언급이 있을 뿐이다[30]; 매우 중대

25) 金亨培, 앞의 책, 『債權總論』, 153면; 郭潤直, 앞의 책 『債權總論』, 141면 등 참조.

26) 한국민법전 제390조가 본문과 단서의 형식으로 규정된 것과 달리, 일본민법전 제415조는 제1문과 제2문의 형식으로 되어 있다.

27) 이에 대해서는 金亨培, 앞의 글 "우리 民法의 債務不履行體系," 159면 참조.

28) 만주민법전 제377조는 다음과 같이 규정한다: "채무자가 채무의 本旨에 좇은 이행을 하지 않거나 또는 이것을 할 수 없게 된 때에는 채권자는 그 손해의 배상을 청구할 수 있다. 그러나 그 불이행이 채무자의 고의나 과실로 인한 것이 아닐 때에는 그러하지 아니하다."

29) 만주민법전(1937년 12월 1일 시행)은 일본제국주의의 침략정책의 일환으로 日本法律家의 주도 아래 만들어진 것으로 약 40년간 일본민법전(1898년 7월 16일 시행)을 운용하는 과정에서 집적된 학설과 판례가 반영되었다(이에 대하여 간략한 설명은 명순구, 『민법총칙』, 법문사, 2005, 10-11면 참조).

30) 民議院 法制司法委員會 民法案審議小委員會, 『民法案審議錄 上卷』, 1957, 233면.

한 사항임에도 불구하고 입법관련 자료에 제390조의 文言에 관해서는 이상하리만큼 논의가 없었다; 이러한 사정으로 미루어보건대, 한국민법전의 입법당시에 제390조의 文言에 대하여 유의한 흔적은 거의 없으며, 그 이유는 구민법전(즉 일본민법전) 아래에서의 해석론[31]이 의심할 여지없이 너무나 지배적이었기 때문일 것이다[32]; 그러므로 제390조 '이행을 하지 아니한 때'(본문)와 '이행할 수 없게 된 때'(단서)의 문언에 무게를 두는 것은 앞에서 확인한 사정으로부터 추단되는 입법자의사에도 합치하지 않을 뿐만 아니라, 제390조를 포괄적 일반주의의 시각에서 이해하여야 한다는 요구에도 부합하지 않는 것으로 제390조의 母法에 해당하는 일본민법 제415조의 — 그것도 입법기술상 정확성을 보유했다고 볼 수도 없는[33] — 입법과정의 역사로 회귀하는 일이다.

한편, 立法形式만을 본다면 제390조와 일본민법전 제415조 사이에는 커다란 차이가 있다는 점에 유의할 필요가 있다. '이행을 하지 아니한 때'와 '이행할 수 없게 된 때'가 일본민법전 제415조에서는 제1문과 제2문으로 구성되어 있는 것과 달리 한국민법전 제390조에는 본문과 단서로 배치되어 있다. 法文이 本文과 但書로 구성되어 있는 경우 단서란 기본적으로는 본문에 의하여 포섭되는 경우 중에서 특수한 상황을 규율하는 것이 보통이다. 이렇게 본다면 '이행을 하지 아니한 때'와 '이행할 수 없게 된 때'의 관계를 병렬

31) 구민법전 아래에서의 해석론이란, 이행불능뿐만 아니라 그 밖의 유형의 채무불이행의 경우에도 귀책사유가 손해배상청구권의 요건이라는 것을 의미한다.

32) 현행 민법전 시행 직후에 출간된 한 교과서의 다음과 같은 취지의 표현은 이러한 사정을 대변하고 있다: "민법은 이행불능에 관하여는 채무자의 '고의나 과실'(제390조 단서) 또는 '책임 있는 사유'(제546조)로 인할 것을 필요로 하고, 이행지체에 관하여는 직접적으로는 이것을 明言하지 않았다. 그러나 이행불능과 이행지체를 구별하여야 할 충분한 이유가 없고 민법의 다른 조문(예: 제391조, 제392조, 제397조)과의 균형상 또는 그 반대해석의 결과로서 적어도 간접적으로는 이행지체에 관하여도 채무자의 귀책사유로 인할 것이 요구되는 것으로 해석하여야 한다."(金曾漢·安二濬 편, 『新債權總論』, 博英社, 1960, 101-102면).

33) 이에 대해서는 金亨培, 앞의 글 "우리 民法의 債務不履行體系," 159면 참조.

적으로 보는 것은 제390조의 입법형식에 충실한 해석으로 보기 어렵다. 그렇다면 제390조의 文言에 무게를 두고 해석론을 전개한다는 것 자체가 무망한 일이 아닌가 하는 생각이 든다.

위에서의 논의는 다음과 같이 정리할 수 있다: 제390조의 文言과 그 母法으로 인식해 온 일본민법전 제415조의 역사에 집착할 것이 아니라 제390조의 본질적 규범내용(채무불이행으로 인한 손해배상책임의 성립에 있어서 일반조항주의와 과책주의) 쪽으로 관심의 방향을 전환하여야 할 것이다.

제390조 文言에 집착한 나머지 현재 국회에 계류되어 있는 민법개정안은 종래 일반적 학설의 요구에 따라 제390조를 다음과 같이 변경하는 것으로 되어 있다: "채무자가 채무의 내용에 좇은 이행을 하지 아니한 때에는 채권자는 손해배상을 청구할 수 있다. 그러나 채무자의 고의나 과실 없이 <u>그 이행이 이루어지지 아니한</u>[34] 때에는 그러하지 아니하다." 개정안의 취지는, 현행 제390조 단서의 '이행할 수 없게 된 때'라는 것이 이행불능을 가리키는 것에 불과하다는 문제점을 해결하고자 하는 것이다.[35] 그러나 이 개정안의 타당성에 대해서는 다음과 같은 점에서 의문이 든다: 제390조가 본문과 단서의 구조를 그대로 유지하는 한, 개정안 제390조 本文('이행을 하지 아니한 때')과 但書('그 이행이 이루어지지 아니한 때')는 이론적으로 타당한 대비상황이 되지 못한다. 단서의 '그 이행이 이루어지지 아니한 때'가 모든 채무불이행의 유형을 포괄하기 위하여 고안된 관념이라고 본다면 본문의 '이행을 하지 아니한 때'라는 것은 그러하지 않은 관념이 될 수밖에 없는데, 이러한 상황은 본문과 단서의 관계로서 적절하지 않을 뿐만 아니라 제390조의 본질적 특질이라고 할 수 있는 일반조항주의의 성격에도 합치하지 않는다. 왜냐하면 제390조 본문은 모든 유형의 채무불이행을 포섭할 수 있어야 하기 때문이다.

---

34) 밑줄은 필자가 그은 것이다. 밑줄이 변경부분인데 이것은 '이행할 수 없게 된'을 대체한 것이다.

35) 제390조의 개정이유 및 개정에 대한 논의에 대하여 자세한 것은 法務部, 『民法(財産編) 改正 資料集』, 法務資料 제260집, 法務部 法務審議官室, 2004, 569면 이하 참조.

이와 같은 문제점을 고려하여 생각한다면 제390조를 개정할 바에야 전면적인 개정이 바람직하다고 생각하며, 그 문안은 다음과 같은 정도가 어떠할까 생각한다: "채무자가 채무의 내용에 좇은 이행을 하지 못한 때에는 채권자는 그 손해의 배상을 청구할 수 있다. 그러나 그 불이행이 채무자의 고의나 과실로 인한 것이 아닌 때에는 그러하지 아니하다."

II. 瑕疵擔保責任의 분야

제580조는 특정물매매에 있어서 매도인의 하자담보책임을 규정하고 있다. 채무불이행 일반규범과 담보책임을 이원적으로 규율하는 것이 대륙법계의 일반적인 입법형식이기는 하다. 그러나 양자의 관계에 대한 각 법제의 입장에는 상당한 차이가 있다. 이 문제와 관련하여 한국민법학은 오랜 기간 동안 역사의 桎梏을 벗어나지 못하고 지루한 논쟁을 습관처럼 되풀이하고 있다는 생각이 들기도 한다. 하자담보책임의 분야에서 제기된 문제들에 대한 학문적 합의점을 찾지 않고서 '채무불이행규범의 일원화'를 논의할 수는 없는 일이다. 이와 같은 시각에서 다음에서는 이 하자담보책임에 관한 한국민법학에서의 쟁점사항을 기초문제(A)와 개별적인 문제(B)로 구분하여 살펴보기로 한다.

A. 기초문제: 담보책임의 본질

담보책임의 본질은 현행민법 시행 직후부터 민법학계에서 뜨거운 관심을 불러일으켰다. 담보책임제도가 가지는 체계상의 중요성에 비추어 볼 때 이러한 현상은 당연하다고 여겨질 수도 있다. 그러나 이 현상은 자주적이라기보다는 일본민법학계의 영향에 불과했다고 보는 것이 옳을 것 같다.[36] 담보책임의 본질은 상당히 진부한 논점이다. 그러나 이 문제가 채무불이행규범의 이론체계에 미치는 영향은 매우 크다. 이 글의 논의를 전개하기 위한 전제로서 유용하다고 판단되는 한도에서 간단히 살펴보기로 한다.

담보책임의 본질에 대한 논쟁은 독일민법학에서 유래하는 것으로 특정물매매를 대상으로 한다.[37] 특정물하자담보책임의 본질에 관한 학설로는 '법정책임설'과 '채무불이행책임설'이 있다. 후자가 담보책임을 채무불이행책임의 일종으로 보는 것과 달리, 전자는 법률에 의하여 인정된 특별한 책임으로서 채무불이행책임과는 단절된 체계로 보는 입장이다.

법정책임설의 기본관념을 보기로 한다. 이 학설은 독일 보통법시대에 형성된 이론으로 당사자의 의사가 特定物의 性狀에까지 미칠 수는 없다는 관념이 그 출발이다.[38] 특정된 물건은 그에 대한 사람의 주관적 관념과 무관하게 객관적인 성질과 상태를 가지고 존재하는 것이므로, 어떤 특정의 물건을 계약의 목적물로 하였다면 급부의 객체는 있는 그대로의 그 물건(die Sache, die da so ist)으로 확정된다는 것이다.[39] 特定物의 性狀에 관한 당사자의 관념은 법률행위의 내용이 될 수 없고 단지 動機에 불과하다. 그러므로 特定物賣買의 賣渡人으로서는 '있는 그대로의 물건'을 인도하기만 하면 완전한 債務履行을 하는 것이 되어 그에게 채무불이행책임을 물을 수는 없다는 것이다. 이러한 논리에서 매도인이 인도한 물건에 하자가 있는 경우에 문제되는 하자

36) 吳宗根, "特定物賣買에서의 瑕疵擔保責任에 관한 學說史," 『韓國民法理論의 發展(茂巖李英俊博士華甲紀念論文集)』, 博英社, 1999, 843면 참조.

37) 하자담보책임에 관한 역사적 연구에 대해서는 曺圭昌, "物件의 瑕疵擔保責任: 現行法規定의 批判的 考察," 앞의 책 『論理와 直觀』, 181-194면 참조.

38) 독일의 문헌과 함께 이에 대하여 자세한 설명은 金大貞, 「賣渡人의 擔保責任에 관한 硏究」, 成均館大學校 博士學位論文, 1990, 30면 이하 및 177면 이하 참조.

39) 이와 같은 내용의 이론을 일본의 학자들은 '특정물도그마'라고 불러왔고 한국에서도 이 용어가 사용되고 있다.

담보책임은 債務不履行에 대한 제재로 관념하지 않는다.

하자담보책임의 본질에 관한 독일민법학의 연구결과는 한국과 일본의 민법학에 결정적인 영향을 주었다. 하자담보책임의 본질을 탐색함에 있어서 독일민법학은 로마법에 의존하였는데, 이러한 태도의 타당성에 대해서는 의문이다. 왜냐하면 로마법상의 하자담보책임의 내용[40]은 시대에 따라 상당한 차이가 있었고, 그 차이의 폭은 보기에 따라서는 법정책임설과 채무불이행책임설의 격차만큼이나 큰 것이었기 때문이다. 근대 대륙법계 민법상의 하자담보책임제도 형성에 상대적으로 가장 큰 영향을 미쳤다고 평가되는 Justinianus 시대의 로마법을 기준으로 본다 하더라도 그것은 하자담보책임의 본질에 관한 독일민법학의 논의사항과 직접적인 연관성을 찾기 어렵다. 요컨대, 법정책임설은 순전히 독일민법학의 작품이다.

채무불이행책임설은 瑕疵擔保責任을 매도인의 債務不履行에 대한 제재로 본다.[41] 特定物賣買에 있어서 단순히 매매목적물에 대한 所有權 및 占有의 이전만으로는 賣渡人이 債務를 완전히 이행한 것으로 볼 수 없다는 것이다. 이 학설은 물건의 성상이라는 것이 단순한 동기에 불과한 것이 아니라 법률행위의 내용을 이루는 것으로 이해한다. 그리하여 特定物賣買에 있어서 매도인은 '목적물에 하자가 없을 것'이라는 계약상의 의무를 부담하는 것이다.

담보책임의 본질에 관한 학설은 독일에서 생성된 후 독일민법학의 절대적인 영향 아래 있었던 日本에 전해지고, 日本을 통하여 또 다시 한국에 수입되었다. 1970년대까지는 법정책임설이 한국민법학계를 지배하였다. 1980년대에 접어들자 독일민법학에 대한 비교법적 연구가 활발해지면서 채무불이행

---

40) 로마법의 하자담보책임에 대한 역사적 고찰에 대해서는 曺圭昌, 앞의 글 "物件의 瑕疵擔保責任: 現行法規定의 批判的 考察," 181면 이하; 金大貞, 앞의 논문 「賣渡人의 擔保責任에 관한 硏究」, 16면 이하; 李相光, 『瑕疵擔保責任論』, 法元社, 2000, 7면 이하 참조.

41) 이 학설을 취하고 있는 문헌과 그 내용에 대해서는 李相光, 앞의 책 『瑕疵擔保責任論』, 30-36면 참조.

책임설이 활발하게 소개되었고[42] 현재에는 한국에서도 다수설의 위치에 있다.[43]

법정책임설은 오랜 기간 동안 일본과 한국에서 깨뜨리지 못할 원칙인 것처럼 인식되어 왔다. 그런데 이 학설의 타당성에 대해서는 근본적인 의문이 있다. 법정책임설의 출발점에 해당하는 '특정물도그마'부터가 문제이다. 무엇보다도 '특정물도그마'의 관념은 상식에 합치하는 것으로 보기 어렵다. "매매계약에 있어서 목적물의 성상은 계약의 내용이 아니다"라는 말을 누가 수긍할 수 있겠는가? 상식의 틀을 벗어나는 법이론은 하나의 허구에 불과한 것으로 생명력을 가질 수 없다. 특정물에 대한 매매계약을 체결함에 있어서 당사자들은 '일정한 성상을 가진 목적물'과 '일정한 금액의 매매대금'을 대상으로 의사표시를 교환하는 것으로 보아야 할 것이다. 특기할만한 것은 한국에서 주장되는 법정책임설 중에는 권리흠결과 종류물의 하자담보책임도 법정책임설로 설명하는 견해도 있다는 점이다. 이러한 태도는 법정책임설을 특정물의 하자담보책임에만 한정하고 있는 독일과 큰 차이가 있다.[44] 애초부터 특정물도그마가 문제될 수 없는 경우에 대해서까지 법정책임설로 설명하려는 태도를 어떻게 바라보아야 할까? 담보책임의 본질에 관한 논의에 있어서 이제 歷史의 桎梏으로부터 벗어나 우리에게 적정한 규범을 탐색하여야 할 필요가 있다. 게다가 법정책임설은 채무불이행규범의 一元化에 결정적인 걸림돌로 작용한다.

요컨대, 특정물하자담보책임은 채무불이행에 대한 제재로 파악하여야 한

---

42) 黃迪仁, "瑕疵擔保責任의 法的 性質," 『考試界』 제24권 제3호(제265호), 국가고시학회, 1979, 81면 이하; 金亨培, "債務不履行責任의 歸責根據에 관한 試論的 考察," 『月刊考試』 제100호, 1982년 5월호, 39면 이하; 張圭昌, "物件의 瑕疵擔保責任," 『法學論集』 제21집, 高麗大學校 法學硏究所, 1983, 221면 이하 등.

43) 金亨培, 『債權各論』, 博英社, 1997, 310면; 金相容, 『債權各論』, 法文社, 2004, 205면; 郭潤直, 『債權各論』, 博英社, 2005, 137면.

44) 安春洙, "瑕疵擔保法上의 問題點 —債務不履行責任說의 입장에서 特定物賣買를 중심으로—" 『民事法學』 제11 · 12호, 한국민사법학회, 1995, 420면 참조.

다. 같은 매매계약이라도 종류물매매인가 특정물매매인가에 따라 담보책임의 본질이 상이한 것으로 파악하는 것은 어색한 일이다. 법정책임설에 따르면 특정물매매의 매도인이 매수인에게 하자 있는 물건을 인도한다 하더라도 매수인은 그 물건의 수령을 거절할 수 없다는 논리가 되는데(매도인은 채무를 위반한 바가 없으므로), 이는 실제적 거래관념과는 동떨어진 것이다. 한편, 채무불이행책임설을 철저하게 관철한다면 채무불이행 일반규범과 담보책임은 동일한 토대에서 규율될 수 있고, 또 그렇게 하는 것이 효율적인 이론구조이다.

법정책임설의 진원지인 독일의 개정민법은 채무불이행으로 인한 손해배상책임에 관한 원칙규정인 제280조의 '의무위반'(Pflichtsverletzung)의 하위개념으로 제433조에서 매도인에게 물상 및 권리상 하자가 없는 물건을 조달해 주어야 할 의무를 규정하였다(제433조 제1항 제2문).[45] 이는 특정물도그마의 폐기를 의미하는 것이다. 역사적 필연성과 무관한 관념, 발상지에서조차 사라진 관념, 우리의 거래실정 및 사고방식과도 어울리지 않는 관념에 집착할 이유가 더 이상 없다고 본다.

B. 개별문제

담보책임의 본질에 관한 논의는 단순히 이론적 의미를 가지는 것에 그치지 않고 여러 가지 실제적인 문제에 영향을 미친다. 채무불이행책임과 담보책임의 일원화를 염두에 두면서 담보책임에서 문제되는 개별사항을 살펴보고자 한다.

45) 이에 대하여 자세한 것은 안법영, 『독일매매계약법』, 고려대학교출판부, 2003, 27면 이하 참조.

1. 제374조·제462조와 하자담보책임

제374조는 다음과 같이 규정하고 있다: "특정물의 인도가 채권의 목적인 때에는 채무자는 그 물건을 인도하기까지 선량한 관리자의 주의로 보존하여야 한다." 제462조는 다음과 같이 규정하고 있다: "특정물의 인도가 채권의 목적인 때에는 채무자는 이행기의 현상대로 그 물건을 인도하여야 한다." 종래 학설은 하자담보책임의 이론구성과 관련하여 이들 두 규정에 중요한 역할을 부여하였는데, 그 시각의 타당성에 대해서는 의문이다. 결론부터 말하자면, 제374조와 제462조는 현행 민법상으로는 전혀 무용한 규정으로 볼 수밖에 없다는 것이다.

(1) 두 條文이 하자담보책임의 이론체계에 미치는 영향

독일민법학에서 형성된 특정물도그마에 따르게 되면 목적물의 瑕疵가 원시적인가 후발적인가 하는 것은 문제되지 않는다. 게다가 독일구민법전 제459조 제1항은 하자의 판단시점을 '위험이전시'로 명문화하고 있어 독일에서는 하자판단의 시점에 대해서는 다툼이 없었다. 사실 특정물도그마에 충실하고자 한다면 원시적 하자와 후발적 하자 모두 담보책임으로 포섭하여야 한다.

그러나 한국의 법정책임설에서는 사정이 다르다. 이는 독일민법에는 존재하지 않는 한국민법전 제374조와 제462조로 인한 것이다. 이 두 조문에 대하여 다수설은 다음과 같이 이해한다: 특정물채무자는 선량한 관리자의 주의로 목적물을 보존하다가 이행기에 이행한다면 비록 목적물에 후발적 하자가 있다 하더라도 채무이행을 다하는 것이 되나, 채무자가 선량한 관리자의 주의의무를 위반하여 후발적 하자가 발생했다면 제390조에 따른 손해배상을 하여야 한다. 이 입장에서 보면 제374조는 독일식의 특정물도그마를 그대로 수용할 수 없게 하는 결정적 장애요인으로 작용한다. 왜냐하면 제374조는 계약체결 이후로는 특정물채무자에게 하자 없는 물건을 인도하여야 할 '계약상

의 의무'를 정하고 있기 때문이다.[46] 이는 한국에서는 후발적 하자에 대해서는 특정물도그마를 관철할 수 없다는 결과가 된다. 이와 같은 이유로 한국의 법정책임설은 원시적 하자만을 담보책임의 문제로 이해하게 되었다. 요컨대, 한국에서의 법정책임설은 독일의 법정책임설과는 현격한 차이가 있다. 여기에서 다음과 같은 추론도 가능하다: 제374조의 존재는 우리 민법에서 특정물도그마 내지 법정책임설이 수용될 수 없다는 반증이 아닐까?

우리 민법에서 제374조가 매우 특별한 의미를 가지는 규정인지 아니면 당연한 규범을 주의적으로 규정한 것인지 하는 것은 좀더 살펴보아야 한다. 그러나 위의 추론들은 제374조가 어떤 성격의 것이든 모두 타당한 것이다. 왜냐하면 제374조가 매우 특별한 규정이라면 그 규정을 무게 있게 다루는 것이 당연한 일이고, 주의적 규정에 불과하다면 제374조는 그 근거가 되는 매우 중대한 규범의 다른 표현이므로 무게 있게 다룰 수밖에 없기 때문이다.

(2) 두 條文의 적절성에 대한 비판적 관점

a. 제374조에 대하여

제374조는 일본민법전 제400조[47]와 같은 취지이고,[48] 일본민법전 제400조[49]는 프랑스민법전 제1136조와 제1137조, 특히 제1136조[50]의 영향이다.[51]

---

46) 이러한 사정은 일본의 경우에도 마찬가지이다.

47) 일본민법전 제400조는 다음과 같이 규정하고 있다: "채권의 목적이 특정물의 인도인 때에는 채무자는 그 인도를 하기까지 선량한 관리자의 주의로써 그 物을 보존하여야 한다."

48) 郭潤直 편/宋德洙 집필, 『民法注解[VIII]』, 博英社, 1995, 103면 참조.

49) 일본민법전 제400조는 일본구민법전 재산편 제334조(인도의무에 관한 규정)와 제462조(보존의무에 관한 규정)를 약간 수정한 후 통합하여 하나의 조문으로 한 것이다.

50) Article 1136: L'obligation de donner emporte celle de livrer la chose et de la conserver jusqu'à la livraison, à peine de dommages et intérêts envers le créancier. 이 규정은 다음과 같이 번역한다(명순구, 『프랑스민법전』, 법문사, 519면 참조): "주는 채무는 물건의 이전과 물건 인도시까지의 물건보존의무를 포함하며, 이 의무에 위반한 경우 채무자는 채권자에게 손해배상을 하여야 한다."

그러므로 한국민법 제374조의 의미를 이해하기 위해서는 프랑스민법전 제1136조를 살펴볼 필요가 있다.

프랑스민법전 제1136조에서 우선 유의하여야 할 개념은 '주는 채무'(obligation de donner)이다. '주는 채무'의 개념에 대해서는 한국과 프랑스 사이에 큰 차이가 있다.[52] 프랑스민법상 채무의 분류 중에는 '주는 채무'와 '하는 채무'(obligation de faire)의 구별이 있다. '주는 채무'에서 말하는 '준다'(donner 또는 dare)는 것의 법적 의미는 '物權의 이전'을 말한다. 그러므로 주는 급부는 채권관계의 내용이 물권변동을 수반하는 경우에만 생각할 수 있는 개념이다. 한편, 물권변동에 있어서 의사주의를 취하는 프랑스민법에 있어서 물권변동은 계약의 효력과 더불어 발생하게 된다(프랑스민법전 제1138조 제1항 참조). 따라서 물권변동을 내용으로 하는 계약에 있어서 채무자에게 부과되는 '물권의 이전'이라는 의무는 이론적으로만 존재할 뿐 실재하는 의무는 아니다. 프랑스민법에 있어서 주는 급부의 이행은 채무이행의 결과가 아니라 계약 자체의 효력인 것이다. 예컨대, 매매계약에 있어서 매도인이 매수인에게 목적물을 실질적으로 인도하였는가와 관계없이 소유권은 계약성립과 동시에 매수인에게 귀속된다.[53]

이제 프랑스민법전 제1136조의 의미를 살펴보자. 이 규정은 '주는 채무'

---

51) 奥田昌道 編/金山正信 執筆,『注釋民法(10)』, 有斐閣, 1987, 58-59면 참조.

52) 종래 한국의 통설은 채무(또는 급부)를 분류함에 있어서 작위급부와 부작위급부로 구분하고 작위급부를 다시 주는 급부와 하는 급부로 구분한다. 이들은 '주는 급부'란 作爲가 물건의 인도인 경우이고, '하는 급부'란 作爲의 내용이 물건의 인도가 아닌 경우라고 설명한다. 이에 관해서는 특히 郭潤直, 앞의 책『債權總論』, 45면 참조.

53) 바로 이러한 의미에서 프랑스의 Carbonnier 교수는 '주는 급부'의 존재 시점에 관하여 'le temps d'un éclair'(J. Carbonnier, Droit Civil, t. 4, Les obligations, P.U.F., Paris, 1992, n. 9)라고 표현한다. 그러나 프랑스 민법에 있어서도 주는 급부가 실재하는 경우가 있다는 점에 유의하여야 한다. 종류매매, 장래 물건의 매매, 소유권유보부 매매와 같이 물권변동이 채권성립과 동시에 발생하지 않는 경우에는 채무자의 주는 급부의무가 실재하게 된다.

가 인도의무(obligation de livrer)와 보존의무(obligation de conserver)를 포괄한다는 점을 규정하고 있다. 즉 프랑스의 意思主義 아래에서 인도의무와 보존의무는[54] '주는 채무'와의 관계에서 부수의무임을 명문화하고 있는 것이다. 이와 같이 프랑스에서 제1136조가 특별한 의미를 가지는 것은 프랑스민법이 물권변동에서 의사주의를 취하고 있다는 사실과 밀접한 관련이 있다. 일본민법에 있어서 제400조가 존재의미를 가진다는 것은 일본이 의사주의를 채택하고 있다는 사실에서 쉽게 이해할 수 있다.

그러나 이미 앞에서 암시한 바와 같이 한국에서는 사정이 다르다. 형식주의를 취하고 있는 한국에 있어서 채무자가 목적물을 인도하고 보존하여야 한다는 것은 주된 채무이면서 또한 실새하는 채무이다.[55] 요컨대, 한국민법전 제374조는 무의한 규정이라는 결과가 된다. 즉 제374조의 규율사항은 이미 제390조에 모두 포함되어 있는 내용에 불과한 것이다.

b. 제462조에 대하여

제462조는 일본민법전 제483조[56]와 같은 취지이고,[57] 일본민법전 제483조는 프랑스민법전 제1245조[58]의 영향이다.[59] 그러므로 한국민법전 제462조

---

54) 인도의무와 보존의무는 '하는 채무'(obligation de faire)에 속하는 것이다.

55) 가령 한국에서 동산매매의 경우에 매도인의 인도의무는 가장 본질적인 채무이다. 왜냐하면 매도인의 소유권이전의무는 인도에 의하여 이행되는 것이기 때문이다(한국민법전 제188조 제1항).

56) 일본민법전 제483조는 다음과 같이 규정하고 있다: "채권의 목적이 특정물을 인도하는 것인 때에는 변제자는 그 인도시의 현상대로 그 물건을 인도하여야 한다."

57) 郭潤直 편/宋德洙 집필, 앞의 책『民法注解[VIII]』, 118-119면 참조.

58) Article 1245: Le débiteur d'un corps certain et déterminé est libéré par la remise de la chose en l'état où elle se trouve lors de la livraison, pourvu que les détériorations qui y sont survenues ne viennent point de son fait ou de sa faute, ni de celle des personnes dont il est responsable, ou qu'avant ces détériorations il ne fût pas en demeure. 이 규정은 다음과 같이 번역한다(명순구, 앞의 책『프랑스민법전』, 547면 참조): "특정물의 채무자는, 물건의 훼손이 그 자신 또는 그의 책임 아래 있는 자의 행위 또는 과책으로 인하

의 의미를 이해하기 위해서는 프랑스민법전 제1245조를 살펴볼 필요가 있다.

프랑스민법전 제1245조는 다음과 같은 두 가지 일반원칙이 포함된 규정이다[60]: ① 물건위험(risque de la chose)에 관한 원칙으로서의 '소유자위험부담주의'(res perit domino)[61]; ② "모든 사람은 자신이 야기한 행위에 대하여 책임을 져야 한다"(chacun est responsable du préjudice qu'il cause)는 원칙. 제1136조가 '주는 채무'에 관한 규정인 데 비해 제1245조는 '주는 채무'이든 '하는 채무'이든 모든 특정물채무에 적용되는 규정이다. ①의 원칙이 적용된 결과로 특정물채무자는 목적물을 '인도시의 상태로'(dans l'état où il se trouve lors de la livraison) 인도하면 된다. 타인소유의 물건을 소지하고 있는 채무자로서는 물건의 멸실과 훼손에 대하여 어떤 위험도 부담하지 않기 때문이다.[62] 한편, 채무자가 타인소유물을 소지하는 것이므로 제1136조, 제1137조, 제1302조 및 제1303조에 따라 보관 및 보존의무를 지며, 이 의무에 위반하면 손해배상을 하여야 하는데 이것이 제1245조에 포함된 ②의 원칙이다. 이와 같이 제1245조는 다른 조문에 이미 표현된 규범을 반복한 것이거나 혹은 프랑스민법전에 전제되어 있는 일반원칙을 명문화한 정도의 규정일 뿐 특별한 내용을 가진 규정은 아니다.

이제 한국민법전 제462조를 보기로 한다. 이 규정의 의미에 대해서는 학설상 다툼이 있다.[63] 제1설(통설)은 이 규정이 다음과 같은 의미를 가지는 것

여 발생하였거나 물건의 훼손 전에 이행을 지체한 경우가 아닌 한, 인도시의 상태대로 물건을 인도함으로써 면책된다."

59) 磯村哲 編/北川善太郎 執筆, 『注釋民法(12)』, 有斐閣, 1970, 161-162면 참조.

60) J. Issa-Sayegh, Juris-Classeur Civil, Art. 1235 à 1248, Fasc. 68, Editions du Juris-Classeur, Paris, 1995, n. 9 참조.

61) 이에 대해서는 명순구, "동산매매목적물로부터 발생한 과실: 그 수취권의 판단 — 대판 1992. 4. 28. 91다32527의 비판적 평가," 『民事法學』 제20호, 한국민사법학회, 2001, 433면 이하 참조.

62) 특히 Cass. com., 11 mai 1976: Bull. civ., IV, n. 162 참조.

63) 학설에 대한 자세한 소개에 대해서는 南孝淳, "特定物의 保存義務에 관한 小考," 『考

으로 이해한다[64]: 특정물채무에 있어서는 급부의 목적물을 다른 것으로 대체할 수 없기 때문에 채권성립 이후 이행기까지의 기간 동안 목적물의 상태가 변질·훼손 등으로 채권의 성립 당시와 차이가 생기더라도 그 상태대로 인도하면 유효한 변제가 된다; 그러나 그 차이가 채무자의 귀책사유로 인한 것인 때에는 손해배상을 하여야 한다(제374조). 제2설은 제462조에 대해 다음과 같이 주장한다[65]: 아무리 특정물채무라 하더라도 목적물이 동일성을 유지할 수 없을 정도에 이른 경우까지 변제로서의 인도를 인정하는 것은 부당하다; 그러므로 목적물이 변질·훼손되더라도 동일성이 유지되는 때에만 변제로 인정되고, 그렇지 않은 경우에는 변제로 인정할 수 없다. 학설대립의 핵심은 변제의 유효성을 판단함에 있어서 목적물에 발생한 변화의 정도를 고려할 것인가 여부이다. 그런데 이러한 학설대립이 무슨 실용성을 가지는지 의문이다. 채권발생 후에 목적물이 훼손되었다면 채무자의 과실 여부에 따라 채무불이행 또는 위험부담의 문제로서 처리될 것이므로 제462조가 적용되어 법률관계에 특별한 변화를 주는 경우는 없다고 해도 과언이 아니다. 입법론의 차원에서 본다면 폐지하여야 할 조문이다. 특히 제1설은 제462조가 특정물도그마를 규정한 것으로 이해하고 있는데, 이러한 견해는 제462조의 입법계통으로 보나[66] 우리 민법에 대한 체계적 이해의 시각에서 보나 수긍하기 곤란하다.[67] 만약 제1설과 같이 본다면 한국민법은 특정물도그마를 명문으로 인

試界』 제40권 제7호(제461호), 국가고시학회, 199, 133-136면 참조.

64) 郭潤直, 앞의 책 『債權總論』, 473면; 金基善, 『韓國債權法總論』, 法文社, 1987, 310면; 李太載, 『債權總論』, 進明出版社, 1987, 274면 등 참조.

65) 金亨培, 앞의 책 『債權總論』, 687면; 金容漢, 『債權法總論』, 博英社, 1988, 508면; 金疇洙, 『債權總論』, 三英社, 1988, 368면 등 참조. 이 학설 역시 일본학설의 영향으로 보인다(일본의 문헌은 金亨培, 앞의 책 『債權總論』, 687면 참조).

66) 제462조의 母法에 해당하는 프랑스민법전 제1245조는 독일식의 '특정물도그마'와는 아무런 관련이 없는 조문이다.

67) 한국민법 제462조의 母法에 해당하는 日本民法 제483조의 立法 당시에는 특정물도그마와 같은 것은 알려져 있지도 않았다(金大貞, 앞의 논문 「賣渡人의 擔保責任에 관한

정하고 있는 매우 독특한 법제라고 할 것이다.

(3) 결 어

종래의 법정책임설은 하자담보책임의 이론체계에 있어서 제374조와 제462조를 중요한 요소로 인식하여 왔다. 그러나 위에서 살펴본 바와 같이 이 두 조문은 규율중복이거나 특별한 의미를 내포하지 못한 것으로 무용한 규정이다. 무용한 규정에 특별한 의미를 부여하고자 애를 쓰는 것은 虛構이다. 그리고 이러한 태도는 경우에 따라서는 전반적인 법체계에 대한 중대한 왜곡을 초래할 수도 있다. 특히 제462조를 특정물도그마의 실정법적 근거로 이해하는 입장에 대해서는 다음과 같은 비판을 가하고자 한다: 독일 학설에 의하여 형성된 이론을 도입하고자 한다면 그것으로 족한 것이지 그 이론의 근거로 프랑스민법에 연원을 둔, 그것도 무용하다고 볼 수밖에 없는 규정을 드는 것은 허구에 불과하며 난센스이다.

요컨대, 입법론의 차원에서 본다면 제374조와 제462조는 폐지하는 것이 옳다. 해석론의 차원에서는 제462조는 제374조와 표리관계에 있는 규정으로 이해하여야 한다.[68]

2. 하자담보책임과 손해배상

특정물하자담보책임에 관한 한국민법 제580조는 담보책임의 효과로서 해제(하자로 인하여 계약의 목적을 달성할 수 없는 경우)와 손해배상(그 밖의 경우)을 규정하고 있다.[69] 하자담보책임과 관련하여 대금감액에 대한 언급이 없이 해제와 손해배상을 같은 차원으로 규율하고 있는 제580조의 규율태도는 역

研究」, 249면 참조).

68) 일본민법전 초안에는 제400조와 제483조가 같은 조문에 별개의 항으로 편성되어 있었다.

69) 한국민법 제580조에 대응하는 일본민법 제570조도 같은 내용이다.

사적으로 보나 비교법적으로 보나 매우 특이한 것이다. 유럽 근대민법의 기초가 된 Justinianus 시대의 하자담보책임의 효과를 정리하면 다음과 같다[70]: ① 담보책임의 원칙적 효과는 해제와 대금감액이며 이는 과실을 요하지 않는다; ② 대금감액과 해제로써 전보되지 않는 손해에 대한 배상청구는 매도인의 과실을 요건으로 한다. 프랑스, 독일, 스위스, 이탈리아, 오스트리아, 스페인 등 대륙법계 민법은 이와 같은 전통에 따라 담보책임을 규율하였다. 즉 담보책임을 무과실책임으로 구성하는 대신 그 효과는 해제와 대금감액을 한도로 하고, 손해배상은 매도인의 악의 또는 과실을 요건으로 하였다.[71] 이들 법제에서는 손해배상의 본질에 대하여 특별한 논쟁을 할 필요가 없다. 왜냐하면 이 때의 損害賠償은 귀책사유를 요건으로 하는 債務不履行으로 인한 損害賠償으로 이해되기 때문이다.[72] 채무불이행책임(과실책임)과 담보책임(무과실책임)의 이원적 구조를 기본축으로 하는 대륙법의 계통을 채택하고 있는 한국민법의 특성을 고려해 볼 때 제580조는 입법상의 실책으로 볼 수밖에 없다.

우리나라의 경우에는 법률규정의 결함으로 인하여 제580조의 손해배상의 본질을 둘러싸고 극히 다양한 견해가 주장되고 있는데,[73] 특히 과실을 요건으로 하는가 하는 것이 문제의 핵심이다. 왜냐하면 채무불이행으로 인한 손해배상에 관한 일반규정(제390조)은 과실을 요구하고 있기 때문이다. 제1유형의 학설은 제580조에서 정한 '손해배상'을 제390조의 손해배상과는 다른 본질을 가지는 것으로 파악한다. 이 견해에 따르면, 제580조의 손해배상은 과

70) 曺圭昌, 앞의 글 "物件의 瑕疵擔保責任: 現行法規定의 批判的 考察," 194면 참조.

71) 프랑스민법전 제1645조, 독일민법전 제463조, 이탈리아민법전 제1494조, 스페인민법전 제1486조, 오스트리아민법전 제932조, 스위스채무법 제208조 등 참조.

72) 하자담보책임의 본질에 관하여 논쟁을 벌여온 독일에서조차 손해배상의 본질에 대해서는 다툼이 없다(安春洙, 앞의 글 "瑕疵擔保法上의 問題點 — 債務不履行責任說의 입장에서 特定物賣買를 중심으로 —," 429면 참조).

73) 이에 대하여 자세한 것은 郭潤直 편/南孝淳 집필, 『民法注解(XIV)』, 博英社, 1997, 221면 이하 참조.

실을 요건으로 하지 않는 것으로 된다.[74] 제2유형의 학설은 하자담보책임의 본질과 연계하여 제580조의 손해배상을 파악한다. 법정책임설에 따르면, 하자담보책임은 法定責任으로서 無過失責任이므로 제580조의 손해배상은 信賴利益의 賠償으로 된다는 것이다.[75] 채무불이행책임설 중에는, ① 제580조의 손해배상도 손해배상책임의 일반원칙에 따라 매도인의 과실을 요건으로 하며 이 때의 배상은 이행이익의 배상이라는 입장, ② 매도인이 무과실인 때에는 신뢰이익배상, 과실이 있는 때에는 이행이익배상이라는 입장 등이 있다.

생각건대, 제580조의 손해배상의 의미에 대하여 만족할 만한 해석론을 기대하는 것 자체가 무리라고 생각한다. 우선, 제580조의 손해배상을 제390조의 손해배상과 동조시키려고 하면 "담보책임은 무과실책임이다"라는 전제와 제390조의 과실책임의 원칙이 마찰을 일으키게 된다. 한편, 제580조의 '손해배상'을 제390조와 무관한 특수한 것으로 보게 되면 제390조와 구별되는 또 다른 '손해배상'의 개념이 탄생하게 되어 채무불이행법체계를 더욱 다원화함으로써 세계적인 추세에 역행하는 결과가 된다. 민법개정안은 제580조를 대폭적으로 수정하는 내용을 담고 있다. 대금감액청구권과 하자보수청구권을 신설하는 한편, 손해배상에 대해서는 이를 존치하는 대신 "매수인은 감액청구, 하자보수, 계약해제 외에 손해배상을 청구할 수 있다"라고 규정하여(민법개정안 제580조 제3항) 담보책임의 원칙적 효과와 다른 평면으로 배치하였다. 채무불이행책임과 담보책임의 일원화라는 시각에서 보면 개정안은 여러 가지 문제점을 내포하고 있다. 그러나 현행 제580조의 손해배상을 둘러싸고 벌어

74) 다음과 같은 학설이 그 예이다: ① 제580조의 손해배상은 실제에 있어서는 대금감액이다; ② 제580조의 손해배상은 하자로 인해 감소된 가치 또는 하자로 인해 계약목적을 달성할 수 없어 매매계약을 해제한 경우의 계약비용을 損害로서 배상받는 것을 의미하는 것이다.

75) 이 견해에 대해서는 다음과 같은 비판이 가능하다: 무과실책임이라는 것으로부터 신뢰이익의 배상이라는 결과를 도출하는 것은 무리이다. 예컨대, 원시적 불능의 경우에 신뢰이익의 배상을 규정하고 있는 제535조도 과실을 요건으로 한다는 사실에 유의하여야 한다.

진 소모전 양상의 논쟁을 종식시킬 수 있는 단서는 마련되었다고 본다.

3. 특정물하자담보책임과 착오의 관계

독일 보통법시대부터 瑕疵擔保責任을 錯誤와 관련하여 다루는 경향이 있었는데 Savigny가 그 대표적인 학자이다. Savigny는 錯誤의 본질을 '의사의 흠결'이라고 하면서 '動機의 錯誤'는 意思의 欠缺을 초래하지 않는 것으로서 法律行爲의 효력에 영향이 없는 것으로 보았다. Savigny에 따르면 목적물의 성상에 대한 착오(error in substantia)는 원칙적으로 동기의 착오에 불과하므로 법률행위의 효력에 영향이 없고, 이 경우에 있어서 매수인의 보호는 하자담보책임에 의하여 구제될 수 있는 것이라고 하였다.[76)]

단순한 동기가 법률행위의 내용이 될 수 없다는 점은 수긍할 수 있다. 그런데 물건의 성상을 법률행위의 동기로 보는 태도의 타당성에 대해서는 강한 의문이 든다. 매매계약을 통하여 당사자들이 합의한 목적물은 '있어야 할 성상'을 구비한 물건인 것이지 성상으로부터 중립적인 추상적인 물건은 아니라고 보아야 한다. 즉 물건의 성상은 의사표시의 내용을 구성하는 것으로 보아야 한다.[77)]

앞에서 본 바와 같이, 특정물도그마와 착오(특히 성상의 착오)는 긴밀한 연관관계 속에서 논의되었다. 즉 "목적물의 성상은 법률행위의 내용이 될 수 없다"라는 명제와 특정물도그마는 이론적으로 같은 계통을 가지고 있다. 만약 담보책임 쪽에서 특정물도그마를 폐기한다면 성상의 착오에 대한 관념도 변경되는 것이 논리적이다. 이러한 시각에서 볼 때 민법개정안 중 제580조와 제109조의 개정부분의 이론적 정합성에 의문이 든다. 제580조에서는 담보책임의 효과로서 '하자보수청구권'을 신설하면서(개정안 제580조 제2항) 제109조

---

76) 宋德洙, 「民法上의 錯誤에 관한 硏究」 서울大學校 博士學位論文, 1990, 10면 이하; 金大貞, 앞의 논문 「賣渡人의 擔保責任에 관한 硏究」, 31면 참조.

77) 이에 대한 자세한 설명은 명순구, 앞의 책 『민법총칙』, 412-416면 참조.

는 성상의 착오를 동기의 착오로 편입시키는 내용을 신설하였다(개정안 제109조 제2항).[78] 현행 독일민법전 제433조 제1항 제2문과 같은 규정이 없는 우리 민법에서 하자보수청구권을 인정한다는 것이 곧 특정물도그마의 폐기를 의미하는 것은 아니지만[79] 그것을 폐기하는 방향으로 담보책임을 운용하는 것이 바람직함은 위에서 본 바와 같다. 이러한 사정을 고려해 볼 때 민법개정안 제109조 제2항을 신설하는 것은 시대에 역행하는 것은 아닌지 생각해 볼 일이다.

담보책임과 착오의 관계에 관한 전통적 논의로서 전자의 규정이 후자의 규정의 적용을 배제하는가 하는 것이 있다. 일본의 학설의 영향에 따라 담보책임 규정이 착오 규정을 배제한다고 보는 것이 우리나라의 다수설이다.[80] 이 학설의 주요논거는 담보책임 규정이 착오 규정의 특별규정이라는 것이다. 과연 그러할까? 일반적으로 "특별법이 일반법에 우선한다"(lex specialis derogat legi generali)라는 원칙은 동일한 소송물에 관한 성문법규가 복수로 존재하고 그들 규범이 서로 모순·저촉되는 경우에 적용되는 것이다.[81] 그런데 착오를 이유로 한 취소 문제와 담보책임 문제는 별개의 소송물로서 특별규정우선의 원칙이 적용될 사안이 아니라고 생각한다.[82] 즉 양자는 병존하는 것으로 보아야 한다.

---

78) 이 개정안은 독일민법전 제119조 제2항을 그대로 옮겨놓은 것이다.

79) 법정책임설의 입장에서는 '하자보수청구권'에 대해서도 법률의 규정에 의하여 특별히 인정되는 것이라고 설명하면 될 것이다.

80) 이에 관한 학설의 추이에 대해서는 吳宗根, 앞의 글 "特定物賣買에서의 瑕疵擔保責任에 관한 學說史," 842면, 846면 참조.

81) 대법원 1989. 9. 12. 88누6856; 대법원 1998. 11. 27. 98다32564 등 참조.

82) 이에 대해서는 명순구, 앞의 책 『민법총칙』, 423-424면 참조.

結 論

독일구민법전은 '교수들의 법'(Professorenrecht)이라 불릴 정도로 그 정확성과 정연성에 있어서 세계적으로 돋보이는 민법전이었다. 이와 아울러 민법학에 관한 풍부한 문헌과 판례를 통하여 세계의 私法 발전에 기여하였다. 그러나 독일구민법전상의 채무불이행법은 납득할 만한 이유도 없이 복잡한데다 현대의 거래현실과 맞지 않아 민법전에 대한 개정압력이 있었다.[83] 새로 개정된 독일 채무불이행법의 모습을 한 마디로 표현한다는 것이 무리이기는 하지만, '단순화' 및 '사법의 세계화 경향과의 조화'도 중요한 관념으로 지적될 수 있다. 이러한 관점에서 특히 우리의 관심을 끄는 것은 '債務不履行 一般規範과 擔保責任의 一元化'이다. 앞에서는 이 작업의 전제로서 債務不履行規範의 一元化에 대한 장애요소들을 지적하고 그것을 극복하기 위한 방안을 검토하였다.

법의 발전이란 것은 그 사회에 가장 효율적이고 적정한 규범을 찾아가는 작업이다. 법의 발전은 '규범의 자기화' 과정이고, 그 기본방향 중의 하나는 '규범의 단순화'라고 생각한다. 아무리 좋은 이론이라 하더라도 이론의 효용을 훨씬 상회하는 복잡성을 수반한다면 수용되기 어렵다. 債務不履行規範의 一元化는 한국민법학의 발전과 방향을 같이하는 것이다. 그리고 一元化에 있어서 독일민법전의 개정경과와 내용은 많은 참고가 될 것으로 생각한다. 특히 채무불이행규범 중에서 채무자의 과실을 요건으로 하지 않는 제도가 여전히 필요하다는 사실을 들어 채무불이행 일반규범과 따로 담보책임제도를

83) 독일민법의 개정배경에 대해서는 金亨培, "獨逸債權法現代化法案: 債務不履行法의 體系를 중심으로," 『저스티스』 제34권 제5호(제63호), 한국법학원, 2001, 84면 이하; 鄭鍾休, "契約責任의 再構成 — 獨逸 債權法 現代化를 중심으로 —," 『比較私法』 제9권 제3호(통권 제18호), 한국비교사법학회, 2002, 152면; Ole Lando/宋鎬煐 역, "民法典의 새로운 債權法과 유럽契約法原則," 『契約法의 課題와 展望(慕原金旭坤敎授 停年退任紀念論文集)』, 三知社, 2005, 17-22면 등 참조.

존속시켜야 한다는 것과 같은 주장[84]은 한국민법학의 발전과는 거리가 있다고 생각한다. 채무불이행규범에 있어서 무과실책임 영역의 존재필요성은 수긍할 수 있지만, 그에 대한 대책은 계약해제의 요건에서 채무자의 과실을 제거하는 등 좀더 적극적일 필요가 있다.

유럽을 중심으로 전개된 사법의 통일을 위한 노력이 과거의 우리에게는 학문적 호기심의 대상에 지나지 않았다. 그러나 그것은 현재의 우리에게도 엄연한 현실이 되었다(특히 2005년 3월 1일부터 CISG가 우리나라에서도 발효). 계약법의 세계화는 거래비용의 절감으로 연결되는데, 대외무역의존형 경제구조를 가진 한국으로서는 적극적으로 계약법의 통일화 경향을 수용하여야 할 것이다. 이와 관련하여 가장 시급한 것은 國內私法과 통일사법의 간격을 줄이기 위한 기초를 다지는 작업이라고 생각한다. CISG가 발효됨으로써 국내매매계약은 민법 또는 상법에 의하여 규율되고 국제매매계약은 CISG(또는 CISG가 적용되지 않는 경우에는 國際私法에 의해 결정되는 準據法)에 의하게 되어 규범체계가 二元化 내지 多元化되는데, 이러한 상황은 거래비용의 증가를 초래한다. 그러므로 이를 교정하기 위한 과감하고 적극적인 노력이 요구된다. 그 노력의 중심에 債務不履行規範의 一元化가 자리하고 있다.

한국의 民法學史를 보면 과거의 틀에 갇혀 학문적 추진력을 잃는 바람에 규범의 실제적 타당성에 대한 관심이 뒷전으로 밀려나는 경우가 있는데, 契約債務不履行規範에 관한 논의도 이에 해당한다. 이러한 현상은 한국민법전의 형성사적 특성(전통적 법문화와의 연속성에 대한 고려 없이 외국법을 계수하는 방식으로 법의 근대화를 이룩함)과 관계가 깊다. 이제 우리 민법학은 역사의 桎梏에서 벗어나 새로운 발전을 모색하여야 한다.

84) 이것이 현재 진행 중인 민법개정작업의 결론이다.

부 록[1)]

I. 연설문

II. 프로그램

III. 포스터 등

IV. 발표자 사진

1) 부록에는 「고려대학교 법과대학 100주년, 프랑스민법전 200주년 기념 국제학술회의」의 개회식에서 있었던 연설문, 학술회의 프로그램, 학술회의 포스터, 발표자의 사진 등이 들어 있다.

I. 연설문

환 영 사 (채이식, 고려대학교 법과대학장)

축 사 (필립 띠에보, 주한 프랑스대사)

축 사 (어윤대, 고려대학교 총장)

축 사 (천정배, 대한민국 법무부장관)

경과보고 (명순구, 고려대학교 법학연구원 비교법연구센터 소장)

환영사

천정배 법무부 장관님, 필립 띠에보(Philippe Thiebaud) 주한 프랑스대사님, 고려대학교 어윤대 총장님을 비롯한 내외 귀빈 여러분, 오늘 고려대학교 법과대학 100주년과 프랑스민법전 200주년을 함께 기념하는 국제학술회의에 오신 것을 뜨겁게 환영합니다.

1905년 민족자본의 힘으로 설립된 보성전문학교의 法律科는 그 당시에 유일한 근대적 법학교육기관이었습니다. 1945년 해방과 더불어 보성전문학교는 고려대학교로 거듭났습니다. 일제의 압제에 항거하며 민족의 자주적 생존과 독립을 추구하던 고려대학교 법과대학의 시작은 근대국가로서의 대한민국의 시작과 맥을 같이 합니다. 해방 후 자주독립국가의 기틀을 다지고 헌정체계를 수립하는 과업을 우리 고려대학교 법과대학의 인사가 수행한 사실은 우연한 결과가 아니라고 생각합니다. 대한민국 헌법의 기초를 설계한 유진오 선생님과 대한민국의 초대 대법원장을 지낸 김병로 선생님 등이 고려대학교 법과대학의 교수였습니다. 4 · 19혁명, 5 · 16 이후의 군사독재 그리고 1987년 6월의 민주항쟁에 이르는 과정에서 대한민국의 민주주의를 새롭게 건설하는 역사의 현장에 고려대학교 법과대학은 늘 그 중심에 있었습니다.

현대사회는 복잡하게 분화되고 다원화하고 있습니다. 이러한 시대에 있어서 법은 사회통합을 매개함으로써 사회발전을 이끌어 나가는 역할을 수행하여야 합니다. 특히 '세계화'라는 시대의 조류를 고려해 본다면 이제 법학은 인류를 향해 열려 있어야 합니다. 고려대학교는 이러한 시대적 요구를 충족하기 위하여 다양한 노력을 하고 있습니다. 법무대학원 운영을 통하여 전문분야에 대한 특화된 교육을 수행하는 일, 법학연구원을 통하여 국내적·국제적 차원에서 특화된 연구활동을 전개하는 일, 다양한 영어강좌를 개발하여 운영하는 일 등이 그 예가 될 것입니다. 이제 고려대학교 법과대학은 민족을 넘어 인류문화의 발전에 기여할 수 있는 것이 무엇인가를 고민하는 기관이 되고자 합니다.

오늘 학술회의도 고려대학교 법과대학의 이와 같은 인식이 반영된 행사입니다. 고려대학교 법과대학 100주년과 프랑스민법전 200주년을 함께 기념할 수 있어서 매우 기쁘게 생각합니다. 사실, 한국민법전의 형성과정을 보면 프랑스민법전의 영향이 상당함에도 불구하고 그 동안 그 연구가 활발하지 못했습니다. 이와 같은 현상은 한국 민법학의 균형있는 발전을 위하여 바람직하지 않습니다. 오늘 학술회의를 계기로 사법분야에 있어서 프랑스와 한국의 학문적 교류가 활성화되기를 기대합니다. 사람들이 만나다 보면 우정이 싹트게 되고, 그 토대 위에서 전체 인류의 이익에 부합하는 사고체계가 만들어진다고 생각합니다. 오늘 학술회의가 한국과 프랑스의 법학자가 우정을 나누는 출발점이 될 것으로 믿습니다.

이 학술회의를 위하여 고려대학교 법과대학의 명순구 교수님께서 오랜 기간에 걸쳐 준비하신 것으로 알고 있습니다. 명순구 교수님을 비롯하여 이 학술회의를 위하여 수고한 여러분들의 노고를 치하합니다. 그리고 이 학술회의를 후원해 주신 대한민국과 프랑스 법무부, 주한 프랑스대사관 및 법무법인 태평양의 관계자 여러분들께 고려대학교 법과대학을 대표하여 깊이 감사드립니다.

이 학술회의에 오신 것을 다시 한 번 환영하며, 여러분들 모두에게 빛나는 학문적 성과와 함께 늘 행운이 가득하시기를 기원합니다. 감사합니다.

2005년 12월 3일

고려대학교 법과대학 학장

채 이 식 드림

Discours de félicitation

Monsieur le Ministre, Monsieur le Président, Monsieur le Doyen, Mesdames et Messieurs les Professeurs, Dans le monde que nous souhaitons aux générations à venir, un monde ouvert, multiculturel, pacifié, le droit est appeler à jouer un rôle central.

Cependant, les sources du droit sont multiples. On parle beaucoup de nos jours de «diversité culturell». On pourrait aussi évoquer la «diversité juridique».

En Europe, on oppose généralement les pays de droit écrit à la tradition anglo-saxonne de la «common law» qui a largement influencé le droit américain. Mais on connaît beaucoup moins les autres sources de droit et notamment celles d'Asie qui ont pourtant une origine millénaire.

Le colloque d'aujourd'hui me paraît donc important à plusieurs titres.

J'ai la conviction que les relations internationales, la paix et la compréhension mutuelle entre les Etats passent par la coopération entre juristes. Le colloque d'aujourd'hui, qui privilégie le droit comparé, va dans ce sens. Ses participants et notamment les 4 professeurs français qui ont fait le déplacement en Corée pour l'occasion partagent sûrement cette conviction

Je ne vous cacherai pas, par ailleurs, que je suis fier que l'influence du Code civil s'étende jusqu'à la Corée. Voulu par Napoléon, notre Code civil constitue depuis 200 ans une des bases de la démocratie française. Je suis reconnaissant aux auteurs de ce colloque de montrer qu'il a également contribué à promouvoir l'Etat de droit en Asie.

Mes remerciements vont en particulier au Président EUH Yoon-dae et au Doyen CHAE Lee-sik qui ont accepté d'organiser cette rencontre franco-coréenne dans la cadre du centenaire de l'université Koryo. Je voudrais exprimer également toute mon appréciation au professeur MYOUNG Soo-koo, coordinateur de ce colloque, pour sa remarquable traduction du Code civil en coréen.

Qu'il me soit permis enfin d'exprimer ma gratitude à M. le ministre de la Justice, qui depuis plusieurs années, favorise les échanges avec la France. Grâce à ce soutien, des magistrats coréens sont formés chaque année en France, à l'Ecole Nationale de la Magistrature, à Paris II et, bientôt, à l'Ecole Nationale d'Administration. Ces échanges font beaucoup pour renforcer notre compréhension mutuelle. J'espère que dans un avenir proche, des magistrats français pourront à leur tour venir se former en Corée.

Monsieur le Ministre, Monsieur le Président, Mesdames, Messieurs, j'adresse mes meilleurs vœux de succès àla réussite de cet important colloque.

Le 3 décembre 2005

Philippe Thiebaud
Ambassadeur de France en Corée

축 사 (번역)

친애하는 법무부 장관님, 친애하는 고려대학교 총장님, 그리고 여러 학장님과 교수님!

우리가 미래 세대에 바라는 세상 ― 열려 있고, 다문화적이며, 조화로운 세상 ― 에서는 법이 그 중심 역할을 담당하도록 요구되고 있습니다.

그럼에도 불구하고 법의 근원은 실로 다양합니다. 근래 우리는 문화적 다양성에 대해 많은 이야기를 하지만, 또한 우리는 법의 다양성에 대해서도 언급해야 할 것입니다.

유럽에서는 성문법의 나라들과 미국 헌법에 광범위한 영향을 미친 영국 코먼 로(common law)의 전통이 양립하고 있습니다. 그러나 우리는 법의 다른 근원, 특히 수천 년의 역사를 지닌 아시아의 법에 대해서는 아쉽게도 아는 것이 별로 없습니다. 그래서 본인은 오늘의 학술회의가 여러 가지 점에서 아주 중요하다고 생각합니다.

저는 수많은 국제 관계들과 국가 간의 평화와 상호 이해는 법학자들 간의 유기적인 협력에 의해 승인된다는 신념을 가지고 있습니다. 비교법학에 초점이 맞춰질 오늘의 학술회의도 똑같은 지향점을 가지고 있다고 생각하며, 학술회의 참가자 여러분들, 특히 이번 행사를 위해 한국에 오신 네 명의 프랑스 교수님들도 이러한 신념을 공유하리라 확신합니다.

나폴레옹에 의해 반포된 프랑스 민법전은 프랑스 민주주의의 근간으로 200년 전에 제정되었습니다. 저는 한국에도 광범위하게 확장된 프랑스 민법전의 영향력을 자랑스럽게 생각하고 있으며, 프랑스 민법전이 아시아 법 상태의 발전에 공헌한 것을 확인시켜 줄 이번 학술회의 주최자 여러분들에게 깊은 감사의 말씀을 드립니다.

어윤대 총장님 그리고 채이식 학장님, 고려대학교 개교 100주년 기념행사의 일환으로 이번 한불 학술회의의 개최를 허락해 주셔서 감사합니다. 또한, 프랑스 민법전의 韓譯作業이라는 기념비적인 업적을 끝마치고 이 학술회의를 준비하신 명순구 교수님께도 충심으로 축하의 마음을 전합니다.

마지막으로 저는 지난 수 년 동안 프랑스와의 사법관 교환프로그램을 배려해 주신 법무부 장관님께 감사의 마음을 드리고 싶습니다. 이 프로그램의 지원 아래 많은 한국의 사법관들이 프랑스, 특히 국립 사법학교와 파리 2대학, 그리고 국립 행정학교 등에서 교육을 받고 있습니다. 이 프로그램은 한국과 프랑스 두 나라의 상호 이해를 더욱 공고히 할 것이라 확신합니다. 또한 가까운 미래에 프랑스의 사법관들도 한국을 방문해 공부할 수 있는 기회가 오기를 바라겠습니다.

친애하는 법무부 장관님, 친애하는 총장님과 내빈 여러분. 저는 이 중요한 학술회의가 성공적으로 끝나기를 간절히 기원합니다.

2005년 12월 3일

주한 프랑스대사

필립 띠에보(Philippe Thiebaud) 드림

축 사

천정배 법무부 장관님, 필립 띠에보(Philippe Thiebaud) 주한 프랑스대사님, 채이식 고려대학교 법과대학 학장님을 비롯한 내외 귀빈 여러분! 만나뵙게 되어 반갑습니다. 오늘 우리는 고려대학교 법과대학 100주년과 프랑스 민법전 200주년을 함께 기념하는 뜻깊은 국제학술회의에 자리하고 있습니다. 오늘 학술회의를 개최하게 된 것을 진심으로 축하드립니다.

100년이라는 세월 동안 고려대학교는 우리 민족의 문화와 기상을 창달하고 지켜내는 한 축으로서 제 역할을 담당해 왔습니다. 한편, 프랑스민법전은 1804년부터 지금까지 200년 동안 프랑스의 私法關係를 규율함으로써 프랑스 사회의 기초규범의 역할을 담당해 왔습니다. 고려대학교 100년과 프랑스민법전 200년이 묘하게 맞아떨어져 이렇게 귀한 인연으로 연결된 것을 여러분들과 더불어 매우 기쁘게 생각합니다.

고려대학교 법과대학 100주년을 기념하는 행사 중 반드시 비중 있게 다루어져야 할 주제는 근대적 법학교육과 연구의 한 세기를 되짚어 보고, 앞으로의 전망을 시도해 보는 일이라고 생각합니다. 고려대학교 법과대학은 1905년 4월 보성전문학교의 설립에서 비롯되었고, 그와 함께 우리나라에서 근대적 의미의 법학교육과 연구가 체계적으로 이루어지기 시작하였습니다. 종전의 법학이 주로 선진화된 외국의 법을 수용하여 우리나라에 알맞게 만드는 것을 고민했다면 앞으로의 법학은 세계의 법문화 발전에 적극적으로 기여할 수 있는 역량을 갖추어야 할 것입니다. 고려대학교 법과대학은 이와 같은 시대적 사명을 가장 앞서 인식하고 맨 앞에서 그 사업을 이끌어 갈 것으로 확신합니다. 오늘 학술회의는 고려대학교 법과대학이 그와 같은 비전을 명확히 하고 있음을 보여주는 명백한 증거라 하겠습니다. 세계화 시대에 있어서 法도 예외일 수 없습니다. 특히 거래법은 오래전부터 국제적 통일화 경향으로 가고 있습니다. 전통적인 主權의 개념을 변경하여야 할 정도로 세상은 달라지고 있습니다. 이와 같은 상황에서 한국과 프랑스의 학자가 함께 모여 私法의 世界化를 논의하는 일은 그 의미가 매우 크다 할 것입니다. 게다가 오늘 발표를 위하여 한국과 프랑스에서 각각 네 분으로 총 여덟 분의 학자가 초청되었는데, 이 분들 모두 각 분야에서 최고의 수준에 있는 것으로 알고 있습니다. 이와 같은 사정에 미루어 보건대, 오늘 국제학술회의에는 알찬 성과가 있을 것으로 확신합니다.

사실, 오늘 학술회의는 그 개최 자체만으로도 큰 의미가 있다고 생각합니다. 프랑스와 한국의 私法學者가 함께 이 정도의 규모로 학술회의를 하는 것은 아마 우리 역사상 처음 있는 사건일 것입니다. 이 학술회의는 고려대학교 법과대학의 명순구 교수께서 거의 2년에 걸쳐 준비하신 결과로 알고 있습니다. 명순구 교수님 이하 이 학술회의를 준비한 스태프의 노고를 치하드립니다. 또한 이 행사를 위하여 대한민국과 프랑스의 법무부, 주한 프랑스대사관 및 법무법인 태평양에서 진심어린 도움을 주신 것으로 알고 있습니다. 고려대학교를 대표하여 열렬한 감사의 마음을 올립니다. 고려대학교는 여러분들의 성원을 바탕으로 더욱더 부지런히 달려가겠습니다.

치밀하게 준비된 학술회의는 학문 활동에 있어서 축제와 같은 것이라고 생각합니다. 그러므로 오늘의 학술회의는 여기에 모이신 여러 내외 귀빈들의 축제의 장입니다. 부디 즐거운 분위기 속에서 알찬 학문적 성과를 거두어 가시기를 기원합니다.

고려대학교 법과대학 100주년과 프랑스민법전 200주년을 함께 기념하는 국제학술회의를 다시 한 번 축하드립니다.

감사합니다.

2005년 12월 3일

고려대학교 총장

어 윤 대 드림

축 사

벌써 2005년 한 해를 결산하는 12월에 접어들었습니다. 대한민국 법조계를 대표하여 고려대학교 법과대학 설립 100주년 및 프랑스민법전 200주년 기념 국제학술회의의 개최를 진심으로 축하드립니다.

近代 서구 법제사에서 프랑스민법전은 인권과 박애에 기초한 시민혁명의 이상이 私法제도에 투영되어 결실을 맺은 것으로 평가되며, 우리 민법의 성안 과정에도 많은 영향을 주었습니다.

우리나라는 선진서구법제를 수용하여 우리 실정에 맞게 창조적으로 운영해 온 결과 아시아에서 가장 성공적인 경제성장과 법치주의를 이룩한 국가로 인정받고 있습니다.

우리는 이제 경제성장과 국제화에 발맞추어 한 단계 높은 선진법제를 구축하기 위한 도약이 필요한 시점에 와 있습니다. 근대사법제도를 운영한 역사와 전통이 깊은 프랑스로부터도 사법분야의 풍부한 경험과 지혜를 배울 필요가 있으며, 이를 위해 두 나라간 법률문화교류와 법무협력의 활성화가 반드시 필요합니다.

이번 학술회의는 두 나라에서 탁월한 연구 업적을 쌓은 저명한 私法학자들이 함께 모여 한국과 프랑스의 私法교류의 역사를 되돌아보고 「사법의 세계화」 물결 속에서 나아갈 방향을 전망해 보는 매우 귀중한 자리입니다.

이렇게 뜻깊은 국제학술회의를 준비해 오신 어윤대 총장님, 채이식 학장님과 후원해 주신 필립 띠에보 주한 프랑스대사님께 깊은 감사와 치하의 말씀을 드립니다.

본 회의의 성공적 개최를 다시 한 번 진심으로 축하드리며 여러분 모두의 앞날에 건강과 행운이 가득하기를 기원합니다.

감사합니다.

2005년 12월 3일

대한민국 법무부장관 천 정 배

경과보고

고려대학교는 우리나라가 제국주의의 각축장이었던 1905년에 설립되었습니다. 우리 민족 최대의 시련기에 민족을 선도할 지도자 양성을 목적으로 출범한 것입니다. 그러므로 고려대학교의 역사는 곧 한국 근대사의 축소판이라 할 수 있습니다. 2005년은 고려대학교가 설립된 지 꼭 100년이 되는 해입니다. 고려대학교 100년의 역사는 곧 고려대학교 법과대학의 역사입니다. '고려대학교 법과대학 100년'은 또한 '한국 근대법학 100년'이라는 의미도 포함합니다. 일제로부터의 해방(1945년), 한국전쟁(1950년), 오랜 기간의 군사독재, 이 모든 시간 동안 고려대학교 법과대학은 이 나라에서 결코 민주주의와 법치주의의 등불이 꺼지지 않도록 학문을 연구하고 학생을 교육하였습니다. 열정으로 가득한 100년의 세월을 추억으로 삼아 이제 고려대학교 법과대학은 새로운 1000년을 준비하고 있습니다. 다원화와 세계화의 시대에서 고려대학교 법과대학은 온 인류에 기여할 수 있는 사업과제를 발견하고 수행하기 위하여 마음을 활짝 열었습니다. 이 국제학술회의는 그러한 사업의 일환으로 기획된 것입니다.

프랑스민법전이 '프랑스 국민의 민법전'(Code Civil des Français)이라는 이름으로 세상에 나온 것이 1804년 3월 21일이었습니다. 그러니 프랑스민법전은 작년에 200번째의 생일을 맞이하였습니다. 성립 당시부터 프랑스민법전은 그 형식과 내용에 있어서 맹렬한 비판의 대상이 되기도 하였습니다. 그러나 수많은 風霜에도 불구하고 프랑스민법전은 200년 동안 프랑스의 사회 · 경제에 관한 기본규범으로서의 역할을 꿋꿋하게 수행해 왔습니다.

이 학술회의는 고려대학교 법과대학 100주년과 프랑스민법전 200주년을 함께 기념하기 위한 것입니다. 프랑스민법전 200주년이 2004년이어서 고려대학교 법과대학 100주년과 1년의 차이가 있기는 합니다. 그러나 1년이라는 시간이 한국과 프랑스의 따뜻한 우정을 방해할 수는 없을 것입니다.

이 국제학술회의는 고려대학교 법학연구원 비교법연구센터(소장: 명순구 교수)가 작년 3월부터 준비한 결과입니다. 2004년 3월 11일과 12일 양일에 걸쳐 프랑스 파리 소르본느 대학교 대강당에서 프랑스민법전 200주년을 기념하는 기념식 및 학술회의가 있었습니다. 저는 프랑스 정부의 공식초청으로 그 회의에 참석하였습니다. 그 자리에는 Jacques Chirac 대통령을 비롯하여 프랑스의 입법부·사법부·행정부를 망라하는 주요인사가 참여하였을 뿐만 아니라 프랑스를 대표하는 민법학자들이 모두 참여하여 화려하게 진행되었습니다. 그 행사를 마치고 난 후 저와 프랑스 법무부의 국제협력담당자와 면담하는 과정에서 이번 학술회의가 기획되었습니다.

이 국제학술회의의 공식명칭은 다음과 같습니다: 고려대학교 법과대학 100주년, 프랑스민법전 200주년 기념 국제학술회의(Colloque International du Centenaire de la Faculté de Droit de la *Korea University* et du Bicentenaire du Code civil français). 이 학술회의의 공통주제는 다음과 같습니다: 세계화지향의 사법: 그 배경과 한국·프랑스의 적응(Droits privés en cours de globalisation : perspectives coréano-françaises). 이와 같은 주제설정의 배경은 다음과 같습니다: 私法의 세계적 통일화 노력은 괄목할 만한 성과를 나타내고 있다; 이러한 성과의 원인으로서 가장 중요한 것은 法系의 상이점에도 불구하고 개별 법문화 사이에서 끊임없는 교류가 이루어져 왔다는 사실이다; 이러한 형태의 '일 대 일' 또는 '다 대 일' 교류가 사법의 통일이라는 결과를 낳았다; 그런데 그렇게 형성된 통일사법이 이제는 역으로 각 개별국가의 사법에 영향을 주고 있다. 이 학술회의의 주제는 바로 이와 같은 인식을 토대로 설정된 것입니다.

그리하여 오늘의 학술회의는 크게 두 분야로 나누어 진행될 것입니다. 제1분야는 '사법의 국제적 교류'이고 제2분야는 '사법의 세계화와 한국과 프랑스의 적응'입니다. 제1분야에서는 비교적 연구성과가 적다고 판단되는 분야에 대하여 한국과 프랑스에서 각각 두 개의 발표가 있을 것입니다. 프랑스측에서는 '프랑스와 독일' 및 '프랑스와 앵글로-아메리카'의 사법교류에 대하여 Gwendoline Lardeux 교수님과 Ruth Sefton-Green 교수님께서 발표해 주실 것입니다. 한국측에서는 '한국과 프랑스' 및 '한국과 앵글로아메리카'의 사법교류에 대하여 김욱곤 교수님과 김기창 교수님께서 발표해 주실 것입니다. 제2분야에서는 사법의 중심분야라고 할 수 있는 '불법행위'와 '계약위반에 대한 제재'에 대하여 한국과 프랑스에서 분야별로 발표가 있습니다. 불법행위에 대하여 프랑스측에서는 Dimitri Houtcieff 교수님, 한국측에서는 양창수 교수님께서 발표해 주실 것입니다. 그리고 계약위반에 대한 제재에 관해서는 프랑스측에서 Yves-Marie Serinet 교수님께서 발표하시고 한국측에서는 제가 발표합니다. 발표를 마친 후에는 약 90분간에 걸쳐 발표자 상호토론과 자유토론을 진행할 예정입니다.

프랑스의 *私法學者*가 이 정도의 규모로 참가하여 한국의 학자들과 학술회의를 하는 것은 국내에서는 처음 있는 일입니다. 그러므로 이 학술회의는 학술적 가치뿐만 아니라 앞으로 한국과 프랑스의 학술교류가 보다 활발히 이루어지는 계기가 될 것으로 기대합니다.

이 학술회의를 준비하는 과정에서 몇 가지 어려운 점도 있었습니다. 그럼에도 불구하고 오늘 학술회의를 할 수 있었던 것은 여러분들의 원조가 있었기 때문입니다. 우선, 발표를 맡아주신 교수님들께 존경과 감사의 마음을 전합니다. 또한, 고려대학교 법과대학의 모든 교수님들, 특히 채이식 학장님과 법학연구원의 정찬형 원장님, 신영호 부원장님의 따스한 격려에 감사드립니다. 이 학술회의에 깊은 관심을 보내주신 고려대학교의 어윤대 총장님께도 감사의 말씀을 드립니다. 주한 프랑스대사관의 François Descoueyte 전 대사님, Philippe Thiebaud 대사님 그리고 실무적으로 수고해 주신 Pascal Dayez-Burgeon 씨께 감사드립니다. 주한 프랑스대사관에서는 프랑스 참가자들의 항공료와 체재비를 후원해 주셨습니다. 대한민국과 프랑스의 법무부 관계자들께도 감사합니다. 특히 대한민국 법무부의 천정배 장관님, 김준규 법무실장님, 한승철 과장님 및 최용훈 검사님께 감사드립니다. 대한민국 법무부에서는 이번 학술회의에 소요되는 인쇄비를 후원해 주셨습니다. 법무법인 태평양의 귀한 원조도 기억하고 싶습니다. 특히 이 학술회의의 의미를 높게 평가해주시고 열정적으로 도와주신 법무법인 태평양의 오용석 변호사님의 뜨거운 후원을 잊을 수 없습니다. 끝으로, 이 학술회의의 기획과 진행의 각 과정에서 헌신적으로 일해 준 여러 학생들에게 뜨거운 감사의 마음을 전합니다.

오늘 저와 스태프들은 이 학술회의의 성공을 위하여 최선의 노력을 다하겠습니다. 그러나 진행과정에서 혹시 약간의 실수가 있을지도 모르겠습니다. 이 모든 것들은 여러분들의 아량으로 덮어주시기 바랍니다. 이 자리에 있는 우리는 모두 학문이라는 높고 넓은 공동체 속에서 하나이기 때문입니다.

여러분, 감사합니니다.

2005년 12월 3일

고려대학교 법학연구원 비교법연구센터 소장

고려대학교 법과대학 교수

명 순 구 드림

II. 프로그램

◘ 등 록 09:30~10:00

◘ 개회식 10:00~10:40

- 환 영 사 : 채 이 식 학장 (고려대학교 법과대학)
- 축 사 : Philippe Thiebaud 대사 (주한 프랑스대사관)
- 축 사 : 어 윤 대 총장 (고려대학교)
- 축 사 : 천 정 배 장관 (대한민국 법무부)
- 경과 보고 : 명 순 구 교수 (고려대학교 비교법연구센터 소장)

◘ 제1분야 발표: 사법 세계화의 배경으로서의 국제적 교류 [10:50~12:45]

- 10:50~11:15 ① 프랑스와 독일의 교류: 무관심과 수렴의 사이
  Gwendoline Lardeux 교수 (Aix Marseille III 대학교 법과대학)
- 11:20~11:45 ② 한국과 프랑스간의 민사법교류사
  김 욱 곤 교수 (성균관대학교 명예교수)
- 11:50~12:15 ③ 프랑스와 앵글로-아메리카의 교류: 공격적 또는 우호적 교류
  Ruth Sefton-Green 교수 (Paris I 대학교 법과대학)
- 12:20~12:45 ④ 법적 담론 전개 양식의 차이: 성문법 국가와 판례법 국가의 비교
  김 기 창 교수 (고려대학교 법과대학)

◘ 중 식 [12:45~14:15]

◘ 제2분야 발표: 사법의 세계화와 한국과 프랑스의 적응 [14:15~16:25]

- 14:15~14:40 ① 프랑스의 계약외책임: 프랑스민법전과 민사책임법의 변천
  Dimitri Houtcieff 교수 (Evry Val d'Essonne 대학교 법과대학)
- 14:45~15:10 ② 한국의 계약외책임: 한국에서의 불법행위법의 전개: 그 경향과 가능성
  양 창 수 교수 (서울대학교 법과대학)

— Coffee Break —

- 15:30~15:55 ③ 채무불이행에 대한 제재: 계약불이행에 대한 제재의 변화: 민법전으로부터 그리고 민법전을 넘어서 전망함
  Yves-Marie Serinet 교수 (Cergy-Pontoise 대학교 법과대학)
- 16:00~16:25 ④ 채무불이행에 대한 제재: 채무불이행규범의 일원화를 위한 기초
  명 순 구 교수 (고려대학교 법과대학)

◘ 토 론 [16:30~18:00]

▌사 회: 김 욱 곤 교수 (성균관대학교 명예교수)
▌통 역: 박 수 곤 교수 (경희대학교 법과대학)
남 궁 술 박사 (한국외국어대학교 강사)

- 16:30~17:15 발표자 상호토론
- 17:15~18:00 자유토론

◘ 만 찬 [18:00~20:00] 고려대학교 인촌기념관

【 Programme 】

◘ Accueil 09H30~10H00

◘ Séance Inaugurale 10H00~10H40

- Discours de Bienvenue : Monsieur CHAI Lee-Sik (Doyen de la faculté de droit de la *Korea University*)
- Discours de Félicitations : Monsieur Philippe Thiebaud (Ambasadeur de France en Corée)
- Discours de Félicitations : Monsieur EUH Yoon-Dae (Président de la *Korea University*)
- Discours de Félicitations : Monsieur CHUN Jung-Bae (Ministre de la Justice de la Corée)
- Rapport sur déroulement du Colloque : Monsieur MYOUNG Soon-Koo (Directeur du Centre de droit comparé à la *Korea University*)

◘ 1ère Session | Motif de Globalisation: Echanges internationaux en matière de droit civil [10H50~12H45]

- 10H50~11H15 ① « Les échanges franco-allemands: entre indifférence et convergence »
  Madame Gwendoline Lardeux (Prof. de l'Univ. d'Aix Marseille III)
- 11H20~11H45 ② « Histoire des échanges coréano-français en matière de droit civil »
  Monsieur KIM Uk-Kon (Professeur émérite de la *Sungkyunkwan University*)
- 11H50~12H15 ③ « Les échanges franco-anglo-américains: échanges agressifs ou amicaux? »
  Madame Ruth Sefton-Green (Prof. de l'Université de Paris I)
- 12H20~12H45 ④ « Les differentes techniques d'elaboration de la loi: le code et les "cases" »
  Monsieur KIM Keechang (Prof. de la *Korea University*)

◘ Déjeuner [12H45~14H15]

◘ 2ème Session | Adaptation à Globalisation en droit privé coréano-français [14H15~16H25]

- 14H15~14H40 ① Optique française de la responsabilité extra-contractuelle: « Le code civil français et l'évolution des règles de la responsabilité civile »
  Monsieur Dimitri Houtcieff (Prof. de l'Université d'Evry Val d'Essone)
- 14H45~15H10 ② Optique coréenne de la responsabilité extra-contractuelle: « Développement de la responsabilité délictuelle en droit coréen: la tendance et les caractéristiques »
  Monsieur YANG Chang-Soo (Prof. de la *Seoul National University*)

— Pause —

- 15H30~15H55 ③ Optique française des sanctions de l'inexécution des obligations: « La transformation des sanctions de l'inexécution du contrat : perspectives à partir et au-delà du Code civil »
  Monsieur Yves-Marie Serinet (Prof. de l'Univ. de Cergy-Pontoise)
- 16H00~16H25 ④ Optique coréenne des sanctions de l'inexécution des obligations: « Le premier pas vers l'unification des règles sanctionant l'inexécution des obligations »
  Monsieur MYOUNG Soon-Koo (Prof. de la *Korea University*)

◘ Discussion [16H30~18H00]

▌Présidence: Monsieur KIM Uk-Kon (Professeur émérite de la *Sungkyunkwan University*)

▌Interprète:
Monsieur PARK Soo-Gon (Prof. de la *Kyunghee University*)
Monsieur NAMKOONG Sool (Lecteur de la *Hankook University of Foreign Studies*)

- 16H30~17H15 Discussion réciproque entre rapporteurs
- 17H15~18H00 Discussion libérale

◘ Dîner [18H00~20H00] *Korea University Inchon Memorial Hall*

III. 포스터 등

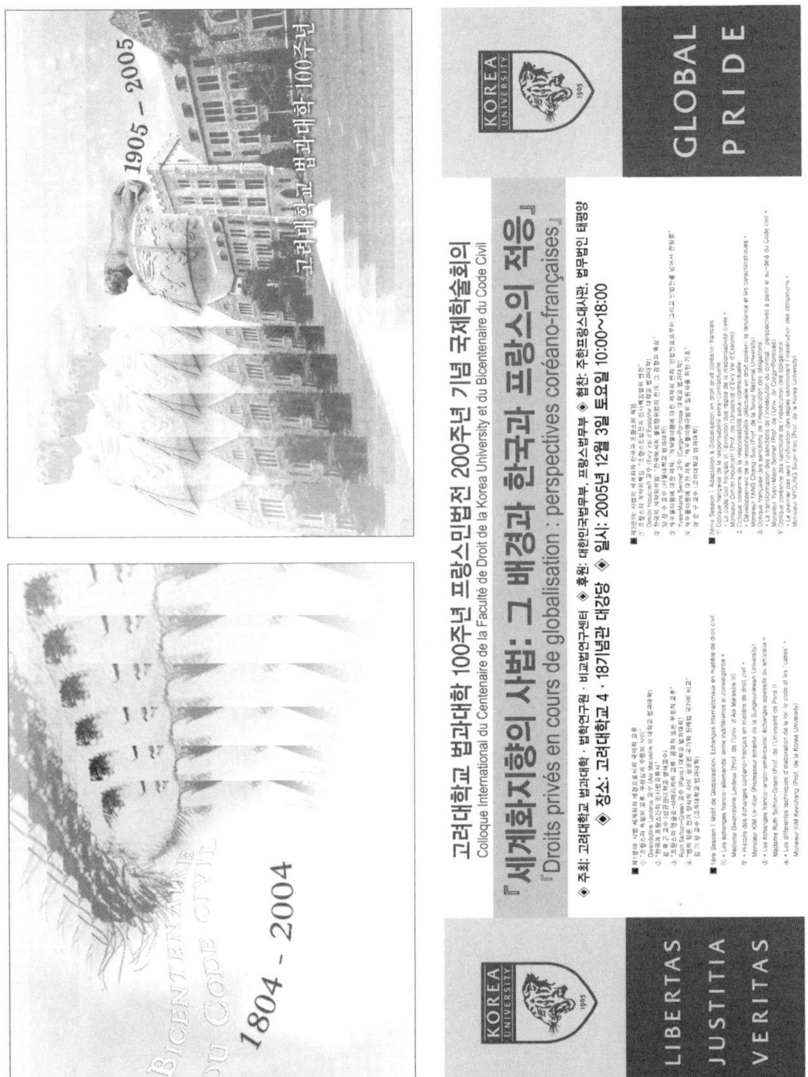

▌학술회의 포스터

고려대학교
KOREA UNIVERSITY
고려대학교 법과대학 100주년 프랑스민법전 200주년
기념 국제학술회의
『세계화지향의 사법:
그 배경과 한국과 프랑스의 적응』
1905 – 2005
고려대학교 법과대학100주년
주최: 고려대학교 법과대학 · 법학연구원 · 비교법연구센터
후원: 대한민국법무부, 프랑스법무부
협찬: 주한프랑스대사관, 법무법인 태평양
장소: 고려대학교 4 · 18기념관 대강당
일시: 2005년 12월 3일 토요일 10:00~18:00

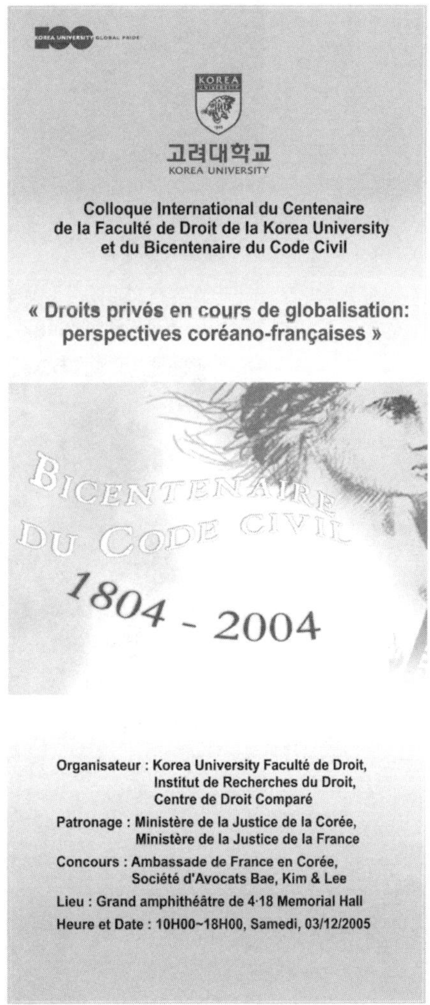
고려대학교
KOREA UNIVERSITY
Colloque International du Centenaire
de la Faculté de Droit de la Korea University
et du Bicentenaire du Code Civil
« Droits privés en cours de globalisation:
perspectives coréano-françaises »
Bicentenaire
du Code Civil
1804 - 2004
Organisateur : Korea University Faculté de Droit,
Institut de Recherches du Droit,
Centre de Droit Comparé
Patronage : Ministère de la Justice de la Corée,
Ministère de la Justice de la France
Concours : Ambassade de France en Corée,
Société d'Avocats Bae, Kim & Lee
Lieu : Grand amphithéâtre de 4·18 Memorial Hall
Heure et Date : 10H00~18H00, Samedi, 03/12/2005

▌학술회의 스탠딩배너

IV. 발표자 사진

Gwendoline Lardeux 교수

김욱곤 교수

Ruth Sefton-Green 교수

▮ 김기창 교수

▮ Dimitri Houtcieff 교수

▮ 양창수 교수

▌Yves-Marie Serinet 교수

▌명순구 교수

▌Houtcieff, Lardeux, Sefton-Green, 명순구, Serinet 교수

찾아보기

【 필자 소개 】

▌김욱곤 교수▐

- 경북대학교 법과대학 법학사
- 법학박사(벨기에 루뱅대학교: Université Catholique de Louvain)
- 성균관대학교 법과대학 교수
- 현재 성균관대학교 명예교수

▌양창수 교수▐

- 서울대학교 법과대학 법학사
- 법학박사(서울대학교)
- 서울지방법원판사
- 현재 서울대학교 법과대학 교수

▌명순구 교수▐

- 고려대학교 법과대학 법학사
- 법학박사(프랑스 파리 1대학교: Université de Paris I, Panthéon-Sorbonne)
- 프랑스교수자격(Habilitation à diriger des recherches)
- 현재 고려대학교 법과대학 교수

▌김기창 교수▐

- 서울대학교 법과대학 법학사
- 법학박사(케임브리지 대학교: University of Cambridge)
- 케임브리지 대학교 법과대학 노튼로즈 기금교수
- 현재 고려대학교 법과대학 교수

▌Dimitri Houtcieff 교수▐

- DEA de droit des contrats (Université de Paris XI)
- Docteur en droit (Université de Paris XI)
- Agrégation de droit privé et de sciences criminelles
- 현재 에브리 발 데손느 대학교(Université d'Evry Val d'Essonne) 교수

▌Gwendoline Lardeux 교수▐

- DEA Droit Privé Général (Université de Paris II, Panthéon-Assas)
- Doctorat d'Etat (Université de Paris II, Panthéon-Assas)
- Agrégation de droit privé et de sciences criminelles
- 현재 엑스 마르세이유 3대학교(Université d'Aix Marseille III) 교수

▌Ruth Sefton-Green 교수▐

- Bachelor & Master of Arts, Literae Humaniores (University of Oxford)
- Docteur en droit (Université de Paris I, Panthéon-Sorbonne)
- 현재 파리 1대학교 (Université de Paris I, Panthéon-Sorbonne) 교수

▌Yves-Marie Serinet 교수▐

- DEA de droit des contrats et des biens (Université de Paris I, Panthéon-Sorbonne)
- Doctorat en droit (Université de Paris I, Panthéon-Sorbonne)
- 현재 쎄르지-뽕뚜와즈(Université de Cergy-Pontoise) 대학교 교수

세계화 지향의 사법: 그 배경과 한국 · 프랑스의 적응

2006년 12월 20일 초판 인쇄
2006년 12월 25일 초판 발행

저 자 김욱곤 / 양창수 / 명순구 / 김기창 / D. Houtcieff
G. Lardeux / R. Sefton-Green / Y.-M. Serinet
발행인 이 방 원
발행처 세창출판사
서울 종로구 송월동 64-1 (2층)
전화 723-8660 팩스 720-4579
E-mail: sc1992@empal.com
homepage: www.sechangpub.co.kr
등록 1990. 10. 8. 제2-1068호(윤)

정가 30,000 원 ISBN 89-8411-160-0 93360